华中师范大学政治学一流学科建设成果文库

基层与地方治理年度报告系列

总主编 徐 勇 陈军亚

省域治理现代化发展报告

DEVELOPMENT REPORT ON
MODERNIZATION OF PROVINCIAL GOVERNANCE

袁方成 主编

社会科学文献出版社
SOCIAL SCIENCES ACADEMIC PRESS (CHINA)

华中师范大学政治学一流学科建设成果文库
总编委会

前　言

2013 年，党的十八届三中全会提出"国家治理体系和治理能力现代化"的重大命题。2019 年，党的十九届四中全会审议通过了《关于坚持和完善中国特色社会主义制度、推进国家治理体系和治理能力现代化若干重大问题的决定》，对国家治理体系和治理能力现代化进行了全面部署。2024 年，党的二十届三中全会决定指出，进一步全面深化改革的总目标是继续完善和发展中国特色社会主义制度，推进国家治理体系和治理能力现代化。国家治理体系和治理能力现代化是中国式现代化的重大战略目标，需要集聚各方面力量努力实现。

国家治理体系和治理能力现代化是一个系统工程，它包括多个领域和多个层级。基层与地方治理是国家治理的重要组成部分。2021 年，《中共中央国务院关于加强基层治理体系和治理能力现代化建设的意见》指出：基层治理是国家治理的基石，统筹推进乡镇（街道）和城乡社区治理，是实现国家治理体系和治理能力现代化的基础工程。介于中央和基层之间的地方治理在国家治理体系中居于上下衔接的重要位置。为了更好地贯彻中央精神，让人们及时了解基层与地方治理的进展，增强理论自觉和行动自觉，我们组织撰写了"基层与地方治理年度报告系列"，包括《省域治理现代化发展报告》《市域治理现代化发展报告》《县域治理现代化发展报告》《乡域治理现代化发展报告》等。

华中师范大学的政治学学科从 20 世纪 80 年代初期就开始从事基层与地方治理研究。80 年代，随着农村人民公社体制的废除，国家恢复设立乡政府，实行村民自治，我校的政治学学者便开始从事基层群众自治研究。90年代末，我校的政治学学者将"治理"引入政治学和农村研究领域。进入21世纪后，城市社区治理成为重要内容。我校政治学的研究领域逐步由村（社区）向乡镇（街道）、县（区）、市和省扩展，产出了大量研究成果。

2017年，华中师范大学的政治学学科入选国家"双一流"建设学科名单。2022年，我校的政治学学科进入第二轮"双一流"建设学科名单，明确了"世界一流 中国特色 华师路径"的学科建设方向，形成"优势突破引领—交叉融合推进—整体发展提升"的总体思路，构建"一个引领、两大支撑、三大基础"的一流学科建设"雁阵布局"。其中，"国家治理体系中的基层与地方治理"确定为优势引领领域。这一领域的成果包括教材、数据库、年度报告等内容。"基层与地方治理年度报告系列"是重点内容之一。

基层与地方治理是我校政治学长期坚持的研究领域。根据国家治理体系和治理能力现代化的总体要求，紧密结合实际，展示我国基层与地方治理的最新状况并提出对策建议，是一项全新的任务。在年度报告的撰写中，我们以中央精神为指引，以基层与地方治理的发展现状为依据，在主编和撰写人员的共同努力下，完成了系列年度报告，旨在客观呈现我国基层与地方治理的总体状况、发展特点、存在的问题及未来方向，为国家治理现代化的实践和相关学术研究提供参考。

本系列年度报告具有开拓性，尚有需要进一步完善之处，还请读者批评指正。

"基层与地方治理年度报告系列" 总主编

徐 勇 陈军亚

2024 年 12 月 2 日

目 录 ⟫

总报告

第一章　中国式现代化进程中的省域治理 ·················· 001

一　省域治理的历史逻辑与现实定位 ·················· 002

二　国家治理现代化进程中的省域命题 ·················· 008

三　当前省域治理现代化的总体态势 ·················· 011

四　推进省域治理现代化的思路和路径 ·················· 015

理论篇

第二章　省域治理现代化：历史与理论的双重维度 ·················· 021

一　中国省域治理的历史源流 ·················· 024

二　当代中国省域治理的阶段性发展 ·················· 037

三　省域治理的法美模式及经验启示 ·················· 056

四　省域治理现代化的目标路径 ·················· 065

指标篇

第三章 省域治理现代化指标体系研究报告 …………………… 081

一 构建省域治理现代化指标体系的背景及意义 ………… 082

二 省域治理现代化指标体系的设计思路 ………………… 089

三 省域治理现代化指标体系的构建 ……………………… 112

四 省域治理现代化指标体系构建的论证 ………………… 134

五 参考文献和数据来源 …………………………………… 162

专题与案例篇

政治治理

第四章 基层政协协商的实践路径与优化向度

—— 以四川省"有事来协商"为例 ……………………… 173

一 基层政协协商的理论内涵与时代价值 ………………… 173

二 四川省开展"有事来协商"的总体情况 ……………… 175

三 四川省开展"有事来协商"的现实背景 ……………… 176

四 四川省开展"有事来协商"的主要做法 ……………… 177

五 四川省开展"有事来协商"的地方经验 ……………… 181

六 四川省开展"有事来协商"的实践成效 ……………… 192

七 基层政协协商的经验启示与优化向度 ………………… 194

第五章 数字化治理的实践模式与优化路径

—— 以浙江省"数字乡村"实践经验为例 ……………… 198

一 浙江省"数字乡村"理论背景 ………………………… 198

二 浙江省"数字乡村"典型模式 ………………………… 199

三　浙江省"数字乡村"经验做法 ⋯⋯⋯⋯⋯⋯⋯⋯⋯ 204

四　浙江省"数字乡村"优化路径 ⋯⋯⋯⋯⋯⋯⋯⋯⋯ 209

经济治理

第六章　农村宅基地制度改革带动乡村全面振兴

　　——以江西省为例 ⋯⋯⋯⋯⋯⋯⋯⋯⋯⋯⋯⋯⋯⋯⋯⋯ 217

一　严格试点条件，立足省情精心遴选试点单位 ⋯⋯⋯⋯⋯ 218

二　规范试点运行，多措并举助力余江探索经验 ⋯⋯⋯⋯⋯ 220

三　赋权基层创新，聚焦试出经验打造余江样板 ⋯⋯⋯⋯⋯ 222

四　推广余江经验，稳慎推进省域农村宅基地制度改革和规范管理

　　 ⋯⋯⋯⋯⋯⋯⋯⋯⋯⋯⋯⋯⋯⋯⋯⋯⋯⋯⋯⋯⋯⋯⋯⋯ 230

五　江西宅改实践对探索省域治理现代化的经验启示 ⋯⋯⋯ 234

第七章　以创新和融合为动力，打造中国经济高质量发展先行省

　　——以浙江省为例 ⋯⋯⋯⋯⋯⋯⋯⋯⋯⋯⋯⋯⋯⋯⋯⋯ 236

一　建设规划及主要特征 ⋯⋯⋯⋯⋯⋯⋯⋯⋯⋯⋯⋯⋯⋯ 237

二　阶段成效与基本经验 ⋯⋯⋯⋯⋯⋯⋯⋯⋯⋯⋯⋯⋯⋯ 248

三　发展思路和政策建议 ⋯⋯⋯⋯⋯⋯⋯⋯⋯⋯⋯⋯⋯⋯ 254

社会治理

第八章　社区公益创投：推动基层治理体系和治理能力现代化的有效机制

　　——以湖北省为例 ⋯⋯⋯⋯⋯⋯⋯⋯⋯⋯⋯⋯⋯⋯⋯⋯ 267

一　引论 ⋯⋯⋯⋯⋯⋯⋯⋯⋯⋯⋯⋯⋯⋯⋯⋯⋯⋯⋯⋯⋯ 267

二　总体情况和基本趋势 ⋯⋯⋯⋯⋯⋯⋯⋯⋯⋯⋯⋯⋯⋯ 270

三　作用和成效 ⋯⋯⋯⋯⋯⋯⋯⋯⋯⋯⋯⋯⋯⋯⋯⋯⋯⋯ 274

四　不足和建议 ⋯⋯⋯⋯⋯⋯⋯⋯⋯⋯⋯⋯⋯⋯⋯⋯⋯⋯ 282

第九章　广东省加强城乡社区治理体系建设的创新举措与经验总结 ⋯ 287

一　优化基层社会治理结构 ⋯⋯⋯⋯⋯⋯⋯⋯⋯⋯⋯⋯⋯ 288

二　健全基层群众自治制度运行机制 ················· 301

三　强化城乡社区治理资源保障 ····················· 304

四　创新运用现代化信息技术手段 ··················· 318

五　走在前列的基层治理体系创新模式：以公共服务供给全方位

　　升级为核心 ··································· 324

第十章　河南省社会精细化治理的实践举措与创新路径

　　——以开封"一中心四平台"建设为例 ············· 326

一　开封社会精细化治理的实践背景 ················· 327

二　开封社会精细化治理的具体做法 ················· 328

三　开封社会精细化治理的实践效果 ················· 337

四　开封社会精细化治理的经验与启示 ··············· 340

第十一章　特大城市基层社会矛盾化解的重庆探索与经验总结 ········· 343

一　背景分析 ··································· 343

二　主要做法 ··································· 344

三　经验总结 ··································· 351

四　发展建议 ··································· 353

总 报 告

第一章　中国式现代化进程中的
省域治理[*]

立足党和国家事业发展全局，党的二十大阐明了中国式现代化的具体内涵，即人口规模巨大的现代化、全体人民共同富裕的现代化、物质文明和精神文明相协调的现代化、人与自然和谐共生的现代化、走和平发展道路的现代化。省域治理是在党的领导下，协调省与地方各级政府及相关部门、各类企业组织、社会团体以及公民之间的关系，协同多元主体参与本辖区公共事务的管理和服务，推动社会发展、解决民生问题、维护社会稳定的一种治理方式。中国式现代化与省域治理之间存在多方面密切的联系。①

---

* 执笔人：袁方成，华中师范大学政治与国际关系学院教授、博士生导师，研究方向为中外地方与基层治理；张佳乐，华中师范大学政治与国际关系学院硕士研究生。

① "省"作为中国的一级行政区划以及地方最高行政区域名，在国家行政体系中处于承上启下的枢纽位置。本书中提到的"省"涉及我国各省、自治区、直辖市等省级政府管理的行政区域，具体包括22个省、5个自治区和4个直辖市（不包括台湾、香港、澳门）。而省域指的是上述省级政府管理的所有地理区域。下同。

中国式现代化需要依靠有效的省域治理来实现。在中国巨大的地域面积和复杂多样的地方发展差异下，省域治理成为推动现代化进程的基础。各省以及地方各级政府作为具体的行政单位，承担着重要的治理责任和任务，通过制定和执行地方政策，推动经济发展、社会稳定、生态保护等方面的工作。省域治理的效能高低直接关系到中国式现代化推进的成效和质量。

省域治理对中国式现代化具有重要的支撑和保障作用。有效的省域治理是实现地方经济高质量发展的重要前提，可为中国式现代化提供稳定的经济基础。同时，省域治理还涉及教育、医疗、社会保障等公共服务领域，政府通过提供高质量的教育、医疗和社会保障服务，满足人民日益增长的美好生活需要，推动社会进步和人的全面发展。

中国式现代化对当前的省域治理提出了更高的要求。随着现代化进程的推进，人们对政府的治理能力和服务水平提出了更高的期望。省域治理需要适应社会发展的需求，在互动治理与多元治理的格局下实现治理主体之间的和谐发展，加强政府数字化与信息化建设，推动治理创新发展，提供更加便捷、高效、智能化的公共服务，以满足人民日益增长的美好生活需要。

基于此，省域治理是国家治理体系的重要组成部分，对省域治理的持续推进则是实现国家治理现代化的重要基石，省域治理现代化的实现更是推动实现中国式现代化的必然要求。那么，如何进一步界定省域治理在中国式现代化与国家治理体系中的角色？如何使其更好沿袭历史发展的脉络，促进地区经济社会的治理与发展？基于上述问题，本报告将梳理省域治理的历史演变脉络，从中总结其发展趋势与特点，从不同维度解析省域治理在国家治理中的重要定位与功能，进而揭示当前省域治理现代化的发展特征与存在的问题，以厘清推进省域治理现代化的思路与具体路径。

一 省域治理的历史逻辑与现实定位

中国是一个地域广阔、人口众多的大国。省域治理作为连接国家治理与基层治理的重要桥梁，既承载着历史的烙印，也面临现实的挑战。从历史的角度来看，中国的省域治理经历了从封建制度到现代国家治理结构的演变，其历史演变的特点与趋势对于理解当前省域治理的现实问题有重要的参考价值。同时，在推进中国式现代化的进程中，省域治理在新的时代背景下有新的要求与定位。

（一）省域治理的历史逻辑

习近平总书记强调，"一个国家选择什么样的治理体系，是由这个国家的历史传承、文化传统、经济社会发展水平决定的，是由这个国家的人民决定的。我国今天的国家治理体系，是在我国历史传承、文化传统、经济社会发展的基础上长期发展、渐进改进、内生性演化的结果"①。《周礼》记载，"惟王建国，辨方正位，体国经野，设官分职"。省域治理的制度前提来自中国在历史发展中一级行政区的演变与调整。我国最早的一级行政区的设置可以追溯到秦朝的郡县制，历经唐宋时期的道、路制，元朝在前朝的一级行政区划制度基础上，建立了行省制度。

行省制作为中国历史上重要的行政区划制度之一，在巩固国家统一、促进经济发展、加强文化交流和强化边防管理等方面发挥了重要作用。相比于秦汉时期的郡县制和唐宋时期的道、路制，元朝的行省制在这些功能层面上具有更为显著的影响力。行省制作为重要的行政区划制度，也在后世得到了广泛沿用，并在不同历史时期进行了相应的调整，展现出了不同的治理方式和特点。具体来看有以下方面。

1. 省级行政区的设置基于央地关系的调整

中国的一级行政区设置始于秦朝的郡县制。这一制度对中国后世的行政区划分产生了深远影响。秦朝时期，以郡为主要行政单位，以县为次级单位，行政体制的核心是中央集权。为保证效率，尽可能缩小行政区划规模，确保官吏对民众的直接控制，随后的汉朝在秦朝的郡县制基础上，进行了一些改革与调整，增设了州，形成了州、郡、县三级行政区划，其中州是一种

---

① 《习近平谈治国理政》，外文出版社，2014，第105页。

监察区域，无行政权力，而郡、县则是具有行政权力的实体。这种行政区划更加明确了中央与地方的关系，使中央政权的控制能力得到了进一步加强。

唐朝时期，实施道制，大州被划分为道，道由节度使管理，而小州仍然保持郡县制。这种行政区划的特点是将军事权力与行政权力结合，反映了当时中央政权对地方的严密控制。元朝时期，在对前朝历史进行梳理与总结的基础上，为实现对地方与边疆事务的有效管理，忽必烈正式建立了行省制度。明朝在元朝的基础上在各省设立布政使司，加强对地方的控制。至此，我国的行政区划基本固定为省、府（州）、县三级。

清朝时期，国家进一步完善了省制，在省级同时设立总督与巡抚，加强了中央对省级及地方行政区的控制。辛亥革命后，中华民国政府在省级行政区的设立上也基本沿袭清制，但由于军阀割据与中央权力的削减，各省实际受到了各地军阀的控制，直到新中国成立后，当代省级行政区的总体格局才得以进一步稳步形成。

2. 治理的内容基于封建集权制的统治需要

一级行政区治理内容的演变体现了国家对于地方资源调度能力与管理能力的持续提升。相比郡县制和道、路制，行省制度的设立将广大领土纳入中央政权的直接控制之下，加强了中央集权。

首先，省域治理是国家统一的重要保证。中国历史上广袤的土地和多元的民族使得国家统一面临诸多挑战。为应对这一挑战，国家调整并设立省级行政机构作为中央政府驻地方的代表机构。省级行政机构具有较高的权威和行政权力，能够有效地统筹和协调各地的民生事务，增强国家的整体稳定性和统一性。

其次，省域治理促进了地方经济的发展与社会的稳定。传统帝制时期，一级行政区等地方政府基于国家统治需要，承担着对地方辖区编户征收租赋、推行朝廷经济政策以及强化社会治安管理方面的职能，如推动国家土地与农业生产相关政策的实施，强化对地方经济的管控。在社会维稳方面，地方政府负责维护地方的秩序和安宁，处理纠纷，维持公共秩序，同时逐步加强对地方社会弱势群体的统一管理，如明朝在全国各府县建立"养济院"

和"惠民药局"等地方社会保障机构，为地方居民提供安全稳定的生活环境，促进社会的和谐与进步。

最后，省域治理在强化边防管理方面发挥了重要作用。中国历史上的边境地区常常面临安全威胁，国家通过设立边境管理制度，如元朝后国家在对边疆地区的管控中设立了"宣慰使司都元帅府"等监司机构，针对少数民族地区设立了"土司制度"，强化了中央政府对边疆地区的管理，增强了国家的边防能力和边境地区的稳定性。

3. 治理的手段与方式偏重于人治与教化

人治与教化是一种从人的意愿出发的治理方式，主要依赖个人或集体的权威、智识和经验来进行指导。在中国的传统帝制和近代时期的省域治理中，这一方式居于主导地位。在这种社会环境中，统治者的权威是无可挑战的，地方管理者对其管辖地的治理大多依赖于他们个人的才能和知识。社会的稳定性和治理效果往往取决于统治者和地方管理者的素质和才能。尽管在北洋政府和南京国民政府时期，中央政府颁布了相关法规，但实际上是为了维持有利于大地主、买办和官僚资产阶级的统治秩序，频繁地进行立法活动，这是人本治理在"资产阶级外衣"下的体现。然而，随着社会的进步，人治与教化的局限性逐步显现，个人主观意愿的影响使得治理的公正性和公平性难以维持，此外，由于地方治理的日益复杂性，治理的效率和成效常常受到制约。

总体来看，不同的历史阶段，省级行政区的数量不同，省级行政区的地位、作用也不尽相同。囿于交通不畅、信息闭塞、资源匮乏等因素，再加上古代中国皇权至上的影响，在不同的历史阶段，我国古代社会治理体系重心在中央。所谓"事在四方，要在中央"，京畿地区的发展受到高度的重视，各"省"更多是听命于中央，省级行政区数量增多、省域逐渐划小，省级地方长官权力的调整，都是为了强化中央集权，也带来了央地关系不够明晰、治理功能不全面、治理效能低与治理结构偏单一化等问题。

随着我国国家治理现代化进程和全面深化改革的持续推进，省域治理作为国家治理体系和治理能力在省域层面的延伸，承担着重要使命。在各级地方政府中，省级政府与中央政府最为接近，联系也最为密切，这决定了省级政府不仅是省域范围内政治、经济、社会等各领域事务的直接领导者和管理者，还是中央进行政策创新、改革实践的首要承接者和推动者。新中国成立后，与传统省制不同的是，当代省级政府具有更多的自主性。实践表明，只有充分发挥中央和地方两个积极性，合理划分央地之间的事权和财权，厘清政府和市场的关系，给予地方充分的自主发挥空间，才更有利于激发地方治理活力和经济发展动力。

在这一过程中，"人民至上""依法治理"等治理理念得以深入践行。自元朝开始设省而治的主要目标一直是维护地区稳定，巩固中央集权。新中国成立后，尤其是改革开放以来我国社会主义现代化建设的不断推进对省级政府提出了新的要求。省级政府治理理念从古代的以维护稳定为核心转变为以人民为中心的导向，省级政府不仅要有效管理域内公共事务，维护地区发展稳定，还要统筹推进域内经济、政治、文化、生态文明等各领域的发展，以满足人民日益增长的美好生活需要。在推进国家治理体系和治理能力现代化的进程中，如何推动省域治理现代化的实现成为新的治理命题。

（二）省域治理在国家治理中的重要地位

省域治理处于基层治理与国家治理之间，其横向上涉及政治、经济、文化、社会、生态文明等各个领域，纵向上涵盖市、县、乡等多个治理层级，是发展地方经济、维护社会稳定、保障民生的重要基础。省域治理的有效开展对于实现国家治理现代化具有重要意义。

1. 省域治理是国家治理的基础

国家治理是在理性政府建设和现代国家构建的基础上，通过政府、市场、社会之间的分工协作，旨在实现公共事务的有效治理和公共利益全面增进的活动与过程。[①] 为达成这一目标，必须充分考虑不同省份在经济、社

---

① 薛澜、张帆、武沐瑶：《国家治理体系与治理能力研究：回顾与前瞻》，《公共管理学报》2015 年第 3 期。

会、文化等方面的差异性和多样性。省域治理作为国家治理体系和治理能力在省域层面的落实和体现与推进现代化建设的具体治理实践，以省域为治理单元开展治理实践，可以立足省情，有效整合政府、市场、社会资源和力量，对于提升地方治理效能、均衡配置公共服务、维护社会稳定、促进经济发展具有重要意义。因此，省域治理是国家治理体系的基础，省域治理的有效性关系到国家治理的协同运作和有效推动。

2. 省域治理是国家治理的重要环节

党的十九届四中全会明确提出，要把制度优势更好转化为治理效能。推进国家治理现代化是一项复杂的系统工程，需要在治理环境、治理目标、治理格局、治理方式、治理工具、治理能力、治理评价等方面综合用力。省域治理处于国家治理与基层治理之间，在推进国家治理现代化进程中，中央作为"大脑"负责顶层设计，具体的执行和落实则以省域为单位展开。为实现国家治理现代化的目标，省域治理承担着全面化的目标体系、协同化的组织体系和规范化的权力运行体系构建任务①，以此降低地方治理的盲目性和主观性，在探索和实践中推动国家制度优势更好地转化为治理效能。

3. 省域治理是国家治理的创新主体

作为中间治理层级，省域治理承担着探索国家改革路径的重要使命。中国是一个统一的多民族国家，疆域辽阔，人口众多，各省份之间经济、政治、文化等方面的发展状况各不相同，若改革急于求成，就可能引起社会动荡，影响我国发展的连续性和稳定性。省域治理具有稳定的空间范围和一定的决策自主性，以省域为改革试点，积累行政制度、司法制度、监督制度、决策制度等方面的改革经验，可以有效化解改革过程中的不利因素，更好服务国家治理。此外，省级政府是地方治理的主要责任主体，其与地方各级政府密切合作，共同承担着解决本地问题、推动发展的重要责任。各省份在治

---

① 李建华、李天峰：《省域治理现代化：功能定位、情境描绘和体系建构》，《行政论坛》2021 年第 4 期。

理实践中的经验积累为国家治理创新提供了基础。通过各个省份之间横向的比较和学习，我们可以发现更有效的治理方式，并将成功的经验推广到其他地区，促进整体治理效能的不断提升。

二　国家治理现代化进程中的省域命题

党的十九届四中全会对坚持和完善中国特色社会主义制度、推进国家治理体系和治理能力现代化作出了重大战略部署，强调要"完善党委领导、政府负责、民主协商、社会协同、公众参与、法治保障、科技支撑的社会治理体系"，这为省域治理提供了根本遵循，在省域治理中必须坚持党的领导、不断深化改革创新、统筹协调发展、坚持依法治理，以此构建高效、透明、公正的省域治理体系，实现经济社会可持续发展。

（一）坚持党的领导是省域治理的根本原则

习近平总书记指出，"党的领导决定中国式现代化的根本性质"①，党的全面领导是省域治理的根本政治保证。具体而言，建立健全党的全面领导制度是确保党对省域治理有效实施的基础。这需要将党的领导原则贯穿于省域治理的各个环节和方面。

一方面，通过建立党委领导下的地方各级政府组织结构，明确党委在决策、部署和监督中的主导地位，确保党的政治路线和方针政策贯彻落实。强化组织指挥体系，建立权责清晰、层层递进的纵向治理架构，完善省域治理指挥链，包括加强党委的组织协调能力和决策指导能力，确保在党委决策指导下各级政府、各部门之间的协同配合和信息畅通。明确各级党组织在省域治理中的职责和权限，形成层层递进、有序高效的决策执行体系。

另一方面，完善权力运行制约和监督机制是党对省域治理全面领导的重要保障。建立健全覆盖省域各层级政府的监督体系，将内部监督和外部监督

---

① 习近平：《中国式现代化是中国共产党领导的社会主义现代化》，《求是》2023年第11期。

相结合。在内部监督方面，要规范党内政治生活和加强党内监督，建立健全党内纪律检查体系，加强对党员干部的日常管理和监督，确保党员干部忠诚履职、廉洁奉公。在外部监督方面，应加强人大、政协、监察机关等对省级政府的监督，建立健全政府信息公开制度，提高政府决策的透明度和公众参与度。此外，还需要建立健全追责问责机制，对失职失责、违法违纪行为依法追究责任，确保党始终成为省域治理的坚强领导核心。

（二）深化改革创新是省域治理的动力源泉

坚持改革创新、与时俱进，善于自我完善、自我发展，是我国国家制度和国家治理体系的优势之一，也是新形势下省域治理的必然要求。

一方面，破除制约省域治理的顽瘴痼疾，坚持问题导向，深化改革创新。这意味着要全面审视当前省域治理中存在的问题和挑战，积极主动地推动制度创新和体制机制改革。在财政体制机制方面，可通过探索建立适应地方发展需求的分税制和财力保障机制，促进财政资源的合理配置和使用。在文化体制机制方面，加强文化产业的发展，推动文化创意产业融合发展，提升地方文化软实力。在社会治理体制机制方面，提升社区治理和基层自治能力，推动社会组织参与社会管理，形成共建共治共享的社会治理格局。

另一方面，不断促进信息技术与政府治理深度融合，建设数字化、智能化的省域治理体系。如今信息技术快速发展，可将其与地方各级政府的治理实践相结合，以实现更高效、更精准的治理。在建设数字化基础设施方面，加强网络基础设施建设，提升通信和数据传输速度和质量，为省域治理提供坚实的技术支撑。在建设政务大数据体系方面，制定统一的数据标准并建立数据共享机制，整合各部门、各层级的数据资源，实现数据的互通共享和跨部门的信息共享。同时，要运用人工智能、大数据等技术手段，深入挖掘数据价值，为决策提供科学依据。要通过数字化、智能化的手段，更有效地提升省域治理的效率和精确度，更好地满足经济发展、市场监管、社会治理、生态保护、公共服务等各方面的需求。

（三）统筹协调发展是省域治理的重要目标

人民日益增长的美好生活需要和不平衡不充分的发展之间的矛盾是我国社会主要矛盾，也是省域治理需要重点解决的难题。省域协调发展要从两方面着力推进。

一方面，省域治理需要立足全局，统筹推进省域各领域的发展。在坚持党的领导的坚实基础上，提高党的执政能力和水平，确保政治稳定和决策的科学性。实施区域协调发展战略，推动产业结构优化升级，促进经济增长方式转变，实现高质量的省域经济发展。进一步加强文化传承和创新，丰富地方人民群众的精神文化生活，打造具有强大软实力与影响力的社会主义先进文化。提升各地方民生福祉水平，促进社会公平正义，强化覆盖面广泛的社会民生保障体系。此外，坚持绿色发展理念，推动资源节约型、环境友好型社会建设，实现经济建设与生态文明建设的协同发展。

另一方面，省域治理的范围在空间维度上包含城市和乡村，需要健全城乡融合发展的体制机制和政策体系。在推动省域交通一体化方面，持续加强交通基础设施建设，提高城乡交通的便捷性和连通性，促进资源要素的流动和优化配置。在教育、医疗等领域推动资源共享化方面，优化城乡教育、医疗资源的统筹规划和配置，提高基层教育、医疗服务水平，缩小城乡差距。在产业合作化方面，持续推动城乡产业融合发展，促进农村产业升级和农民收入增加，实现城乡经济的良性互动和协调发展。

（四）坚持依法治理是省域治理的底线要求

法治是治国理政的基本方式，省域治理要着重发挥法治固根本、稳预期、利长远的保障作用。提高省域治理整体效能，要强化依法治理，善于运用法治思维和法治方式解决省域治理中的顽疾与难题。

首先，完善立法体制机制是加强省域治理法治化的重要举措。立法是法治的基础和核心环节，需要坚持问题导向，针对省域治理中的现实问题，及时出台与之相适应的法律法规。加强对法律的宣传和解读，增强公众的法律意识，增强法律的权威性和约束力。

其次，严格执法是加强省域治理法治化的重要保障。在生产安全、食品安全、生态环境、新型网络犯罪等领域，要加强执法力量和执法监督，确保法律的有效实施。例如，加强执法队伍建设，提高执法人员的素质和能力；加强执法监督，建立健全执法责任追究机制；加强执法信息化建设，提升执法的透明度和效率。

再次，坚持公正司法是加强省域治理法治化的重要保证。全面准确落实司法责任制，推进审判权独立、公正、公开，确保司法的公正性和权威性。加强司法人员队伍建设，提高司法人员的专业素养和道德水平；加强司法改革，完善司法制度和程序，提高司法效率；加强司法监督，建立健全司法责任追究机制，防止司法腐败和滥用职权。

最后，推进全民守法是加强省域治理法治化的重要环节。要将法治宣传教育作为省域治理现代化工作的基础性工程来抓，通过开展多种形式的宣传教育活动，增强全社会的法律意识，提高法治素养，如普及法律知识，加强法治教育，培养公民的守法意识和法律素养。加强法律援助工作，保障人民群众的合法权益。加强引导社会组织和公民参与法治建设，形成全社会共同参与、共同维护法治的良好氛围。

三　当前省域治理现代化的总体态势

党的十九届四中全会对推进国家治理体系和治理能力现代化作出了战略部署，为省域治理提供了重要遵循。在此基础上，浙江省率先提出省域治理现代化的重大命题，坚持以"八八战略"为统领、以"最多跑一次"改革为引领，推进省域治理现代化，随后江苏、湖北、广东等省份在深入贯彻落实党的十九届四中全会精神的基础上，立足省情，也相继展开省域治理现代化的探索，各省坚持党的领导，不断深化改革创新，治理体系日趋完善，治理效能不断提升。具体而言，可以从经济、政治、文化、社会、生态文明五个领域来呈现省域治理现代化总体态势。

（一）省域治理现代化的发展特征

1. 地方经济与产业发展逐渐高质量化

聚焦地方产业转型升级，推动经济高质量发展是当前地方各级政府的重点工作之一。在经济发展方面，我国东部经济较发达的沿海省份，如广东、浙江、江苏等，受益于区位优势，在经济发展和产业转型方面取得了显著成效，通过深化供给侧结构性改革、培育新兴产业融合集群、打造优质高效的服务体系等一系列举措，经济质量和竞争力不断提升。一些中西部地区，如山西、湖南、四川等，相对东部沿海地区经济发展水平较低，则把重心放在加强基础设施建设、承接产业转移和发展现代农业上，推动了城市化进程和农村发展。北部和东北地区经济结构相对较为单一，经济发展依赖资源开发，近年来通过加强与高校合作，引进先进技术和人才，加强科技成果创新转化，推进了产业结构调整与升级。

2. 政务服务数字化水平稳步提升

近年来，党中央积极推进地方各级政府的廉洁政府、服务政府、数字政府建设。在廉洁政府建设方面，广东、四川、河南等省份率先通过推行行政权力清单制度、加强行政监察和审计监督、健全领导干部插手干预重大事项记录制度等措施，推动了廉洁政府建设。在服务政府建设方面，各省通过深化"放管服"改革，推行"一窗受理、一网通办、一证通办"等服务模式，不断推进政务服务便利化。在数字政府建设方面，浙江、江苏、广东等经济发达省份通过深入推进政府数字化改革、建设数据共享平台、重塑治理流程，推进公共服务智能化、政务便捷化。

3. 地方文化事业发展日益繁荣

在国家对社会主义先进文化大发展大繁荣的持续推动下，我国各省份积极推进文化强省建设，地方文化事业发展取得了显著成效。广东、浙江、江苏、福建等东部省份，通过拓宽公共文化服务建设的财政投入渠道、创新公共文化服务供给方式等举措，在公共文化服务布局一体化、公共文化服务水平专业化、公共文化服务供给方式多元化等方面成效显著，中西部地区将重心放在基础设施建设上，基本建成了覆盖城乡的公共文化服务设施网络。在文化产业体系和市场体系建设方面，各省份通过健全文化产业政策法规、引导文化产业集聚发展、创新发展数字文化产业，文化及相关产业规模持续扩大，产业结构不断优化。

4. 社会治理与安全体系逐渐优化

在社会稳定方面，地方各级政府坚持以人民为中心，不断完善社会治理体系，社会稳定持续巩固。河南、四川、山东等省积极推进社会治理平台建设，通过建设"一中心四平台""有事来协商""社会治理网格化智能工作平台"等治理平台，有效回应民众需求，及时将矛盾纠纷化解在一线。广东、重庆、河北等地聚焦社会治安防控体系建设，通过建立完善的社会治安形势分析研判机制、健全部门联动机制、加强智慧公安建设，进一步织密城乡治安防控网络。湖南、湖北等省深化党建引领基层治理工作，通过"党建+微网格""纵向到底、横向到边"的治理体系建设，筑牢了基层治理的党建基础，推动省域基层治理效能提升。

5. 生态文明制度体系逐步形成

在生态保护方面，各地坚持"绿水青山就是金山银山"的发展理念，全方位加强生态保护，省域生态文明建设取得显著成效。一方面，各地各部门坚决贯彻落实党中央决策部署，全面落实河长制、湖长制、林长制，全面整治散乱污企业，加快推进清洁能源取暖改造，严格规范生态环境执法监管，通过一系列切实举措，织密生态环境保护网络，生态环境质量明显改善。另一方面，浙江、江苏等地加快建立生态产品价值实现机制，完善多元化生态补偿机制，探索出"竹林碳汇""绿票"交易等多种生态产品价值实现路径，生态环境保护者受益、使用者付费、破坏者赔偿的利益导向机制基本形成，推动经济社会发展和生态环境保护协调统一。

（二）省域治理现代化面临的主要问题

党的十九届四中全会以来，各地在推进省域治理现代化方面进行了一些积极的探索，取得了新成效、新进展。但是，省域治理现代化仍然面临一些问题与挑战，主要包括以下四个方面。

1.省域治理体系的结构有待进一步优化

当前，多数地区尚未形成政府、市场、社会等多元主体协同联动的现代治理体系结构，政府各部门之间、政府与市场和社会主体之间缺乏有效的工作协调机制，难以形成治理合力。"多元主体协同共治""整体性治理"等治理理念有待付诸实施。在实践中，政府常被视为省域治理的唯一主体，传统管理思维根深蒂固，强调政府主导的"一元管理"，"干部干、群众看"现象仍然比较明显。截至2022年底，我国社会组织登记总数达89.13万家①，但是部分省份的社会组织数量仍然偏少，再加上缺乏相应的治理参与机制，省域基层治理出现"社会失灵"的现象，制约着治理效能的提升。

2.省域治理的制度体系尚待进一步完善

省域治理的制度体系是省域治理的基础和保障，其完善程度直接关系到省域治理的水平。然而，在推进省域治理现代化的具体实践中，部分地区未站在全局角度进行顶层设计，省域治理中党的领导制度体系、省域法治体系、社会治理体系、民生保障体系等一系列以"省域"为主体的制度体系和政策文件尚未形成。省域治理存在碎片化现象，不同领域的政策、规定之间缺乏有效的衔接和配合，导致各部门职责交叉重叠，影响治理效果。

3.各级地方政府的权责关系尚需进一步明确

我国现行的分税制财政体制没有确定省级政府与省级以下地方各级政府之间的财力分配，省级政府在管理上对下级政府有绝对的权威。省级政府拥有省级以下财政事权与支出责任的划分和裁决权，其往往将主导行业、支柱产业等收入划归省级，或者在共享税的分享上占据主导地位。而目前我国政府简政放权改革不断走向深入，基层政府事权扩大，治权下沉成为近几年基层治理中的突出现象。由于缺乏明确的财政事权划分标准，省级政府往往将过多的财政事权下移给下级政府，基层政府承担着过量的医疗卫生、基础教育、基础设施建设等职能，财政支出几乎覆盖整个事权范围。基层政府治理

---

① 黄晓勇：《社会组织蓝皮书：中国社会组织报告（2023）》，社会科学文献出版社，2023。

事务日益增加，本应该获得更多的人力、物力、财力支持，实际上却表现为治理责任下沉，权力资源仍在上级政府手中，导致基层政府权责失衡。

4. 省域治理的方式亟待进一步创新

当下数字政府建设面临突出的"信息孤岛"问题。一是跨部门跨层级联动不畅。省内各系统、各部门之间缺乏协同，各部门自建业务系统，信息共享与交换流通阻塞，行政效率有待提高。二是建设缺乏整体规划。从纵向看，数字政府建设关注点在省厅层面，尚未将各市县纳入数字政府建设总体布局，造成数字资源的浪费。三是建设与运营衔接不畅。数字政府建设中并未充分借助数字技术优化行政流程和政府治理体系，各部门往往关注自己的业务需求，并未形成有效的部门间协同治理模式。四是数据共享推进缓慢。数据中心数据的采集更多是为了达到"应汇尽汇"的要求，数据库中的数据存在"储而不用"的问题，数据使用机制不健全，大量数据缺乏应用场景。

四 推进省域治理现代化的思路和路径

推进省域治理现代化是应对中国式现代化进程中发展不平衡不充分问题、解决治理难题的重要任务。然而，在一些省份，仍然面临治理体系结构中主体关系不明确、治理的制度体系不完善、不同层级政府之间权责关系模糊以及治理低效等方面的问题及挑战。为此，推进省域治理现代化应从国家政策的引导以及治理实际所面临的问题进行谋划。

在落实国家政策层面，省域治理现代化应以习近平新时代中国特色社会主义思想为指导，全面贯彻党的二十大精神，坚持党的全面领导，坚持改革创新，统筹推进"五位一体"总体布局，深入实施区域协调发展战略，构建系统完备、科学规范、运行有效的省域治理体系，提升省域治理能力和效能，为实现中华民族伟大复兴中国梦提供坚实保障。

在省域治理实践层面，推动省域治理现代化则需要进一步深化改革，优化治理体系的结构，建立协调高效的决策机制和执行体系，进而完善制度体系，健全法律法规，提高法治化水平，增强法律的约束力和权威性。同时，明确地方各级政府的权责关系，建立合作共治的协调机制，实现省域治理的整体性和协同性。此外，还需要创新治理手段，充分发挥信息技术的作用，推动数字化、智能化的治理模式和工具在社会治理与民生保障方面的应用。

在遵循以上思路和目标要求的前提下，推进省域治理现代化应该聚焦五大体系建设，即完善党的领导制度体系、高质量发展的经济制度体系、现代法治体系、社会治理体系、民生保障制度体系，以落实国家相关政策的要求，有效应对在治理过程中所面临的问题与挑战。

（一）完善和健全党的领导制度体系，提高党科学执政、民主执政、依法执政水平

党的领导是党和国家的根本所在、命脉所在，是全国各族人民的利益所系、命运所系，党的领导在省域治理中居于统领地位，推进省域治理现代化最根本的是健全党的领导制度体系，把党的领导落实到省域治理各领域、各方面、各环节，更好发挥党总揽全局、协调各方的领导核心作用。

首先，坚持和完善党委领导的省域治理体制。健全党委议事决策工作机制，由省委、省政府成立省域治理工作委员会与省域治理工作领导小组，加强重大决策的科学论证、风险评估，协调各方力量，推进省域治理相关体制机制重大改革，形成问题联治、工作联动良好局面。

其次，健全完善把党的领导落实到基层的组织体系。构建纵向到底、横向到边的组织体系，完善以村（社区）—网格—党员联系户三级党建网格为基础的基层组织体系，加强以党组织为领导的村级组织配套建设，夯实党的组织体系的基本单元，畅通贯彻落实党的决策部署"最后一公里"。织密行业和区域党建"两张网"，加强快递物流业等新兴业态党建工作，构建区域统筹、上下联动的组织体系，推动党的工作覆盖社会各类群体。

最后，建立健全权力运行监督和制约机制。建立健全立体多维的权力监督体系，加强对重点领域、重要部门、关键岗位领导干部的监督；健全监督

网络，形成以党内监督、人大监督、监察监督、政协监督、司法监督、舆论监督等为主体的全方位的权力监督格局；完善论证、评议、听证制度，保障人民依法通过协商、座谈会、听证会等途径，参与省域社会事务治理。

（二）健全省域经济制度体系，推动经济高质量发展

实现更高质量、更可持续的发展是治理的努力方向和落脚点，以省域高水平治理助力经济高质量发展，关键在于健全省域经济制度体系。

首先，建立健全区域协同发展机制。省级层面应结合各县（市、区）资源优势和发展基础，统筹规划域内产业布局，做优城市功能，推动产业上下游就地布局，提升协作效能；统筹健全以中心城市为核心、周边城市协同发展的都市圈一体化机制，推动交通一体化、教育与医疗等资源共享化、产业合作化；建立城乡统一、产权明晰、合理有序的土地要素市场体系，促进农村土地经营权流转交易、集体经营性建设用地入市，促进城乡要素自由流动；完善省域对口帮扶机制，推动省内经济强县对欠发达县结对帮扶，增强省域经济发展活力。

其次，优化省域营商环境。做优政务服务，全面梳理政务服务事项，推行服务企业全生命周期"一件事一次办"，形成"最多跑一次事项清单"，通过各部门系统对接和数据共享，减少办事环节，精简申请材料，压缩办理时限，提高办事效率。做好金融服务，推进农村金融改革，健全农村金融服务体系，因地制宜开发农村金融产品和服务，完善金融支持民营企业、小微企业发展体制机制，建立健全金融风险预警和监测机制，强化金融服务企业主体能力。

最后，建立健全省域经济社会发展的规划引领机制。建立健全发展规划、空间规划、专项规划和区域规划相协调的统一规划体系，顺应人口城镇化、产业规模化、服务便利化趋势，科学布局省域内产业，促进产城、产镇组团发展，按照突出特色、协调发展、职住平衡原则合理布局生活和生产空间，引导资源要素向优势产业集聚，推动产业创新融合发展，推动形成优势互补的区域经济发展格局。

（三）健全省域现代法治体系，提高省域依法治理效能

"社会治理必须透过法治保证治理系统内在协调、稳定主体间互动预期和防范治理陷阱。"[①] 提高省域治理效能关键在于健全省域现代法治体系，将省域治理纳入法治化轨道。

首先，完善省域立法体制机制。完善以宪法为核心的中国特色社会主义法律体系，加强省域生态治理、区域协调发展、科技创新转化、知识产权保护等重要领域立法；完善省委领导、人大主导、政府依托、各方参与的立法工作格局，健全新领域、新业态立法专家论证参与机制，推动以良法促善治。

其次，健全社会公平正义法治保障制度。坚持科学立法、民主立法、依法立法，健全以公平为原则的省域知识产权保护制度，依法平等保护产权、保护各类企业和经营者的合法权益；聚焦省域法律制度短板，重点完善省域共同富裕、公共服务均等化、社会保障等有关领域的立法。深化司法体制改革，坚持以优化省域司法职权配置为重点，健全司法权力分工负责、互相配合、互相制约机制，完善省域司法权力制约监督体系，确保执法、司法在有效制约与监督下进行。

最后，构建协同高效的依法行政体制。深化省域各级政府机构改革，优化调整政府职能，围绕实现个人和企业"一件事一次办"，优化政务服务；严格落实重大行政决策法定程序，完善专家参与重大公共决策的政策保障和激励措施，建立健全重大决策风险评估机制，按照"谁主管，谁负责；谁评估，谁负责"的原则，明确各级单位主体责任；完善政府权力清单和责任清单，建立健全权责清单制定、公布、运行和管理机制，编制省域各级行政机关行政职权运行流程图，推动地方各级政府的职责明晰化，进一步将权力适度下放，激发地方政策活力，推进权限、程序、责任法定化。

（四）健全省域社会治理体系，维护省域社会和谐稳定

社会治理事关省域社会稳定，是省域治理的关键任务，必须坚持共建共

---

① 江必新、王红霞：《社会治理的法治依赖及法治的回应》，《法制与社会发展》2014 年第 4 期。

治共享，完善党委领导、政府负责、民主协商、社会协同、公众参与、法治保障、科技支撑的社会治理体系，以优化省域治理的结构，提高社会治理水平，加快建设社会治理共同体。

首先，加强社会治理平台建设。建立"全省一盘棋"省域社会治理工作机制，全面爬梳省域社会治理涉及的各类事项，以数字化手段搭建省、市、县、乡"一网共治"体系，全面纳入市政、公安、交管等业务，做到一网全覆盖。构建横向联动、纵向贯通的闭环业务流程，完善包括事件上报、事件受理、事件分拨、联动处置的闭环管理机制；建立健全考核评价体系，将事件办结率、群众满意度等指标纳入考核，切实提高群众来电、来诉、来访的办理质效。

其次，完善社会治安防控体系。建立健全省域社会治安风险研判分析机制，充分利用人工智能、大数据等技术手段，强化风险研判和监测预警；完善省域应急管理体制，构建统一指挥、专常兼备、反应灵敏、上下联动的应急管理体制，健全省级应急管理案例库，按照自然灾害、事故灾害、公共卫生事件和社会安全事件等类别，建立案例数据库，总结以往防范风险的经验，科学制订防范风险预案；健全基层防控治理网络，推动预防、监测、处置、救援资源和力量下沉。

最后，强化自治、法治、德治相结合的基层治理方式。健全党组织领导的基层群众自治制度，依法依规明确基层自治组织权责，健全村（居）民议事决策机制，形成民事民议、民事民办、民事民管的多层次基层治理格局；健全基层法律服务体系，以村（社区）为单位设立法律顾问，加强基层法治文化宣传、法律服务；持续推进精神文明建设，发挥"最美家庭""文明示范户"等道德典型示范作用，用好党群服务中心等阵地，开展移风易俗宣传教育，加强村规民约、居民公约审核，引导道德规范形成，推进文明乡风建设。

（五）健全民生保障制度体系，更好满足人民日益增长的美好生活需要

省域治理的最终落脚点在于服务群众、造福群众，满足人民日益增长的

美好生活需要。社会保障制度是一种旨在保障和改善民生、维护社会公平、增进人民福祉的基本制度，必须健全和完善覆盖全民、统筹城乡的多层次民生保障制度体系。

首先，建立高质量就业促进机制。强化就业优先，加强法治保障，优化涉企服务，支持省域内民营企业高质量发展，鼓励企业吸纳毕业生，促进农村劳动力转移；开展职业技能培训，支持企业技能人才自主评价，优化补贴申领流程、办理条件、申请材料，缩短办理时限，提供便捷服务；营造省域公平就业制度环境，建设统一开放、竞争有序的省域人力资源市场，完善退役军人、被征地农民、零就业家庭、残疾人等群体就业支持体系，提升就业质量，稳定就业局势。

其次，建立统筹城乡的公共服务供给机制。深化户籍制度改革，持续完善以居住证为载体的城镇基本公共服务提供机制，公共服务设施配置充分考虑人口结构、空间分布等因素，实现公共服务均等化、标准化供给。

最后，健全覆盖全民的社会保障体系。坚持省域内养老、医疗、失业、工伤、社会救助、住房保障等各方面工作一体谋划。推进全民参保，针对新业态从业人员、农民工等重点群体特点，分类施策、精准扩面。健全分层分类的社会救助体系，加强对低收入人口的动态监测，构建综合救助格局。

中国未来的省域治理在对以上五大体系的持续推动过程中，还要进一步朝着数字化、智能化和创新化的方向发展。这将为中国式现代化进程提供强有力的支持和推动力，实现高效、公正、可持续的发展目标。未来的省域治理将以更加开放的态度，积极融入更为广阔的省际区域与全球治理体系，加强地区与国家之间的交流与合作，共同应对全球挑战，构建更加繁荣、和谐的未来社会。

理 论 篇

第二章　省域治理现代化：历史与理论的双重维度[*]

　　自 20 世纪以来，现代化（modernization）一直是世界各国共同关注的重要议题。其主要内涵是指"自工业革命以来现代生产力导致社会生产方式的大变革，是工业主义渗透到经济、政治、文化、思想各个领域并引起社会组织与社会行为深刻变革的过程"[①]。对发展中国家来说，现代化在带来社会进步的同时也伴生着一定的治理困境。中国作为当今世界最大的发展中国家，一直在不断探索适合自身实际的现代化道路。

　　从新中国成立初期的社会主义改造，到党的十一届三中全会开启的改革开放以及党的十七大提出把我国建设成为富强民主文明和谐的社会主义现代化国家，都是中国为实现国家现代化目标所作出的重要探索与努力。在社会

---

[*]　执笔人：袁方成，华中师范大学政治与国际关系学院教授、博士生导师，研究方向为中外地方与基层治理；郭申佑，华中师范大学政治与国际关系学院博士研究生。

[①]　罗荣渠：《现代化新论——世界与中国的现代化进程》，商务印书馆，2004，序言第 5 页。

主义现代化的发展进程中，中国逐渐认识到推进国家治理体系和治理能力的现代化不仅是坚持和发展中国特色社会主义的必然要求，也是实现社会主义现代化的重要任务。党的十八届三中全会通过了《中共中央关于全面深化改革若干重大问题的决定》，在之前工业、农业、国防与科技"四个现代化"的基础上明确提出了"第五个现代化"，即国家治理体系和治理能力的现代化。随后，党的十九届四中全会通过了《中共中央关于坚持和完善中国特色社会主义制度　推进国家治理体系和治理能力现代化若干重大问题的决定》，明确了坚持和完善中国特色社会主义制度、推进国家治理体系和治理能力现代化的重大意义和总体要求。

习近平总书记指出："国家治理体系是在党领导下管理国家的制度体系，包括经济、政治、文化、社会、生态文明和党的建设等各领域体制机制、法律法规安排，也就是一整套紧密相连、相互协调的国家制度。"[①] 这种紧密相连的国家治理体系包含宏观、中观与微观三个层面。具体而言，宏观层面即国家治理，包括对于国家长远发展战略以及政策的制定；中观层面则为省域治理以及市域治理，是国家治理层面联结基层治理的"中介"；微观层面即基层治理，包括县域以及乡镇（街道）治理两级，是国家政策在基层地区的体现。这三个层面密切相关，共同构成中国特色的国家治理体系。

长久以来，学术界把目光较多地聚集在国家治理以及基层治理两个层面，在探索的过程中，"中央引导与基层治理创新"成为当前国家治理创新的经典模式，对省域这个中间层级的探索相对较少。[②] 但是，在中国的治理和改革实践中，省域治理作为国家治理体系关键层面的必要性以及省域治理研究在推进国家治理现代化研究中的重要地位越发凸显。

一方面，作为一个幅员辽阔的国家，中国在社会、历史、自然等方面的资源禀赋存在巨大差异。在这种情况下，如何使中央的顶层设计在地方得以

---

① 《习近平谈治国理政》，外文出版社，2014，第91页。
② 褚建国：《省级政治家们的作为空间》，《领导文萃》2013年第16期。

实施，如何实现中央的统一性政策和地方的差异性政策的有效对接，这些都成为国家治理现代化实践中必须重视的关键问题。另一方面，随着全面深化改革的持续进行，国家治理积累了丰富的理论成果和实践经验。在基层治理领域，逐渐涌现出灵活的治理观念和创新的治理工具。这些经验为政策的创新和有效实施提供了丰富的借鉴。这些治理经验推动各级政府更好地应对各种挑战和问题，推动治理体系的现代化发展，提升国家治理的能力和水平。然而，基层治理中的问题与困难在不断凸显。尤其面对资源分配不均衡、信息滞后、治理效能低下以及民众参与度较低等问题时，省域治理的作用就显得尤为重要。省域治理不仅是国家顶层设计在地方的落实与创新，更是解决这些治理问题的关键。因此，省域治理现代化是实现国家治理体系和治理能力现代化的重要前提，更是其重要的组成部分，应该得到更多的重视，对省域治理的研究也具有非常重要的意义。

省域治理应基于科学的理论框架进行分析。省作为国家治理中重要的一级单元，在中国历史上有悠久的发展历程。秦朝时期的郡治理，唐宋时期的道、路治理，以及元朝的行省治理等，都为省域治理的变革提供了重要参照。通过对历史的回顾和研究，我们可以了解省域治理实践的演进方向和变革的动力。此外，西方发达国家的现代化发展相对较早，其省域（区域）治理的整体主义思维、渐进式的发展逻辑等相关经验启示同样值得借鉴。参照中国省域治理的历史演进特点以及西方典型国家省域治理的相关经验，有助于我们更好地理解当代中国省域治理的主体、结构、功能与特征以及省域治理的内涵与本质，深刻认识中国省域治理现代化的重大意义、相关目标要求以及未来的推进路径。

从历史和理论的维度来看，省域治理具有以下几个重要特点。第一，它是中国历史的重要组成部分，历史上省域治理的不断变革推动着国家的发展。第二，我国省域治理的最大特色与优势即为坚持党的领导，同时不断发挥地方各级政府在治理中的协调引导作用。第三，在构建省域治理体系的过程中，不断推进省域社会各项事务更加制度化、规范化与程序化。第四，在省域治理的基本方略与基本方式上逐渐实现法治、德治、共治与自治的结合。第五，它是中国特色社会主义制度及其执行能力的重要体现，更是推动国家治理现代化的重要前提。本报告主要由以下部分构成：中国省域治理的历史源流、当代中国省域治理的阶段性发展、省域治理的法美模式及经验启示、省域治理现代化的目标路径。

一　中国省域治理的历史源流

"省"在古代主要指皇权威严的宫廷禁地要地或者中央政府机构名称，如中书省、尚书省以及门下省。早在《汉书》中就有"省中"的表述。[①]随着历史的发展，出于统治的需要，魏晋时曾将主管中央政务的尚书台部分官署临时派驻到地方，称为行台。元朝设立行省制度后，省逐渐演变为我国古代地方最大的行政单位。因此，在中国的传统帝制与近代历史时期，"省域"主要指一种行政区划，而"省域治理"则主要描述的是中央政权对省级或类似地方区域的管理和控制。省的设立和发展通常与国家的历史发展、地理以及人口等因素密切相关。[②]在我国历史的不同发展阶段，一级行政区域的命名和治理内容都会因应时代变迁而发生变化。

中国作为一个拥有数千年历史的文明古国，其省域（一级行政区）治理的历史演变异常复杂，既承载了悠久的历史与文化传统，也反映了时代变迁和社会进步的脉络。本部分将对中国传统帝制与近代历史时期省域治理的实践与发展进行梳理。在此过程中尝试从不同时期省域的行政区划变革、央地关系以及治理内容等方面揭示省域治理变革的整体规律和特征。

（一）传统帝制时期的一级行政区治理

我国最早的一级行政区可以追溯到秦朝的郡县制，历经唐宋时期的道、路制，元朝在前朝的一级行政区划制度基础上建立了行省制度。

---

① 参见《汉书》卷七《昭帝纪》，中华书局，1962，第218页。
② 傅林祥：《江南、湖广、陕西分省过程与清初省制的变化》，《中国历史地理论丛》2008年第2期。

行省制作为我国历史上重要的行政模式之一，与秦汉时期的郡县制和唐宋的道、路制相比，在巩固国家统一、促进经济发展、加强文化交流与强化边防管理等方面发挥着更重要的作用。行省制这一重要的行政区划制度也被明朝和清朝沿用，并在不同的时期进行了相应的调整，表现出不同的治理方式与特点。

1. 元朝时期之前：一级行政区治理的探索与演进

在元朝之前，中国的一级行政区划历经秦朝的郡、唐朝的道和宋朝的路的演变。一级行政区划的变迁反映了中央政权如何调整其治理策略来维护国家的统一和稳定。

追溯历史，秦朝作为中国历史上第一个大一统王朝，在国家管理上推行单一的郡县制，分天下为三十六郡，后由于统治需要，增至四十八郡。郡的所有官员由中央政府任命，他们不再是地方的领主，而是中央政府的代表。郡县制的建立，强化了中央政府对地方的控制力度，也为之后的行政区划分奠定了基础。

汉朝时期，郡县制度得到了进一步的完善和发展。在行政管理方面，中央集权化的趋势更加明显，地方官员的任命、晋升和审计都严格受到中央政府的控制。在财政税制方面，汉朝实行了按编户征收租赋和征收徭役、兵役的制度，强化了中央对地方经济的控制。[①] 在地方与社会治理方面，汉朝设立了诸侯国和屯田制，提高了地方的农业生产水平，推动了国家对地方农民生计问题的解决。

唐朝时期将"道"设置为一级地方行政区，全国分为十道，每道设有节度使，主要负责军事防御。在唐朝中后期，由于安史之乱等一系列战乱，节度使逐渐获得了实质性的地方行政权和财政权，形成了藩镇割据的局面，弱化了唐朝的中央集权制度。

宋朝在唐朝"道"的基础上进行改革，设立了"路"作为宋朝的一级行政区，下设州、县。各路设有转运使，负责地方的财政管理。在财政方

---

① 《汉书·晁错传》，缩印百衲本，商务印书馆，1958，第 620~622 页。

面，宋朝实行了革新的税制，如青苗法与差役法等，使得中央进一步强化了对地方的财政控制。[①]

2. 元朝时期：地方内部权力相互制衡

"行省"是元朝设置的一级行政区，"行省制"的确立是我国历史上行政制度的一次重大改革。元朝的行省制，实际上是一种代行中央权力对地方巡视的制度。追溯其历史的发展，虽然"行省"二字为元朝的初创，但实则来源于西晋时期地方巡视的"行台"制度，后经过南北朝、隋唐时期的演变与发展，在金朝时改名为"行台尚书省"，目的是对地方进行相应的分权以降低朝廷治理的压力。尚书省时为金朝的最高行政机构，故而行台尚书省则为尚书省的委派机构，以管理汉人生活地区。随后汉地直属中央管辖，结束了金朝"分而治之"的政策。元世祖忽必烈即位后，着手于对蒙古旧制进行改革，采用汉法设立了中书省，其改革的基本点在于中央立"省部"以"大总其纲"。[②] 从中统到至元年间，元朝陆续设置了若干行中书省机构，以分辖地方。至此，中国历史上的行省制度正式确立。

元朝在全国范围内设立了 10 个省级行政区，分别是岭北、河南江北、辽阳、江西、江浙、甘肃、湖广、四川、陕西和云南。每个行省设有行省平章政事，即为行省的第一官员，由皇帝直接任命。此外，每个行省下设有行省参知政事，负责协助平章政事管理行省事务，以避免大权独揽于一人之手，让地方官员之间的权力相互制衡。与此同时，设置御史台等监察机构，以监督地方官员的行为与政绩。元朝的行省制度在一定程度上加强了中央对地方的控制，也提高了行政效率。为了顺应元朝的统治需求，忽必烈任命大量的蒙古人为省级地区的重要官员，以加强元朝对地方的直接控制。同时，元朝也大规模任命了汉人作为地方官员，这些汉人通常具有丰富的学识和经验，能够有效地管理地方事务。

元朝的省域治理内容主要包括经济管理、边疆治理以及社会治理等方

---

① （清）徐松：《宋会要辑稿：食货十一之十》，影印本，中华书局，1957。

② （元）郝经：《陵川集》，四库全书本，第 1192 册，第 365 页。

面。在经济管理方面，主要体现在税收政策上。如"赋税差役制"，按南北地区的不同采取不同的征派赋役方式，北方主要以户口征收，南方则按土田征收，极大地加重了南北各省民众的负担。[1] 在边疆治理方面，元朝针对西南地区设立了土官制度，同时以行省制对边疆地区进行管理，加强了对边疆地区的军事控制。[2] 在社会治理方面，主要包含对社会秩序的维护、对民族关系的处理等。元朝采取了一系列政策，如实行民族区分政策，严格区分蒙古人、色目人（中亚、西亚人）、汉人、南人等，各民族之间的交往受到限制。

元朝时期的行省制度大致有以下特点。首先，行省在区划性质上具有双重属性，既是中央政府对地方的直接统治机构，也是地方最高行政机构。其次，行省制度在地方政府职能和权力行使方面实现了中央集权的目标，同时部分权力也被下放给地方，使得行政、军事和司法等方面的权力表现出多层次、分散化的特点。这种制度安排在一定程度上平衡了中央与地方的关系，既保证了中央的统一领导，又兼顾了地方的实际情况。最后，行省制度在制度层面独具一格。它既不同于传统中原王朝的行政区划制度，也不同于蒙古汗国的旧制，而是融合了蒙古法和汉地监察传统的因素。通过行省制度的实行，中央与地方之间形成了相对平衡的权力结构。这一结构以中央集权为基础，同时适度赋予地方一定的权力。行省制度使得朝廷能够掌控军队和官员的任命，同时将一部分权力下放至行省，使得行省能够在中央的指导下集中权力。这种制度安排使得朝廷能够直接指挥行省，并赋予行省在处理具体问题（如行政、军事、财政和司法等）时相当程度的自主权。元朝广泛设立行省，实现了较为全面和深入的统治，并积极推动经济发展和资源开发，取得了显著的成果。[3]

元朝开启了中国历史上真正的"省制"，其行省制度以及治理方式对中国的治理模式产生了深远的影响。然而，元朝在地方治理上也存在一些问

---

[1] 《元史》卷二《本纪第二　太宗》，中华书局，1976。
[2] 韩儒林：《元朝史》（上册），人民出版社，1986，第5页。
[3] 李治安：《元代行省制度》，中华书局，2011，第5页。

题。首先，元朝的民族区分政策在一定程度上加剧了不同民族间的隔阂，使民族关系的处理更为困难。其次，元朝的重商轻农政策导致了农业经济的衰退，对社会的稳定构成威胁。最后，由于行省制度的建立，地方可以拥有独立的武装部队，容易滋生官员贪腐行为。虽设有御史台，但其监察也时常偏袒北方的行省。南方的行省地处江南地带，物产丰富，却时常将大量的粮食和财物运往北方，这种局面一直持续良久。严重的官僚腐败与严苛的税收导致民不聊生与大规模农民起义爆发。最终朱元璋结束了元朝统治，创立了明朝，行省制度也被延续了下来。

3. 明朝时期：地方权力进一步弱化

明洪武九年（1376），明太祖朱元璋取消行省制，改行中书省为承宣布政使司，简称为布政使司或布司，但人们仍习惯上称为省。"然布政使司，连四字为言，而行省则又可单称为省，人情乐趋简便，故旧制虽改，而当时流俗，止称为省。"① 除此之外，在省一级地方行政体系还设置了提刑按察使司和都指挥使司，各自简称为按司和都司，与布司合称为"三司"。遇到重大事宜，需"三司"合议，呈报中央。洪武十三年（1380），朱元璋废中书省分权于六部，六部直接对皇帝负责。正统六年（1441），经几次名称变更后，北京复定为京师，为北直隶，南京为南直隶。至此，两京十三布政使司成为明朝定制。两京即京师、南京；十三布政使司为江西、福建、浙江、湖广、广东、广西、山东、山西、河南、陕西、四川、贵州、云南。明朝地方一级行政机构建置完成，在中央，两京并立；在地方，布政使司、提刑按察使司和都指挥使司"三司"并立，分别执掌民政、监察和军事权力。

"三司"在地方上相互牵制，直隶于中央，巩固了中央集权。但因"三司"相互制衡，故遇突发事件它们互相推诿，行政效率低下，于是明朝派遣官员巡抚地方，解决突发事件。明中期以后，总督和巡抚渐成定制，有了相对固定的辖区，督抚成为最高一级地方行政长官。其中巡抚主要负责行政

---

① （清）章学诚：《文史通义》卷六外篇一，上海古籍出版社，2015。

管理，而总督则主要掌管军事，节制巡抚。

在明朝的央地关系方面，中央进一步强化了对地方的控制。一方面，明朝建立了相比元朝更为严密的监察体系，包括御史台、都察院、监察御史等，监督地方官员的行为，保证了皇帝的绝对权力。另一方面，朱元璋废除丞相后，进一步发展并完善了科举与官员任命制度，使得官员的任命权完全掌握在皇帝手中。

明朝的省域治理包括经济建设、边疆治理以及社会治理等多个方面。明朝在地方设立了布政使、总督等官职，以加强对地方事务的管理。在经济建设方面，相关政策主要体现在对农业的重视、对工商业的限制等方面。如明朝实行海禁政策，其目的是推动农业经济发展以及调配社会资源。在边疆治理方面，由于漠北的鞑靼、瓦剌诸部十分活跃，屡为明朝边害，尤其是在明中期最为严重，为防范"北房"南下，明朝修建九边重镇，修缮长城并驻重兵，以强硬的军事手段应对北方游牧势力。在云南等地派驻军队并推行土司制度。① 在社会治理方面，全国各府县建立"养济院"和"惠民药局"② 这些类似于现如今的社会福利组织的机构，加强社会对地方弱势困难群体的管理。

明朝的省域治理相比元朝时期更具综合性与全面性。在维护社会稳定、促进经济发展、防御外侮等方面起到了重要的作用，对中国历史的发展也产生了深远的影响。但明朝的省域治理同样有其局限性。如省与地方各级官员之间形成的"文官集团"职责界定不清，沟通协调困难，常常导致决策延误和执行不力。另外，皇权过于集中，地方官员往往缺乏足够的自主权，限制了地方治理的灵活性。

4. 清朝时期：地方自治能力不断提升

清朝承袭明制，顺治年间在地方行政制度上承袭明朝的承宣布政使司，全国设 15 个承宣布政使司。

---

① 土司制度由元朝的土官制度发展而来，即"以夷治夷"（通过对各民族或地区首领赐予爵禄的办法对其加以笼络，在各地区各民族之间实行间接统治）。

② （清）龙文彬：《明会要》卷五十一《民政二》，中华书局，1956，第 959 页。

清朝省级政区的最高行政长官为总督、巡抚。总督和巡抚原是明后期的最高一级地方行政长官，清朝对这一制度进行延续。乾隆二十九年（1764）确定全国为8个总督、15个巡抚的体制。其中8个总督为直隶、两江、陕甘、四川、闽浙、湖广、两广、云贵总督，15个巡抚为江苏、安徽、山东、山西、河南、陕西、福建、浙江、江西、湖北、湖南、广东、广西、云南、贵州巡抚。八总督十五巡抚制，最终成为清朝定制。

清朝初年，为了巩固统治，清政府强化了中央集权制度，在各省设立了总督和巡抚两个重要的行政职位，对地方行政、军事、财政等事务进行统一领导和控制。总督和巡抚负责监督和指导下属行政区域的行政、军事、财政等事务。在实际执行中，总督和巡抚的权力被严格限制，他们必须严格遵守朝廷的指示，不能擅自作出决定。此外，清朝早期实行了"满汉一体"的民族政策，在中央及各地继续使用部分明朝的官员，以保持各地的稳定。[1]

清朝中期，随着中央集权的巩固，省级行政机构的权力逐渐增强。总督和巡抚不仅负责地方行政、军事、财政等事务，而且开始介入地方教育等事务。此外，总督可以直接调动当地绿营进行军事行动，这使得他们在地方上拥有了相对较大的自主权。然而，清朝中期的省域治理面临严重的挑战。一方面，地方官员的权力过大，因而出现滥用权力、贪腐和不法行为。清政府实行了一系列的反腐政策，包括颁行了严格的地方官员考核制度和廉政法规，如雍正时期修成颁布的《大清律集解》，对于官员贪污的具体量刑作了较为明确的规定。乾隆年间，《大清律例》直接用图表的形式列举了六种贪腐行为的量刑，并直接将前朝时期经典的"六赃图"置于律令条文的篇首来告诫各级官员。另一方面，地方政府在处理海外贸易方面开始面临一些问题。为了有效应对，清政府在江苏、浙江、福建和广东四省设立了海关，负责处理与外国的贸易事务。但由于国家整体锁国政策的影响，对外贸易只在开放的口岸进行，且税率较低，管理制度也相对

---

① （清）赵尔巽等撰《清史稿》，中华书局，1977。

腐败。

鸦片战争后，清朝面临严峻的内外挑战，这使得其不得不对省域治理的相关政策内容进行一系列的调整和改革。这一时期的政策变迁反映了清朝对于应对外来压力、保持内部稳定、推动现代化改革的尝试。

在面临内外压力的同时，清朝在省域治理上实行了一系列的现代化改革。清政府推动了洋务运动，试图借鉴西方的科技和管理经验，改革传统的省域行政制度。在这个过程中，省级官员扮演了重要的角色。他们不仅负责实施中央的改革政策，而且在一定程度上拥有了自主改革的权力。以张之洞、左宗棠为代表的省级官员在地方上设立了现代化的学校和工厂，推动了地方经济的发展。尽管洋务运动取得了一些成就，但是由于清政府内部保守势力的阻挠，以及外部压力的加剧，最终未能实现其目标。

19世纪末，清朝的统治危机愈演愈烈。为维护统治，清朝在省域治理上实行了一系列的变革。1898年的戊戌变法是清朝试图进行全面现代化改革的重要尝试。清政府试图通过实行君主立宪制的政治体制，推动地方的现代化改革。然而，戊戌变法遭遇保守势力的严厉打压，最终以失败告终。此外，地方官员对中央的不满也加剧了清朝的危机。最终在1911年的辛亥革命中，许多省宣布独立，拒绝接受清政府的统治，至此，清朝的中央集权体制崩溃。1912年1月，孙中山在南京宣誓就职临时大总统，同年2月被迫辞去临时大总统职务，袁世凯上台后改组中华民国临时政府，进入中华民国的北洋政府时期。

元、明、清时期省级行政区划分见表2-1。

表 2-1 元、明、清时期省级行政区划分

朝代	时期	省级行政区名称	省级行政区数量	省级行政长官	长官职权
元	中统元年到至元前期	行中书省	不定	由中书省官员担任	临时处理军政事务
	至元中期以后	行中书省	十大行省	平章政事	辖区内军政事权

续表

朝代	时期	省级行政区名称	省级行政区数量	省级行政长官	长官职权
明	明初	行中书省	不定	占领军长官	军政大权
	洪武九年以后	承宣布政使司	13（不含两京）	布政使	民政、财政
	明中叶以后	承宣布政使司	不定	督抚	行政、军事、检察
清	顺治年间	承宣布政使司	15	督抚	总督：军政、民政、监察 巡抚：总管一省地方政务
	康熙年间	省	18	督抚	总督：军政、民政、监察 巡抚：总管一省地方政务
	光绪年间	省	23	督抚	总督：军政、民政、监察 巡抚：总管一省地方政务

资料来源：华林甫等《中国省制演进与未来》，东南大学出版社，2016，第14~64页。

（二）近代中国的省域治理

1. 北洋政府时期：混乱与割据

北洋政府时期基本沿袭清末的省制设23个省，但当时的台湾省被日本占领，所以北洋政府实际统治22个省，分别为直隶省、奉天省、吉林省、黑龙江省、山东省、河南省、山西省、江苏省、安徽省、江西省、福建省、浙江省、湖北省、湖南省、陕西省、甘肃省、新疆省、四川省、广东省、广西省、云南省、贵州省。除此之外，北洋政府控制的省级行政区还包括5个特别行政区、4个地方。5个特别行政区为热河、绥远、察哈尔、川边（后改称西康）、东省特别行政区；4个地方为京兆、青海、西藏、蒙古。①

_____

① 魏光奇、丁海秀：《清末至北洋政府时期区乡行政制度考略》，《北京师范大学学报》（社会科学版）2004年第2期。

北洋政府时期各省最高行政长官的官职名称变动较为频繁。1912 年 3 月，袁世凯在发布的临时大总统令中将各省的总督、巡抚改为都督。1913 年北洋政府颁布的《划一现行各省地方行政官厅组织令》《划一现行各道地方行政官厅组织令》《划一现行各县地方行政官厅组织令》中规定实行省、道、县三级行政区划体制，其中省行政长官称为民政长，1914 年公布的《省官制》又改省民政长官为巡按使，1916 年 7 月易名省长，掌管一省行政。省军政长官称为都督，1914 年改置将军，1916 年又改称为督军，1924 年易名督办，掌管一省军政。[①]

北洋政府时期，各地的军阀拥有极大的自治权，他们各自控制一个或几个省份，形成了实质上的"一省一阀"，甚至"一城一阀"的割据局面。他们可以自行收税和使用税收，不需要向中央政府缴纳。各省的行政机构相对独立，军阀们可以自行任命和撤换下属的官员，不需要中央政府的同意。总的来说，北洋政府时期的省域治理是"军阀割据"的代名词。由于各省军阀的争夺，加之社会经济的困难，北洋政府时期各省社会秩序常常动荡不安。

2. 南京国民政府时期：中央集权与近代化的尝试

南京国民政府依据孙中山《建国大纲》中"县为自治之单位，省立于中央与县之间"[②] 的设计，实行省、县二级制。改热河、察哈尔、绥远、青海、西康等地为省，设置宁夏省。同时还将直隶改为河北省，将奉天改为辽宁省，裁撤京兆地方，改北京为北平特别市。南京国民政府自 1927 年开始设立特别市，并将其晋升为省级行政单位。到 1930 年改特别市为院辖市，同年收回威海卫，设置威海卫行政区。

南京国民政府力图实现中央集权下的省域治理，通过各种措施削弱军阀的力量，加强对各省的控制，这是与北洋政府时期军阀割据局面的重要区别。在省域官员任命方面，各省的省长由中央政府任命，而不再由各地的军阀自行任命。此外，财政收入和支出都需上报中央政府，由中央财政部门进

---

① 《划一现行各县地方行政官厅组织令》，《政府公报》第 243 号，1913 年 1 月 9 日。

② 《孙中山选集》下卷，人民出版社，2011，第 626 页。

行统一的管理和调配。行政机构也要接受中央政府的领导和监督，各省的行政决策都要经过中央政府的批准，不能自行决定。然而，南京国民政府在追求中央集权的同时，也面临省域治理的诸多挑战，包括接连不断的战争、军阀势力的持续存在以及复杂的民族问题等。

3.解放战争时期：地域分裂的两种治理

由于解放战争的影响，中国的地域被划分为国民党控制的区域和共产党控制的区域，这一时期的省域治理也更具特殊性。随着中国共产党在解放战争中的连续胜利，解放区域不断扩大，解放区与非解放区之间的差异也逐渐显现出来。为了整合解放区的政权，党中央决定设立"大行政区"，在解放战争时期建立了陕甘宁边区政府、东北人民政府、华北人民政府、中原临时人民政府以及华中行政办事处等大行政区级的人民政权。这一制度的实施逐步形成了大行政区制度，主要遵循的是大行政区—省—县（区）—乡（村）的四级行政区划结构。这种制度安排在整体上确保了中央对地方的统一领导，同时也兼顾了地方的自治和管理需求。通过层层分级的管理结构，大行政区制度为解放区的政权运行和管理提供了有效的机制和组织保障。①

这一时期，国民党主要控制大城市和交通要道，而共产党主要控制农村和偏远地区。这种地域分裂，使得中国的省域治理呈现明显的双重性。在国民党控制的区域，实行的是传统的省长制，省长由中央政府任命；在共产党控制的区域，实行的是人民代表会议制度，地方领导人由地方的人民代表会议选举产生。在财政方面，在国民党控制的区域，省与地方财政收入主要依赖于税收和外债；在共产党控制的区域，财政收入则主要依赖于农业税和土地改革。

解放区的建立和发展，为革命战争提供了巨大的人力、物力和财力，使人民解放军具备了强有力的后方依托；培养和产生了一大批革命干部，教育和发动了人民群众，为革命战争的胜利创造了极为有利的条件，为中华人民共和国的建立奠定了基础。

---

① 任中和：《陕甘宁边区行政区划演变概述》，《历史档案》1988 年第 3 期。

（三）中国省域治理历史发展的特点

中国省域治理随着历史演进而不断发展，它不仅反映了中国历史的变迁和社会经济的发展，也根植于中国特色的政治文化传统。这种历史的变化与发展，可以看作我国在省域治理中对中央与地方关系、公权力分配和治理方式的不断探索和调整。总体而言，中国的省域治理的历史发展主要呈现三方面的特点，分别是行政体制以中央集权制为主导、治理方式以人治与教化为核心、治理的内部结构以发展稳定性为体现。

1. 行政体制以中央集权制为主导

中国历史上的省域治理体系的构建以中央集权制度为基础。从秦朝统一中国开始，中国的地方行政区划就已经初步形成，实行的郡县制成为中国历史上行政区划分的基础，后发展至唐朝的道制、宋朝的路制以及元朝的行省制。此后，中央政府根据国家需要进行相关的调整，同时也考虑地方的实际情况和利益，以确保各地能够在中央政府的统一领导下有效管控地方，同时推动地方经济和文化的发展。

此外，中国历史上的行政区划随着历史的变迁和社会经济的发展，有时会基于统治需要发生相应的变动。例如，明朝为了加强中央集权，在元朝行省制度的基础上设立了"三司"。清朝为了实现对多民族的统治，在省域下又设立了"旗"的行政区。但这种中央高度集权的行政体制也导致了"央强地弱"的央地关系。在这种模式下，中央控制了主要的资源和决策权，对全国的经济、政治、社会等各个领域进行统一的规划和管理。然而，随着社会经济的发展，这种模式逐渐暴露出一些问题。统治者和中央政府难以兼顾到全国各地不同的情况和需要，这可能导致政策的执行效果出现不同程度的偏差。同时，过度的集权也可能抑制地方的积极性和创新能力。

2. 治理方式以人治与教化为核心

人治，是指从人的意志出发的治理方式，往往以个体或者集体的权威、智慧和经验为主导，这种方式在中国传统与近代社会的国家和省域治理中占据主导地位。在人治的社会中，统治者的权威是至高无上的，地方官员对地方的治理也大多依赖于个人的能力和智慧。在这种情况下，社会的稳定和治理的效果往往取决于统治者以及地方官员的品质和能力。虽然在北洋政府以及南京国民政府时期中央政府分别颁布了相关法规，但整体来讲也都是为了维护有利于大地主、买办和官僚资产阶级的统治秩序，不断强化其司法镇压机器，立法活动异常频繁，实际上是披着"资产阶级外衣"下的人治。随着社会的发展，人治的局限性逐渐暴露出来。其往往容易受到个人主观意愿的影响，使得治理的公正性和公平性难以保障。同时，人治也难以应对社会复杂性带来的挑战，治理的效率和效果往往受到限制。

3. 治理的内部结构以发展稳定性为体现

治理的内部结构包含治理的核心价值、组织体制、运行机制与技术手段等方面。① 从治理的核心价值和理念角度来看，"君权神授"、"君权至上"、等级、特权等是我国传统与近代社会国家与省域治理中的主要价值和理念。以王权或统治者权力为中心、地方官员和乡绅为治理工具的政治文化牢牢地维系着不自由、不平等的经济、政治、社会与文化秩序。从治理的组织体制来看，在传统帝制时期国家主要依靠专制王权、庞大的执行系统和为专制王权服务的管理系统来维持统治与管理。中华民国时期虽然形式上采用资产阶级民主共和制，但实际上除个别短暂时期外，长期实行的仍是专制独裁体制。从组织内部运行机制和技术手段来看，国家管理主要依靠专制王权或资产阶级统治者权力至高无上，地方官员无条件服从与执行，决策、执行与监督合一的制度，也就是只对王权以及地方官员负责的运行机制。由此可见，我国传统与近代社会的省域治理主要是依靠权力和强力来维持和运行的，在历史的发展中这种内部结构也趋于稳定发展，具体主要体现在权力完全集中的价值理念、单向的权力组织系统和权力运行机制、以王权与地方官员为主导的管理系统等方面的稳定。

总体而言，传统中国与近代中国的省域治理，由于受中央集权统治思维以及经济发展水平等方面的影响，在历史演变中凸显出央地关系不够明晰、

---

① 施雪华：《论传统与现代治理体系及其结构转型》，《中国行政管理》2014 年第 1 期。

治理手段偏重于人治和教化且不存在社会组织和民众协同参与治理的行为等问题。

二 当代中国省域治理的阶段性发展①

"治理"（govern）一词最早源于西方话语，强调不同利益主体间的协调认同与共同行动。关于"治理"概念的理解，不同学者和流派各自有其研究侧重点，但大体上均认同"依靠多种进行统治的以及互相发生影响的行为者的互动发挥作用的结构或秩序"②。在不同的时代，治理也有不同的含义。在当代中国的语境中，"治理"意味着辖区范围内政府、非政府组织和其他社会实体如何进行决策和执行，以及如何分配权力和资源。这一界定主要强调两点：一是治理的主体是多元的，彼此间有着双向或多向的互动；二是治理的过程是协商式的，不依靠外部的强制力量。③

2011年6月8日，我国首个全国性国土空间开发规划——《全国主体功能区规划》由国务院正式公布。④ 由此，对于省域相关概念的内涵、区划原则以及发展思路我们有了更加清晰的认识。各省（区、市）在此基础上进行发展和调整，通过制定和实施各地区的主体功能区划分方案，以更好地规划和管理自身的发展，实现国土空间的合理利用和有序发展。⑤

参照中央对于省级主体功能区的规划，本报告认为，在当代中国，"省域"一词至少包含四重含义：一是指省级政府管理的所有地理区域，包括直辖市、特别行政区、自治区等；二是指以省级行政区为基础，包含省辖区

---

① 注：本报告所提到的省级政府指国家一级行政区的人民政府；地方政府指省级及省级以下地方各级人民政府，包括省、市、县（区），乡镇（街道）各层级人民政府；基层政府指县（区）、乡镇（街道）层级的人民政府。

② 俞可平：《治理与善治》，社会科学文献出版社，2000，第3页。

③ 张澍军、郭勇：《中国话语语境下国家治理现代化内涵探析》，《东北师大学报》（哲学社会科学版）2023年第6期。

④ 参见《国务院关于印发全国主体功能区规划的通知》，http://www.gov.cn/zwgk/2011/06/08/content1879180.htm。

⑤ 全国主体功能区规划领导小组办公室：《省级主体功能区划分技术规程：2008》。

内的各级党政组织部门与各类社会团体；三是省域内的社会经济结构，通常包括人口、资源、经济、社会、文化等多个方面；四是省域的发展动态，指在一定时期内省域的社会经济变化和发展趋势，包括经济增长、社会进步、环境变化、科技创新等方面。

关于省域治理的相关概念，学术界通过不同的角度进行了解释。关于省域治理的目标，有学者指出省域治理就是如何利用省域独特的资源禀赋和科层优势，在区别国家治理现代化和市域治理现代化学理阐释的前提下挖掘省域治理现代化的基本属性和结构要素，为省域治理的制度安排、政策落地和精准执行提供智力支撑，实现制度优势向治理效能的有效转化。[①]故而，省域治理并不是简单地复制国家或基层的治理模式，而是需要根据各省级行政区自身的特点深入研究，明确省域治理的参与主体与主要内容。进一步理解，省域治理主要源于对以往"中层治理"的发展，在党委领导下，以地方各级政府相关部门为治理核心，依托各种社会组织化的网络体系，共同应对辖区内出现的公共问题，[②] 即以省为中心的地方治理，包括省—市（地级）治理以及跨省—市的区域治理。[③] 其基本内容主要包括完善地方各级政府社会治理职责和创新社会治理体制，为实现和维护群众基本权利，同时完善社会福利政策体系，改善与保障民生，化解社会矛盾，促进社会公平。[④]

基于此，不同于中国历史上省域治理所表现出来的层级结构关系模糊、治理手段偏重教化与人治等特点，当代中国语境下的省域治理不仅仅是政府的行为，它涉及所有试图协调社会活动、解决公共问题、制定和执行规则的活动。从治理主体角度看，省域治理的主体包含辖区内各级党组织、各级政府及其相关部门、各类企业组织、社会团体以及公民。在治理

---

① 李建华、李天峰：《省域治理现代化：功能定位、情境描绘和体系建构》，《行政论坛》2021 年第 4 期。

② 欧阳康：《省级治理现代化》，中国社会科学出版社，2016，第 79 页。

③ 储建国：《省级政治家们的作为空间》，《领导文萃》2013 年第 16 期。

④ 姜晓萍：《国家治理现代化进程中的社会治理体制创新》，《中国行政管理》2014 年第 2 期。

结构方面，则需要厘清治理的核心价值，运行机制与技术，当前央地之间、省级政府与省级以下地方各级政府横向和纵向之间以及各治理主体之间的关系。从治理内容与功能看，主要包含在党的领导下，推动省域经济、政治、文化、社会、生态文明等方面的全方位改革。而从当代中国省域治理的特征看，包含治理体系的制度化水平不断提升、"人民至上"的治理理念深入践行、治理方式的法治化程度持续提升、多元主体参与的治理格局逐渐形成等方面。

为进一步深化对当代中国省域治理的认识，本部分拟从行政区划分、治理主体、治理结构、治理功能以及治理特征五个方面对当代中国的省域治理进行解读。

（一）当代中国的省级行政区划分

新中国成立后，我国行政区划体制调整变化较大，其总的趋势是减少行政区划的层次和数量，并建立民族区域自治制度和特别行政区制度。

1. 新中国成立初期

（1）大区制时期（1949～1954年）。为便于统一领导，中央决定暂时沿用战争时期的领导体制，把全国划分为6个大区，实行大区、省、县、乡四级行政区划管理（见表2-2）。1952年，各大区人民政府或军政委员会改为中央人民政府行政委员会，成为中央政府在各个地方的监督机关，不再作为最高一级行政机构。

表 2-2 大区制时期我国的省级行政区划分

大区	省级行政区		
	省	直辖市	其他
东北行政区	辽东、辽西、吉林、热河、松江、黑龙江	沈阳、旅大、鞍山、本溪、抚顺、长春、哈尔滨	
华北行政区	河北、山西、绥远	北京、天津	内蒙古自治区
西北行政区	宁夏、甘肃、陕西、新疆、青海	西安	
华东行政区	山东、江苏、浙江、安徽、福建、台湾(待解放)	上海	

大区	省级行政区		
	省	直辖市	其他
中南行政区	河南、湖北、湖南、广东、广西、江西	武汉、广州	
西南行政区	云南、四川、贵州、西康	重庆	西藏地方、昌都地区

资料来源：华林甫等《中国省制演进与未来》，东南大学出版社，2016，第89页。

（2）省区重划时期（1954~1957年）。1954年6月19日，中央人民政府第32次会议通过《关于撤销大区一级行政机构和合并若干省、市建制的决定》，6个大行政委员会被撤销，各省、自治区、直辖市、地方、地区改由中央直辖，同时对省区划进行了调整。至1957年，我国省级行政区由原来的47个变为29个，由23个省、3个直辖市和3个自治区组成（见表2-3）。

表2-3　省区重划时期我国的省级行政区划分

类别	省级行政区
省	辽宁省、吉林省、黑龙江省、山西省、山东省、河北省、河南省、江西省、江苏省、浙江省、福建省、安徽省、湖南省、湖北省、广西省、广东省、云南省、贵州省、四川省、陕西省、甘肃省、青海省、台湾省(待解放)
自治区	内蒙古自治区、新疆维吾尔自治区、西藏自治区(筹备委员会)
直辖市	北京市、天津市、上海市

资料来源：华林甫等《中国省制演进与未来》，东南大学出版社，2016，第90页。

2. 社会主义建设的探索和曲折发展时期

（1）"大跃进"时期（1958~1965年）。这一时期省级行政区基本维持稳定，仅有局部地区作出相应调整。1958~1965年，设立了广西壮族自治区（时称广西僮族自治区）、宁夏回族自治区、西藏自治区，天津变为河北省辖市。至1965年底，我国省级行政区为29个，由22个省、2个直辖市和5个自治区组成。

（2）"文革"时期（1966~1976年）。这一时期省级行政区变动不大，较为稳定。1967年1月天津恢复直辖市。至1976年底，我国省级行政区为30个，由22个省、3个直辖市和5个自治区组成。

3. 改革开放至今

党的十一届三中全会后，我国的行政区划体制逐步稳定。1978年《宪法》规定地区行政公署为省级政区的派出机构。1982年《宪法》将我国行政区域划分为三个层级：全国分为省、自治区、直辖市；省、自治区分为自治州、县、自治县、市；县、自治县分为乡、民族乡、镇。1988年4月批准设立海南省；1997年3月批准设立重庆直辖市；1997年7月1日设立香港特别行政区；1999年12月20日设立澳门特别行政区。截至目前，全国共34个省级行政区，其中包括23个省、5个自治区、4个直辖市、2个特别行政区（见表2-4）。

表 2-4　改革开放后我国的省级行政区划分

类别	省级行政区
省	辽宁省、吉林省、黑龙江省、山西省、山东省、河北省、河南省、江西省、江苏省、浙江省、福建省、安徽省、湖南省、湖北省、台湾省、广东省、云南省、贵州省、四川省、陕西省、甘肃省、青海省、海南省
自治区	内蒙古自治区、新疆维吾尔自治区、广西壮族自治区、西藏自治区、宁夏回族自治区
直辖市	北京市、天津市、上海市、重庆市
特别行政区	香港特别行政区、澳门特别行政区

资料来源：华林甫等《中国省制演进与未来》，东南大学出版社，2016，第96页。

总的来看，新中国成立后党和国家通过对省级行政区域的改革，提高了资源的使用效率，有效地实现了区域间的经济、社会、文化等方面的均衡发展。

（二）当代中国省域治理的主体

治理主体是在特定领域或范围内承担主体责任的实体或机构。从国家治理层面来看，国家治理主体是在国家层面承担主体责任、具有最高权力的机构或实体。它是国家治理的核心和重要组成部分，负责制定和执行国家政策、管理国家事务、维护国家利益，以实现国家的稳定、繁荣和发展。根据俞可平的观点，政府治理、市场治理以及社会治理是当代国家治理体系中三个最重要的次级体系。① 省域治理作为国家治理连接基层治理的重要中介，同样是省辖区内多元主体参与下的共同治理，所不同的是，在不断坚持和加强党的全面领导的要求下，应坚定不移地进一步强化党在省域治理中的核心地位。因此，地方各级党组织、地方各级政府及其相关部门、各类市场主体、各类社会团体与公民等主体在省域治理中发挥着不可或缺的作用。

1. 地方各级党组织

中国共产党是我国的执政党，在国家与省域治理结构中居于核心和领导地位。推进省域治理体系和治理能力现代化，核心基础在于完善党的执政方式、提升党的执政水平、巩固党的执政地位。在省域治理中，必须高度重视党的制度建设，将其置于关键位置，不断加强党的组织制度、领导制度、监督制度和民主集中制的建设，确保党始终保持先进性、纯洁性，提高党的执政能力和执政水平，为实现国家治理体系和治理能力现代化提供坚强的组织保障。

2. 地方各级政府及其相关部门

地方各级政府是国家政策的执行者，政府的行政效力是省域治理能力的重要体现。我国政府在经济社会发展中长期居于主导地位，负责执行各项政策、法规和计划，提供公共服务，维护社会秩序。各级政府及相关部门在省域治理中推动着经济发展、社会稳定和公共福利的提升。②

3. 各类市场主体

省域治理中的市场主体是指在市场经济中具有独立法律地位并参与市场交易的各类主体。市场主体是现代市民社会的中坚力量，是省域治理最为重要的非官方参与主体。投资者、经营者组织各类企业等市场主体，在员工管

---

① 俞可平：《论国家治理现代化》，社会科学文献出版社，2014，第3页。
② 本部分出现的政府，主要为广义的概念，即省域立法机关、行政机关和司法机关等公共机关的总称。

理、社会管理、践行社会责任以及执行公共政策领域的作用举足轻重。① 积极培育市场组织，分担国家治理任务，对省域治理的完善具有重要意义。

4. 各类社会团体与公民

在省域治理中，社会主体通常指的是参与到省域治理活动中的各种社会力量和组织。能否实现省域治理能力现代化并最终达到善治，公民个人与社会团体起到了至关重要的作用。在社会主义民主政治的条件下，人民群众当家作主不仅表现在保障人民权利上，更应该体现在人民群众能够积极参加国家与地方政治事务上。

（三）当代中国省域治理的结构

治理的结构主要为内部与外部两个层面，具体来说，省域治理的内部结构即治理的核心价值、省域各级党政横向与纵向关系、运行机制与技术等方面内容。外部结构则包含央地关系，省域政府、市场与社会的关系两方面。

1. 内部结构

在省域治理中，治理的核心价值构成了一个国家或地区运作和决策的基石，这些价值理念在很大程度上决定了政策方向、公民权利以及社会的整体发展。省域治理的核心价值与国家治理的价值理念是保持一致的，主要包括自由、平等、民主、人权、法治、公共利益、公共财政、治理、服务、协商、合作等方面。② 以上这些核心价值理念是良好治理的基础，不仅是政府行为的原则，也是公民权利和义务的依据。

在省域各级党政横向关系方面，我国政权的构建以党的领导为核心，这一特点在省级政府体系中表现得尤为明显，被形象地称为"轴心辐射模式"。③ 在这一模式的横向视角中，省委书记和省委常委会作为核心，与省政府、省人大、省政协、省监察委员会以及两院密切协作，共同管理省内各

---

① 丁煌、叶汉雄：《论跨域治理多元主体间伙伴关系的构建》，《南京社会科学》2013 年第 1 期。
② 施雪华：《论传统与现代治理体系及其结构转型》，《中国行政管理》2014 年第 1 期。
③ 周振超：《轴心辐射模式：一个制度性分权长期难以推行的解释框架》，《理论探讨》2008 年第 1 期。

项事务。这种协作模式形成了一个多级的治理体制。从省级政府到基层政府，每个级别都有其独特的中心，以不同级别的中心，全面领导和协调其辖区内的公共事务。各级政府根据治理对象的特点进行分工负责，并严格按照上级对下级的指导原则进行工作。这种分工合作的模式确保了各级政府之间的协调运作和领导体系的有效性，以实现全面的治理。

这种分层的管理模式是党的领导在省级政府体系中的典型表现，它深刻反映了中国特色社会主义政治的基本属性。"轴心"在省级治理体系中，不仅是各种结构关系交叉的核心，也是用其政治影响力和资源解决各种结构性矛盾的关键。但也有学者指出，在以轴心辐射模式为特征的整合方式下，由于上级掌握着下级轴心的人事任命，权力关系上的不对等在很大程度上排除了实行制度化分权的可能，因而这也成为省域范围内不同层级政府制度性分权长期难以取得进展的重要制度性根源。①

在省域各级党政的纵向关系方面，省域治理的内部结构不仅应从中央与各省域之间的关系探讨，也需涵盖省域不同层级政府之间的关系。中国的省级政府与下级政府的层级设置表现为纵向层级化和横向部门化的特征，从而形成条块结合的基本结构格局。② 条块关系构成各省域不同层级政府之间关系模式的结构性基础，在各个不同的层次和领域深刻影响着各省域政治、经济、社会和文化生活的发展。因此，省域治理的纵向权力关系可以从以下角度理解。

首先是权力下放的角度。在这种层级关系中，省级政府有权进行决策，制定规章制度，同时监督下级政府的执行。下级政府则负责执行上级政府的决定和政策。这种权力下放的过程，既保证了中央权力集中，也满足了地方政策的具体实施。其次是互动协作的角度。在实际的治理过程中，针对某一项国家政策，需要省、市、县、乡镇各级政府部门共同协作以确保政策的有效实施。目前，我国省域治理中存在着"条条与块块"之间工作分工不明

---

① 周振超：《轴心辐射模式：一个制度性分权长期难以推行的解释框架》，《理论探讨》2008年第1期。

② 郑永年：《中国模式：经验与困局》，浙江人民出版社，2010，第126~131页。

确的问题。特别是在职责划分方面存在较大的缺陷。最后，自主权也是一个重要的考虑因素。由于条块关系尚未明确，目前省域治理常常出现两个极端的摇摆情况：一方面，省级政府通过过多的条条控制了各项事务和权力，导致"条条专政"，从而降低了省级以下层级政府的积极性；另一方面，下层政府管理权威弱化，导致各级块块对条条的管理和规定执行不到位，最终导致分散主义和各自为政的局面。需要进一步明确条块关系，以促进省域治理的有效运行。①

在省域治理的运行机制与技术方面，运行机制主要包含现代决策机制、执行机制、监督机制、协调机制和服务机制五方面。具体来看，现代决策机制即省委和省政府高层决策集团组织各种形式的"智囊团""思想库"相关专家学者，为其提供咨询方案的决策机制，按照科学的决策程序进行决策，以应对现代决策的复杂性问题；执行机制旨在确保省域各级政府将政策决策落实到实际行动中，包括分配资源、实施政策以及监控政策的执行情况；监督机制则是为确保政策的执行效果以及防止权力的滥用，进行政府内部、立法机关、司法机关以及社会的监督，这也是确保政府公正、公开、透明运作的重要手段；协调机制通常涉及不同政策之间、同级政府不同部门之间、地方各级政府之间、政府与社会力量之间以及不同省份之间的协调，以帮助省级政府有效地管理和调配资源，解决政策实施中的矛盾和冲突，实现政府的战略目标；服务机制包括地方政府通过不同的渠道与公众沟通，收集公众的反馈、解决公众的问题并提供教育、医疗、社会保障等方面的各类公共服务。相应地，为保证与促进省域治理运行机制的稳定与协调发展，需要与之相适应的技术和方法，如网络技术等现代信息科学技术以及统计科学方法等。

2. 外部结构

在央地关系方面，中央与省的互动最为频繁，中央—省关系结构理应成

---

① 周振超：《条块关系的变迁及影响机制———基于政府职责的视角》，《学术界》2020 年第 5 期。

为省域治理结构研究的重要内容。在国家治理中，中央主要根据我国国情和治理需求，通过进行系统化、整体化、协同化的顶层设计，提出推进国家治理现代化的总体战略和重大部署，同时负责协调各级政府、各部门之间的关系，形成推进国家治理现代化的合力。而省级政府作为承接国家治理的首要环节，也是中央政策地方化的第一步，具体来说体现在以下方面。

第一，省级政府承担着在本地区行使中央授予的政府职能和权力的责任，是中央政策在地方的主要执行者。省级政府的执行力度、效率和质量，直接影响着中央政策的效果。第二，由于各省的地理位置、经济发展、社会文化等方面存在差异，省级政府需要根据实际情况对中央政策进行地方化调整，以确保政策的实施能够更好地符合当地的实际发展需求，如通过制定和实施本地区的发展规划、产业与投资政策，促进本地区的经济结构调整、产业升级和创新发展，推动地方经济的增长和就业率的提升。第三，省级政府作为中央和省级以下地方政府之间的重要中介，可以将中央政策在省域的执行情况、地方的需求和问题等信息及时反馈，为中央决策提供重要的参考。

在省域政府、市场与社会的关系方面，党的十八届三中全会提出，"经济体制改革是全面深化改革的重点，核心问题是处理好政府和市场的关系，使市场在资源配置中起决定性作用和更好发挥政府作用"[1]。为促进经济发展和解决改革开放以来的社会经济问题，需要逐步消除对市场的干预和扭曲，实现资源的市场化配置。这样做有两个重要效果：一方面，让市场起决定性作用，能够更好地发挥经济的比较优势，推动经济按照市场规律发展，提高资源配置的效率和质量；另一方面，市场化的资源配置有助于解决改革开放以来积累的社会和经济问题，促进社会公平和经济可持续发展。[2] 在这个过程中，地方政府还应该发挥好的作用，保护产权，维持宏观稳定，克服市场失灵，因势利导地推动技术、产业、制度等结构的变迁。地方政府

---

[1] 《十八大以来重要文献选编》（上），中央文献出版社，2014，第778页。

[2] 林毅夫：《政府与市场的关系》，《国家行政学院学报》2013年第6期。

与市场的关系是相互影响、相互制约的，政府需要通过政策和制度，引导和规范市场活动，保护市场的公平竞争，维护市场的稳定和发展。此外，市场也对政府的决策产生影响，市场的需求和反馈可以帮助政府更好地制定和调整政策。但总的来看，当前各省关于市场改革的具体制度依然显示出"强政府"的文化基因，其在建立健全市场配置资源的体制机制方面依然任重而道远。

关于政府与社会的关系，党的十九大已经明确提出了"共建共治共享"的基本原则，并在党的二十大报告中进一步提出"完善社会治理体系"，"健全共建共治共享的社会治理制度，提升社会治理效能"。这意味着社会治理需从政府独立治理转变为包括社会组织、公民等在内的所有公共事务的相关方共同参与。这对各省而言，除了构建透明、公开的政府，让权力在阳光下运行之外，更需渐进有序地扩大公众参与，使政府与社会从治理与被治理、管理与被管理的主客体关系转变为主体间关系，逐步将公众参与纳入省域治理的制度化进程。①

（四）当代中国省域治理的功能

狭义的省域治理仅为省级政府治理或省级以内的各级政府部门治理。广义的省域治理则包含整个省辖区内各级政府、市场主体以及社会主体的参与。省域治理的功能也逐渐发展为经济建设、政治建设、文化建设、社会建设、生态文明建设的"五位一体"。

1. 维护国家和地方的政治稳定

政治稳定是国家治理的基石，在省域治理中占据核心地位。地方各级党委在维护政治稳定中作为核心并负主体责任，地方各级政府是政治稳定的维护者和服务提供者，其行政能力和公共服务水平直接影响国家与地方政治稳定的维护。在维护省域地方社会安全方面，省级党委将党中央关于维护国家以及地方政治稳定的决策部署落实到具体的地方政策中，保证中央政策在地

---

① 吴毅、燕红亮：《省级治理研究的基本架构与核心主题》，《贵州社会科学》2020年第11期。

方的连贯性和一致性。省级及以下各级政府通过执行省级党委的相关政策与方案，维护地方公共安全，保障人民群众的生命财产安全。地方政府组织各级公安机关、法院、检察院等部门，加强对涉黑涉恶、网络安全等领域犯罪行为的打击和防范，创造安全稳定的政治环境。此外，政府通过推进法治建设，确保各项政策的合法性和公正性，保障人民权益，增强人民对省域各级政府的信任和支持，从而维护政治稳定。

2. 促进地方经济的发展

我国经过了40多年改革开放后，经济发展逐渐进入"新常态"，经济结构从要素驱动、投资驱动逐渐转向创新驱动。在当前发展的要求与背景下，省域治理也以多种形式探索并推动经济发展。

打造适宜的营商环境是推动地方经济发展的重要手段，它涉及政府行政效能、市场竞争力等多个方面。2019年10月，国务院出台《优化营商环境条例》，对国家以及地方关于市场主体保护、市场监管、政务服务以及法治保障等方面提出了相关要求。省级政府结合当地发展特色与优势，围绕营商环境的打造，自主制定出省域经济发展的中长期规划并推动各级政府施行。

民营经济是推进现代化的生力军，更是推动地方经济发展的重要基础。为进一步促进民营经济的壮大，近年来，党和国家出台了《关于加强新时代民营经济统战工作的意见》《中共中央　国务院发布关于促进民营经济发展壮大的意见》《关于实施促进民营经济发展近期若干举措的通知》等文件，对各地民营经济的发展提出了相关发展要求。地方各级政府通过简化审批流程、加强金融及税收支持、推行简政放权、下放管理审批权限等方式，逐渐减少政府对微观经济活动的直接干预；通过加强基础设施建设，完善交通、通信、能源等基础设施，为地方的经济发展提供物质基础。同时也进一步建立了较为完善的市场经济规则体系，形成了相对规范有序的市场经济秩序。

3. 实现省域社会的和谐稳定

党的二十大强调，"社会稳定是国家强盛的前提。必须坚定不移贯彻总体国家安全观，把维护国家安全贯穿党和国家工作各方面全过程，确保国家安全和社会稳定。"① 省域治理对于实现社会和谐安全稳定也有重要的功能意义。

省域的社会平稳包含社会秩序的稳定以及社会关系的和谐，是地方与基层民众在法治框架下寻求安居乐业、公平正义的基础。一个社会平稳的地区，能够提供安全、稳定的环境，吸引投资，促进经济发展，为居民提供良好的就业、教育、医疗和社会保障等公共服务。省各级党政部门通过加强社会安全保障体系建设，保障人民群众的人身和财产安全。积极推动社会参与和民主治理，鼓励社会组织、公民的参与和监督。此外，省各级党政部门在遇到特大突发事件时有更为强大的领导能力，在组织疫情防控工作、强化医疗救治体系建设与促进经济社会秩序恢复方面起到关键的领导作用。

社会信任和共识同样是社会稳定与和谐的重要影响因素，更是社会成员之间相互信任、相互依存的心理基础。公民以及社会组织通过在社区层面积极参与共治机制的建设，组建基层自治组织促进居民的参与和自治，共同管理和解决社区问题，提升省域基层治理水平和居民的满意度。此外，各类社会组织通过组织公民参与各种形式的文化交流与体育活动，增进公民之间的交流，不仅有助于减少社会矛盾和冲突，也有利于促进社会治理的和谐。

4. 推动省域社会主义文化的繁荣兴盛

文化是国家和民族之魂，文化繁荣更是一个地区软实力的重要体现。在全球化和区域竞争的背景下，一个地区的软实力越强，越能吸引人才、资本和资源的流入，推动经济和社会的发展。因此，增强文化自信不仅是建设社会主义文化强国以及国家和省域治理的基本要求，也是当前我国省域治理的一项重要功能。

2022 年 8 月，中共中央办公厅和国务院办公厅印发了《"十四五"文化发展规划》，提出了国家与地方各级政府关于引导社会主义先进文化事业发展的基本要求，其中包括地方各级党政部门制定促进文化发展和繁荣的政策

---

① 习近平：《高举中国特色社会主义伟大旗帜 为全面建设社会主义现代化国家而团结奋斗——在中国共产党第二十次全国代表大会上的报告》，人民出版社，2022，第 52 页。

和规划，加大对文化事业的资金投入和资源支持，设立专项基金，鼓励社会资本参与文化产业投资，推动文化产业的发展和文化资源的保护与传承，促进文化的多元发展和繁荣。同时逐步加强对地方文化市场的监督和管理，建立健全市场准入制度、版权保护机制，积极推动文化交流与合作；举办展览、艺术节等文化活动，促进不同地域不同文化的交流与互鉴，推动多元文化的发展和共享。

文化繁荣可以提升省域民众的生活质量和幸福感。文化是人们精神生活的重要组成部分，对于个体的成长、情感交流和自我实现具有重要意义。在省与地方各级政府的引导下，各类文产企业通过创新文化产品和服务，积极投资和经营文化产业，培育具有代表性与先进性的优秀文化企业，提升文化产业的创造力与竞争力，同时满足人们对文化的多样化需求，吸引更多受众参与文化消费，繁荣发展省域的文化事业与产业。公民以及社会组织自发组织或举办文化艺术活动，丰富文化生活，传播文化知识，促进文化的多元发展与繁荣。

5. 落实地方生态环境保护责任

党的二十大报告强调，"大自然是人类赖以生存发展的基本条件。尊重自然、顺应自然、保护自然，是全面建设社会主义现代化国家的内在要求"①。省域治理同样站在推进人与自然和谐共生的视角，通过地方各级政府、市场以及社会进行多方面的系统治理，维持省域生态平衡。

生态环境是人类生存和发展的基础，而生物多样性是生态系统的重要组成部分。省各级党政部门通过制定和实施环境保护政策，确保生态环境的合理利用和保护，设立环境保护机构，加强环境监测和执法力度，推动环境污染治理，防止生态环境破坏和资源浪费。持续加强生态修复与保护工作，运用湿地保护、森林防护、水域治理等措施对被严重破坏的生态系统进行修复，保护生物多样性，促进生态平衡的恢复和维护。

---

① 习近平：《高举中国特色社会主义伟大旗帜　为全面建设社会主义现代化国家而团结奋斗——在中国共产党第二十次全国代表大会上的报告》，人民出版社，2022，第49~50页。

环境教育和公众参与是推动生态文明建设的重要手段。地方的环保非营利组织在政府的引导下或与政府开展合作，帮助企业履行生态保护责任，如通过发布实施《环境保护综合名录（2021年版）》《环境信息依法披露制度改革方案》等政策性文件，引导企业深化低碳绿色转型发展。组织公众参与环境治理监督企业环境污染行为，维护公众环境权益，如国务院发布了《公民生态环境行为规范十条》，出台《"美丽中国，我是行动者"提升公民生态文明意识的行动计划（2021—2025年）》，推动各省份形成绿色生活方式。部分基金会以资助环境保护项目和组织方式，推动环境友好型产业发展。高等院校以及科研机构通过开展环保技术研发，为政府决策提供咨询和建议，培养环境管理人才。省域内各类环保组织通过开展环保志愿活动，引导居民践行低碳生活方式。

（五）当代中国省域治理的特征

改革开放后，中央给予地方各级政府更多的自主权，省委、省政府逐渐发挥省辖区政治领导核心作用，可以根据本地实际制定经济社会发展方针，鼓励各地结合实际探索具有本地特色的经济社会发展模式。此后，央地关系更加明晰，例如，国家在1994年实行分税制改革，通过划分税权，将税收按照税种划分为中央税、地方税，进一步扩大省域各级政府财政收入来源，有效处理了中央政府和地方政府之间的事权和财权关系。此外，随着地方法治建设的不断完善，省人大及其常委会也逐步完善了地方立法的相关职能。

党的十八大以来，我国大力推进政治、经济、社会以及其他领域的改革，取得了显著的成果。这些改革对省域各级政府的职能转变有重要影响，促使其更加适应市场经济和社会治理的要求。地方各级政府进一步落实"全面推进依法治国"的战略任务，为地方政府的权力运行设立了更为明确的法律框架。党中央将反腐行动常态化，严肃查处了一批违法违纪的省级官员，改变了地方政府工作的不良风气，提升了政府的公信力。科技的发展也逐渐推动了治理手段的技术化转型。具体而言，当代我国的省域治理主要呈现以下发展特征。

1. 治理体系的制度化水平不断提升

党的十八届三中全会提出，全面深化改革的总目标为"完善和发展中国特色社会主义制度，推进国家治理体系和治理能力现代化"[①]，其核心要义就是在新起点上凸显制度化的重要意义。从省域层面看，省域治理在当代的基本目标之一，是构建有利于解放和发展生产力的现代省域治理体系。具体而言，省域治理体系制度化，通常指的是将一套明确规定的程序、规则和标准引入省级以下地方各级政府的治理过程中，以实现治理的规范化、程序化和标准化。回顾全面深化改革的十余年历程，在多方努力和多种政策工具应用之下，省域治理逐渐从聚焦政治经济体系的完善延伸到文化、社会、生态文明等多个领域体系的制度化，治理的过程也逐步迈向规范化和民主化。

首先，党和国家通过对全过程人民民主的实施，以严把党组织的政治关、程序关、能力关和廉洁关进一步保障人民民主权利，畅通民意表达渠道，推动省域政府治理体系的制度化。其次，地方政府以法律权威工具为核心，保障社会治理的规范化；以激励工具为补充，强化社会治理的民主化；以能力工具为基础，提高内部治理科学化水平，实现社会治理体系制度化。最后，党的十九届四中全会提出了"文化治理"的重要要求，明确了以"坚持马克思主义在意识形态领域指导地位的根本制度"为支撑的一整套制度设计及其治理体系，为各省域自觉坚持社会主义先进文化前进方向，促进文化大发展大繁荣，共同建设社会主义文化强国，奠定了坚实制度基础。此外，在国家全面深化生态文明机制改革的过程中，各省域逐渐形成了科学严密的生态文明制度体系，为省域生态环境明显好转提供了基本制度保障，也为我国奋力开创新时代生态文明建设新局面奠定了重要制度基础。

2. "人民至上"的治理理念深入践行

从省域治理的历史梳理可以发现，传统帝制时期的治理主要追求统治秩序稳定。在儒家思想的影响下，治理目标是"仁"和"礼"，旨在确立一种

---

① 《十八大以来重要文献选编》（上），中央文献出版社，2014，第547页。

社会等级秩序。新中国成立后，尤其在改革开放以后的一段时期内，各省的主要任务是"以经济建设为中心"，但在实际的发展过程中，部分省级及以下地方政府部门将发展重心过度集中在 GDP 上，甚至以 GDP 为中心，为了追求经济产出不惜牺牲生态环境。

党的十八大明确提出了"五位一体"的总体布局，追求人的可持续发展、自由与幸福。党的二十大多次强调"人民至上"的治理理念，把"必须坚持人民至上"列为"六个必须坚持"之首，深刻体现了对"人民至上"理念的重视。"人民至上"理念也始终是贯穿于党的二十大报告的主线。当代的省域治理也将"人民至上"的治理理念不断深入践行。

在经济建设方面，践行"人民至上"的理念，将人民群众的利益放在首位，为了人民群众的美好生活需要，积极推动形成新发展格局，促进高质量发展，保障发展的平衡性；在政治建设方面，坚持"以人民为中心"的发展思想，尊重人民的主体地位，坚持"人民至上"的核心理念；在文化建设方面，始终坚持与肯定人民对社会主义先进文化的创造；在社会建设方面，注重地方与基层的民生问题，始终把人民的福祉放在首位；在生态文明建设方面，强调人与自然的和谐共生是满足人民群众对美好生活向往的必然选择，也是体现以人为本最普惠的民生福祉。因此，当代中国治理的理念超越了仅仅考虑人类利益的局限，还包括为其他生命体的生存和发展创造良好的环境和条件，体现了对人类自身生存、发展和幸福的重视，同时也彰显了理性和文明的治理理念。

3. 治理方式的法治化程度持续加强

治理方式从人治向法治的转变是一个长期而复杂的过程。新中国成立后，特别是改革开放以来，我国的法治观念不断增强，党和国家逐步推动法治建设，逐渐建立了相对完备的法律体系。

党的十五大将依法治国确立为党领导人民治理国家的基本方略，党的十八大把全面推进依法治国方略提升到了新的战略高度，强调法治是治国理政的基本方式，必须加快建设社会主义法治国家，全面推进依法治国，更加注重发挥法治在国家治理和社会管理中的重要作用。党的二十大报告提出，必须更好发挥法治固根本、稳预期、利长远的保障作用，在法治轨道上全面建设社会主义现代化国家。其后，各省在贯彻落实相关重要指示精神的同时，结合各省实际，先后出台了关于进一步建设法治政府的相关意见，如江西省、海南省等省份近年相继出台了《江西省人民政府关于进一步推进法治政府建设的若干意见》《海南省法治政府实施方案（2021-2025年）》等相关政策性文件。以进一步推进法治化的治理方式。总体来看，在我国当代的省域治理中，法治已经成为环境保护、社会保障、公共服务等重要领域主要的治理方式。省级及以下各级政府在执行中央政策、制定和实施地方政策、处理地方事务等方面，都必须依法行政，接受法律的约束和监督。

4. 多元主体参与的治理格局逐渐形成

党的十八大提出要"加快形成政社分开、权责明确、依法自治的现代社会组织体制"，首次将社会治理纳入国家治理体系中。2013年3月，国务院发布了《国务院机构改革和职能转变方案》，该方案要求对行业协会商会类、科技类、公益慈善类以及城乡社区服务类社会组织实行民政部门的直接登记制度，降低了社会组织的登记门槛。2018年9月，民政部印发了《"互联网+社会组织（社会工作、志愿服务）"行动方案（2018—2020年）》，进一步激发了志愿者组织、行业协会商会等非政府组织参与治理的热情。此后，各省开始探索规范有序的省域多元治理格局。

浙江省在2019年11月提出推进社会治理领域"最多跑一地"，创新政府、市场与社会多元治理共同体建设体制机制，进一步加强和创新网络综合治理，同时强化信用在多元治理中的基础作用。同年12月，中国共产党江苏省第十三届委员会第七次全体会议审议通过《中共江苏省委关于贯彻落实党的十九届四中全会精神、推动省域治理体系和治理能力现代化建设走在前列的意见》，提出了"要针对社会领域的新风险新变数新矛盾，完善以党的领导为引领、多元主体参与的治理体系，构筑共建共治共享的社会治理共同体，建设更高水平的平安江苏"。湖北省也紧随其后，湖北省委十一届八次全会审议通过《中共湖北省委关于制定全省国民经济和社会发展第十四个五年规划和二〇三五年远景目标的建议》，强调"加快省域治理现代化步伐，以党建为引领，做强街镇、夯实社区，构建共建共治共享的城乡基层社会治理格局"。由此可见，政府与社会的关系逐渐由非对称性的依赖关系转向了相互依赖的协同合作关系。① 在这种多元治理主体参与的协同合作框架下，省域多元治理合作的领域不断扩大，也不断深化。

5. 治理手段的数字化和智能化日趋突出

当前，大数据、信息技术与人工智能等新兴科技在社会生产生活中逐渐得到普遍应用，不仅使社会环境发生了变化，同时也在悄然改变传统社会的运行方式与人们的思维方式。鉴于当前省域治理环境的复杂性与日俱增，同时由于信息数据自带开放性和流动性特征，数据使用权亦呈现开放性和流动性，其社会属性与服务型政府理念相契合，技术赋能在信息传递方面的功能性优势逐渐凸显，为后者提供了智力支持，以互联网为载体的政务服务平台使各系统之间的信息交互成为可能，可通过跨部门在线无纸化办公，实现政务数据的信息化和标准化，为政府流程再造提供办公系统、材料传输和信息共享三个方面的技术支撑。② 技术赋能成为提升省域治理效率的最佳选择，其主要具有以下三方面的特征。

一是治理平台逐渐信息化。许多省份为推动行政权力下放，先后设立专门从事跨部门信息整合的组织机构，在对科层干部的人事档案调动、培养与考核等方面，可以信息化处理方式对数据进行采集、应用与共享。二是行政管理逐渐透明化。获取信息的速度快慢、信息内容是否透明、获取信息的不同方式，已经逐渐成为当前衡量现代化技术先进程度的重要指标。③ 技术化的实现极大地改变了以往部门分割、部门之间信息壁垒严重的现象，逐渐使省域政府行政管理进一步透明化、灵活化。三是业务流程逐渐精简化。技术化平台逐渐提升了地方各级政府的行政效率，如电子政务以及"最多跑一

① 沈永东：《社会组织参与社会治理创新：理论与实践》，浙江大学出版社，2023，第80页。
② 郁建兴：《"最多跑一次改革"——浙江经验　中国方案》，中国人民大学出版社，2019，第68页。
③ 叶战备、王璐、田昊：《政府职责体系建设视角中的数字政府和数据治理》，《中国行政管理》2018年第7期。

次改革"等措施的大力推广，极大提升了行政部门的执行效率。

总体而言，我国自改革开放以来，社会经济的发展使得省域治理的模式经历了深刻的变革，省级政府被赋予了更多的治理职能。中央对地方权力的下放，既有利于提高治理效率，也有助于激发地方发展与治理的活力。省级政府成为中央政府和基层政府之间的桥梁。它们在执行中央政府的政策和满足基层的需求之间找到了一种平衡。然而，这种平衡并不容易维持，省级政府需要不断地调整和适应，以应对国家的战略目标和地方发展的实际需求。此外，为了更好应对历史中政府过度主导、社会主体参与较少等问题，省域内的市场组织、社会团体与公民也作为重要的治理主体参与治理的过程，发挥着重要的治理作用，逐渐形成了多元共治的良好治理格局。

三　省域治理的法美模式及经验启示

所有现代国家在行政区划中都设有一级行政单位，但根据国家政治体制的不同，在行政区划分、治理权限以及运作机制上存在差异。对省域（区域）治理的国际经验进行探寻，需要从不同国家的行政区划分、治理权限与省域（区域）的运行机制等维度进行比较研究，进而找寻国外省域（区域）治理的经验。美国作为联邦制国家的代表，其国土面积、州的数量以及治理的复杂性等方面与我国较为接近。此外，法国作为单一制国家，其在大区治理方面同样有经验可供借鉴。基于此，本部分选取参考法国与美国的省域（区域）治理经验。

（一）法国单一制下的大区治理

大区（région）是法国行政区划的一级单位，下分为省。当前法国共有18个大区，其中13个位于法国本土，其余5个则位于海外。

1.法国大区划分的发展演变

法国大区划分的历史起源于1944年法国中央政府对大区的设置。[①]　在

---

①　参见网站 https：//francearchives. gouv. fr/findingaid/b13401c74d683050cb2dec08f8f7a12fec8d2542。

大区的建设中，法国为了对落后地区进行开发与经济援助，鼓励、引导诸多著名的企业组织与社团创立了基金会，并在 1955 年 6 月遵循中央法令创建了 21 个经济区，后由于经济区职能的不断扩大，在 1959 年转为"区域行动区"，其中每个行动区包含 2~8 个省，并通过设置有一定经济职能的公共组织机构，协调区域内各省的社会经济发展，但当时大区的主要功能还是作为中央与省之间的协调者，并无行政职权。[①] 随着大区经济与工业的不断发展与影响力的不断扩大，大区经过不断的分权尝试，中央政府在 1982 年颁布《关于市镇、省和大区的权力和自由的法案》，最终形成了中央—大区—省—市的四级行政区划制度。大区成为法国行政区划中的一级单位，对应我国的省级行政单位。因此，当前提到法国的省域治理实际上等同于大区治理。2016 年后，法国经过议会下院投票，改变之前的 26 个大区（其中包含 22 个本土大区以及 4 个海外大区）为 18 个大区。

2. 中央与地方高度合作化的大区治理权限

法国的中央政府主要负责国民经济宏观管理与调控及战略规划，而大区政府则主要结合当地的实际情况，对中央政府所下达的相关政策进行执行，同时承担着社会福利与人民生活保障政策的实施与调整任务。类似于中国，法国实际上也有"五年计划"这样针对国家长远发展的战略性规划，但不同的是，法国"五年计划"主要通过大区政府与法国中央有关政府部门进行商讨协定，相关建设项目则由大区与中央政府各承担一半的投资，"五年计划"协定通过后，最终由各大区政府执行。

基于此，法国大区政府的治理权限主要有以下方面。一是制定大区整体的发展规划。大区政府负责制定大区的经济、社会、环境等领域的发展规划，同时包含区域交通运输以及土地管理政策的制定。二是经济治理。大区政府通过设立区域性的投资公司，支持经济发展项目。法国大区政府或者中央政府会与市级政府签订一些社会发展合同，不仅体现中央集权的传统，同时极大地赋予大区自主权，另外各大区政府可基于发展的需求与相邻国家的

---

① 参见网站 https://francearchives.gouv.fr/findingaid/b13401c74d683050cb2dec08f8f7a12fec8d2542。

跨境区域展开经济合作，完善市场监管机制。三是强化公共服务治理，包括公共卫生、实施环境监测、保障生态系统稳定以及公共设施建设方面。四是文化治理。大区政府可资助民众组织文化艺术活动，对本区域旅游资源进行宣传推广。

3.中央监督与地方自治相结合的运行机制

法国的大区治理运行机制同其行政管理体系及区划设置密切相关。作为典型的单一制国家，法国的立法权、行政权与司法权等公共权力主要集中在中央层面，形成了"中央—大区"的公共权力分化局面，与同样是单一制国家的中国、英国与日本有一定区别。法国历史上围绕中央和地方的权力分配以及巴黎与其他大区的治理问题一直存在较多争议。自20世纪60年代开始，法国开始推行以权力下放为核心的地方分权政策，特别是1982年《德费尔法案》（La Loi Defferre）的颁布，推动了法国开始新一轮重要的行政区划改革和地方自治尝试。中央政府赋予了大区政府更多的权力和资源，包括财政权、行政权。1983年7月，巴黎又颁布了关于大区与国家之间权力划分的法律，进一步标志着权力下放的重要制度突破。[1] 根据《德费尔法案》的原则，法国进一步明确了中央与大区之间的权力分配，法案中强调应"尊重地方当局的自由。它们按照自己认为合适的方式组织自己。没有一个地方当局对另一个地方当局进行监督，只有国家对它们之间的争端进行仲裁和解决"[2]。1986年后，教育、文化与环境等领域也同样归于大区治理的职能范围。

基于上述法案的颁布，法国凭借其具有特色的法治化治理、中央政府任命及大区的民主化治理三方面，形成了和谐的央地关系以及运行良好的治理机制。自1982年至1992年的十年之间，法国陆续颁布了《关于市镇、省和

---

① 参见网站 https：//www. gouvernement. fr/partage/10896-2-mars-1982-la-loi-defferre-sur-la-decentralisation-est-promulguee。

② 原文为："le respect de la liberté des collectivités locales. Celles-ci s'organisent comme elles l'entendent. Aucune collectivité locale n'exerce de tutelle sur une autre，l'État seul arbitrant et réglant les conflits entre elles. "参见网站 https：//www. vie-publique. fr/eclairage/38438-les-lois-defferre-premieres-lois-de-decentralisation。

大区的权力和自由的法案》《关于共和国地方行政管理法》,① 通过法律的形式建立起了有效协调的四级行政运行机制。同时为了完善地方行政管理法，法国政府又陆续颁布了法案的补充条例，以明确更为协调科学的大区政府职责划分。因此，法国的大区政府职能以社会管理与向社会提供公共服务为基础，同时大区政府的选票直接来自本地的选民，不来自中央政府，其治理运行机制主要围绕四方面展开：一是维护大区社会安全、平等与稳定持续发展；二是保障当地公共事业稳定，在保持当地经济特色基础上维护市场发展稳定；三是基于法治化治理，维护社会法治平等；四是以大区为中心，围绕区域和国际合作，通过网络化的多元治理，提升大区治理效能。

（二）美国联邦制下的州级治理

州（state）指的是与美国联邦政府共享主权的一类政治实体，这样的实体在美国共有 50 个。每个州都有相对独立的政府和立法权力，在遵行《美国联邦宪法》的基础上可以制定并执行自己的法律，形成了具有特色的州级治理模式。

1. 美国的三级行政区划架构

不同于单一制的大一统国家，美国作为联邦制国家，其行政权力划分的主要依据是美国的宪法与法律，且各治理主体（州政府）之间的责任划分较为明确。因此在行政层级划分上，美国不同于法国与中国的四级行政层级架构，而是以"联邦政府—州政府—地方政府"为框架的三级行政层级，州政府以下不论大小，都是地方政府。②

美国的三级行政区划架构中，每一级的治理主体都是由本区域的选民选举产生的，因此本级政府仅对本区域的选民负责。美国的政府虽然也有层级划分，但是并没有"级别"的限制，各层级政府实际上是相互分离与分工负责的关系。州政府与联邦政府的关系并不是完全断裂的，二者依然在很多

---

① 参见 Code General des Collectivites Territoriales（Partie Législative）。
② 高新军：《美国地方政府治理——案例调查与制度研究》，西北大学出版社，2007，第 32 页。

方面进行合作与制衡。一方面，联邦政府通过向州政府提供联邦补助金的方式影响州政策的制定，同时支持州政府在教育、医疗、交通等方面的支出，以此展开联邦政府与州政府在社会福利项目上的合作。另一方面，在选举中，每个州不论大小在参议院都有两个席位，这赋予了较小的州在联邦政策制定中对抗大州的力量，同时由于美国的政党政治影响，州政府可以通过影响所属政党在国会的力量来制约联邦政府，以形成联邦政府与州政府之间相互监督的制约关系。

2. 高度自治的州级治理权限

根据《独立宣言》的相关条例，《美国联邦宪法》对于各州保留相关的治理权限，一些较早的内容包括各州可以在联邦政府所限定的法律基础上制定不同的宪法条例、以宪法为基础的各州法律以及对各州事务进行管理、批准《美国联邦宪法》的相关修正案以及各州的选举活动。①

基于此，美国州级治理主要有以下方面的权限。一是制定法律。各州有自己的议会，可以制定适用于本州的法律。除了少数由联邦政府规定的事项外，各州在教育、健康、交通等许多领域都可以自行立法。二是维护各州的公共安全。各州政府负责在本州境内维护社会治安，预防和惩治犯罪，管理自己的警察系统。三是履行经济职能。各州政府对企业的设立、商业行为等方面进行严格监管，以保护消费者权益和促进公平竞争。四是履行公共服务与社会保障职能。如在教育方面，加利福尼亚州、纽约州等州的政府承担本州公立学校 12 年的公共教育责任，加利福尼亚州的大学和社区学院都被纳入了免学费范围，为符合条件的学生提供财务援助；在公共卫生方面，各州政府负责疾病预防控制和环境卫生监测；在社会保障方面，各州都设立了最低保障金标准以及出台了相关政策，同时需承担向贫困群体提供医疗救助、食品券等社会福利的职责。五是土地管理与财政管理。各州政府对本州范围内的土地利用和空间规划实施管理。同时有自主的财政预算支出权，需要对本州的收入和支出进行管理。

---

① 参见网站 http：//www. archives. gov/national-archives-experience/charters/declaration_history. html。

3.行政、立法与司法权力相互制衡的运行机制

美国是典型的三权分立制国家，即行政权、立法权与司法权之间相互制约与平衡，其联邦制下的州级治理自然也不例外。

（1）行政机制方面。美国政府间的合作涉及行政程序和非正式往来，其正式契约的法律效果不确定且可执行性不同。政府间纠纷通常采用特殊程序或政治手段解决，而非法庭裁决。中央和地方行政部门间的非正式往来可能比正式协定更重要。协调策略通常在政府部门内部运用，包括部长会晤和官员定期会晤等。这些非正式往来有效，但在透明度和有效性方面存在不足。[①]

（2）立法机制方面。美国联邦政府和州政府制定相关协定时需要立法机构的协同行动来实现中央与州之间的一致性、协调性和互惠性。立法方案可以通过互惠或互补方案和具体的法律实施办法而具有法律效力。在联邦体系中，互惠是一种层次较低的协调形式，各州政府在互惠基础上遵守规则，互惠成为协调立法活动的基础。[②] 当联邦政府和州政府在政策上意见一致，但在具体法律上存在分歧时，则需要各地立法机构适当立法以实施政策。政府合作方式的规范性不如其他方式的协调合作，各个州在实施一致政策时可以根据其历史传统选择具体的实施办法。

（3）司法机制方面。联邦法院在解决州政府和联邦政府之间的争端和冲突中发挥着重要的作用。法院提供了维持政府间关系的法律框架，并构成了政府制度的一部分。由于联邦政府和州政府都不能单独决定权力的划分，因此联邦法院承担着监督权力划分的责任，同时决定政府间不同部门往来的条件。联邦法院一般仅限于划定联邦政府与州政府间的结构性范围，因此影响力有限，但它可以限制政府权力，也可以为无法在宪法中找到明确依据的政府间协定提供支持。

---

① 〔澳〕布莱恩·R.奥帕斯金：《联邦制下的政府间关系机制》，黄觉译，《国际社会科学杂志》（中文版）2002年第1期。

② 〔澳〕布莱恩·R.奥帕斯金：《联邦制下的政府间关系机制》，黄觉译，《国际社会科学杂志》（中文版）2002年第1期。

总体而言，美国联邦政府和州政府间的合作与控制关系需要进一步得到重视。虽然州政府与地方政府原有的权限依然存在，但权限的内容越来越多地受到联邦政府政策的影响，联邦政府与州政府以及地方政府的职能部门之间也存在着越来越多的相互依赖、合作、渗透与协调。

（三）法美大区（州级）治理的启示

1. 以整体主义思维引导地方治理的发展

法国区域治理专家学者 Patrick Le Galès 曾提到，区域治理涵盖内部治理与外部治理两个层面，其中内部治理包括区域辖区内行为主体与各种组织、社会团体利益互相整合的能力，而外部治理又包括区域辖区内行为主体与上级、下级和相同层级政府以及国际层级的其他组织相互合作与参与治理的能力。[①] 从西方国家关于治理的不同阶段来看，早期的核心在于协调（coordination），即政府与其他治理主体之间的一种等级关系；第二阶段在于协作（collaboration），体现为"市场治理"背景下市场作为参与主体中的强势主体主导下的合作关系；现阶段则更加强调合作一词（cooperation），把治理的概念进一步丰富化、多元化，其核心要义在于基于网络系统下的平等的合作关系。[②]

从法美两国的省域（区域）治理发展来看，两国在 20 世纪 80 年代都通过内部行政机构改革、社会组织协调以及外部的区域合作等措施来推动区域治理效能提升。实际上这是一种整体主义思维引导下的多元治理，其目标是围绕区域民众的需求，通过对本区域政府组织体系的整体性与协调性改革，强化在治理中对技术手段的运用，增强与同级、不同层级的区域进行合作等方式，解决以往政府部门分割化、组织管理低效化、社会组织分散化以及公共服务破碎化等问题。

---

① P. Le Galès, "Urban Governance and Policy Networks: On the Urban Political Boundedness of Policy Networks. A French Case Study", *Public Administration*, 2001, 79 (1): 167-184.

② A. D. Wallis, "The Third Wave: Current Trends in Regional Governance", *National Civic Review*, 1994, 83 (3): 290-310.

2.以渐进式改革应对不同治理阶段的探索

西方学者在区域治理的学理讨论中不断调整治理的思维，从"大政府治理"到"市场治理"再到"多元共治"，就是一种渐进式的改革。具体从法国大区治理发展的进程来看，大区于 1944 年设置，1982 年被正式赋予行政职权，如今在法国国家治理中占有重要地位。法国先通过设立有限公共组织机构协调大区内部的经济建设工作，继而又通过区域多种组织机构的协调与合作，发展了大区之间的经济与公共服务合作，最终在法国宪法中明确了大区的行政地位，并通过这种创新的做法实现了大区政治、经济与宪法地位的"三位一体"，同时提高了地方政府治理效能、缩减了行政成本，进一步推动了公共政策决策和执行效能的巨大提升。

省级行政区是中央人民政府直接管辖的最高一级地方行政区域，在连接中央与地方的关系中地位举足轻重，可谓"牵一发而动全身"，因此我国的省域治理也应遵循渐进式改革的逻辑，推进省域治理急需相应全面的政策支持与配合，且每一项治理的新措施都应该在出台之前进行多轮的评估，政策调整也应包含试错的过程，依靠自上而下的推动以及向省域内广泛的社会民众征求好的建议，并在实践中不断完善，形成一种适合中国省域治理的"政治实用主义"。

3.因地制宜探寻地方治理的有效模式

省域治理并没有最好的模式，应该因地制宜，结合本国以及当地的发展实际找到合适的方式，根据省域政治经济的发展及时进行调整，以适应省域发展。各国省辖区行政区划的设置及治理的运行体制，深受其国家历史文化发展传统、社会整体经济发展水平、国家政治体制、地缘政治要素及国家战略选择等多重因素的影响，并不存在统一的模式。此外，同一国家中不同的区域，其机构设置与治理的实践逻辑可能也不尽相同。法国由于其历史的发展与文化的高度融合性，在区域治理中地方政府有较高的自主性，相比美国在省域（区域）治理中有更高程度的地方分权，且地方政府有着更高的财政自主程度。在推进公共服务的过程中，法国也基于这种高度的地方自治，更加强调保护地方的方言文化，有较强的区域认同感，在推进大区的治理进程中更能发挥自身的优势。

美国与法国的对比并不能说哪个国家的省域（区域）治理模式更胜一筹，这种不同国家的差异性表明，中国必须结合历史发展与现实实际情况，探索符合自身特点的省域治理模式和方法。

4. 加强治理主体之间的沟通和协调

省域治理是国家治理在省级辖区内的映射，旨在协调辖区内政府部门以及社会之间的利益，促进不同治理主体之间的合作，以达到辖区内的"善治"。这种善治的重要前提有两个：一是辖区内不同的治理主体要对自身在省域治理中的角色具有认同感，二是各治理主体具有能够参与公共决策、管理与监督的权限与能力。

法国的大区治理作为单一制国家中能将中央集权与地方治理良好结合的典范，其核心就是处理好了大区政府与纵向行政部门之间、非政府部门之间以及民众之间的治理关系。在大区政府与一些行业协会商会、社会组织等非政府部门的治理实践中，由于法国的"公共服务"观念较之其他欧洲国家更为深入民心，且在 19 世纪 70 年代后，法国民众就已经将公共服务的执行效能作为衡量政府行政与司法执行力度的重要参考标准，[①] 因此非政府部门作为重要的治理主体，和大区政府协商通过委托竞争、招标等方式生产公共产品或提供公共服务，不仅缩减了政府高昂的行政成本，同时赋予了商会组织等社会组织治理权限，实现了高效能的多元治理。同时，对于大区民众而言，由于其自主权较大，政策的设计也通常从社区开始，采取自下而上的模式，广泛推动民众参与治理，履行监督的职能。

本部分深入探讨了美国和法国的省域（区域）治理模式，介绍了它们各自的一级行政区划分、治理权限以及运行机制。美国的州级自治体系，以其强大的自主性和灵活性，为各州提供了广泛的政策实验空间，从而推动了经济和社会的协调发展。法国的大区治理则更侧重于中央与地方展开

---

① 参见网站 http：//www. ambafrance - cn. org/program/cn/showdetail. php？ menu id = 10501&st oryid = 0029。

合作，通过统一的规划和各治理主体的均衡发展，实现了大区的和谐稳定。

四　省域治理现代化的目标路径

"现代化"伴随着国家发展而不断被赋予新的意义。中华人民共和国成立之初，我国提出了实现工业现代化、农业现代化、国防现代化与科学技术现代化的任务。[1] 2013 年 11 月，党的十八届三中全会首次提出"国家治理体系与治理能力现代化"，第一次把国家治理体系和治理能力与现代化联系起来，将现代化寓于国家治理中，并以现代化为治理的落脚点和归宿。2019年 10 月，党的十九届四中全会提出要通过国家制度的显著优势，进一步推进与完善国家治理体系与治理能力现代化。2019 年 11 月，中共浙江省委十四届六次全会审议通过《中共浙江省委关于认真学习贯彻党的十九届四中全会精神高水平推进省域治理现代化的决定》，提出要以"八八战略"推进新时代省域治理现代化。随后，湖北、江苏以及广东等省份也相继出台关于推进省域治理现代化的政策文件。[2] 社会各界也开始加快对省域治理现代化的探索。

（一）推进省域治理现代化的重大意义

省域治理现代化包含着"省域治理体系现代化"以及"省域治理能力现代化"两方面，二者是省域治理现代化中同一问题的两个方面。从概念上理解，省域治理体系是在党领导下管理省域内事务的制度体系，包括政治、经济、文化、社会和生态文明等各领域的体制机制、法律法规，它们共同构成一个紧密相连、相互协调的制度体系。

---

[1]　许耀桐：《习近平的国家治理现代化思想论析》，《上海行政学院学报》2014 年第 4 期。
[2]　见《中共湖北省委关于贯彻落实党的十九届四中全会精神、推进省域治理现代化的决定》《中共江苏省委关于贯彻落实党的十九届四中全会精神、推动省域治理体系和治理能力现代化建设走在前列的意见》《广东省数字政府省域治理"一网统管"三年行动计划》。

省域治理能力具有如下内涵。从政府治理能力的角度看，主要包括制定和实施政策以及制定法律的能力，高效管理的能力，控制渎职、腐败和行贿行为的能力，保持政府机关高度透明和诚信的能力以及执法能力，[①] 也是一种在体制与机制上获得重构，进而实施公共治理，达成治理目标的能力。[②]从市场与社会等治理能力的角度看，主要包括各治理主体通过自身制度构建打造强能力结构体系，围绕"善治"的要求履行治理主体的职责。[③] 因此，治理能力主要是指政府作为主要治理主体，与市场主体、社会组织和公民相结合共同建构自主性治理网络的能力。[④]

本报告认为，省域治理现代化指的是地方各级政府在省委的领导下，在政治、经济、社会、文化、生态文明等各个领域中，通过改造自身体制机制，围绕"善治"的基本原则履行治理主体职责，与市场主体、社会组织以及公民共同建构自主性治理网络，以实现省域制度优势向治理效能有效转化的过程。需要注意的是，省域治理现代化的内容与要求不是固定不变的，而是基于国家与省域客观发展情况的变化而动态调整的。因此，推进省域治理现代化具有重大的现实意义。

1. 推动国家治理现代化的重要前提

我国省域范围内的一切治理活动都依照中国特色社会主义制度展开，省域治理体系和治理能力是中国特色社会主义制度及其执行能力的重要体现。推动省域治理现代化也是我国实现国家治理现代化的重要前提。

一方面，省域治理现代化的推进是对传统治理观念的重大突破，这一突破主要体现在对治理主体、治理方式和治理目标的重新认识上。传统的治理观念往往强调高度集中的中央集权，而省域治理现代化则强调在尊重中央权力的基础上，赋予省级与省级以下地方政府更大的自主权，让省域治理在国

---

① 〔美〕弗朗西斯·福山：《国家构建：21 世纪的国家治理与世界秩序》，黄胜强、徐铭原译，中国社会科学出版社，2007，第 16 页。
② 欧阳康等：《省级治理现代化》，中国社会科学出版社，2016，第 68 页。
③ 魏治勋：《"善治"视野中的国家治理能力及其现代化》，《法学论坛》2014 年第 2 期。
④ 本部分出现的政府，主要为广义的概念，即省各级党委组织、立法机关、行政机关和司法机关等公共机关的总称。

家治理中的定位更加明确，央地关系更加清晰，使省级与省级以下地方政府能够在遵循中央政策的基本前提下根据地方实际情况灵活应对相关问题，这种治理方式更加符合现代社会的复杂性和多元性特点。

另一方面，省级与省级以下地方政府在国家治理体系中扮演着关键的角色。它们是中央政策在地方以及基层的传递者与执行者，负责将中央的政策意图转化为具体的实施行动，这需要省级与省级以下地方政府具有高效的行政执行力和超强的政策解读能力。同时，省级政府也是基层需求的反馈者，必须能够准确、及时地将基层的需求和反馈传达到中央，能够在中央政策指导和地方实际需求之间找到最佳的平衡点。因此，推动省域治理现代化是提升国家治理效能的关键，更是实现国家治理现代化的重要前提。

2. 增强社会凝聚力与稳定性的重要基石

开放多元的当代中国，发展日新月异，社会急剧变迁，活力与挑战共存，在国家治理现代化的过程中，传统的社会观念、社会结构和社会秩序不断受到冲击，地方治理的困难和社会不稳定因素复杂交织。省域治理现代化的推动对增强社会凝聚力与稳定性有重大的意义。

一方面，省域治理现代化强调地方各类社会组织和公民的参与。省委出台相关政策后，地方各级政府引导、鼓励并支持社会组织和公民积极参与到社会治理中来，不仅能增强民众对于政策的接受与践行意愿，还可提升民众广泛参与决策的积极性，让民众有更多的参与感和获得感。

另一方面，省域治理现代化倡导在地方各级政府的治理过程中保持透明度，以法治化建设推进社会公平正义。法治是现代社会治理的基石，只有在良好的法治环境中，才能保障公民的权利，制约公权的行为，解决社会的矛盾，实现公平正义。通过强化法治建设，可以树立地方各级政府在社会中公正的形象，提高社会法治化的水平，增强社会公正的信念，从而增强社会的凝聚力和稳定性。

3. 推进地方经济社会发展的重要支撑

省域作为国家治理的重要一环，是连接中央与基层，承上启下的关键层级。一方面，省域治理现代化的实现需要有效调动地方和基层的发展资源和潜力，省委通过制定和实施科学合理的政策，鼓励地方和基层发展特色经济，推动经济社会的高质量和可持续性发展，促进经济效益和社会效益的双重提升。同时，地方各级政府通过建立和完善公共服务体系，提高地方民生福利，增强社区的凝聚力和活力。由此可见，省域治理现代化在推动地方与基层社会经济发展、保障公民权利、维护社会稳定等方面，具有至关重要的作用。

另一方面，更好地解决社会问题，满足人民的需求，提高人民的幸福感和满意度，是我国地方各级政府追求的基本目标，也是实现省域治理现代化的重要基础。随着社会经济的发展和科技的进步，社会问题变得越来越复杂多变，需要省域各级政府部门在治理过程中更为高效、科学、公正、透明，能够利用大数据、人工智能等现代科技手段，实现对社会问题的预测和预防，提高治理的精准性和有效性，从而实现国家与地方的长治久安。

4. 提升地方治理效能的重要推手

省域治理现代化对提升基层治理效能具有重要意义。一方面，现代化的省域治理对基层政府的决策提出了新的要求，即决策必须具有科学性、精准性和可操作性。政府应通过更准确和全面的数据信息优化决策，推动决策效率与精准度的重大提升。同时，现代化的省域治理体系强调的是多元主体的参与，它能够鼓励公民、社会组织和市场主体参与治理，从而使政府的决策更具可操作性和实效性。

另一方面，进一步加强政府与市场、社会之间的互动和协同是实现省域治理现代化的基本要求。在现代化的省域治理体系中，地方各级政府不再是当地社会唯一的治理主体，而是成为市场和社会的合作伙伴。这种互动和协同能够有效地调动各方的积极性，形成共建共治共享的社会治理模式。此外，信息、人工智能等现代技术的应用，为省域治理现代化的推动提供了强大的工具。通过这些技术的运用，政府可以实现信息的快速收集、处理和传递，从而提高地方各级政府公共服务的质量和效率，满足人民群众的多样化、个性化需求，提升治理的效能和精准度。

（二）推进省域治理现代化的目标与要求

根据部分省委、省政府发布的关于推进省域治理现代化的具体政策内容，浙江省与广东省的目标主要聚焦于推动数字政府建设以及推动信息技术在各领域高效治理中发挥作用；湖北省强调省域治理现代化的实现应进一步将党的领导与建设贯穿到基层治理的全过程；江苏省则提出将进一步围绕区域发展、区域创新、城乡融合发展等方面探索构建推动高质量发展的制度体系。

对以上内容进行总结，省域治理现代化的总体目标是在省委的领导下，通过在各个领域推动全面突破的改革，积极推进数字化变革并深化其应用，在省域治理方面积累并形成一套完善的制度体系，从而为实现现代化目标奠定坚实的基础。为实现这一总体目标，需要遵循以下具体的要求。

1.完善省域党的全面领导制度体系，提升党的领导能力

党的二十大报告强调，健全全面从严治党体系，全面推进党的自我净化、自我完善、自我革新、自我提高，使我们党坚守初心使命，始终成为中国特色社会主义事业的坚强领导核心。省域党的领导制度体系是中国特色社会主义制度的重要组成部分。当前，面对愈加复杂的省域社会发展问题，需要更为完善的制度体系来保障党的领导工作的顺利进行。应强化党对法治建设和法治改革的集中统一领导，加强党对依法治省的战略规划和政策设计。因此，完善省域党的领导制度体系并提高党的领导能力是实现党科学执政、民主执政与依法执政的首要条件。具体的要求则包括以下四方面。

一是健全党的全面领导制度。党是我国社会主义事业的领导核心，必须确保党在省域各个领域建设中发挥领导作用，把党的领导落实到统筹推进各省"五位一体"总体布局、协调推进"四个全面"战略布局各方面。二是健全为人民执政、靠人民执政的各项制度。人民群众是党执政的阶级基础与群众基础，应进一步将改善民情、尊重民意的理念贯彻到省域治理的工作中。三是健全提高党的领导水平制度。即围绕战略的决策力、社会的动员

力、资源配置力以及组织保障力等方面的能力进行提升,① 以应对复杂的省域治理问题。四是完善全面从严治党的制度。常态化纠治腐败与不正之风,确保党始终成为省域各项事业发展的坚强领导核心。

2. 完善彰显社会主义民主政治的省域人民当家作主制度体系

人民当家作主的制度体系是我国社会主义民主政治的本质特征,更是在省域民主政治层面的重要体现,其中涵盖对人民代表大会制度的坚持与完善、发挥省域及地方政治协商的重要作用、完善民族区域自治制度以及健全省基层党组织领导的基层群众自治机制等方面的要求,以更好地彰显社会主义民主政治的治理效能。具体有以下方面的要求。

一是完善人民代表大会制度这一根本政治制度,支持和保证省人大及其常委会依法行使职权,密切省人大代表同人民群众的联系,加强地方人大及其常委会建设,以更好发挥人大代表的作用。二是各省党委应进一步落实党中央对政治协商工作的相关要求,健全相互监督机制。三是完善民族区域自治制度,即保证民族自治地方依法行使自治权,保障少数民族合法权益,巩固和发展平等团结互助和谐的社会主义民族关系。四是健全省域基层党组织领导的基层群众自治机制,着力推进省域基层直接民主制度化、规范化、程序化。

3. 完善职责明晰、依法行政的省域政府治理体系,提升政府治理能力

省域各级政府承担着按照党和国家决策部署推动经济社会发展、管理社会事务、服务人民群众的重大职责。需进一步坚持和完善省域行政体制,构建职责明晰、依法行政的省域政府治理体系,提高政府治理的基础能力。具体有以下方面的要求。

一是推动省域行政体制改革高效化,使省级政府行政决策机制及地方各级政府行政执行、行政组织、行政监督体制等方面得到优化,最大限度减少不必要的行政管理事项,增强政府的执行力和公信力。二是优化省域政府职

---

① 黄健荣:《论现代政府合法性递减:成因、影响与对策》,《浙江大学学报》(人文社会科学版)2011 年第 1 期。

责体系，使政府职能更加明晰，避免职责重叠或漏洞，从而提高行政效率。三是推动省与各级地方政府组织结构扁平化，使政府机构设置更加科学、职能设置更加优化、层级之间权责更加协同。四是提升各省级行政区划的综合承载能力和资源配置效率，对省域行政区划进行优化调整，特别是加强中心城市和城市群的发展，使其能够更好地发挥综合功能和承担资源优化配置的任务，形成高效率的政府组织体系。

4. 完善以宪法为核心的省域法治体系

省域法治体系是在国家制度体系下，以《宪法》《立法法》赋予的地方立法权为基础，结合地方特殊性需求发展而成。我国地方立法的依据主要来自三方面：首先，宪法赋予地方立法权，地方立法不得与宪法相抵触；其次，《中华人民共和国地方各级人民代表大会和地方各级人民政府组织法》《民族区域自治法》《立法法》赋予地方立法权，且地方立法不得与此类法律相冲突；最后，委托和授权也是地方立法权的一个来源，地方立法不得与授权权限、内容和目的相违背。因此，省域法治体系的构建，必须坚持法治先行，发挥法律的引领、规范作用。具体有以下方面的要求。

一是建立完善的省域法律法规体系、政策制定和执行的规范程序，以及高效透明的决策和执行机制，以此规范政府行为，保障公民的权利和自由。二是推动省域立法精细化。随着我国立法建设的不断完善，由粗放型立法走向精细化立法已成为地方立法的必然路径。推动精细化立法可以提高法律法规的执行效率，避免因解释不明确或理解不统一导致的执行难题。[①] 三是完善省域法律实施的监督机制，以提升法律实施效力，增强地方各级政府的执法公信力。

5. 完善推动高质量发展的省域市场经济制度

完善推动高质量发展的省域市场经济制度，需不断发挥市场在资源配置中的决定性作用，更好地发挥地方各级政府的引导作用，通过优化配置省内资源，让资源流向最需要和最具有竞争力的领域。同时聚焦产业结构、市场

---

① 欧阳康：《省级治理现代化》，中国社会科学出版社，2016，第74页。

监管、经济开放合作以及科技创新等方面，推动省域要素的自由流动，促进省内劳动力、资金、技术、信息等要素合理配置，优化经济结构，通过激发市场竞争进一步提高资源使用效率，降低交易成本。① 具体有以下几方面要求。

一是省域产业结构高度化，即引导和支持创新活动，培育创新企业和创新人才，推动科技成果转化和产业升级，提高市场经济的竞争力和创新能力。二是省域市场监管法治化。现代化的市场经济制度应全面考虑市场主体、政府、社会组织和消费者等各方面的利益，其中包括市场主体的自主经营权和公平竞争权的法律保障、政府的监管和服务职责的落实、社会组织的参与和监督机制的建立，以及消费者权益的保护。三是推动省域经济开放合作国际化，即进一步扩大对外开放，参与国际经济合作与竞争，培育面向国际市场的经济体系，提高其国际竞争力。

6. 完善共建共治共享的省域社会治理制度

社会治理是国家治理的重要方面，而省域社会治理主要是指以党的领导为核心，以省各级政府为主导，通过整合政府部门和社会组织资源，形成政府主导、社会协同的社会治理制度体系，以更好地提升省域社会治理的效能。完善共建共治共享的省域社会治理制度，包含构建省域社会治理新格局、完善省域治安防控体系、革新社会治理手段以及推动公共服务均等化等要求。

一是构建省域社会治理新格局，即建立起社会共治的理念，以党的领导为核心，以省各级政府为主导，充分调动社会力量共同参与社会治理，构建多元社会治理格局。② 二是完善省域治安防控体系。提高预测预警预防各类风险的能力，增强社会治安防控的整体性、协同性、精准性。三是革新社会治理手段，即充分利用大数据、云计算、移动互联网等技术，建立信息化的社会治理协同网络。四是推动公共服务均等化。要求省域辖区内不断促进教育、医疗、社保、文化等公共服务领域的均等化，强化基本公共服务供给。

---

① 麦勇：《中国经济区域分类：省域视角的分析》，《当代经济管理》2006 年第 3 期。
② 王玉珍、王李浩：《治理现代化背景下社会组织省域发展差异分析》，《中国行政管理》2016 年第 10 期。

7. 完善繁荣发展的省域先进文化制度

省域先进文化制度的完善应以文化价值引领，通过体制机制创新、人才培养、公众参与和社会治理的创新，推动文化建设与社会发展相互促进、相互融合，实现省域文化产业与事业的现代化和可持续发展。因此，完善省域先进文化制度有以下具体要求。

一是推动文化产业创新多样化，提升省域文化产业的创造力、竞争力和影响力，推动文化与经济的良性互动，实现省域文化产业的可持续发展。二是实现人民文化权益保障制度化，包括完善省域文化法律法规、推动地方相关政策的出台以及加强文化市场监管等方面。三是推动文化人才培养专业化，进一步坚持以人民需求为导向，提升省域文化从业人员的综合素质和专业能力，培养一批具有创新精神和国际视野的文化专业人才，为文化产业的发展提供坚实的人才支撑。

8. 完善统筹城乡的省域民生保障制度

完善增进人民福祉与促进人全面发展的省域民生保障制度是党和政府以人民为中心的本质要求，更是满足人民日益增长的美好生活需要的重要制度保障。具体有以下几方面要求。

一是推动实现省域就业的高质量化，高质量的就业不仅是人民生活质量提升的保障，还是省域社会经济可持续发展的重要推动力。高质量就业包含提高劳动者的技能和素质、实现就业公平、提供稳定和灵活的就业环境、建立有效的劳动市场信息系统、提供充足的社会保障等方面。二是实现省域全民教育体系制度化，包括推动省域城乡义务教育一体化发展，创新教育和学习方式，建设省域学习型社会。三是推动社会保障体系全民覆盖化，健全统筹城乡、可持续的基本养老保险制度和基本医疗保险制度，稳步提高保障水平。四是实现人民健康保障制度化，包括提高公共卫生服务、医疗保障服务、药品供应保障服务水平，加强公共卫生防疫和重大传染病防控，健全重特大疾病医疗保险和救助制度，加强医疗机构和医务人员的管理和监督，确保医疗行业的规范运行和服务质量等方面的要求。

9. 完善人与自然和谐共生的省域生态文明制度体系

省域生态文明制度体系是指在省级行政区域内，为了实现可持续发展和保护生态环境，通过立法、规划、政策等手段形成的一套有机整合和协调各方利益、约束人类行为、保护和改善生态环境的制度体系。具体有以下方面的要求。

一是建立健全与生态文明建设相适应的法律法规和政策制度，包括环境保护法律体系、资源利用法律体系、生态修复法律体系等内容。通过法律法规明确生态环境保护和资源利用的基本规范，加强对违法行为的惩处和监督。二是生态技术创新现代化，鼓励科技创新和技术进步，推动省域生态绿色与可持续发展。三是生态责任与监督机制透明化，包括制定明确的责任与监督机制，引导社会组织和公众的积极参与，加强对各级政府和相关部门的约束和监督，形成全社会共同参与的生态文明治理格局。

省域治理现代化是我国未来需要进一步聚焦的命题。总体来看，推进省域治理现代化应兼顾省域治理体系与治理能力现代化的两个方面。省域治理体系和治理能力构成了省域治理的骨骼和血肉，是一个有机整体，相辅相成。科学的省域治理体系孕育高水平的治理能力，不断提高省域治理能力驱动着省域治理体系的优化。治理体系和治理能力就是"制度"与"人"的关系，治理中国各省域的复杂情况，就要建立相对完备的制度体系。制度的重要性在于它提供了一种规范和框架，帮助指导行为。然而，单靠制度本身是不足以实现良好的治理和有效的执行的。制度需要有能力的人和组织来运作和执行。因此，制度为行为提供了准则和规范，而能力则确保这些制度能够得到实际操作和落地。只有当制度与能力相互配合、相互促进时，才能实现有效的治理和良好的执行。

（三）省域治理现代化的推进路径

当前，我国的省域治理正从"治理质量提高"转向"治理效能提升"，进入了结构、速度以及效益相统一的高质量发展期，省委的各级组织、各级政府、市场主体以及遍布在省域各行业领域的社会组织逐渐走向协作共治，在政治、经济、社会等多领域发挥着日益显著的作用。未来，我国将处于省域治理进一步发展与创新的大时代，也将是省域治理现代化逐渐实现的大发展时代。

国家"十四五"规划以及 2035 年远景目标之一是全体人民共同富裕迈出坚实步伐，到 2035 年实现人的全面发展、全体人民共同富裕取得更为明显的实质性进展。国家远景目标的实现离不开中层以及基层目标的达成。推动省域治理现代化这一中层目标的实现是一个系统、长期且艰巨的工程，其中涵盖着进一步强化省委党组织的建设、推动省域经济高质量发展、健全省域法律制度建设、完善省域先进文化制度建设、促进省域人与自然和谐共生以及创新省域社会治理等重要议题，必须综合发挥省委、各级政府、市场以及社会的作用。从总体上看，推动省域治理现代化的稳步实现应遵循如下路径：以夯实组织基础加强党的全面领导、以健全省域治理制度体系推进高水平治理、以法治化保障省域治理制度化推进、以机构改革优化省域治理结构、以数字化治理提升省域治理效能。

1. 以夯实组织基础加强党的全面领导

习近平总书记强调，"各级党组织要提高政治领导力、思想引领力、群众组织力、社会号召力，把广大人民群众紧紧团结在党的周围"[①]。故而，严密且完善的组织体系，是实现党全面领导的优势所在、力量所在，更是省域治理现代化最为重要的组织基础。党作为省域治理现代化建设各项事业的领导核心，把党建设好、建设强，不仅关系到省域治理各领域的稳定发展，也是构建未来共建共治共享治理新格局的重要保障。未来，在深入推进省域治理现代化的过程中，必须充分发挥党建工作的"火车头"作用，把党的全面领导落实到社会各领域的各级组织。

一方面，重点加强省域各级党组织的内部建设，由各级党委引领激发多元治理主体参与治理的内在动力，确保党中央的决策部署能够贯彻执行到位，克服执行过程中的最后难关。通过发挥省域党组织的核心作用，充分展现党员队伍的先锋队性质，引领和带领人民群众积极参与省域治理的各项具

---

① 《习近平谈治国理政》第四卷，外文出版社，2022，第 504 页。

体事务。推动党员干部更好地走进群众、服务群众，提升人民群众参与治理的能力和积极性。促进党的组织建设和党员队伍的发展，使其在省域治理中发挥更大的作用，同时也加强党与人民群众之间的联系，推动社会治理的良性循环发展。

另一方面，进一步加强省域基层治理，提升社会的凝聚力和号召力。积极探索党建引领在基层治理中的有效路径，将中国特色社会主义的制度优势转化为治理效能。进一步强化各省党建工作的凝聚力，充分发挥地方和基层党组织的力量和功能，推动志愿者队伍服务能力的提升，强化党组织的辐射力量，广泛有效地促进社会组织和公民等重要治理主体积极参与社会治理，增强各省的治理统筹能力。此外，将社会主义核心价值观贯穿于省域治理各个环节，树立各类社会组织和公民的主体意识，不断激发多元治理主体对省域治理和实现国家现代化建设的责任感和使命感，以建立一个更加有凝聚力、有活力的社会，推动省域治理的全面发展和社会主义现代化建设的顺利实现。

2. 以健全省域治理制度体系推进高水平治理

推进省域高水平治理以及高质量发展，关键在于健全高质量发展的省域治理制度体系，就应在坚持社会主义基本经济体制的基础上，以建设省域经济体系为重点，在打造营商环境、完善城乡区域协调发展的空间治理机制以及构建省域美丽的绿色发展体制机制等方面发力。

首先，着力打造一流省域营商环境。创建良好的营商环境是每个省推动经济发展的重要任务。具体来说，省委、省政府需要实施更完善的知识产权保护制度，以激励更多的创新活动，同时吸引更多的投资，从而促进省域经济的发展；为提供更有利的政策环境和支持措施，省委、省政府需制定并实施企业融资支持、技术创新、市场开拓、税收优惠以及人才培养等政策，以帮助民营企业解决在发展过程中遇到的融资、技术和市场问题，从而推动民营经济的健康发展；此外，地方各级政府应进一步明确与地方企业之间关系的边界，推动政商关系的公开透明，从而创造公平竞争的营商环境。

其次，完善城乡区域协调发展的空间治理机制。具体来说，省委、省政府需进一步健全城乡融合发展体制机制，深化农村集体产权制度改革，提高农民收入，激发农村经济发展的活力，依法明确和保护农民集体经济组织的产权以及农民在集体经济组织中的权益；为了更好地激活农村土地资源，提高土地的使用效率，地方各级政府及相关部门应依法促进农村土地经营权流转交易、集体经营性建设用地入市，深化乡村全域土地综合整治与生态修复以改善农村环境，提高农村生态效益；同时，通过完善各省之间的对口支援合作和扶贫协作机制，以更有效地整合区域资源，共同推进扶贫工作，实现贫困地区的持久脱贫。

最后，构建省域美丽的绿色发展体制机制。进一步完善各省生态文明建设目标评价考核机制，落实生态环境保护督察制度；建立生态产品价值实现机制，完善绿色发展财力奖补和生态补偿机制，健全排污权、用能权等交易制度，强化美丽经济发展激励，拓宽绿水青山向金山银山转化通道。

3. 以法治化保障省域治理制度化推进

习近平总书记指出："人类社会发展的事实证明，依法治理是最可靠、最稳定的治理。"[1] 法治作为治理的重要手段、现代化方式和不可或缺的要素，与治理相辅相成、相互促进。法治所蕴含的追求良法和价值观的理念与治理目标相得益彰。因此，为进一步用法治保障省域治理制度化的实现，应在以下三方面进行推进。

首先，进一步改进和完善地方立法的体制和机制。为了实现这一目标，需完善由省级党委领导、省人大主导、省各级政府支持以及各方参与的立法工作格局，以推动立法的科学化、民主化和法治化；进一步运用数字化工具，扩大公众在立法过程中的参与度，强化地方性法规和规章立改废释的推进工作。

其次，构建优化协同高效的综合依法行政体制。依法行政体制包含决策、执行、组织以及监督四方面。具体来看，优化行政决策体制是提高行政效率和质量的关键，包括制定科学、透明和公正的决策程序，鼓励多元化的意见和信息输入，以及定期评估和调整决策结果；优化行政执行体制则要求

---

① 《习近平关于全面依法治国论述摘编》，中央文献出版社，2015，第 63 页。

各级政府进一步简化行政程序、优化公共参与机制以及强化行政责任追究；优化行政组织体制则需要根据社会与民众的具体需求，调整和配置各级地方政府的机构和人力资源；优化行政监督体制是确保政府行政流程公正和透明的重要手段，包括建立独立和有效的监督机制，提高监督的透明度和公众的参与度，以及对行政行为进行公正和及时的审查和评估。应通过优化行政决策、行政执行、行政组织与行政监督体制，构建协同高效的综合依法行政体制，加大关系群众切身利益的重点领域执法力度。

最后，健全维护社会公平正义的法治保障制度。通过深化司法体制综合配套改革，探索构建立体化、多元化、精细化的诉讼程序体系。构建社会"大普法"格局，各级领导干部应充分尊重、学习和遵守法律，致力于建设现代化的公共法律服务体系。引导全社会树立依法办事、寻求法律解决问题、以法律化解矛盾的观念。以法治为基础，为省域治理各领域的制度化发展提供坚实保障，推动社会各界更广泛地接受法律的规范，确保治理的合法性和稳定性。

4. 以机构改革优化省域治理结构

作为推进国家治理现代化的一项重要任务，党和国家机构改革是进入新时代后优化国家治理结构的一项系统性、战略性工程。从 2013 年的《国务院机构改革和职能转变方案》，到 2018 年的《深化党和国家机构改革方案》，再到 2023 年新一轮《党和国家机构改革方案》，对省域内相关机构的职责与要求也进行了全新的阐释。[①] 这对于塑造有为省域政府，实现有效省域治理，促进政府在省域治理中由管理者向服务者、由领导者向协调者的角色转变具有重要意义。

首先，在国家确定的重大发展战略和中长期发展规划的引领下，进一步推动各省与地方政府简政放权，激发市场的自主性。为此，政府需要审视现有的政策和程序，减少不必要的行政干预，以创造更大的市场和社会自主空间。同时，各级政府应调整职能，从过度干预转向提供良好的制度环境和公

---

① 《十八大以来重要文献选编》（上），中央文献出版社，2018，第 444 页。

共服务，以促进市场主体的发展和创新。地方政府应提供高质量和可接受的教育、健康保健、社会保障等公共服务，以满足公众的基本需求，也有助于形成公平和包容的社会环境。通过完善公共服务体系强化社会自主性厘清政府与市场、政府与社会间的关系，实现在省域治理中市场与社会治理的有效嵌入。

其次，通过机构改革，进一步理顺央—省之间、省—地之间的关系。既维护中央在宏观事务和顶层设计上的领导地位，确保党中央的政令畅通、令行禁止，也进一步赋予省级及省级以下各级政府更多的自主权，使各省发展的比较优势能够在上下联动中得到更有创造性的发挥，使中央和地方之间的事权划分更加规范化、财政权分配更加合理化、责任分工更加科学化。

最后，随着"五位一体"总体布局在国家和省域治理现代化发展进程中的持续推进，进一步推进省域政府横向结构的扁平化和协同化发展，从而使当前现代信息科学技术以及统计科学方法的作用能够在各级政府权责关系更加明晰、运行高效有序的组织体系中得到更为平稳且高效的发挥。

5. 以数字化治理提升省域治理效能

随着数字革命的深入推进，原有的社会治理、经济管理方法正逐渐实现数字化转型。在这种科技变革的影响下，省域治理的工具、手段和领域也正在经历系统性的变革。在实现省域治理体系和治理能力现代化的过程中，数字治理成为重要组成部分，因具有专业便捷化、科学高效化和智能化优势将成为未来治理的关键支柱。具体来说，数字治理不仅利用信息化技术提升了治理效率、加强了监督管理、拓宽了参与渠道并整合了信息，更重要的是，数字治理开启了信息与数据的全域共享与联动，打破了传统治理模式中信息不对称而造成的低效治理，引领了国家与地方治理理念的革新。数字治理为省域治理体系和治理能力现代化的实现提供了重要支持，开辟了新的道路。因此，数字治理的重要性不可低估，未来的治理需进一步融合数字技术的创新应用，顺应这一时代趋势，在以下三方面进行优化与推进。

首先，树牢数据安全理念。大数据的发展，使省域治理的平台逐渐数字化、行政管理逐渐透明化、业务流程逐渐精简化。然而，大数据所包含的信息丰富且规模庞大，使用稍有不慎，就可能对社会各方面造成严重侵蚀。例如，若个人隐私数据被滥用或泄露，可能导致个人权益受损，信任关系受到破坏。此外，大数据的分析和应用也可能引发数据歧视现象，造成社会不公平以及性别偏见等现象的加剧。因此，各省级及省级以下地方政府必须高度重视数据安全，建立严格的数据保护制度和隐私保护机制，确保大数据的合法、安全、透明应用，避免对社会各方面造成侵蚀。更应守好数据搜集和使用的"底线"，警惕数据专制主义的"暴政"。[1]

其次，树立省域整体政府思维。数字化进一步增强了省域各级政府整合信息的能力，使省域治理的模式逐渐"从分散走向集中，从部分走向整体，从破碎走向整合"[2]。但由于区域信息共享机制不完善和传统部门主义思维的束缚，部分省与地区依然存在行政资源浪费和政府部门独立运作的问题。为推动实现省域治理现代化，省委、省政府需引导地方各级政府建立健全信息共享机制，促进跨部门合作和协调，实现治理导向的统一，以减少资源浪费，提高整体治理效能，避免政府部门各自为政的局面出现。

最后，提升治理手段的数字化水平。数字化是数字时代的主要特征，而善于使用数字语言进行沟通则是省域治理能力现代化的重要体现。对于各地方政府来说，不仅要提升自身的数字素养，即提高对数字技术的基本理解和运用能力，能够熟练操作数字工具和平台，理解数据分析的基本原理和方法，还要进一步培养在不同的治理场域中对数字化技术予以运用与结合的意识，推动形成灵活高效的治理方式，为省域治理现代化的推进进一步"数智赋能"。

未来的省域治理目标和相应的优化路径并非一成不变。应顺应国家治理体系和治理能力现代化要求，紧扣各省未来发展的最前沿，在国家治理体系的大棋局中扮演"排头兵"的角色。围绕区域协调发展、城乡融合发展、社会治理、公共安全维护、生态环境治理、优化省域各级政务服务等方面进行革新与发展。根据各省的实际发展情况找寻新治理领域，拓展省域治理的服务范围边界，进一步延伸治理的"触角"。

---

① 吴根友：《"数据化儒家"何以可能——与徐英瑾教授商榷》，《探索与争鸣》2019 年第 4 期。
② 竺乾威：《从新公共管理到整体性治理》，《中国行政管理》2008 年第 10 期。

指 标 篇

第三章　省域治理现代化指标体系
研究报告[*]

考虑到省域治理在我国国家治理现代化布局中的重要作用，在各省份对省域治理现代化进行积极探索的背景下，运用科学的指标体系对各省份省域治理现代化建设的效能进行阶段性评估，对引导省域治理朝着更加清晰、正确的方向发展具有重要意义。鉴于此，省域治理现代化指标体系研究报告着力研发一套可以适用全国、力求科学、注重操作的省域治理现代化指标体系，希望通过这套指标体系对省域治理现代化的效能进行评估，在发现各省域治理短板，为省级政府制定宏观政策提供科学依据的同时，总结出示范省份成功经验进行推广，借此展示中国省域治理的经验、成就与优势。省域治理现代化指标体系研究报告在对省域治理现代化概念提出背景、省域治理现代化指标体系的意义进行阐释的基础上，提炼出省域治理现代化指标体系的

　　[*]　执笔人：钟灵娜，华中师范大学政治与国际关系学院副教授、硕士生导师，研究方向为地方政府学、基层治理；马晓晓，华中师范大学政治与国际关系学院硕士研究生。

总体框架和设计原则，并在这一框架与原则下构建出一套省域治理现代化指标体系。本报告主要分为以下五个部分：构建省域治理现代化指标体系的背景及意义、省域治理现代化指标体系的设计思路、省域治理现代化指标体系的构建、省域治理现代化指标体系构建的论证、参考文献和数据来源。

一 构建省域治理现代化指标体系的背景及意义

本部分通过回顾国家治理现代化背景下国家治理改革实践中存在的问题，揭示出省域治理在国家治理现代化中的重要地位，以及开展省域治理现代化研究的必要性。同时，通过梳理各省份推进省域治理现代化的实践举措，发现国家层面省域治理现代化的政策话语还稍有欠缺，这也传达出推进省域治理现代化研究的紧迫性。本报告指出，建立一套科学评估省域治理效能的指标体系，对各省份省域治理的具体实践效果进行评估，具有理论与现实层面的双重意义。

（一）省域治理现代化的提出背景

省域治理现代化概念的提出具有深刻的历史和现实背景，中国国家治理和改革的实践，揭示出省域作为一个治理层级的必要性，以及省域治理研究在推进国家治理现代化研究中的重要性。同时，各省份省域治理现代化的实践和国家层面政策话语的缺失，揭示出省域治理现代化研究的必要性。

1. 国家治理现代化的概念

现代化是20世纪以来世界各国共同关注的重要话题，是一个国家在历史变迁过程中所经历和展现出来的经济、政治、文化、社会、生态文明等各领域的重大变革。作为后发国家，中国在追求现代化的道路上不断探索，无论是新中国成立不久后进行的社会主义改造，还是20世纪后半叶进行的改革开放，以及党的十七大提出的建设富强民主文明和谐的社会主义现代化国家，都是朝着现代化方向进行不懈努力的重要举措。在社会主义现代化的不断探索中，中国逐渐认识到推进国家治理体系和治理能力现代化既是坚持和发展中国特色社会主义的必然要求，也是实现社会主义现代化的题中应有之义，而要适应国家现代化总进程，就需要从各个领域推进国家治理体系和治理能力现代化。党的十八大以来，党中央进一步聚焦现代化建设，强调要从经济建设、政治建设、文化建设、社会建设和生态文明建设"五位一体"总体布局的高度推进社会主义现代化。随后，党的十八届三中全会通过了《中共中央关于全面深化改革若干重大问题的决定》，在以往"四个现代化"基础上明确提出了"第五个现代化"，即国家治理体系和治理能力现代化。

"国家治理体系和治理能力现代化"这一概念的提出，意味着长期以来作为学术概念的"治理"第一次上升到了国家战略层次和法理高度，国家治理现代化命题开始在政学两界引起广泛探讨。[①] 2017 年 10 月，党的十九大作题为《决胜全面建成小康社会，夺取新时代中国特色社会主义伟大胜利》的报告，强调"全面深化改革总目标是完善和发展中国特色社会主义制度、推进国家治理体系和治理能力现代化"，指出要根据我国社会主要矛盾的新论断来认识国家治理体系和治理能力现代化。随后党的十九届四中全会审议通过《中共中央关于坚持和完善中国特色社会主义制度、推进国家治理体系和治理能力现代化若干重大问题的决定》，对国家治理体系和治理能力现代化进行了顶层设计、全面部署，明确提出到 2035 年基本实现国家治理现代化。国家治理现代化建设是一项宏大的系统工程，在中央进行科学谋划、有序推进的同时，学术界也对国家治理现代化的命题进行了深入研究。学术界主要围绕国家治理现代化的理论内涵、实现路径、推动力量、关键因素等进行阐释，[②] 形成了较为丰硕的研究成果，从学理层面为国家治理体系和治理能力建设提供了智慧力量。

2. 省域治理在国家治理中的重要地位

整体而言，国家治理体系存在宏观、中观、微观三个层级。它们各有特

---

① 熊光清、蔡正道：《中国国家治理体系和治理能力现代化的内涵及目的——从现代化进程角度的考察》，《学习与探索》2022 年第 8 期。

② 文丰安：《中国式现代化进程中推进国家治理体系和治理能力现代化的特色、困境与破解路径》，《中国行政管理》2023 年第 10 期；徐勇、陈明：《以进一步全面深化改革推进国家治理体系和治理能力现代化新实践》，《当代世界与社会主义》2024 年第 5 期。

定要求，共同构成了国家治理体系的整体。其中，宏观治理即国家层面的治理，是国家制度、法律等政治规则和国家战略、国家公共决策的策源地，具有国家战略决策的总体性和高覆盖性；中观治理即中层治理，主要包含省级治理和市级治理两级，是公共治理的地方化；微观治理即基层治理，包含县级治理和乡镇治理，处于国家治理体系的末端。三个治理层级的功能配置和运行机制，形成了中国特色治理体系的结构体系。但是在对国家治理的关注中，长期以来舆论的目光主要集中在中央和基层，"基层创新+中央重视"是国家治理创新的经典模式。基层的创新要想具有全国性的意义，必须在中央治理层面作出决策，同时中央决策要想验证效果，必须有基层经验的支持。在这个过程中，中层治理似乎成了一个模糊的存在。①

但是，随着国家治理改革实践的不断推进，相关问题的出现逐渐揭示出省级治理研究的必要性。一方面，中国是一个超大规模的国家，面临社会、历史、自然等资源禀赋差异巨大的现实国情，在这种情况下，中央的顶层设计如何在地方得到落实，中央的统一性施政和具体地方的差异性施政如何衔接和过渡，成为国家治理现代化实践中不可忽视的重要问题。另一方面，随着全面深化改革向纵深推进，基层治理改革中暴露出诸多亟待解决的新问题，如社会治理悬浮化、社区治理内卷化、基层治理碎片化、基层治理"国家在场"弱化以及"信息孤岛"现象等，正制约着国家治理现代化战略向纵深发展的步伐。② 国家治理和改革实践中暴露出的问题说明仅依靠宏观层面的国家治理或微观层面的基层治理，难以实现国家治理现代化的宏伟目标，而省级治理作为沟通国家治理体系"顶层设计"与具体地方治理实践的中间环节，应该受到一定程度的重视。③

与省级治理的概念相比，省域治理的内涵更加丰富。"域"是从地理学概念演变而来的，其最基本的核心含义是疆界、范围，因而省域更加强调由

---

① 褚建国：《省级政治家们的作为空间》，《领导文萃》2013 年第 16 期。
② 李建华、李天峰：《省域治理现代化：功能定位、情境描绘和体系建构》，《行政论坛》2021 年第 4 期。
③ 吴毅、燕红亮：《省级治理研究的基本架构与核心主题》，《贵州社会科学》2021 年第 11 期。

于行政区划而确定的自然地理和空间地域。省域治理是国家治理体系和治理能力在省域层面的落实和体现，涉及经济、政治、文化、社会、生态文明等领域，以及市、县、乡镇等多个层级。① 如图3-1所示，作为中观层面的省域治理，既具有国家治理的规范性动作，又具备地方治理的自主性特征，是实现国家治理现代化与基层治理现代化之间高效互动和有序衔接的重要枢纽。一方面，作为国家治理在地方的延伸，省域治理是中央重大决策落实的"最先一公里"，省域治理能力、治理水平、治理样态，反映出国家制度体系在地方的治理效能。另一方面，作为地方治理的最高层级，省域治理是多样性、创新性、探索性改革前沿阵地，省域治理指引和统领市、县治理和乡镇基层治理方向，是重大突发公共事件应对处置的关键防线。省域治理现代化已经成为国家治理现代化的重要组成部分，省级治理研究已经成为当前国家治理研究的重要领域和必要层次。

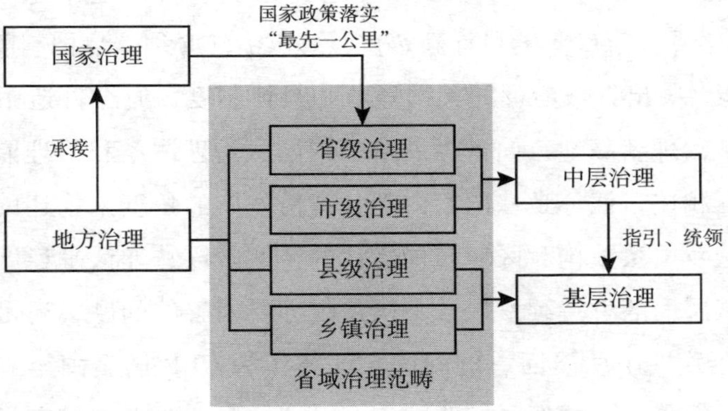

图3-1　省域治理在国家治理体系中的定位

3.省域治理现代化的实践探索

学界、政界和社会对省域治理现代化的思考与探索，很大程度上是学习与运用党的十九届四中全会通过的《中共中央关于坚持和完善中国特色社会主义制度、推进国家治理体系和治理能力现代化若干重大问题的决定》

---

① 戴小明、苗丝雨：《区域法治与新时代省域治理》，《行政管理改革》2021年第6期。

的结果和延伸。① 最先展开省域治理现代化研究的是浙江省和江苏省，其次是湖北省。2019 年 11 月，浙江省委十四届六次全会以认真学习贯彻党的十九届四中全会精神为切入口，率先提出省域治理现代化的重大命题，清晰地谋划和布局浙江省优先开展省域治理现代化的目标和手段，提出要"争当省域治理现代化排头兵，成为展现中国特色社会主义制度优越性的重要窗口"。江苏省紧随其后，在 2019 年 12 月的省委十三届七次全会上通过《中共江苏省委关于贯彻落实党的十九届四中全会精神、推动省域治理体系和治理能力现代化建设走在前列的意见》，主张把推进社会治理现代化作为推进省域治理体系和治理能力现代化的支柱性工程，坚持共建共治共享方向，不断探索具有中国特色、时代特征、江苏特点的社会治理之路。

虽然浙江和江苏均提出要率先成为省域治理现代化的范例，但二者的出发点略有不同。浙江作为习近平新时代中国特色社会主义思想的重要萌发地，有责任成为深入学习、全面贯彻习近平新时代中国特色社会主义思想的重要窗口。"重要窗口"的目标新定位，要求浙江必须聚焦把制度优势转化为治理效能，突出省域治理的关键环节和具体制度，通过打造中国特色社会主义省域治理新高地，向世界展示中国国家治理体系和治理能力的优越性。与浙江相比，江苏是从国家内部各省份发展的角度来论述的。江苏目前正处在城乡关系重构、区域布局优化的关键阶段，如何平稳度过转型期并实现省域层面的可持续发展，不仅是江苏要回答的问题，还可能是今后许多省份在发展中所要回答的问题。江苏作为 GDP 居全国第二的东部发达省份，承担着为全国发展探路的使命，这一定位要求江苏率先推进省域治理体系和治理能力现代化，在重点领域、关键环节的治理体系和治理能力建设上走在前列，以先行先试的多样性探索、创新性改革，创造更多走在前列的实践经验。

继浙江与江苏之后，湖北省也作出了推进省域治理现代化的决定，于2020 年 6 月的省委十一届七次全会上审议通过了《中共湖北省委关于贯彻

① 房亚明：《省域治理现代化视角下的国土空间韧性规划》，《理论月刊》2021 年第 12 期。

落实党的十九届四中全会精神、推进省域治理现代化的决定》和《中共湖北省委、湖北省人民政府关于推进疾病预防控制体系改革和公共卫生体系建设的意见》。湖北将省域的高质量发展与新冠疫情背景结合起来，对疫情大考之后省域治理要"完善和发展什么"作出重点回答，通过出台"1+1+N"政策体系，着力打造疾控体系改革和公共卫生体系建设"湖北样板"，努力将湖北建设成为国家疾控体系改革和公共卫生体系建设示范区。从以上省份来看，省域治理现代化的提出离不开对各省份发展定位和面临挑战的观照，省域治理的内容主要集中在如何将制度优势转化为效能优势上，通过省域层面的资源调配和机制供给，有效防范化解治理风险，确保省域层面的可持续发展和人民生活的稳定。

就目前而言，国家层面省域治理现代化的政策话语还稍有欠缺，但这也传达出推进省域治理现代化的急切性和研究空间的广阔性。开展省域治理现代化研究，不仅是对国家治理现代化进一步的丰富，还是对市域、县域和乡镇治理现代化的进一步规范。因此，在各省份对省域治理现代化进行谋划布局和有序推进的背景下，建立一套科学评估省域治理效能的指标体系，对省域治理的具体实践效果进行评估，从而发掘各省份在治理过程中存在的短板，是探索切实提升省域治理水平的必要举措。

（二）构建省域治理现代化指标体系的意义

在省域治理现代化逐步推进的背景下，建立一套科学、全面的省域治理现代化指标体系，不仅可有效弥补省域治理研究中效能评估方面的空白，还可为考察省域治理现代化提供科学依据，有助于帮助各省份发现省域治理中存在的问题，并提升社会各界对省域治理的重视程度。同时，对示范省份省域治理现代化的经验进行总结，在一定程度上有利于展示中国省域治理的经验、成就与优势，为其他国家的地方治理提供一定的经验借鉴。

1. 理论意义

省域治理现代化是当下全国省域范围内正在摸索的重要议题，但对于如何提升省域治理效能这一问题，政学两界尚未达成有效共识。通过对省级治理评估研究进行回顾可知，学术界相关研究具有一定的参考借鉴意义，但这些研究大多只围绕省域治理的一个方面而展开，忽视了省域范围内各领域的整体性评估。与之不同的是，省域治理现代化指标体系采用治理体系与治理能力现代化的分类原则，不仅关注省域治理活动赖以展开的一系列制度安排，还关注到治理主体运用制度安排去管理社会各方面事务的能力，做到了治理过程和治理绩效的有效统一，有助于对省域治理现代化水平作出科学、全面的评估。众所周知，我国省份众多，国情复杂，各省份之间差异性较大，但各个省份内部又具有一定的共性。省域治理现代化指标体系在设计过程中充分考虑到这一情况，选取各省份治理要素的"最大公约数"，力图构建一套整体性、系统性的省域治理评估体系。同时，省域治理现代化指标体系在具体指标设置方面又注重体现各省份治理的差异性和特色，努力做到省级治理评估过程中共性和个性的统一。

此外，省域治理现代化指标体系通过对典型地区省域治理现代化的经验总结，还有助于展示中国省域治理的经验、成就与优势。省域治理能力、治理水平、治理样态，反映出国家制度体系在地方的治理效能，是国家治理体系和治理能力现代化建设成效在地方层面的有力展示。省域治理现代化指标体系将评估指标体系贯穿于省域治理的始终，以评估标准倒逼省域治理的推进，有助于确保省域治理主体的充分重视，从而创造出可交流、可推广的治理经验。这不仅有助于对省域治理的效能进行全面系统性评估，还可以有效弥补省域治理研究中效能评估方面的空白，从理论层面丰富政学两界对省域治理现代化的理解。

2. 实践意义

省域治理现代化指标体系为考察省域治理现代化提供了科学的依据，有利于帮助各省份发现解决省域治理中存在的问题。省域治理在国家治理体系中处于独特的位置，它虽不同于市域治理、县域治理那样会直面各种社会矛盾与风险，但作为重大突发公共事件应对处置的关键防线，省域治理中能力不足、力量不强、韧性不够、保障不力等问题，会严重制约地方经济建设和社会治理的协同发展。与此同时，省域治理可调动的资源相较于市域治理、县域治理而言也更加丰富，可实现的治理手段也更加多元。省域治理现代化指标体系通过对省域治理实际效能进行评估，揭示出各省份在经济、政治、文化、社会、生态文明领域中存在的治理短板，为政府制定宏观政策提供科学依据，有助于引导省域治理朝着更加清晰、正确的方向发展。更重要的是，省域治理处于国家治理体系的中间层级，这意味着省域治理现代化指标体系构建之后，还可以发挥对上（国家）的补充落实作用，以及对下（市域和基层）的指导提炼作用。

通过对省级治理评估研究进行回顾可知，学术界的评估指标鲜有进入实际测评的，其可操作性仍有待提升；实务界构建的省级评估指标多以绩效为导向，在指标可操作性方面具有较大的突破，但是在理论完备性和前瞻性上仍有提升空间。省域治理现代化评估指标体系在构建的过程中有效规避了这一问题，注重吸收借鉴实务界与之相关的评估体系，确保最终形成的评估指标体系能够顺利进入实际测评阶段。值得注意的是，对省域治理现代化进行评估不是指标体系构建的目的，而是通过评估去引导省域治理的发展，促进社会各领域问题的解决与矛盾的化解，为地方经济建设和社会治理成效的提升创造一个稳定的环境。

二　省域治理现代化指标体系的设计思路

根据上文所述，省域治理现代化概念的提出离不开对国家治理实践的反思，开展省域治理现代化评估研究具有深刻的理论意义和实践意义。在此基础上，本部分接续进行省域治理现代化指标体系设计思路的论证。首先，系统梳理国内外治理现代化评估文献，分析现有研究存在的不足和可借鉴之处。其次，承接国家治理现代化的总体框架，对治理体系和治理能力研究成果进行梳理。最后，在国家治理现代化的指导框架下，参考国内外治理现代化评估研究，明确省域治理现代化指标体系设计中需要遵循的兼顾基础性与发展性、兼顾治理技术与治理效能、兼顾短期政策与长期目标、兼顾整体与部分四项基本原则，从而为后续具体指标的设计提供遵循和指导。

（一）治理现代化评估文献综述

评估理念指导评估行为的基本取向，评估侧重的差异则会对具体评估内容和指标选取产生影响。因此，本部分对现有治理现代化评估文献的梳理，主要从评估理念、评估侧重点、评估内容和指标三个方面展开。同时，本部分在回顾已有治理评估研究的基础上，详细分析了省级治理评估研究目前存在的不足，以及现有治理评估研究的可借鉴之处，这为省域治理现代化评估提供了有益指导。

1. 治理现代化的评估理念

评估理念是主导评估的指挥棒，选择正确的评估理念至关重要。治理现代化的评估理念，应该在厘清治理内涵的基础上，遵循"现代化"的特殊指向。学术界对治理内涵的认识，主要聚焦于治理与统治的区别、作为公私合作模式的治理、作为多中心治道的治理等方面。与政府统治的概念相比，治理的内涵更加丰富，主要具有以下五个方面的特征：①权力主体更加多元，除了政府外，还包括企业组织、社会组织和居民自治组织等；②权力性质更多是协商而非强制的；③权力来源更加丰富，除法律外还包括各种非国家强制的契约；④权力运行可以是自上而下的，但更多是平行的；⑤作用范围更加广泛，以公共领域而非政府权力为边界。[①] 作为公私合作的治理，更加强调政府与公民在公共生活中的合作管理，主张使用越来越多的公众参与、合同外包、公私伙伴关系、第三部门服务供给与政府购买服务、政府流程再造等新的治理方式。作为"多中心治道"的治理，则强调利益相关的政府、社会组织、市场主体和社会公众一道，构建多元合作共治的格局，协同回应公共需求、解决公共问题，实现公共利益最大化。[②] 根据上述治理内涵可知，治理概念本身就蕴含着弹性、平等、民主、透明、信任和法治等价值理念，它倡导一种以授权、参与、合作、协商、协同和自治等为特征的行为方式。

[①] 俞可平：《推进国家治理体系和治理能力现代化》，《前线》2014 年第 1 期。
[②] 李文彬、陈晓运：《政府治理能力现代化的评估框架》，《中国行政管理》2015 年第 5 期。

治理概念本身就蕴含着一种价值导向，治理现代化的提出进一步为治理提供了发展方向。现代化是一个综合性概念，是一种在层次上递进的实践和认识过程，主要表现为学术知识上的科学化、政治上的民主化、经济上的工业化、社会生活上的城市化、文化上的人性化等。当治理概念与现代化概念相结合后，就需要在强调治理内涵的同时，充分考虑现代化所应有的内容。[①] 具体而言，治理现代化不仅蕴含着参与、协商、共识、民主、平等、法治等基本治理内涵，还蕴含着对科学、高效、数字、创新、共享、可持续、以人为本等现代化理念的追求。例如，学者薄贵利就国家治理现代化中的政府治理现代化进一步探究时就认为，推进政府治理现代化就必须适应现代化建设的基本趋势和基本要求，实现科学行政、民主行政、依法行政的制度化、规范化、程序化。[②] 治理现代化既是一种治理理念，也是一种治理过程和治理结果。在国家治理现代化的语境下，治理要适应中国特色社会主义现代化事业的发展要求，树立并实践与时俱进的现代化治理理念，要做到能够在促进社会生产力（效率）解放的基础上促进人性的解放与权利平等，以改善民众的生活、提高民众的幸福指数。因此，在进行治理现代化评估时，应该做到在把握治理内涵的基础上，将现阶段我国现代化所追求的目标和理念充分纳入其中。

2.治理现代化的评估侧重点

在明确治理现代化的评估理念后，还需要进一步明确评估的侧重点。现有治理评估研究由于评估目的不同，其侧重点也不尽相同，总体上可以分为以下几类。①对治理能力的评估。能力表示达成行为目标的可能程度，治理能力就是实现治理目标的能力。已有治理能力评估研究体现了多种学科视角交叉融合的特点，基本形成了建立多指标体系的综合性评估、能力结构分解性评估和影响因素集成分析评估三种评估模式。[③] ②对治理体系的评估。在

---

① 王丛虎、祁凡骅：《探索治理现代化的评估维度》，《中国人民大学学报》2015 年第 3 期。
② 薄贵利：《推进政府治理现代化》，《中国行政管理》2014 年第 5 期。
③ 陈志勇、卓越：《治理评估的三维坐标：体系、能力与现代化》，《中国行政管理》2015 年第 4 期。

国家治理现代化的语境下，治理体系就是指治理活动赖以开展的一系列制度基础，它与治理能力一起构成衡量国家治理现代化的基本维度。由于治理体系是一套抽象的制度体系，且其实施效果最终都要体现在具体的治理能力上，所以现有治理评估研究很少单独将其作为评估侧重点。唐天伟等人对此进行了有益尝试，他们从地方行政体制的现代化、行政人员能力的现代化两方面出发，对地方政府治理体系的现代化进行了评估。① ③对治理工具的评估。治理工具包括合同外包、公私伙伴关系、政府流程再造、自组织、公民参与和网络等。治理工具本身并不单独成为评估的侧重点，相关评估一般融合在整个治理评估体系中，因为对治理工具选择与利用情况的考察，还要回到治理结果中去。④对治理结果的评估。治理结果是治理活动所展示出来的目标达成和效果的实现情况，通过对其进行评估可以发现现有治理水平与治理目标之间的差距。因此，将治理结果作为评估侧重点，需要关注组织目标的实现，着眼于终极产品和实际社会效果是否达成了治理目标。② ⑤对治理过程的评估。治理现代化过程主要指全社会范围内，一系列现代要素及其组合方式连续发生的由低级到高级的突破性的变化或变革的过程。将治理过程作为侧重点，意味着需要关注治理现代化的战略、路径、步骤、方式、方法等宽泛层面的程序问题。③

3. 治理现代化的评估内容与指标

现有治理评估研究受评估对象、评估目的、评估环境等因素的影响，形成了纷繁复杂的治理评估指标体系。根据治理评估指标体系制定与发布主体的不同，可以将已有的治理评估实践分为学术界、实务界两大类。同时，由于学术界的治理评估研究成果过于丰富，为了充分吸收借鉴已有研究的有价值成果，本报告又根据评估对象的不同，将学术界的治理评估细

---

① 唐天伟、曹清华、郑争文：《地方政府治理现代化的内涵、特征及其测度指标体系》，《中国行政管理》2014 年第 10 期。
② 〔美〕丹尼尔·考夫曼、〔西班牙〕阿尔特·克拉：《治理指标：我们在哪儿，我们应去向何方》，庞娟、闫健摘译，《国家行政学院学报》2008 年第 6 期。
③ 王丛虎、祁凡骅：《探索治理现代化的评估维度》，《中国人民大学学报》2015 年第 3 期。

分为国家治理评估和地方治理评估两类。二者的差异主要在于，国家治理评估的对象往往涉及一个国家内部政府、公民、经济、社会、环境等多个要素；地方治理评估的对象往往是省、市、县等地方主体，着重对地方治理效能进行评估设计。

（1）国家治理评估指标体系

关于国家治理评估，国内外学者在治理评估理论研究与实践中，基于不同的价值理念、目的构建起各具特色的评估指标体系。其中，国外最具代表性的治理评估指标体系主要包括世界银行的全球治理指数（WGI）和联合国开发计划署的世界治理评估（WGA）。WGI 是国家治理水平衡量和测定方面最为著名的、涵盖国家最多（几乎涵盖所有国家）的指标体系，由世界银行学者考夫曼（Daniel Kaufmann）及其同事开发而成。考夫曼等人通过收录、利用 199 个国家与地区在 1996 年、1998 年、2000 年和 2002 年四个时间段的数据，从 18 个不同组织建立的 25 个独立的数据资源库中，综合了数百个单独变量来衡量治理的感知指数，最终形成了治理的六大指标群：公民呼声与责任性、政治稳定性与暴力缺失、政府效能、规制质量、法治和腐败控制程度。[①] 通过这套指标体系及其运行结果，改革者、市民社会和私营部门对"善治是发展的关键"的认识进一步深化。WGA 是联合国开发计划署为了寻找不同国家发展路径差异的原因，进而帮助发展中国家提高治理能力而开发的治理评估指标体系。该指标体系由学者、国际组织成员，以及发展中国家政府和市民代表协商确立，共包括 6 个原则和 6 个领域。其中，6 个原则分别是参与、公平、体统、责任、透明和有效，6 个领域分别是市民社会、政治社会、政府、官僚机构、经济社会、司法部，对每一个原则和领域都给出了明确的界定。[②]

[①] Daniel Kaufmann, Aart Kraay and Massimo Mastruzzi, "Governance Matters Ⅴ: Aggregate and Individual Governance Indicators for 1996－2005", *World Bank Policy Research Working Paper Series*, No. 3630, 2005.

[②] Goran Hyden, Julius Court and Kenneth Mease, *Making Sense of Governance: The Need for Involving Local Stakeholders*, Lynne Rienner Publishers, 2014, p. 156.

WGA 为国家治理评估提供了一种连贯、动态、全面的方法，有效规避了治理绩效局限于国家"民主赤字"的问题。此外，还有以国家为单位建立的治理评估指标体系，如英国国际发展部的国家治理评估（CGA）、美国国际开发署的民主与治理评估框架、荷兰的治理战略与腐败评估（SGACA）、欧盟的公共部门通用评估框架（CAF）① 等，也可以为治理评估提供一定的参考借鉴。

国外学术界关于治理评估的研究起步较早，相关指标体系较为科学规范，这为国内的治理评估研究提供了参考借鉴。国内关于治理评估指标的研究成果主要集中在国外治理理论的引介与综合、中国公共治理实践案例分析以及市民社会的发展等几个方面。俞可平结合善治的原则和我国的实际情况提出"中国治理评估框架"，从政党、政府、社会、公民 4 个层面共 12 个维度（公民参与、人权与公民权、党内民主、法治、合法性、社会公正、社会稳定、政务公开、行政效益、政府责任、公共服务、廉政）来评估中国的治理程度。② 同时，他在借鉴国外权威性指标准则的基础上又提出"中国社会治理评价指标体系"，该指标体系以中国社会治理指数为一级指标，下设人类发展、社会公平、公共服务、社会保障、公共安全、社会参与 6 个二级指标，以及 35 个三级指标。③ 何增科提出"中国善治指数评价体系框架"，并主张从治理体系完善程度、治理过程民主程度、治理结果优良程度 3 个维度去评估。他根据国际社会对于善治的理解与评估标准，在结合我国治理实际的基础上，设计出包含参与性、透明性、法治、公平、责任性、回应性、效能、廉洁、和谐、合法性 10 个评价标准的评价框架，以期逐条评价改革开放以来中国在迈向善治目标方面所取得的成就。④ 胡税根、陈彪提出"治理评估通用指标体系"，该指标体系从输入、过程、输出、结果 4 个环节入手，考察了治理的主体、过程和结果，提

---

① 包国宪、周云飞：《中国公共治理评价的几个问题》，《中国行政管理》2009 年第 2 期。
② 俞可平：《中国治理评估框架》，《经济社会体制比较》2008 年第 6 期。
③ 俞可平：《中国社会治理评价指标体系》，《中国治理评论》2012 年第 2 期。
④ 何增科：《中国治理评价体系框架初探》，《北京行政学院学报》2008 年第 5 期。

出了治理评估的 13 个维度：竞争、成本、能力、透明、公平公正、时限、效率、质量、责任、创新、环保、效果、满意度。[1] 高奇琦、游腾飞推出的"国家治理指数（NGI）"则从国家治理的整体性出发，确立了基础性指标、价值性指标和持续性指标 3 项一级指标及具体测算指标，并对 111 个国家和地区进行了指数排名。[2]

总体来看，由于国家治理具有宏观性和综合性的特点，因而国家治理评估也表现为一个复杂的体系。国家治理评估以整个国家、社会为范围，蕴含顶层设计、总体规模和整体结构，覆盖治理主体、组织、制度、法律、体制、机制、程序、流程、文化、价值等不同层面。[3] 此外，国家治理评估通常只是一个原则性的框架，很少被具体运用到实践中去。以"中国治理评估框架"为例，这个框架并没有进入具体的运用阶段，尚未涉及具体的量化指标、指标权重、指标计分和数据来源。同时，由于国家间国情差异较大，所以国家治理评估一般无法进行横向比较，只能为相关国家的治理评估提供原则上的参考。

（2）地方治理评估指标体系

就地方治理评估而言，由于不同国家内部的公共事务和政治生态存在较大差异，地方治理在内容和侧重点上因生活水平、居住环境不同而有所不同，所以地方治理评估也存在较大的差异。根据地方治理评估对象的不同，可以将其分为省级治理评估和省级以下治理评估。由于省域治理的范围不仅包括省级政府，还涵盖了省以下市、县、乡镇等多个层级，所以有必要对市、县等省以下层级的治理评估内容、评估侧重点进行考察，从而在省域治理现代化指标体系设计中有所体现。

---

① 胡税根、陈彪：《治理评估的主要维度和通用性指标框架研究》，载中央编译局比较政治与经济研究中心《治理评估的理论与实践学术研讨会论文集》，2008。

② 高奇琦、游腾飞：《国家治理的指数化评估及其新指标体系的构建》，《探索》2016 年第 6 期。

③ 陈志勇、卓越：《治理评估的三维坐标：体系、能力与现代化》，《中国行政管理》2015 年第 4 期。

省域治理方面的评估大多是以省级政府的职能为出发点构建指标体系。施雪华、方盛举从政策、体制、行为视角出发设计了一套评估中国省级政府公共治理效能的指标体系。① 唐天伟等设计了一套测度我国地方政府治理现代化的指标体系，该指标体系包含 2 个一级指标，即地方政府治理体系现代化和地方政府治理能力现代化，7 个二级指标，即行政体制、行政人员素质、经济治理、政治治理、社会治理、文化治理和生态文明治理，以及 21 个三级指标。② 该指标体系所采纳的 7 个测量维度综合体现了法治、民主、责任、效率、有限、合作、协调等政府治理的重要价值与理念，构成地方政府治理现代化测度指标体系基本框架，引领着地方政府治理现代化的发展方向。此外，还有部分学者针对省级治理的某一个特定方面提出治理评估框架，如袁晓玲等设计的省域经济高质量投入产出指标体系③、李伟设计的生态文明建设评价指标体系④等。

相较于省域层面的治理，市域和县域层面的治理更加微观，关注政府职能的同时也关注居民的主观感受。国外比较具代表性的地方治理评估研究，主要是联合国人居署（UN-HABITAT）的城市治理指标。联合国人居署通过对若干城市的实地调查，结合社会治理的核心原则与价值观念，最终形成了以有效、平等性、参与、安全、责任为核心原则的指标体系，在这 5 个原则下，共有 26 个衡量城市治理水平的具体指标。⑤ 联合国的这一实地调查是目前涵盖范围最广、指标设计最具普遍性的研究项目，对如何进行地方治理评估具有重要的借鉴意义。国内学者过勇、程文浩在深入把握治理内涵的基

---

① 施雪华、方盛举：《中国省级政府公共治理效能评价指标体系设计》，《政治学研究》2010年第 2 期。

② 唐天伟、曹清华、郑争文：《地方政府治理现代化的内涵、特征及其测度指标体系》，《中国行政管理》2014 年第 10 期。

③ 袁晓玲等：《中国省域经济高质量发展水平评价与比较研究》，《经济与管理研究》2022 年第 4 期。

④ 李伟：《生态文明建设科学评价与政府考核体系研究》，中国发展出版社，2014，第 79 页。

⑤ 马得勇、张蕾：《测量治理：国外的研究及其对中国的启示》，《公共管理学报》2008 年第 4 期。

础上，根据一个良好的政府与社会应具有的要素，构建出公正、有效、管制、法治、透明、廉洁、参与 7 个一级指标，并选择我国的 5 个城市为案例进行了实证研究。① 彭莹莹在对社会治理含义进行剖析的基础上，确定了社会治理所包含的主体、方式、对象、平台与绩效五大要素，以此为思路构建评估指标体系框架，最终形成包含 16 个二级指标、48 个三级指标在内的社会治理评估指标体系。② 在县域治理评估方面，范逢春在关注政府绩效产出的基础上，结合治理理念要求，从社会保障、社会公平、社会互动、社会成长 4 个角度出发，构建了县级政府社会治理质量的测评指标体系。③ 樊红敏、张玉娇构建了县域社会治理评价体系，主张从过程性评估和效果性评估出发，设立治理过程指标和治理效果指标 2 项二级指标，力图凸显出县域治理的特色。④

综合来看，与国家治理评估相比，地方治理评估可以在一定范围内进行比较，因此，后者普遍性与特殊性相结合的原则比较明显。为了在同一层次上进行横向对比，地方治理评估必须构建一些共性内容和指标。同时，由于不同的区域人文环境、历史积淀、文化特质、经济基础、资源禀赋和产业结构等各方面情况可能差异较大，地方治理评估还应对地方特色内容给予更多的关注，必须对具有个性的内容进行技术处理。此外，与国家治理评估相比，地方治理评估由于评估内容的聚焦和评估体系的简化，往往可以先行先试，更容易进入操作化阶段。表 3-1 详细呈现了国家治理评估与地方治理评估的具体研究进展情况。

---

① 过勇、程文浩：《城市治理水平评价：基于五个城市的实证研究》，《城市发展研究》2010年第 12 期。
② 彭莹莹：《社会治理评估指标体系的设计与应用》，《甘肃行政学院学报》2018 年第2 期。
③ 范逢春：《县级政府社会治理质量价值取向及其测评指标构建——基于社会质量理论的视角》，《云南财经大学学报》2014 年第 3 期。
④ 樊红敏、张玉娇：《县域社会治理评价体系：建构理路与评估框架》，《河南师范大学学报》（哲学社会科学版）2017 年第 1 期。

表 3-1 治理评估指标体系分层次总结

层次	评估体系名称	作者/组织机构	指向	主要评估内容	有无实证应用
国家治理评估	全球治理指数（WGI）	世界银行	政府	公民呼声与责任性、政治稳定性与暴力缺失、政府效能、规制质量、法治和腐败控制程度	有
	世界治理评估（WGA）	联合国开发计划署	政府、社会	参与、公平、体统、责任、透明、有效	有
	中国治理评估框架	俞可平	政府、社会	公民参与、人权与公民权、党内民主、法治、合法性、社会公正、社会稳定、政务公开、行政效益、政府责任、公共服务、廉政	无
	中国善治指数评价体系框架	何增科	政府	参与性、透明性、法治、公平、责任性、回应性、效能、廉洁、和谐、合法性	无
	中国公共治理绩效评估指标体系	包宪国、周云飞	政府	法治、参与、透明度、责任、效能、公平、可持续性	无
	治理评估通用指标体系	胡税根、陈彪	整体性	竞争、成本、能力、透明、公平公正、时限、效率、质量、责任、创新、环保效果、满意度	无
	国家治理指数（NGI）	高奇琦、游腾飞	整体性	设施、秩序、服务、公开、公平、公正、效率、环保、创新	有
地方治理评估	中国省级政府公共治理效能评价指标体系	施雪华、方盛举	政府	社会管理与公共服务政策、经济调节与市场监管政策、行政投入、行政产出、决策行为、执行行为、监控行为	有
	地方政府治理现代化测度指标体系	唐天伟、曹清华、郑争文	整体性	行政体制、行政人员素质、经济治理、政治治理、社会治理、文化治理、生态文明治理	无
	城市治理指标	联合国人居署	整体性	有效、平等性、参与、安全、责任	有
	城市治理水平评价	过勇、程文浩	政府、社会	公正、有效、管制、法治、透明、廉洁、参与	有
	社会治理评估指标体系	彭莹莹	政府、社会	法治化、民主化、透明化、信息化、网格化、社会化	无

续表

层次	评估体系名称	作者/组织机构	指向	主要评估内容	有无实证应用
地方治理评估	县级政府社会治理质量的测评指标体系	范逢春	政府、社会	生存、安全、福利、公民权利、公共资源、社会信任、公民参与、社会融合、政府有效性、民主及制约、信息化	无
	县域社会治理评价体系	樊红敏、张玉娇	社会	政治治理、社会自发治理、村(居)民自我治理、居民生活质量、社会发展质量	无

资料来源：作者自行整理。

（3）实务界的治理评估实践

除了学术界的探讨外，我国实务界也不断设计开发反映相应工作要求的社会治理评估指标体系。早前比较具有代表性的是"全面建成小康社会统计监测指标体系"，该指标体系包含 6 个一级指标和 23 个二级指标，6 个一级指标即经济发展、社会和谐、生活质量、民主法制、文化教育、资源环境；二级指标以"社会和谐"为例，包括基尼系数、城乡居民收入比、地区经济发展差异系数、基本社会保险覆盖率、高中阶段毕业生性别差异系数。[①] 人事部"中国政府绩效评估研究"课题组于 2004 年提出一套中国地方政府绩效评估指标体系，该体系共分三层，由职能指标、影响指标和潜力指标 3 个一级指标，11 个二级指标以及 33 个三级指标构成，适用于全面系统地评估我国地方各级政府，特别是市、县级政府的绩效和业绩状况。[②] 这一地方政府绩效评估指标体系综合考虑了战略性与科学性、突出重点与全面系统、相对性与统一性、动态与静态、定性与定量、可比性与可操作性相结合的六大原则，代表了建立政府绩效评估体系的大方向。此外，中央精神文明建设指导委员会、国家统计局城市调查司于 2003 年制定的《全国文明城

[①] 国家统计局：《国家统计局印发全国建设小康社会统计监测方案》，《统计研究》2008 年第 7 期。

[②] 桑助来：《中国政府绩效评估报告》，中共中央党校出版社，2009。

市测评体系（试行）》，由"基本指标"和"特色指标"两部分构成。"基本指标"反映创建文明城市的基本情况，设置了廉洁高效的政务环境、民主公正的法治环境、规范守信的市场环境、健康向上的人文环境、有利于青少年健康成长的社会文化环境、舒适便利的生活环境、安全稳定的社会环境、可持续发展的生态环境和扎实有效的创建活动 9 个方面的测评项目，35条测评指标，127 项具体内容。"特色指标"主要反映城市获得重要荣誉的情况。[①] 除了上述国家有关部门的尝试外，部分地方政府也开始制定针对本行政区域内的治理评估指标，如 2016 年北京市委、市政府发布《北京市"十三五"时期社会治理规划》，该规划设计了"北京市'十三五'时期社会治理主要发展指标"，从公共服务、社会管理、社会动员、社会环境、社会关系、党的建设 6 个方面，明确提出了"十三五"时期社会治理 28 项主要发展指标；2017 年上海市委、市政府发布《上海市社会治理"十三五"规划》，从社会活力、城市管理、公共安全、社区建设、社会文明 5 个方面提出了"十三五"时期社会治理 17 项发展指标。相较于理论界提出的社会治理评估指标体系，实务界从考核政府绩效的角度出发，其指标设计具有明显的结果导向和可操作性。不过，政府部门设计的社会治理评估指标体系往往在理论完备性和前瞻性上仍有提升空间，难以较好地引领省域治理的未来方向。

4. 对构建省域治理现代化指标体系的启示

通过回顾国内外不同层次治理评估的代表性研究，可以发现现有指标体系主要体现出以下特点：首先，国家层次的治理指标出于评估目的的需要，其评估内容具有整体性、宏观性的特点，兼具治理效率与治理价值双重导向；其次，地方层次的治理指标受评估对象的影响，其评估的内容更加丰富具体，涉及的领域更加广泛，且不同的治理指标体系具有不同的侧重点；最后，具体到省级治理指标，其评估内容更加细化，且主要集中在经济治理、政府治理和生态治理等领域。上述国内外学者对治理评估的丰富探索，为省

---

① 许德明、朱匡宇：《文明与文明城市：〈全国文明城市测评体系〉研究》，上海人民出版社，2005，第 113~116 页。

域治理现代化评估指标的设计提供了借鉴。一方面，已有省级治理评估研究的不足，启示着省域治理现代化评估需要努力的方向；另一方面，现有治理评估研究中所蕴含的一般性治理评估价值，也对省域治理现代化指标体系的设计发挥指导作用。

具体而言，现有省级治理评估研究主要存在以下不足。①在评估理念方面，现有省级治理评估与国家治理现代化的联系不够紧密，存在过于重视治理结果而忽视治理过程的问题。省域作为国家治理现代化的首要承接平台，其治理现代化评估应该更贴近国家治理现代化的战略布局，从治理体系现代化和治理能力现代化的角度进行评估。这意味着对省域治理进行评估不仅应该关注治理的质量和成效，还应该关注治理活动赖以展开的一系列制度基础，在指标体系构建中做到治理结果与治理过程的有效统一。②在评估侧重点方面，现有省级治理评估多集中于政府、社会、生态等单个或其中几个领域，缺乏对评估内容的全面性和整体性考量。党的十九届四中全会明确指出，中国特色社会主义的制度优势体现在经济、政治、文化、社会、生态文明、国防和军队、外交、党的领导等诸多领域。省域治理现代化的评估应该跟随中央对于国家治理的战略部署，从全局出发，充分考虑各个治理领域之间的联系，遵循整体与部分相结合的原则，在指标体系设计上做到维度全面、内容丰富。③在评估内容方面，现有省级治理评估大多数仅止步于指标体系的构建，并未对其进行实证检验，因而指标的信度和效度难以得到保证。即便有部分指标体系得以投入使用，但由于未能顺应时代发展进行自我更新，其数据获取层面的连续性往往受到影响，无法有效实现指标体系的现实价值。这启示在设计省域治理现代化指标体系时应该遵循动态思维，积极关注短期政策和重大战略部署，注意随着社会发展及时调整更换相应的指标。

但是还应该看到，现有治理评估研究的丰富成果，为省域治理现代化指标体系的设计提供了指导思路。这主要表现为两个方面。①现有治理评估研究启发本报告在进行指标设计时需要兼顾不同面向。例如，高奇琦、游腾飞所构建的"国家治理指数（NGI）"的评估指标体系，主张从基础性指标、价值性指标和持续性指标三个层次对国家治理的整体性进行全面评估。① 这种在指标构建时既考虑被评估对象基本发展水平又考虑被评估对象发展追求的做法，具有一定的前瞻性。省域治理现代化评估充分借鉴这一做法，从中提炼出兼顾基础性与发展性的指标设计原则。再如，何增科、胡税根等在进行指标设计时都主张从治理主体、治理过程、治理结果三个维度进行评估。② 这种在进行治理评估时不仅考察治理结果还关注治理过程的做法，启示本报告在设计指标时要兼顾治理技术与治理效能。特别是在现代信息技术飞速发展背景下，大数据、云计算、人工智能等先进技术正被广泛地应用于地方治理过程，治理现代化评估指标应该能体现出治理技术的创新成果。② 已有治理评估研究为本报告选取具体指标、初步建立指标池提供了借鉴。例如，施雪华、方盛举在构建中国省级政府公共治理效能评价指标体系时，明确指出指标设计应该遵循侧重性原则和可操作性原则，即在筛选指标时不仅要选择重点指标进行评估，还要确保指标体系的可操作性和指标数据来源的可靠性。③ 同时，现有治理评估研究所建构的指标体系，涉及政府治理、社会治理、经济高质量发展等多个维度，为省域治理现代化评估指标池的建立提供了充分参考。

（二）国家治理现代化的总体框架

省域是承接国家治理现代化战略布局的首要平台，其治理活动通常在国家治理的目标取向、价值理性和制度规范下进行。省域治理与国家治理的密切关系，决定了对省域治理现代化的评估离不开对"国家治理现代化"这一概念的深刻把握。鉴于此，在设计省域治理现代化指标体系时，我们在深入理解"国家治理现代化"概念内涵及外延的基础上，结合各省份省域治

---

① 高奇琦、游腾飞：《国家治理的指数化评估及其新指标体系的构建》，《探索》2016 年第 6 期。

② 何增科：《中国治理评价体系框架初探》，《北京行政学院学报》2008 年第 5 期；胡税根、陈彪：《治理评估的主要维度和通用性指标框架研究》，载中央编译局比较政治与经济研究中心《治理评估的理论与实践学术研讨会论文集》，2008。

③ 施雪华、方盛举：《中国省级政府公共治理效能评价指标体系设计》，《政治学研究》2010 年第 2 期。

理现代化的实践举措，确立了包含治理体系现代化、治理能力现代化的指标设计框架。

"国家治理现代化"的概念主要源自党的十八届三中全会和十九届四中全会提出的"推进国家治理体系和治理能力现代化"，是将其中的"国家治理体系"和"（国家）治理能力"简约化，提取了它们的公约数——"国家治理"并加上"现代化"而形成的。[①] 在党的十八届三中全会第二次全体会议上，习近平总书记对国家治理现代化的目标展开深刻阐释，他指出国家治理体系和治理能力是一个国家制度和制度执行能力的集中体现。国家治理体系是在党领导下管理国家的制度体系，包括经济、政治、文化、社会、生态文明和党的建设等各领域体制机制、法律法规安排，也就是一整套紧密相连、相互协调的国家制度；国家治理能力则是运用国家制度管理社会各方面事务的能力，包括改革发展稳定、内政外交国防、治党治国治军等各个方面。[②] 一般认为，国家治理体系就是治理活动赖以开展的一系列制度基础，国家治理能力则主要指运用这套制度体系去管理国家和社会事务的能力，二者的现代化水平是衡量国家治理现代化建设成效的基本维度。

1. 关于治理体系现代化的讨论

学术界对于治理体系现代化的讨论，主要围绕治理体系的内涵、结构要素，以及治理体系现代化的基本特征、衡量标准等方面展开。

首先，关于治理体系的内涵，现有研究存在两种不同的阐述视角：一是从制度论视角将其描述为一种制度体系，[③] 二是从系统论视角将其界定为由众多结构要素所构成的完整系统。[④] 从制度论视角出发，将治理体系视为经济、政治、文化、社会、生态文明等各个领域的体制机制、法律法规安排，在很大程度上借鉴了官方对"国家治理体系"这一概念的解读。相较而言，

---

① 许耀桐：《制度、治理和现代化：若干重要概念术语阐释》，《新视野》2020年第2期。
② 习近平：《切实把思想统一到党的十八届三中全会精神上来》，《求是》2014年第1期。
③ 莫纪宏：《国家治理体系和治理能力现代化与法治化》，《法学杂志》2014年第4期。
④ 俞可平：《推进国家治理体系和治理能力现代化》，《前线》2014年第1期。

从系统论的视角出发，将治理体系看作一个由治理主体、治理客体、治理目标、治理方式等要素构成的完整体系，更加注重对治理概念本身的深度挖掘，符合学理层面的认知规范。

其次，对于治理体系的结构要素，部分学者主张从结构构成的视角出发进行解读，如有学者认为治理体系应该包含思想体系、组织体系、制度体系和作风体系四个方面；[1] 另有部分学者主张从要素组成的角度出发解读，如有学者认为治理体系应该包含核心价值体系、决策权威、执行体系、政治互动机制、经济发展体系和社会保障体系六个基本要素。[2] 值得注意的是，学术界对于治理体系构成要素的解读，往往受到学者不同研究视角的影响而体现出较大差异，但这些解读离不开对治理体系概念本身内涵的把握，所以其所表述的内容实质上处于同一个框架内。

最后，除了上述对治理体系概念本身内涵、结构要素的解读外，还有部分学者尝试对治理体系现代化的基本特征与衡量标准进行探究。在基本特征方面，唐皇凤认为国家治理体系最本质的属性是有效性与合法性，外在表征为开放性、包容性与可问责性，而国家治理体系的回应性和调适性是治理现代化的集中体现。[3] 在衡量标准方面，俞可平基于对治理概念的深入理解，提出衡量治理体系现代化的标准至少有以下五个：公共权力运行的制度化、民主化、法治化、效率化、协调化。[4] 其中，公共权力运行的制度化主要是指公共权力运行的程序化和规范化，它要求政府治理、企业治理和社会治理具备完善的制度安排和规范的公共秩序；民主化，即公共治理和制度安排都必须保障主权在民或人民当家作主，所有公共政策要从根本上体现人民的意志和人民的主体地位；法治化，即宪法和法律成为公共治理的最高权威，法律面前人人平等，不允许任何组织和个人有超越法律的权力；效率化，即国

---

① 高小平：《治理体系和治理能力如何实现现代化》，《光明日报》2013 年 12 月 4 日。
② 张涵：《推进国家治理体系和治理能力现代化——访北京大学政府管理学院副院长徐湘林》，《中国国情国力》2014 年第 4 期。
③ 唐皇凤：《中国国家治理体系现代化的路径选择》，《福建论坛》（人文社会科学版）2014 年第 2 期。
④ 俞可平：《国家治理体系的内涵本质》，《理论导报》2014 年第 4 期。

家治理体系应当有效维护社会稳定和社会秩序，有利于提高行政效率和经济效益；协调化，强调现代国家治理体系是一个有机的制度系统，从中央到地方各个层级，从政府治理到社会治理，各种制度安排作为一个统一的整体相互协调、密不可分。目前，这五条是学术界比较公认的衡量治理现代化水平的标准，徐勇、吕楠也提出了与俞可平几乎一致的五个标准。[①] 此外，徐邦友进一步将中国制度和治理体系现代化的标准拓展为权威化、民主化、科学化、法治化、系统化、特色化和效能化七个价值维度，其中，权威化是前提基础，民主化、科学化、法治化、系统化和特色化是本体内容，效能化是制度建设的直接目的追求。[②]

2. 关于治理能力现代化的讨论

学术界对于治理能力现代化的探讨，主要围绕治理能力的内涵界定、类型划分、效用分析以及评估标准等方面展开。现有研究对于治理能力内涵的看法比较一致，都认为它是治理体系的执行能力。如王浦劬认为，国家治理能力就是政治权力主体和公民权利主体，特别是政府在治理活动中所显示出的活动质量；[③] 戴长征认为，国家治理能力是国家在管理社会、政治、经济、文化事务过程中，为实现国家治理的战略目标，分配社会利益并实现对社会生活的有效控制和调节的能量及其作用的总称。[④] 治理能力讨论的分歧主要在于类型划分与解读，如许耀桐、刘祺认为国家治理能力主要指运用国家制度管理社会各方面事务的能力，涵盖行使公共权力、履行国家职能、制定公共政策、提供公共产品、分配社会资源、应对突发事件、维护社会稳定、建设和谐社会、促进社会发展、处理国际关系等各个方面的能力；[⑤] 汪仕凯认为后发展国家的治理能力主要由汲取能力、再分

---

① 徐勇、吕楠：《热话题与冷思考——关于国家治理体系和治理能力现代化的对话》，《当代世界与社会主义》2014 年第 1 期。
② 徐邦友：《推进国家治理体系和治理能力现代化的中国方案——基于制度理性的视角》，《治理研究》2020 年第 5 期。
③ 王浦劬：《全面准确深入把握全面深化改革的总目标》，《中国高校社会科学》2010 年第 1 期。
④ 戴长征：《中国国家治理体系与治理能力建设初探》，《中国行政管理》2014 年第 1 期。
⑤ 许耀桐、刘祺：《当代中国国家治理体系分析》，《理论探索》2014 年第 1 期。

配能力、强制能力、建制能力和协商能力组成；① 楼苏萍从目标、资源和管理工具三个维度出发，提出目标识别与整合能力、资源整合能力、沟通协调能力以及合作治理的控制能力是地方治理能力的关键要素。② 可以看出，学者们基于不同的研究视角，对治理能力的划分存在较大差异，且相关讨论多以国家治理能力为主题展开。

相较而言，现有研究对地方治理能力的探讨则略显不足。国家是一个整体概念，可以依据功能、区域或政府层级对国家进行分解，③ 如可以根据政府层级将国家治理能力分为中央政府的治理能力与地方政府的治理能力，但中央政府与地方政府的职能范围及治理效果的表现是不一样的，所以对中央政府治理能力的划分并不完全适用于地方政府。如王敬尧指出，可以通过对县级政府的财政来源、支出结构、财政能力、服务能力及管理和应急反应能力来分析县级政府的治理能力。④ 这种能力类型划分更加贴近县级政府的定位和管理职能，与国家层面的治理能力分类存在较大差异。在效用分析方面，胡鞍钢和魏星对各国政府治理能力和社会机会水平之间的关系进行实证研究，并指出治理能力的提升有助于社会机会的扩大，能够促进全社会成员共享经济和社会发展的成果；⑤ 张弘和王有强则发现，在较低的收入阶段，治理能力与经济产出的相关性不高，但在较高的收入阶段，治理能力与经济产出则呈现强相关，治理能力的提升也伴随着显著的经济增长。⑥ 关于治理能力现代化的评估标准，相关研究多与治理体系现代化评估一起进行，在此

---

① 汪仕凯：《后发展国家的治理能力：一个初步的理论框架》，《复旦学报》（社会科学版）2014年第3期。
② 楼苏萍：《地方治理的能力挑战：治理能力的分析框架及其关键要素》，《中国行政管理》2010年第9期。
③ 〔美〕罗纳德·英格尔哈特：《现代化与后现代化》，严挺译，社会科学文献出版社，2013，第216页。
④ 王敬尧：《县级治理能力的制度基础：一个分析框架的尝试》，《政治学研究》2009年第3期。
⑤ 胡鞍钢、魏星：《治理能力与社会机会——基于世界治理指标的实证研究》，《河北学刊》2009年第1期。
⑥ 张弘、王有强：《政府治理能力与经济增长间关系的阶段性演变——基于不同收入阶段的跨国实证比较》，《经济社会体制比较》2013年第3期。

不作额外探讨。

上述对治理体系和治理能力研究成果的梳理，为省域治理现代化指标体系的构建提供了坚实的理论基础。省域治理是一个由治理体系和治理能力构成的有机整体，二者之间紧密协调，是治理现代化进程中相辅相成的两个方面。同时，治理体系作为一套抽象的制度体系，其实施效果最终都要体现在具体的治理能力上。基于此，省域治理现代化指标体系在遵循"国家治理现代化"理论框架的基础上，结合国家"五位一体"总体布局，主张从党的领导能力、政治治理能力、经济治理能力、文化治理能力、社会治理能力、生态治理能力六个方面对省域治理能力进行评估。其中，政治治理能力、经济治理能力、文化治理能力、社会治理能力、生态治理能力是从"五位一体"总体布局中提炼出来的。中国共产党的领导是中国特色社会主义最本质的特征，"五位一体"总体布局也是在党的领导下逐渐确立起来并不断推进的，因而党的领导能力与执政水平既是国家治理能力的一部分，也是省域治理能力的重要组成部分。

（三）省域治理现代化指标体系的设计原则

省域治理现代化指标体系在国家治理现代化的指导框架下，参考国内外不同层次的治理指标体系，秉持科学性和完备性的评估理念，主要确立了兼顾基础性与发展性、兼顾治理技术与治理效能、兼顾短期政策与长期目标、兼顾整体与部分四项基本原则。

1. 兼顾基础性与发展性

省域治理现代化指标体系的设计，遵循了兼顾基础性与发展性的原则。基础性原则主要指在进行指标体系设计时，要有能衡量出被评估对象基本情况的、处于基础地位的指标，这是所有指标体系在设计时必须遵循的基本原则。发展性原则主要指在设计指标体系时，应该将该领域的基本价值追求蕴含在指标体系之中。兼顾基础性与发展性的原则在其他治理评估指标体系设计中也多有体现，如高奇琦、游腾飞所构建的"国家治理指数（NGI）"的评估指标体系，主张从基础性指标、价值性指标和持续性指标三个层次对国家治理的整体性进行全面评估。① 其中，基础性指标主要体现为设施、秩序和服务三个方面，强调了国家治理活动得以顺利开展的硬件设施；价值性指标主要体现为公开、公平和公正三个方面，是国家治理活动所应该包含的价值取向；持续性指标主要体现为效率、环保和创新三个方面，是对国家治理再发展能力的衡量。省域治理现代化指标体系在基础性原则的指导下，系统地考察了各省份省域治理的具体实践，对省域治理的基本情况进行摸底把握，确保指标体系设计的全过程都遵循了基础性原则，从党的领导能力、政治治理能力、经济治理能力、文化治理能力、社会治理能力、生态治理能力各个方面对省域治理现代化建设程度进行科学全面的评估。

但是在设计指标体系的过程中，仅考虑指标的基础性原则是不够的，还必须关注较为抽象的发展性原则。发展性原则是衡量治理程度的重要性原则，不论是世界银行、联合国等组织的相关机构的研究人员设计和实施的测量治理的指标体系，还是其他学者的量化指标体系，基本都考虑到了民主、平等、参与等政治层面的价值诉求。② 究其根本，还在于治理概念本身就蕴含着一种发展层面的价值追求，即我们通常谈的"善治"。在区别治理与统治的过程中，学术界已经认定治理是多元、协商、法治、民主的，自然这些价值性要素也就构成了善治或治理现代化的标准。对于省域治理来讲，具有合理的、鲜明的价值追求的效能评估指标体系，可以引导政府的治理活动朝着正确的、健康的方向前进，否则将导致政府治理行为的错乱或失范，甚至走到歧途上去。③ 同时，人民作为治理过程的参与者和治理成果的验收者，其幸福感和获得感在衡量省域治理成效方面显得至关重要。但是人民的幸福感、获得感不仅来自经济社会发展所带来的物质保障，还来自对社会公平、正义、法治、自由等基础性价值的追求。从这个角度来讲，省域治理现代化

---

① 高奇琦、游腾飞：《国家治理的指数化评估及其新指标体系的构建》，《探索》2016 年第 6 期。
② 马得勇、张蕾：《测量治理：国外的研究及其对中国的启示》，《公共管理学报》2008 年第 4 期。
③ 施雪华、方盛举：《中国省级政府公共治理效能评价指标体系设计》，《政治学研究》2010 年第 2 期。

指标体系的设计在遵循基础性原则的同时，还要兼顾发展性原则。

2. 兼顾治理技术与治理效能

省域治理现代化指标体系的设计，遵循了兼顾治理技术与治理效能的原则。治理技术是各种治理工具、治理手段和治理方法的统称，是组织、开展和实施治理活动的操作性行动及其规则系统。[①] 治理技术是操作层面的问题，是解决怎么做的问题的手段和方法，具体表现为有形的或可见的制度、规范、程序、规则、方法、工具、手段等。现代信息技术的发展推动了治理技术的创新及其应用，大数据、云计算、人工智能等先进技术越来越多地被运用于地方治理的过程中去，电子政务、数字政府的建设便是很好的例子。疫情防控期间，浙江采用"大数据+网格化"方法实时监测分析疫情动态、跟踪排查高风险人员流向，以政府大数据开放应用带动了企业、社会大数据汇聚融合，成为浙江省政府数字化转型的制度优势转化为治理效能的充分体现。治理技术正越来越受到地方政府的重视，如广东省政府在2021年6月印发了《广东省数字政府省域治理"一网统管"三年行动计划》，主张通过数字政府建设促进信息技术与政府治理深度融合，打造全国数字化治理示范省。因此，在设计省域治理现代化指标体系时，应该体现出对治理技术的评估。

治理效能是组织内部多元主体协商共治的效用和能力，反映了治理活动目标选择的正误及其实现程度，以及进行治理活动的合规性（对活动本质与规律把握的程度）和能力的大小。治理效能是衡量治理水平的重要维度，这在以往测量治理的指标体系中也多有体现，如顾辉构建的城市治理评估指标体系，治理绩效是测评城市治理能力现代化的重要维度，相关指标在整个指标体系中占有很大的比重。[②] 此外，国家也非常重视治理效能建设，党的十九届四中全会明确提出"把我国制度优势更好转化为治理效能"的战略任务，提升国家治理效能是实现国家治理现代化的题中应有之义。在省域治理现代化指标体系设计中兼顾治理技术与治理效能，意味着不仅要对治

---

① 韩志明：《治理技术及其运作逻辑——理解国家治理的技术维度》，《社会科学》2020年第10期。
② 顾辉：《综合评价法在城市治理评估指标体系中的应用》，《江淮论坛》2015年第6期。

理的最终结果进行评估，同时也要对治理过程中的努力程度以及治理能力进行评估。省域治理效能不能单纯以目标为导向，否则会使得各省份在指标体系的标准与压力下本末倒置，为达目标而忽略治理过程中各治理主体的多元性与协同性、治理方式的多样性与科学性等。同时，过于强调过程而忽略目标导向，又会导致各省份缺乏治理动力与倒逼性压力，无法有效解决省域治理问题，治理水平不能获得显著提升。因此，省域治理现代化指标体系的设计必须遵循兼顾治理技术与治理效能的原则，实现治理过程与治理结果的统一。

3. 兼顾短期政策与长期目标

省域治理现代化指标体系的设计，遵循了兼顾短期政策与长期目标的原则。短期政策的存在意味着当前社会出现了某些备受关注、亟待解决的问题，这些问题不仅会对短期内的社会稳定和治理效能产生影响，甚至会对长期目标的实现产生影响，需要政府出台相应的政策规范予以解决。由于事物发展阶段不同，政府工作侧重点和主要任务也不同，所以在设计指标考察事物发展程度时，需要遵循动态思维，随着事物发展及时调整更换相应的指标。以往在设计地方治理的评估指标时往往忽视这一点，所以形成的指标体系不能有效回应当下重点。俞可平在构建中国国家治理评估指标体系时明确指出，在治理评估指标体系中体现中国社会政治经济发展的重要战略部署，有着特别重要的意义。只有这样，才能使治理评估起到推进中国特色民主政治的实际作用。① 因此，在构建治理评估框架前，有必要回顾一下近年来中国政府正在大力推行的重大发展战略，要做到紧紧围绕党和政府的大政方针，既突出政府治理的重点，又兼及治理的基本内容。换言之，一些与治理相关的重大政策和战略，都应当在治理指标中有所体现，以此作为评估国家治理状况的基本依据。基于此，省域治理现代化指标体系的设计充分考虑了积极应对人口老龄化问题、完善突发公共安全事件应急机制、新农村建设等政策热点领域，力图使国家层面的重要战略部署在

---

① 俞可平：《中国治理评估框架》，《经济社会体制比较》2008 年第 6 期。

省域治理现代化指标体系中得到反映。

在关注短期政策的同时,指标体系的设计还应关注省域治理现代化的长期目标,做到立足长远。长期目标主要指在较长时间段内,省域治理现代化在政治、经济、社会、文化、生态文明等各领域所要达到的境界或标准。在制定长期目标时往往考量因素众多,具有综合性、科学性、前瞻性的特点,能为省域治理现代化的建设保驾护航。通过识别省域治理的长期目标,并反映在最终的指标体系上,可以有效评估省域治理的建设成果是否达标,从而倒逼省域治理改革。短期政策与长期目标一起,构成了考察省域治理是否达到既定标准和水平的重要维度,是指标体系设计必须遵循的基本原则之一。

4. 兼顾整体与部分

省域治理现代化指标体系的设计,遵循了兼顾整体与部分的原则。整体指若干对象按照一定的结构形式构成的有机统一体,部分指相对于这种整体来说的个别对象。整体与部分之间是辩证的关系,整体居于主导地位,统率着部分,具有部分所不具备的功能;同时部分的功能及其变化影响着整体的功能,关键部分的功能及其变化甚至对整体的功能起决定作用。指标和标准的设置是治理评估的核心环节,如果指标和标准不能准确和全面地反映治理的水平和现状,那么,由此而产生的治理评估不仅没有积极效果,很可能还会产生十分消极的后果。[①] 对省域治理能力的评估主要由党的领导能力、政治治理能力、经济治理能力、文化治理能力、社会治理能力、生态治理能力六方面组成,这些治理领域之间是相互联系的,共同构成了省域治理活动赖以开展的制度基础,单个治理领域或部分不能代表省域治理的整体水平。因此,在进行指标体系设计时应该秉持整体性的原则,将治理领域的各个方面纳入指标体系中,最终设计出来的指标体系要能够全面地评估省域治理情况,避免出现对省域治理的片面式评估与碎片式评估。

同时,省域治理的整体水平受到各治理部分的影响,且各个部分之间还

---

① 俞可平:《中国治理评估框架》,《经济社会体制比较》2008 年第 6 期。

存在一定程度的差异，在治理系统中处于关键位置的部分甚至会影响整体治理效能的发挥。李文彬和陈晓运在构建政府治理能力现代化的评估框架时明确指出，针对治理能力现代化的评估理念，需要在厘清"治理"蕴涵的基础上，针对治理的特殊指向，选择引领评估的导向。① 所以在设计指标体系时还应该关注不同的治理部分，确保省域治理的各个部分都能得到如实反映。纵观以往的省级治理效能评估指标体系，往往只考察了政府治理或社会治理的部分，忽视了省域治理是一个复杂的整体，不仅在横向上包含了党建、政治、经济、社会等多个领域，在纵向上更是深入市、县等多个层级。省域治理现代化指标体系的设计注意到这一问题，将兼顾整体与部分的原则贯穿于指标体系设计的始终，确保最终形成的指标体系不仅能够全面地反映省域治理整体情况，还能够突出地反映单个领域的治理成效。

三　省域治理现代化指标体系的构建

省域治理现代化指标体系遵循指标设计的基本原则，从治理体系现代化、治理能力现代化的基本框架中提炼出了 27 个一级指标，并在此基础上对一级指标的内容进行外延分解，形成了 58 个二级指标。对治理能力现代化的考量，主要从党的领导、人民当家作主、依法治理、政府治理、经济治理、文化治理、民生治理、社会治理、生态治理九大维度的能力水平入手进行评估。中国共产党的领导是中国特色社会主义最本质的特征，经济、政治、文化、社会、生态文明等各领域的建设是在党的领导下不断推进的，这意味着党的领导能力与执政水平是国家治理能力的一部分，因而也是省域治理能力的重要组成部分。我们党领导人民统筹推进"五位一体"总体布局，协调推进"四个全面"战略布局，推动中国特色社会主义制度更加完善、国家治理体系和治理能力现代化水平明显提高。"四个全面"战略布局即"全面建设社会主义现代化国家、全面深化改革、全面依法治国、全面从严

---

① 李文彬、陈晓运：《政府治理能力现代化的评估框架》，《中国行政管理》2015 年第 5 期。

治党"，是党中央治国理政的总方略。"五位一体"是在中国特色社会主义事业不断发展中逐步完善并最终确立起来的，是符合中国国家治理体系和治理能力现代化需要的总体布局。"五位一体"总体布局是一个有机整体，其中，经济建设是根本，政治建设是保证，文化建设是灵魂，社会建设是条件，生态文明建设是基础。党的领导、人民当家作主、依法治理、政府治理、经济治理、文化治理、民生治理、社会治理、生态治理，是从"五位一体"总体布局和"四个全面"战略布局中综合提炼而成的。

整体而言，这九大维度的建设各有自己特定战略地位，是一个有机统一、相互协调、整体联动的评估系统。其中，党的领导是其他各维度能力建设得以顺利推进的根本保证；人民是一切物质财富和精神财富的创造者，人民当家作主能够凝聚实现中华民族伟大复兴的磅礴伟力，激发各个领域的活力；依法治理是发展社会主义民主、经济、文明的保障；政府治理是国家治理能力现代化的重要一环，是社会主义发展方向、人民当家作主、党的正确领导的重要保证；经济治理为其他维度的发展提供物质基础；文化治理是凝心聚力，强基固本，推动社会发展的基础性工程；民生治理是人民幸福之基、社会和谐之本；社会治理是实现社会公平正义、保证社会长治久安、提高人民生活水平的重要条件；生态治理是关系民族福祉和民族未来的重要一环。

（一）党的领导

党的十九届四中全会指出，国家制度和国家治理体系中的第一条显著优势，就是"坚持党的集中统一领导，坚持党的科学理论，保持政治稳定，确保国家始终沿着社会主义方向前进的显著优势"[①]。新时代推进国家治理现代化是全党的一项重大战略任务，为确保全会确定的各项目标任务能够全面落实到位，"必须在党中央统一领导下进行，科学谋划、精心组织，远近结合、整体推进"。可见，中国共产党的领导对于整个国家治理现代化战略

[①] 《十九大以来重要文献选编》（中），中央文献出版社，2021，第270页。

而言，具有根本性的意义。在中国特色社会主义制度体系中，各项制度都有其独特优势，但是各项制度的独特优势都是以中国共产党领导这个最大优势为前提和基础的。中国共产党作为中国特色社会主义建设事业的领导力量，始终是中国国家治理体系变革的推动力量，特别是中国共产党创设的各种政治制度和国家治理制度，对中国现代国家的构建起到了决定性的作用。① 党的二十大报告进一步指出，"党的领导是全面的、系统的、整体的，必须全面、系统、整体加以落实"。不断提升党的领导能力是实现国家治理能力现代化的必然要求，也是把中国国家治理的制度优势转化为治理效能的题中应有之义。具体到省域治理层面，仍然要关注党的建设问题，要加强党的长期执政能力建设、先进性和纯洁性建设，全面推进党的政治建设、思想建设、组织建设、作风建设、纪律建设，全面提高党的建设科学化水平。基于此，省域治理现代化指标体系主要从思想政治建设、组织建设、贯彻和执行能力三个方面评估党的领导能力。

1. 思想政治建设

党的思想政治建设主要指加强党的理论工作和思想政治教育工作，对群众进行社会主义、爱国主义、集体主义教育，提高广大党员和人民群众的思想觉悟，引导人民群众用无产阶级的世界观和方法论认识及改造世界。② 基于此，党的思想政治建设能力可以从主题教育、理论学习两个方面进行评估。用科学的理论武装教育人，是党的思想政治建设的根本任务。在新形势下，确保青年党员通过加强理论学习，改造和克服党内一切非无产阶级思想，是党的思想政治建设的基本内容和主要任务。党风廉政建设责任制是指各级党委、政府及其职能部门的领导班子、领导干部在党风廉政建设中应当承担责任的制度。党风廉政建设是党的建设的重要组成部分，是新时期党的一项重大的政治任务。加强党风廉政建设，进行反腐败斗争，是保持党的先进性和纯洁性，保持党同人民群众密切联系，

---

① 高立伟：《中国道路与中国共产党治理的内在逻辑》，《红旗文稿》2020 年第 3 期。
② 张丽莉：《党的思想引领力源于思想生产力和思想说服力》，《河北学刊》2020 年第 6 期。

114

保证改革开放和现代化建设健康发展的一个不可缺少的重要条件，是一项长期艰巨的任务。

2.组织建设

党的组织建设主要指按照党的组织原则和组织法规，对党的干部队伍、党的各级组织和党员队伍进行建设。党的组织建设主要从组织动员能力、组织生态、组织创新三个方面进行评估。党的基层组织是党在社会基层的工作基础和战斗堡垒，是党最坚实的力量支撑。提升党的基层组织的组织力，对于新时代实现党的奋斗目标、坚持党的领导地位、推进党的建设新的伟大工程具有重大意义。党员是党的肌体的细胞和党的活动的主体，党员队伍建设是党的建设基础工程。党员队伍建设包括发展党员，对党员进行教育、管理、监督和服务等内容。发挥党员主体作用，加强党员队伍建设，不仅对于基层的持续、稳定、健康发展具有重要作用，而且对于增强党的创造力、凝聚力、战斗力，永葆党的先进性和纯洁性具有重要意义。

3.贯彻和执行能力

贯彻和执行能力主要体现为制定和执行党的政治纲领、政治路线和方针政策的能力，主要包含党的性质、宗旨、目标和行为等诸多因素，显示着党的建设和政治能力运作的实际状态和效果，主要从贯彻中央和上级精神的举措、地方发展战略规划两个方面进行评估。地方贯彻中央和上级精神，坚持全国"一盘棋"构建大统战工作格局，调动各方积极性的同时，形成共识和合力。巩固和壮大最广泛的统一战线，这是我党不断取得胜利的一条基本经验，更是党和国家工作全局中一个极为重要的方面。中国共产党的领导制度，能够在重大事项上实现上下一条心，集中力量办大事。地方贯彻中央和上级精神的举措是党的政治领导能力的重要体现。事在四方，要在中央。在中央的统一领导下，要发挥好中央和地方两个积极性。地方发展战略规划就是对地方因地制宜，调动和发挥主动性、创造性的重要衡量标准。从中央到地方是否能够运行顺畅、充满活力、令行禁止，是衡量党的领导能力的重要指标。

思想政治建设、组织建设、贯彻和执行能力作为衡量党的领导能力的一级指标，它们之间有深刻的逻辑关系。其中，思想政治建设是组织建设、贯彻和执行能力的重要基础；组织建设服务于思想政治建设与贯彻和执行能力，是实现党的政治领导和思想领导的重要保证；贯彻和执行能力是党的领导在具体事务上的实效表现。三者密不可分，缺一不可，一起构成评估党的领导能力的重要指标。

（二）人民当家作主

我国是工人阶级领导的、以工农联盟为基础的人民民主专政的社会主义国家，国家的一切权力属于人民，人民当家作主。我国社会主义民主是维护人民根本利益的最广泛、最真实、最管用的民主。发展社会主义民主政治首先要体现人民意志、保障人民权益、激发人民创造活力，用制度体系保证人民当家作主。中国特色社会主义制度是在党团结带领人民进行革命、建设、改革的伟大奋斗中探索形成的，确立了以人民代表大会制度为根本政治制度，中国共产党领导的多党合作和政治协商制度、民族区域自治制度、基层群众自治制度等基本政治制度为主要内容的人民当家作主制度体系，并在实践中不断推进社会主义民主政治制度化、规范化、程序化，把制度优势转化为治理效能。我国社会主义民主的本质是人民当家作主，在制度设计和民主实践中，人民当家作主具体体现在很多方面。省域治理现代化指标体系从制度保障和民主实践两个方面衡量人民当家作主维度的建设情况，反映各省份社会主义民主政治的发展水平。

1. 制度保障

坚持和完善人民当家作主制度体系，对发展社会主义民主政治，充分发挥中国特色社会主义制度和国家治理体系优越性，具有十分重要的意义。人民代表大会制度是坚持党的领导、人民当家作主、依法治国有机统一的根本政治制度安排，是发展社会主义民主政治的制度保障。"党坚持和完善人民代表大会制度，支持和保证人民通过人民代表大会行使国家权力，支持和保证人大依法行使立法权、监督权、决定权、任免权，果断查处拉票贿选案，维护人民代表大会制度权威和尊严，发挥人民代表大会制度的根本政治制度作用。"① 人大代表是人民代表大会的重要组成部分，人民群众通过人大代表表达诉求，人大代表代表人民的利益和意志，需要切实加强人大代表同人民的联系。人大代表建议案数量和人大代表联络站数量，能够反映人大代表同群众的联系紧密度和人大代表的履职情况。人大代表建议办结率用来衡量人民代表大会制度的成效。社会主义协商民主是中国共产党在坚持理论创新、勇于实践，不断探索实现人民当家作主的形式和途径的过程中逐渐形成发展而来的，既是调动人民积极性、主动性、创造性的有效途径，也是推进国家治理体系和治理能力现代化的内生动力。中国人民政治协商会议是中国共产党把马克思列宁主义统一战线理论、政党理论、民主政治理论同中国具体实际相结合、同中华优秀传统文化相结合的伟大成果，是中国共产党领导各民主党派、无党派人士、人民团体和各族各界人士在政治制度上进行的伟大创造，是我国政治生活中发扬社会主义民主、实践全过程人民民主的重要形式，是社会主义协商民主的重要渠道和专门协商机构，是国家治理体系的重要组成部分，是具有中国特色的制度安排。团结和民主是中国人民政治协商会议的两大主题。协商议政活动和视察调研活动是政协履职的重要方式，是衡量协商质量的重要标准。

2. 民主实践

我国全过程人民民主不仅有完整的制度程序，而且有完整的参与实践。在中国特色社会主义制度下，有事好商量、众人的事情由众人商量，找到全社会意愿和要求的"最大公约数"，是人民民主的真谛。推进全过程人民民主建设，就要把人民当家作主具体地、现实地体现到党治国理政的政策措施上来，具体地、现实地体现到党和国家机关各个方面各个层级工作上来，具体地、现实地体现到实现人民对美好生活向往的工作上来。人民当家作主最终还是要落到实践上来，人民对政治生活的参与广度和效度都是民主实践效

---

① 《中共中央关于党的百年奋斗重大成就和历史经验的决议》，《人民日报》2021 年 11 月 17 日。

果的具体体现。有序的民主参与能够聚民心、集民意，是人民行使民主权利的重要方式，唯有如此才能够更好地实现人民当家作主。政治治理现代化离不开公民的有序政治参与，公民政治参与的广度和深度与政治治理现代化之间存在正相关关系。[①] 作为政治治理现代化的一项基础性工程，政治参与主要指公民或团体试图影响政府决策或政府活动的行为，是现代市民社会制约政府的重要手段。政治参与的有效性、规模和程度是判断一个政体是否民主的重要标准，可以从政治参与广度、政治参与效度层面进行衡量。政治参与广度是政治参与的广泛性问题，即政治参与横向面的大小问题，它涉及参与主体的广泛性、参与领域的广泛性、参与途径的广泛性和参与时间的经常性等方面。[②] 政治参与广度是衡量政治参与成效的基本指标，它可以对公民政治参与的基本情况作出简单描述。但在实际政治参与中，只有对政治过程产生一定影响，并能实现参与目标的政治参与才具有实质性，所以对政治参与水平的衡量还需要引入政治参与效度这一指标。政治参与效度就是对政治参与过程及其效果的评价，它一般涉及公民对政府的满意度、政府对公民需求的回应度及公民政治参与的热情度（或冷漠度）等几方面。[③] 公民政治参与效度的高低是衡量政治民主化水平的重要尺度，将其作为衡量政治参与的重要指标具有合理性。

制度保障和民主实践作为人民当家作主维度下的一级指标，二者之间是相互关联、互为依托的。民主需要制度保障，只有不断推进社会主义民主政治制度化、规范化、程序化，才能更好发挥中国特色社会主义制度的优越性，为党和国家兴旺发达、长治久安提供更加完善的制度保障。民主也离不开实践，只有将民主落到实处，人民才能有真实感、幸福感。制度是实践的保障，实践是制度在现实生活中的落实，二者统一于社会主义民主政治的建设过程中。

---

① 杜飞进：《论中国特色政治治理现代化》，《社会科学研究》2016年第1期。
② 陈振明、李东云：《"政治参与"概念辨析》，《东南学术》2008年第4期。
③ 魏星河等：《当代中国公民有序政治参与研究》，人民出版社，2007，第67页。

（三）依法治理

依法治理，首先要求各级党委和政府对社会实施依法治理。党是社会治理的领导者和组织者，政府是社会治理的主要实施者，党和政府依法治理，就是要把法治作为社会治理的基本方式，运用法治思维和法治方式进行社会治理，善用法律调节社会关系，规范人们的行为，强化法律在权利救济和纠纷解决中的权威性作用；依法化解社会矛盾、维护社会稳定、促进社会和谐，保障人民安居乐业；加快形成科学有效的社会治理体制，建立健全依法维权和化解纠纷机制、利益表达机制、救济救助机制；畅通群众利益协调、权益保障法律渠道；正确认识和处理维稳与维权的关系，把维稳建立在维权的基础上，促进社会公平正义。法治乃规则之治。地方政府依法治理是重要的法律实施和法治实践活动，是政府治理方式的重大转型。法治水平是反映一定时期内国家或地区事务法治化程度的综合性指标，它是省域政治治理现代化建设的重要方面。省域法治是以行政区划为基础的区域法治中最基本、最稳定的类型，是法治中国在省域的创造性实践。[①] 高水平推进科学立法、严格执法、公正司法、全民守法，是依法治国基本方略在省域的具体落实。党的十八届三中全会在《中共中央关于全面深化改革若干重大问题的决定》中提出了要构建科学的法治建设指标体系的重要命题，此后四中全会在《中共中央关于全面推进依法治国若干重大问题的决定》中进一步提出要将法治建设成效纳入政绩考核指标体系。省域法治指标体系可以在依法治理观念层面和框架内进行具体设置，用法治建设、法治服务的情况来衡量依法治理成效。

1. 法治建设

建设法治政府，首要的是科学设定政府职能，依法履行政府职能。习近平总书记指出："各级政府必须依法全面履行职能，坚持法定职责必须为、法无授权不可为。"[②] 法治最重要的体现是有合乎法治的制度文本，因

---

① 戴小明、苗丝雨：《区域法治与新时代省域治理》，《行政管理改革》2021年第6期。
② 《习近平谈治国理政》第二卷，外文出版社，2017，第120页。

此合乎法治的制度建设是法治建设评估的核心内容之一。地方法治建设的首要问题是制度建设，制定体现法治精神的规范性文本，发挥立法的引领和推动作用。① 因此，必须在法治指标体系设置中全面评估地方法律文本。省域法治建设的另一个问题是如何确保地方法治的良性运行，即实现依法而治。其中，法治秩序最重要的表征体现在法律行动之中，地方实施的法律行动是否合乎法治是衡量法治水平的最基本标准。因此，应当把行动中的法治作为法治指数的基本类型之一。任何一个维度的建设都离不开从理念到现实、从制度到实践的过程。法治建设包括法规制定和地方实施两个方面。前者衡量省域对依法治理的规范性制度政策的建设，后者则侧重具体法律实践中法院、行政机构等的法治成效。

2. 法治服务

省域依法治理落实到人民群众身上，主要在于实现法治的大众化，其核心在于让人民共享法治建设的成果，实现理念中的法治转化为现实中百姓可及的法治。观念中的法治评估点在于评估各种社会主体的法治意识。法治意识存在于社会主体中，在很大程度上支配社会主体的法律行为，也是社会主体行动的内在动因或行动合法化的根据，因而，法治意识是连接法治制度和法治秩序的关键要素。省域依法治理起到固根本、稳预期、利长远的保障作用。巩固和保障人民群众的合法权益，强化群众的法治观念，都需要法治服务作为抓手。对人民群众而言，可及的法治服务主要涉及律师队伍、法律顾问和法律援助方面内容。应提高法治服务的覆盖率，帮助群众依法维权，以法律的手段解决问题，弘扬法治文化，让尊法、信法、守法、用法、护法成为全体人民的共同追求，以提升社会整体的法治水平。

法治建设与法治服务是制度与实践的关系，二者密不可分，都是建设职能科学、权责法定、执法严明、公开公正、廉洁高效、守法诚信的法治政府的重要条件。依法治理，制度先行。建设法治政府，实现依法治理，需要在建设完备的制度规范的前提下，推广法治服务。公共法律服务是基于政府公

① 付子堂、张善根：《地方法治建设及其评估机制探析》，《中国社会科学》2014年第11期。

共服务职能的规定性，而由政府统筹提供的，具有体现基本公共资源配置均等化属性和社会公益担当责任，旨在保障公民的基本权利，维护公民的合法权益，实现社会公平正义所必需的一般性法律服务。[①] 法治建设为法治服务的发展提供良好的发展环境和需求基础，法治服务也是法治建设实践层面的重要体现，二者统一于依法治理过程中。

（四）政府治理

政府作为政治治理的主体，推进政府治理现代化是政治治理现代化的基本要求。政府治理是指政府行政系统作为治理主体，对社会公共事务的治理。[②] 就其治理对象和基本内容而言，包含着政府对于自身、对于市场及对于社会实施的公共管理活动。在省域治理现代化的语境下，政府治理更多指的是对自身治理能力和治理水平的提升。完善行政体系，深化政府机构改革，重塑政治体制能力，使制度优势转化为治理效能，是推进省域政治治理现代化的基本路径。根据政府治理的实践和公众对政府的期待，可以用廉洁政府、服务型政府、数字政府的建设情况来衡量政府在权力行使、职能履行和治理工具使用等方面的科学化水平。

1.廉洁政府

廉洁政府是古今中外人们普遍追求的一种理想政府状态，主要指政府官员普遍清正廉明，法律政策优良，惠民利民，法律实施公正无私，公共权力被用来服务于公众利益。[③] 政府的廉洁与否不仅直接关系到政府的合法性和政治稳定与否，还直接关系到政府治理能力的强弱，所以将其作为衡量政府治理水平的首要指标具有一定合理性。对廉洁政府建设的评估，可以从廉洁建设和政务公开两方面入手。廉洁建设是指政府及其工作人员通过加强廉政建设，杜绝腐败现象，做到用权为公、执政为民。政务公开是指行政机关将

---

① 刘炳君：《当代中国公共法律服务体系建设论纲》，《法学论坛》2016 年第 31 期。
② 王浦劬：《国家治理、政府治理和社会治理的含义及其相互关系》，《国家行政学院学报》2014 年第 3 期。
③ 何增科：《廉洁政府与社会公正》，《吉林大学社会科学学报》2006 年第 4 期。

决策、执行、管理、服务、结果全过程公开，保障公民的知情权、参与权、表达权和监督权，提高政府行政效率，增强政府的公信力。

2. 服务型政府

服务型政府又叫服务政府，主要指在公民本位、社会本位理念指导下，在民主制度框架内，把服务作为社会治理价值体系核心和政府职能结构重心的一种政府模式或曰政府形态。[①] 建设服务型政府不仅是实现政府自身发展和经济与社会协调发展的需要，更是政治体制改革的重要内容和关键环节。鉴于服务型政府建设在政府改革中的重要地位，省域政治治理现代化指标体系将其作为衡量政府治理能力的又一指标。对服务型政府建设的评估可以从公共服务投入和公共服务效益水平两个二级指标入手。公共服务投入是指政府作为服务者，为满足公民需求，通过法定程序进行资源配置。公共服务效益水平体现了公共服务的投入和产出之间的关系，它能够反映出公共服务的效率，进而体现服务型政府的建设水平。

3. 数字政府

随着信息技术的革新与发展，利用信息技术提高和改进政府工作及服务的效率与方式，建设数字政府，逐渐成为政府改革的重要方向。数字政府建设主要指政府通过数字化思维、数字化理念、数字化战略、数字化资源、数字化工具和数字化规则等治理信息社会空间、提供优质政府服务、增强公众服务满意度的过程。[②] 建设数字政府的重要性在疫情防控期间得到彰显，如浙江依靠以数字制度建设为主的"数据强省"和以数字基础设施建设为主的"云上浙江"两大支撑，在"数字浙江"建设大环境下，运用大数据掌握抗疫主动权，形成了"数字抗疫"的浙江经验。[③] 数字政府建设对加快转变政府职能，推动省域治理体系和治理能力现代化具有重要意义，是衡量政府治理水

---

① 施雪华：《"服务型政府"的基本涵义、理论基础和建构条件》，《社会科学》2010 年第 2 期。
② 戴长征、鲍静：《数字政府治理——基于社会形态演变进程的考察》，《中国行政管理》2017 年第 9 期。
③ 宋劲松、夏霆：《大数据对公共卫生安全风险治理的赋能机理研究——以新冠肺炎疫情防控为例》，《行政管理改革》2022 年第 4 期。

平的重要指标。对数字政府建设的评估，可以从平台建设和电子服务能力两个二级指标入手。平台建设就是建设能够支撑政府机构日常办公、信息收集与发布、公共管理等事务的网络化平台。电子服务能力则反映政府在数字化背景下，通过网络服务渠道为社会和公众提供政务服务的能力。

（五）经济治理

省域经济高质量发展与优良的经济治理体系，是推进省域治理体系和治理能力现代化的重要条件。经济治理现代化意味着经济治理能力、治理方式、治理关系的现代化，是一项多元化、开放化、动态化和复杂化的系统工程。实现省域经济高质量发展，提升省域经济治理水平，不仅要注重协调经济治理关系，充分发挥市场对资源配置的决定性作用，还要注重转变经济发展方式与经济发展理念，促进经济系统的整体性优化和经济结构的转型升级。良好的经济治理能力是省域治理现代化实现的基础，它要求省域经济的发展不仅要实现数量上的显著提升，还要实现质量上的显著提升。经济高质量发展是省域经济发展能力现代化的重要体现，这一点在以往建立的省级经济发展能力评估指标体系中有所体现。所以在指标设计方面，省域治理现代化指标体系主要选取了经济发展水平、经济效益、营商环境、高质量发展四个指标作为一级指标，以反映省域层面的经济治理能力。

1. 经济发展水平

经济发展水平是衡量省域经济发展能力的基础指标，它反映了一个国家或者地区在特定时间范围里能够生产出来的财富总量，包括从基本的生活用品到复杂的生产资料，再到各种精神文化产品等财富的总量。对经济发展水平进行评估可以从其规模（存量）和速度（增量）两个方面入手，即采用经济增速、人民生活水平两项指标来测量省域经济发展水平，它们分别代表了省域经济发展的速度和人民生活的质量。经济增速是反映社会经济增长程度的相对指标，是报告期增长量与基期发展水平之比，是从宏观层面对省域经济发展的反映。由于省域经济发展的成果最终还是由人民共享，所以在评估地区经济发展水平时还要考察人民的生活水平。人民生活水平与经济增速一起构成评估省域经济发展水平的重要指标。

2. 经济效益

经济效益也指经济绩效，指经济与资源分配及资源利用的效率评估。经济效益是资源投入与产出的重要表征，主要反映地区经济建设的经营成果。由于经济效益的评估标准主要是由资源分配以及资源利用有关的效率所决定的，所以可以采用产业结构、生产效率两个指标对省域经济效益进行评估。产业结构主要指各产业之间的联系和比例关系，各产业部门的构成及相互之间的联系、比例关系不同，对经济效益的贡献大小也不同。生产效率是指一定量的生产要素所能创造的价值的数量，也是衡量经济效益的重要指标。经济发展过程中土地、劳动力等要素利用率越高，意味着经济的投入产出比越高，也即经济发展的效益越好。所以在衡量省域经济发展能力时，也必须把生产效率作为重要指标。

3. 营商环境

营商环境指在一个城市或区域内，经济活动主体从事商业活动所面临的各类条件的总和，优化营商环境是推动经济发展的重要举措。当前，我国经济已由高速增长阶段转向高质量发展阶段，要推动经济高质量发展，不仅需要基础设施等"硬环境"的持续改善，更需要深化体制机制改革创新，在"软环境"上实现新的突破。从理论上来说，营商环境是一个系统性的环境，更强调市场化、法治化、便利化、国际化的"软环境"。从实践来说，营商环境的优劣决定着经济发展的速度和质量，已经成为衡量一个地区发展软实力的重要标志。省域治理现代化指标体系主要从市场环境和政务环境两个方面对地区营商环境进行评估。市场环境指对处于市场经济下的企业生产经营活动产生直接或间接影响的各种客观条件和因素，主要包括宏观经济形势、同行企业的竞争力、自然条件和科学技术进步状况等。公平竞争的市场环境，规范有序的市场秩序，是实现资源有效配置和企业优胜劣汰的重要保障。政务环境主要指企业生产经营活动受国家或政府经济管理职能影响情况，优化政务环境是促进经济发展的有效之道，政务环境好的地区更能获得投资者的青睐，能吸引更加丰富的人才、资金、项目。

4. 高质量发展

经济的高质量发展是遵循经济发展规律的必然要求，是现代化经济体系的本质特征。同时，经济高质量发展本质上还是体现新发展理念的发展，根据省域经济发展的实践，可以用创新发展、协调发展、对外开放三个指标对经济高质量发展情况进行评估。新一轮科技革命和产业变革深刻改变着经济发展模式，创新日益成为高质量发展的核心驱动力。随着省域经济发展水平的提升，经济发展过程中深层次的矛盾和问题也逐渐暴露出来，解决这些矛盾和问题的关键出路在于创新。如果说创新发展解决的是经济发展动力不足的问题，那么协调发展则解决的是经济发展不平衡的问题。协调发展就是要统筹城乡发展、统筹区域发展、统筹经济社会发展、统筹人与自然和谐发展、统筹国内发展和对外开放，推进生产力和生产关系、经济基础和上层建筑相协调，推进经济建设、政治建设、文化建设的各个环节、各个方面相协调。协调是持续健康发展的内在要求，增强协调性才能使经济发展行稳致远。新形势下，建设开放型经济也是实现经济高质量发展的必要举措。党的二十大报告指出，"我们要坚持以推动高质量发展为主题，把实施扩大内需战略同深化供给侧结构性改革有机结合起来，增强国内大循环内生动力和可靠性，提升国际循环质量和水平"。2024 年国务院《政府工作报告》中也指出，要"深化改革扩大开放，持续改善营商环境"。以新一轮高水平对外开放促改革、促发展、促创新、促转型，是推动省域经济高质量发展的必由之路。创新发展是经济高质量发展的核心，协调发展是经济高质量发展的内在要求，对外开放是经济高质量发展的必由之路，三者一起构成了衡量经济高质量发展程度的重要指标。

经济发展水平、经济效益、营商环境、高质量发展作为一级指标，分别提供了对省域经济治理能力进行衡量的基础性指标和发展性指标。经济发展水平和经济效益是评估省域经济治理能力的基础性指标，它描述了省域经济发展的基本情况；营商环境是评估省域经济治理能力的基础性指标，良好的营商环境是激发各类市场活力、促进经济高质量发展的必要条件，也是经济治理能力现代化的一个显著标志；高质量发展是评估省域经济治理能力的发展性指标，它强调了省域经济发展的价值追求。由经济发展水平、经济效益、营商环境、高质量发展构成的指标体系，可以对省域经济治理能力进行全面、综合的评估。

（六）文化治理

文化治理现代化是省域治理现代化的重要组成部分。推进省域治理体系和治理能力现代化，需要厘清文化治理的逻辑，要秉持以人民为中心的发展思想，以良好健全的文化治理体系保障人民群众对美好生活的向往，为人民群众提供更丰富的精神文化生活，进而营造出一种具有黏合性的社会凝聚力、心理认同和价值共识。一般认为，文化治理现代化的推进路径主要体现为以下三个方面：构建社会主义公民文化权利治理体系，提高社会参与度；完善现代文化市场体系，提高市场开放度；建立现代公共文化服务体系，提高文化安全配置度。[①] 在此基础上，考虑到文化在社会价值风尚引领方面的作用，在文化治理维度把文化价值引导、公共文化服务、文化市场体系作为一级指标。

1. 文化价值引导

对国家治理和社会发展来说，文化是最深层、影响最为深远、经久不衰的动力。党的十九届四中全会强调"坚持和完善繁荣发展社会主义先进文化的制度，巩固全体人民团结奋斗的共同思想基础"。这意味着文化发展必须强化政治引领，提升人民文明素质，牢牢把握社会主义先进文化前进方向，切实承担起举旗帜、聚民心、育新人、兴文化、展形象的使命任务。坚持以社会主义核心价值观引领文化建设，是推动省域文化治理现代化的必然要求。对文化价值引导作用的评估可以从文化教育、文化宣传两方面入手，发展文化教育是社会主义精神文明建设的有机组成部分，是提高人民群众思想道德水平的重要条件，应该作为评估文化价值引导作用的基础性指标。文化宣传反映了文化价值引导作用发挥的深度，它与文化教育一起构成对省域文化价值引导作用进行评估的指标。

2. 公共文化服务

公共文化服务是指由政府主导、社会力量参与，以满足公民基本文化需

[①] 叶祝弟：《大力推进国家文化治理现代化》，《探索与争鸣》2014 年第 5 期。

求为主要目的而提供的公共文化设施、文化产品、文化活动以及其他相关服务。2021年3月，文化和旅游部、国家发展改革委、财政部联合印发《关于推动公共文化服务高质量发展的意见》，明确指出"推动公共文化服务高质量发展，是进一步深化文化体制改革，发展社会主义先进文化的重要任务，也是让人民享有更加充实、更为丰富、更高质量的精神文化生活，保障人民群众基本文化权益，满足人民对美好生活新期待的必然要求"。对公共文化服务的水平进行评估，可以从公共文化产品、文化基础设施两方面入手。公共文化产品的繁荣度体现出人民精神文化生活的丰富程度，文化基础设施是公民参与公共文化活动的必要条件，它们一起为人民文化权利的实现提供支持和保障。

3. 文化市场体系

党的十八届三中全会提出"建立健全现代文化市场体系"，现代文化市场体系是指文化要素市场、文化产品和服务市场在紧密联系和相互作用中所形成的文化市场有机体，不仅包括书报、电子音像制品、演出娱乐、影视剧等文化产品和服务市场，还包括资本、产权、人才、信息、技术等生产要素市场。现代文化市场体系是社会主义先进文化建设的重要保障，对于建设文化强国、提升国家文化软实力、完善公共文化服务体系和促进文化产业繁荣发展都具有重要的基础性作用。对文化市场体系的建设水平进行评估，可以从文化产业、文化创新两方面入手。大力推进文化产业升级，使文化产业成为国民经济支柱性产业，是文化市场体系建设的题中应有之义；大力推进文化创新，用先进科学技术促进文化产业发展，是激发文化市场活力的关键。文化产业和文化创新一起构成省域文化市场体系建设水平评估的二级指标。

在省域文化治理现代化建设的过程中，要加强文化宣传，进一步发挥社会主义核心价值观在文化建设中的引领作用；加强文化建设、文化服务，进一步提高公共文化服务效能；统筹文化布局结构与规模、速度，进一步提高文化产业质量和效益。[①] 这不仅是省域文化治理的必要举措，也是衡量省域文化治理水平的重要指标。

---

① 邓纯东：《当代中国文化治理体系和治理能力现代化的理论反思》，《湖湘论坛》2018年第6期。

（七）民生治理

民生治理即用治理来保障和改善民生，在中国共产党的领导下，各级人民政府依法组织统筹不同的主体参与到涉及民生的公共事务中来。民生治理关系到广大人民群众的切身福祉，我国各级政府一直高度重视民生治理工作。作为民生治理的主体，地方政府是确保民生政策落实的关键。民生治理涉及与人民生活息息相关的就业、教育、健康、养老等领域的治理问题，因此，省域治理现代化指标体系选取高质量就业、教育发展、健康保障和养老服务四个指标作为一级指标，以此反映省域层面民生治理水平。

1. 高质量就业

就业是最基本的民生。党的二十大报告提出"促进高质量充分就业"的目标要求，这是党中央针对我国发展的阶段性特征对就业工作作出的重大战略部署。人口发展是关系中华民族伟大复兴的大事。习近平总书记强调，"现代化的本质是人的现代化"[1]。就业是发展的基础，是沟通社会需求和供给，连接生产、交换、分配和消费的桥梁，也是衡量民生治理成效的基本指标。高质量就业有利于优化人力资源结构，更好地促进经济的发展。省域治理现代化指标体系主要从就业状况和就业服务两个方面对省域的高质量就业状况进行评估。就业状况是在政治、经济、社会、文化等多方面因素作用下，劳动力供求平衡态势的综合反映。对就业状况的分析有助于政府的决策，当失业率高时，意味着就业形势严峻，政府应采取刺激消费增长、扩大就业等措施，如果失业率转低，政府的决策又会拥有一个相对宽松的环境。就业服务是特定的机构提供一系列服务措施，来满足拟就业人员与用人单位需要的行为。就业服务最初是为了改善失业者的生存状况，维护社会秩序的稳定，随着就业需求的增长，就业服务得到了迅速的发展，逐渐成为就业政策的直接体现。就业服务是就业制度和就业政策的重要组成部分。就业状况和就业服务构成省域高质量就业状况评估的两个二级指标。

---

① 《十八大以来重要文献选编》（上），中央文献出版社，2014，第594页。

2. 教育发展

教育建设是中国式现代化的支撑，教育发展是指教育理论、教育水平、教育机构、教育资源、师资队伍等进步和拓展的程度。教育发展与现代化发展有密切的关系，现代化建设需要理论家、科学家、各类技术人才，教育不断发展才能为现代化发展提供充实的人才储备。教育发展的总体水平与方向决定着现代化发展的总体水平和方向。对教育发展水平的评估可以从教育权利保障状况和教育投入状况两个方面入手。教育权利的保障主要包括立法保障和实施保障两个方面。首先是立法保障，新中国成立以来先后通过的几部宪法都确认了公民受教育的权利，其他相关法律也对公民在其他教育领域的权利加以立法保护，如《中华人民共和国教育法》规定了当受教育者的合法权益受到侵犯时，可以依法申诉或提起诉讼。其次是实施保障，确保合理安排教育经费，同时加强对教育经费的监管，对经济困难的学生进行教育资助，确保公民的教育权利得到保障。在公民享受教育权利的同时要使教育权利得到公平的保障，向经济欠发达的地区提供更多的教育资源、支持乡村教师的发展、改善乡村教育环境，缩小教育的差距。教育权利保障状况和教育投入状况构成了省域民生治理水平评估的两个二级指标。

3. 健康保障

人民的生活是否幸福，一个最重要的衡量指标就是健康。中国共产党带领人民创造更加幸福美好的生活，充分体现了社会主义制度的优越性。健康保障涵盖多方面的内容，它涉及个人、集体及政府的参与。对健康保障的评估可以从医疗保障和医疗卫生建设两方面入手。医疗保障是指当个人遭遇医疗问题时，可以通过特定的保险机制获得相应的经济帮助以覆盖医疗费用，它能够解除劳动者的后顾之忧，从而提高劳动生产率，推动社会经济的发展。医疗保险为患者提供了经济援助，有助于维护社会秩序的稳定。由此可见，提高医疗保障水平能够促进地区的现代化发展。医疗卫生建设涉及社会公共卫生服务、医疗服务、健康促进服务以及与这些服务相关的保障体系、组织管理和监督体系。医疗保障和医疗卫生建设共同构成了省域民生治理水平评估的二级指标。

4. 养老服务

养老服务指的是为老年人提供生活需要的各种服务，满足老年人对物质生活和精神生活的基本需求。广义的养老服务涵盖了老年人的衣食住行、医疗、安全、文化、精神、救助等方面的服务，狭义的养老服务则主要指养老金的发放、养老机构的设置以及养老床位的提供。完备健全的养老服务体系，不仅可以有效保障老年人的养老服务需求，对于积极应对人口老龄化也具有重要意义。对养老服务水平的评估可以从养老事业发展和养老产业发展两个方面入手。养老事业是凭借政府部门发挥自身主导作用，为满足老年人的实际需求而提供产品和服务。养老产业涵盖了为实现老年人长期健康和幸福生活所需的各种服务和研究领域，具有市场化、产业化的特点，它通过市场调节手段来调配老年人的需求。养老事业发展与养老产业发展共同构成了评估养老服务水平的二级指标。

就业、教育、健康、养老涵盖了民生的方方面面。就业是民生之本，就业问题得到妥善解决对社会的发展具有重要意义，对其评估可从就业机构数量、登记失业率等方面进行。教育是人实现全面发展的重要条件。健康服务的数量与质量事关当地的医疗水平，事关居民的生命安全，对其评估可从人力、物力、财力三个方面进行，以衡量当地居民就医的便捷程度、医疗卫生水平等方面。养老服务指的是为老年人提供必要的生活服务，满足其物质生活和精神生活的基本需求。

（八）社会治理

社会治理作为省域治理的重要维度，在省域治理体系中具有承上启下的枢纽作用。要坚持以人民为中心的发展思想，加快推进社会治理现代化。民生是人民幸福之基、社会和谐之本、治国为政之要。进入新发展阶段，省域治理必须忠实践行以人民为中心的发展思想，深刻认识我国社会主要矛盾变化带来的新特征新要求，着眼于"更好的教育、更稳定的工作、更满意的收入、更可靠的社会保障、更高水平的医疗卫生服务、更舒适的居住条件、更优美的环境、更丰富的精神文化生活"，以高水平治理推进高质量发展，不断满足人民群众对美好生活的新期待。① 从社会治理内容上看，党的十七大报告提出了十大领域建设：公共服务、社会保障、社会组织、基层社会、群众权益维护、和谐劳动关系、流动人口管理、安全生产、突发事件应急、社会治安。省域治理现代化指标体系对此进行提炼归纳，同时结合我国社会短期政策，主要从公共服务、公共安全、新农村建设三个方面对省域社会治理能力进行评估。

1. 公共服务

公共服务是指在教育、医疗健康、养老、托育、家政、文化和旅游、体育等社会领域，为满足人民群众多层次多样化需求，依靠多元化主体提供服务的活动。公共服务的数量、质量及其分配情况直接影响着居民的生活环境与生活水平，关系着社会治理的好坏，可以从社会保障、社区服务等方面进行评估。作为一种公共安全网络，社会保障主要起到保障民生、进行兜底的作用，在实现社会稳定发展方面具有重要意义。一个稳定的社会必定是省域社会现代化建设的重要方向，社会保障自然就成为评估省域社会治理状况的重要指标。与此同时，随着我国单位人向社会人的转变，以及乡镇（街道）和城乡社区治理的统筹推进，社区将成为履行众多社会职能的载体，社区治理的重要性日益凸显。2021 年，中共中央、国务院印发《关于加强基层治理体系和治理能力现代化建设的意见》，明确指出"基层治理是国家治理的基石，统筹推进乡镇（街道）和城乡社区治理，是实现国家治理体系和治理能力现代化的基础工程"。因此，搞好社区服务就成为公共服务建设的基础任务，也是评估公共服务水平的核心要素。就业服务、卫生服务、养老服务、社区服务分别代表了公共服务的不同领域，一起构成了评估省域公共服务水平的重要指标。

2. 公共安全

公共安全是社会和谐稳定的基础，在提升人民群众的幸福感、满意度方面具有显著意义，它主要指社会和公民个人进行正常的生活、工作、学习、娱乐和交往所需的稳定的外部环境和秩序。公共安全治理是缓解与化解重

---

① 戴小明、苗丝雨：《区域法治与新时代省域治理》，《行政管理改革》2021 年第 6 期。

大隐患、进行风险控制的重要治理领域，是省域社会治理现代化建设的着力点之一，可以从社会治安、生产安全、应急管理三方面进行评估。社会治安水平的提升有助于创造一个稳定有序的社会环境，显著提升当地居民的安全感，将其作为评估公共安全的首要指标具有合理性。近年来国内多次出现重大生产安全事故，不仅使人民的生命财产安全遭受巨大损害，从长远来看还会阻碍社会主义经济的发展。生产安全是公共安全的重要组成部分，在省域公共安全指标中必须有所体现。应急管理是指政府及其他公共机构在突发事件的事前预防、事发应对、事中处置和善后恢复过程中，通过建立必要的应对机制，采取一系列必要措施，应用科学技术、规划与管理等手段，保障公众生命健康和财产安全，并促进社会和谐健康发展的有关活动。加强应急管理，提高预防和处置突发事件的能力，可以最大限度预防和减少突发事件及其造成的损害，保障公众的生命财产安全，维护国家安全和社会稳定，促进经济社会全面、协调、可持续发展。

3.新农村建设

社会主义新农村建设是指在社会主义制度下，按照新时代的要求，对农村进行经济、政治、文化和社会等方面的建设，最终实现把农村建设成为经济繁荣、设施完善、环境优美、文明和谐的社会主义新农村的目标。建设社会主义新农村，是构建社会主义和谐社会的重要基础。当前，我国农村社会关系总体是健康、稳定的，但也存在一些不容忽视的矛盾和问题。通过推进社会主义新农村建设，加快农村经济社会发展，有利于更好地维护农民群众的合法权益，缓解农村的社会矛盾，减少农村不稳定因素，为构建社会主义和谐社会打下坚实基础。作为我国当下的政策热点领域，新农村建设工作的成效应该成为省域社会治理能力的重要评估维度，这一评估工作主要从生产生活和文明宜居两个方面进行。生产生活是新农村建设的核心关注点，如果经济不发展，任何蓝图都不可能变成现实。文明宜居是展现农村新貌的窗口，也是实现人与环境和谐发展的必然要求。新农村建设最直观的体现是脏、乱、差的局面得到根本控制，生活环境得到明显改善，农民安居乐业。

公共服务、公共安全、新农村建设是评估省域社会治理能力的重要指标。公共服务要解决的是社会发展问题，通过对社会保障、社区服务等方面的建设，确保人人都有实现自我发展的机会；公共安全解决的是社会秩序问题，通过提供一系列制度保障措施，确保人民生活在和平安定的环境中；新农村建设解决的是社会和谐问题，通过加快农村经济社会发展，维护农民群众的合法权益，解决城乡之间发展机会的不平等问题，确保社会主义和谐社会建设顺利推进。公共服务、公共安全、新农村建设分别代表了社会治理能力的不同方面，共同构成省域社会治理能力现代化的评估指标。

（九）生态治理

生态治理是推进省域治理现代化的关键性环节，是破解资源能源匮乏、环境污染问题的根本之举。构建完善的生态治理能力体系，需要率先实现生态治理理念的现代化，即在生态治理过程中要树立尊重自然、保护自然、顺应自然的生态文明理念，努力建设资源节约型、环境友好型社会。同时，还需要把经济增长与环境保护综合起来考虑，树立保护环境就是保护生产力、改善生态环境就是发展生产力的理念，加快推进发展模式由先污染后治理型向生态亲和型转变。生态文明建设主要包括四个方面：资源节约、保护与可持续利用；环境保护、治理与可持续改善；生态保育、修复与可持续承载；国土空间优化、治理与可持续安全。通过对省域生态治理情况的衡量，指标体系主要从资源节约、环境保护、生态保育三方面对省域生态治理能力进行评估。

1. 资源节约

资源节约主要指在生产、流通、消费等领域，通过采取法律、经济和行政等综合性措施，提高资源利用效率，以最少的资源消耗获得最大的经济和社会收益，保障经济社会可持续发展的资源、利用方式。资源节约是生态治理现代化的起点和基础，可以从资源利用情况、能源利用情况两方面进行评估。资源利用情况主要反映了地区自然资源的利用率和循环利用情况，能源利用情况主要反映了地区能源利用率和清洁能源利用情况。提高资源利用率是资源节约的重要途径，资源利用情况、能源利用情况一起构成评估省域资源节约情况的重要指标。

2. 环境保护

环境保护指人类为解决现实或潜在的环境问题，协调人类与环境的关系，保护人类的生存环境、保障经济社会的可持续发展而采取的各种行动的总称。环境保护是生态治理的重要维度，可以从污染防治、环境质量两方面进行评估。污染防治指运用技术、经济、法律及其他管理手段和措施，对污染源的污染物排放量进行监督和控制，是地区进行环境保护的重要举措。环境质量描述了地区环境的优劣程度，环境质量的优劣可以反映出地区环保工作的成效。二者分别代表了地区环境保护的不同维度，有必要将它们放在一起构成评估省域环境保护水平的重要指标。

3. 生态保育

生态保育指通过对生物物种与栖息地的监测维护和对受破坏生态系统的重建，以实现对地球上不同生物群落所依存栖息地的保护，并维系自然资源的可持续利用与永续维护。生态保育的效果是评估生态治理成果的重要指标，可以从生态基础、生态建设两方面进行评估。生态基础主要反映出地区生态文明的固有水平，生态建设则反映出地区在生态修复方面所做的努力，二者可一起用于对地区生态建设的过程性和结果性评估。

资源节约、环境保护、生态保育是生态文明建设的重要举措，更是评估省域生态治理能力的重要维度。其中，资源节约主要是通过提高资源的循环利用率来减少浪费和污染；环境保护主要是在人类各项生活环境中建立起坚固的防护系统，直接消除人类产业活动中对环境可能产生的危害与可能引发的危险，以及预备各项的处理技术以应对突发性的污染与破坏；生态保育主要是人类通过对于自然环境与生物族群的了解，提供对自然栖息地的积极保护。资源节约、环境保护、生态保育分别代表了生态治理的不同方面，共同构成省域生态治理能力的评估指标。

四 省域治理现代化指标体系构建的论证

根据上文所述，承接国家治理现代化的内涵，本报告将省域治理现代化指标体系的具体内容分为党的领导、人民当家作主、依法治理、政府治理、经济治理、文化治理、民生治理、社会治理、生态治理九大维度，并以此设计一、二级指标。在此基础上，本部分接续进行具体指标的论证。首先，明确省域治理现代化指标体系在选取指标上的主要原则，并建立基础指标池。其次，对指标池进行筛选，并最终确定三级指标。最后，在此基础上对所有指标进行无量纲化处理，并采用层次分析法和专家打分法相结合的方法确定每个指标的权重，以形成完整的省域治理现代化指标体系。

（一）省域治理现代化评估指标选取的原则

省域治理是一个相对复杂的系统，对其进行评估需要建立一套能系统反映经济、政治、社会、文化、生态文明等各个方面的指标体系，做到全面、客观评估。这要求在选取具体指标时，要遵循重要性原则、平衡性原则、系统性原则、可操作性原则，以确保最终形成的指标体系能够对省域治理现代化的建设成效进行科学全面的评估。

1.重要性原则

重要性原则指在筛选指标时应该注意区分各个指标的重要性程度，尽量保留那些具有较高相关度、能够较好反映评估对象状况的指标，而对那些不重要的指标可以采取灵活的方法进行处理。由于省域治理现代化指标体系构建是一个相对较新的领域，国内也没有成熟的指标体系可以借鉴，所以在具体指标选取中很难做到面面俱到。因此在建立省域治理现代化指标体系时，要做到重点突出，尽量选择那些与省域治理密切相关、最能反映省域治理特点与成效的代表性指标，而不是为单纯地追求全面而选择大量的无意义和无效的评估指标。同时，考虑到省域治理的特殊性，在指标的选取上要有针对性，将无关的指标或相关度不高的指标进行适当剔除。在设计具体指标时，要坚持理论与实际相结合，尽可能挑选那些关键性指标，力求以最少的指标来反映省域治理现代化建设的基本情况。此外，对于那些代表性比较强的重要指标，相应地也应该调整它们的权重。通过增加某些关键指标的权重，可以使整个指标体系中各指标权重的配置更加合理，使省域治理的评估重点更加突出。总之，在选取指标时，要确保那些能够衡量省域治理现代化成效的重要指标处于指标体系的核心位置，从而实现指标体系的构建与研究内容的高度相关。

2. 平衡性原则

平衡性原则指在建立指标体系时，要保证各个维度所选的指标在数量和质量上达到均衡。省域治理是一个复杂的系统，涉及诸多方面，其中不仅有能反映省域治理重点和成效的核心领域和维度，还有看起来不那么重要但又必不可少的领域。省域治理的重点领域由于包含内容的特殊性而备受关注，在对省域治理进行评估时不可避免地要将这些内容纳入指标体系中去。与此同时，由于这些领域内部治理要素和热点繁多，对其进行全面评估往往需要选取大量的指标，易造成指标体系的冗杂和重点不清晰。相较之下，那些相对"冷门"的治理领域，由于重要性相对不高、研究成果较少、热点话题不突出，在对其进行评估时，不仅可选的指标数量较少、质量不佳，而且以往研究中可以借鉴的系统性的指标体系也很少。如此一来，整个指标体系难免会形成各个治理领域间数量和质量的不均衡，容易形成大量的无意义和无效的评估指标，乃至影响整个指标体系的科学性和有效性。所以在进行省域治理现代化具体评估指标的选取时，要遵循平衡性原则，在兼顾各个治理领域的同时，还要避免一味地追求指标的过多、过全，否则不仅不能准确地评估真实治理情况，而且会弱化关键绩效指标的权重，造成考核结果的不平衡。

3. 系统性原则

系统要素具有整体性、相关性、层次性的特点。在设计省域治理现代化指标体系时遵循系统性原则，应当做到以下三点。一是各项指标的选择要服从整体性要求。由于省域治理是一个集政治治理、经济治理、社会治理、文化治理、生态治理于一体的综合性系统，因此在遴选指标时就必须通盘考虑，使所选指标能完整而充分地体现这个系统运行的状况。二是所选择的各项指标之间要具有关联性。各指标之间应该相互协调、相互补充、相互支撑，而不能相互抵触或相互冲突。所选择的指标要既能反映省域治理某一个领域的效能状况，又能与别的指标之间形成一种连接和协作关系，由此体现出省域治理现代化的整体状况。三是评估指标体系内部的结构层次要合理，逻辑关系要清晰。在设计指标体系时，应将省域治理现代化内在含义细分开来，由目标层分解为对应的下属准则层，进而过渡到评估要素层，层层递进，逐步细化。目标层应体现省域治理现代化的整体内容；准则层是目标层的进一步分化，反映目标部分的具体内容；评估要素层即最终细化的指标层，对某一特定领域进行评估，将评估结果进行整合分析，从而对整个省域治理现代化建设水平进行评估。省域治理现代化评估指标的选取要遵循系统性原则，确保最终形成的指标体系是一个相互联系的有机整体。

4.可操作性原则

指标体系的构建要充分考虑现实情况，不能过于理论化或理想化，避免找不到相应的数据和资料，使得指标体系只能停留在理论层面而丧失评估的意义。建立的指标体系要进入实际测评阶段就必须具有可操作性，指标体系的可操作性主要来源于指标数据的可获取性和易获取性。这要求我们在选择具体指标时，尽量选择方便获得数据的指标，避免涉及机密或难以获得的指标，从而确保所选取的指标能够被直观地观测，测量数据便于搜集。此外，在进行指标选取时还要确保指标的简明性。指标的数量不宜过多或过少，指标的含义要明确，表达方式要通俗易懂，不可过于简化和复杂，方便使用者理解并进行操作和评估。评估过程的可操作性主要由评估指标体系的可操作性决定，所以在选取指标时要注意避免出现操作者不能理解指标所测内容，或指标本身有歧义等问题，从而影响测量的信度与效度。具体到省域治理现代化具体评估指标的选取，虽然一些指标在理论上有很好的表现力，但是评估数据的获得存在较大难度，就不能将这些指标纳入指标体系中去。在选择具体指标时，需要将可操作性作为一个取舍依据，尽量找一些代表性强的可量化、易获取的统计数据，从而确保指标体系在进入实际评估阶段时可有效获得原始数据。

（二）省域治理现代化指标体系具体指标说明

在上述设计目标与原则的指导下，省域治理现代化指标体系主要选取了110个三级指标，如表3-2所示。

表 3-2　省域治理现代化指标体系

评估维度	一级指标	二级指标	三级指标	指标属性
党的领导	思想政治建设	主题教育	累计党史教育基地数量/个	正指标
		理论学习	开展集体学习情况/次	正指标
	组织建设	组织动员能力	党领团建活动开展情况/次	正指标
		组织生态	查处"四风"、违反中央八项规定精神问题数量/起	逆指标
		组织创新	省级以上党建创新表彰数/个	正指标
	贯彻和执行能力	贯彻中央和上级精神的举措	召开专题会议次数/次	正指标
		地方发展战略规划	地方发展规划数量/个	正指标
人民当家作主	制度保障	人民代表大会制度	人大建议案数量/件	正指标
			人大代表建议办结率/%	正指标
			人大代表联络站数量/个	正指标
		中国人民政治协商会议制度	政协提案立案率/%	正指标
			协商议政活动次数/次	正指标
			视察调研活动次数/次	正指标
	民主实践	政治参与广度	万人自治组织数/个	正指标
			万人社会团体数/个	正指标
		政治参与效度	网民留言回复率/%	正指标
			"12345"政务热线服务质量	正指标
依法治理	法治建设	法规制定	新增法律法规以及规范性文件数量/个	正指标
		地方实施	法院受理案件办结率/%	正指标
			行政复议案件办结率/%	正指标
	法治服务	律师队伍	万人律师数/个	正指标
		法律顾问	村(社区)法律顾问覆盖率/%	正指标
		法律援助	法律援助覆盖率/%	正指标
政府治理	廉洁政府	廉洁建设	年度通报腐败案件数/件	逆指标
		政务公开	政府主动公开信息数/条	正指标
			政府网络透明度指数	正指标
	服务型政府	公共服务投入	一般公共服务支出占 GDP 比重/%	正指标
		公共服务效益水平	一体化政务服务能力	正指标
			行政审批和服务事项群众满意度/%	

评估维度	一级指标	二级指标	三级指标	指标属性
政府治理	数字政府	平台建设	政府网站总体合格率/%	正指标
			政府网上政务服务成效率/%	
		电子服务能力	电子服务能力"双微"指数	正指标
			电子服务能力"新媒体"指数	
经济治理	经济发展水平	经济增速	GDP 增长率/%	正指标
			固定资产投资增长率/%	正指标
		人民生活水平	全体居民人均可支配收入/万元	正指标
			城镇人口占常住人口比重/%	正指标
	经济效益	产业结构	第三产业占 GDP 的比重/%	正指标
			人均电子商务销售额/元	正指标
		生产效率	全要素生产率	正指标
			全员劳动生产率	正指标
	营商环境	市场环境	社会融资规模增量占 GDP 的比重/%	正指标
			新登记市场主体同比增长率/%	正指标
			基础设施投资增长率/%	正指标
		政务环境	政府亲近指数	正指标
			政府清白指数	正指标
			政府电子服务能力指数	正指标
	高质量发展	创新发展	R&D 经费投入强度/%	正指标
			人均技术市场成交额/元	正指标
		协调发展	城乡居民收入比	逆指标
			城乡居民消费支出比	逆指标
		对外开放	外商投资额占 GDP 比重/%	正指标
			出口总额增长率/%	正指标
文化治理	文化价值引导	文化教育	人均文化事业费/万元	正指标
			人均受教育年限/年	正指标
		文化宣传	累计爱国主义教育示范基地数/个	正指标
			万人文艺活动次数/次	正指标
	公共文化服务	公共文化产品	人均拥有文化出版物总数量/册	正指标
			人均拥有公共图书馆藏量/册	正指标
		文化基础设施	艺术表演场馆机构数/个	正指标
			广播节目综合人口覆盖率/%	正指标
			电视节目综合人口覆盖率/%	正指标

评估维度	一级指标	二级指标	三级指标	指标属性
文化治理	公共文化服务	文化基础设施	乡镇（街道）文化站占省文化馆（站）的比重/%	正指标
	文化市场体系	文化产业	文化及相关产业增加值占GDP比重/%	正指标
			文化服务业企业增值税占GDP比重/%	正指标
		文化创新	累计国家级文化和科技融合示范基地数/个	正指标
			累计国家级文化创意产业园数量/个	正指标
民生治理	高质量就业	就业状况	城镇新增就业人数占总就业人数的比例/%	正指标
			城镇登记失业率/%	逆指标
		就业服务	接受职业指导人数占比/%	正指标
			接受创业服务人数占比/%	正指标
	教育发展	教育权利保障状况	义务教育巩固率/%	正指标
		教育投入状况	小学生师比（教师人数=1）	逆指标
			人均教育经费投入/元	正指标
	健康保障	医疗保障	城乡居民基本医疗保险参保率/%	正指标
		医疗卫生建设	人均医疗卫生机构数量/个	正指标
			人均卫生人员数量/人	正指标
	养老服务	养老事业发展	人均城乡居民基本养老保险基金收入/元	正指标
		养老产业发展	每千老年人口养老床位数/张	正指标
			人均养老机构数	正指标
社会治理	公共服务	社会保障	社会救助支出占一般公共预算支出的比重/%	正指标
			临时救助占比/%	正指标
			社会福利支出占一般公共预算支出的比重/%	正指标
			人均儿童福利和救助机构数/个	正指标
		社区服务	社区服务机构覆盖率/%	正指标
			社区服务中心（站）覆盖率/%	正指标

续表

评估维度	一级指标	二级指标	三级指标	指标属性
社会治理	公共安全	社会治安	人均地方财政公共安全支出/万元	正指标
			万人刑事犯罪逮捕数/人	逆指标
		生产安全	万人交通事故死亡人数/人	逆指标
			亿元GDP生产安全事故死亡人数/人	逆指标
		应急管理	灾害防治及应急管理支出占一般公共预算支出的比重/%	正指标
			可发布预警水文监测站数/处	正指标
	新农村建设	生产生活	各地区农林牧渔业总产值指数	正指标
			硬化道路长度占村庄内道路长度百分比/%	正指标
		文明宜居	人均公共厕所数量/个	正指标
			人均乡镇文化站数量/个	正指标
生态治理	资源节约	资源利用情况	万元GDP水耗/立方米	正指标
			一般工业固体废物综合利用率/%	正指标
		能源利用情况	单位GDP能耗降低率/%	正指标
			天然气占能源消费总量的比重/%	正指标
	环境保护	污染防治	工业污染治理投资总额占GDP比重/%	正指标
			城市生活垃圾无害化处理率/%	正指标
		环境质量	全年空气质量优良率/%	正指标
			环境噪声等效声级/dB	正指标
	生态保育	生态建设	人均年造林面积/公顷	正指标
			国家级自然保护区占全省面积比重/%	正指标
			人均公共绿地面积/平方米	正指标
		生态基础	森林覆盖率/%	正指标
			湿地覆盖率/%	正指标
			单位国土面积水资源量/立方米	正指标

省域治理现代化指标体系从党的领导、人民当家作主、依法治理、政府治理、经济治理、文化治理、民生治理、社会治理、生态治理9个基本维度

出发，主要包含代表这 9 个维度的 27 个一级指标、58 个二级指标和 110 个三级指标，力求从总体上反映省域各领域的治理水平与发展状态。

1. 主题教育

主题教育不仅是党的工作的重要方面，其成效还是党的政治领导能力的重要体现，可以用累计党史教育基地数量进行评估。

累计党史教育基地数量。党史教育基地是宝贵的革命历史遗产，是开展党的群众路线教育实践活动的重要载体，也是广大党员开展党史学习教育的生动教材。

2. 理论学习

在新形势下，确保青年党员通过加强理论学习，改造和克服党内一切非无产阶级思想，是党的思想建设的基本内容和主要任务，党的理论学习情况可以用开展集体学习情况进行评估。

开展集体学习情况。省委党组理论学习中心组开展的集体学习是党员干部强化理论学习的重要平台，是反映党的理论学习情况的重要指标之一。

3. 组织动员能力

党的组织动员能力是反映党的政治领导能力的重要指标，可以用党领团建活动开展情况进行评估。

党领团建活动开展情况。团组织是党领导的先进青年的群团组织，是党的助手和后备军。以党的建设带动团的建设，加强党对共青团领导，是党进一步加强和改善党对青年工作领导的时代要求。

4. 组织生态

加强党的组织生态建设，进行反腐败斗争，是保持党的先进性和纯洁性不可缺少的重要条件，其建设成效可以用查处"四风"、违反中央八项规定精神问题数量进行评估。

查处"四风"、违反中央八项规定精神问题数量。"四风"即形式主义、官僚主义、享乐主义和奢靡之风，加强反"四风"建设，是党风廉政建设和反腐败斗争的重点工作之一。贯彻落实中央八项规定精神是当前和今后一个时期坚持全面从严治党、巩固拓展作风建设成效的重要举措。

5. 组织创新

提升党的基层组织组织力，对于新时代实现党的奋斗目标、坚持党的领导地位、推进党的建设新的伟大工程具有重大意义，可以用省级以上党建创新表彰数评估组织创新情况。

省级以上党建创新表彰数。在新形势下，创新基层党建工作，提高基层党建工作的实效性，为推动发展、促进和谐提供坚强的组织保证，是加强党建工作的一个大课题。

6. 贯彻中央和上级精神的举措

贯彻中央和上级精神的举措是确保全党全国工作统一意志、统一行动、统一步调的重要举措，是衡量地方贯彻和执行能力的重要方面，可以用召开专题会议次数来评估。

召开专题会议次数。专题会议是党组织在一定时间内，就特定问题或主题召开的会议，是地方党组织传达中央或上级精神在会议形式上的表现。

7. 地方发展战略规划

地方发展战略规划是地方在中央精神指导下，因地制宜执行中央或上级精神的具体实践，可以用地方发展规划数量来衡量。

地方发展规划数量。地方发展规划数量反映了地方政府对未来发展的全面规划和战略布局，是地方在中央或上级精神的指导下进行的涵盖了经济、社会、文化等多个领域的规划，还明确了发展目标、重点任务和保障措施。

8. 人民代表大会制度

人民代表大会制度是坚持党的领导、人民当家作主、依法治国有机统一的根本政治制度安排，是发展社会主义民主政治的制度保障，可以通过人大建议案数量、人大代表建议办结率、人大代表联络站数量来评估。

（1）人大建议案数量。人大代表依法行使提案权，提出关系国计民生的建议案。人大建议案数量是衡量人大代表积极履行职责、参与国家和社会事务管理情况的重要指标。

（2）人大代表建议办结率。人大代表由人民产生，对人民负责，代表人民提出建议。人大代表建议办结率可衡量人大代表提出的建议在落实层面的效果。

（3）人大代表联络站数量。人大代表联络站是人大代表依法履行职责、联系人民群众的重要场所。人大代表联络站数量可衡量人大代表同群众联络的便利程度，反映人大代表依法履职的情况。

9. 中国人民政治协商会议制度

中国人民政治协商会议是发扬社会主义民主、实践全过程人民民主的重要形式，是国家治理体系的重要组成部分，是具有中国特色的制度安排，可以通过政协提案立案率、协商议政活动次数和视察调研活动次数来评估。

（1）政协提案立案率。政协通过对大政方针、社会生活重大问题提出意见或建议来参与政治生活，是政协履行参政议政职能的重要体现。

（2）协商议政活动次数。协商议政活动通常包括各种形式的协商会议、座谈会、研讨会，是政协履行政治协商职能的重要体现。

（3）视察调研活动次数。政协委员赴基层、企业、社区、学校等地方进行实地考察，更加深入地了解人民群众的需求和关切。

10. 政治参与广度

政治参与广度反映的是政治参与的广泛性问题，它涉及参与主体的广泛性、参与领域的广泛性、参与途径的广泛性和参与时间的经常性等方面，可以用万人自治组织数、万人社会团体数进行评估。

（1）万人自治组织数。基层群众性自治组织是建立在中国社会基层、与群众直接联系的组织，是在自愿的基础上由群众按照居住地区自己组织起来管理自己事务的组织，主要包括村委会和社区居委会。

（2）万人社会团体数。社会团体是指为一定目的由一定人员组成的社会组织，如宗教、科技、文化、艺术、慈善事业等社会群众团体。社会团体是当代政治生活的重要组成部分，其数量可以反映出地区居民政治参与的广度。

11. 政治参与效度

政治参与效度就是对政治参与过程及其效果的评价，它一般涉及公民对政府的满意度、政府对公民需求的回应度及公民政治参与的热情度（或冷漠度）等几方面。政治参与效度可以用网民留言回复率、"12345"政务热线服务质量进行评估。

（1）网民留言回复率。网上留言已经成为群众网上问政、反映诉求和提出建议的重要方式，而留言的回复率则反映出群众所关心的问题是否受到重视。

（2）"12345"政务热线服务质量。"12345"政务热线是群众反映诉求的重要渠道之一，其服务质量不仅反映了政府为民服务的水平，还反映出公众政治参与的效度。

12. 法规制定

法治最重要的体现是有合乎法治的制度文本，因此合乎法治的制度建设是法治建设和评估的核心内容之一，可以用新增法律法规以及规范性文件数量进行评估。

新增法律法规以及规范性文件数量。法律法规和规范性文件依照法定权限、程序制定并公开发布，涉及公民、法人和其他组织权利义务，具有普遍约束力，是行政机关依法履行职能的重要依据，直接关系群众切身利益，事关政府法治水平。

13. 地方实施

省域法治秩序最重要的表征体现在地方实施的法律行动之中，法律实践是否合乎法治是衡量法治水平的最基本标准，可以用法院受理案件结案率、行政复议案件办结率进行评估。

（1）法院受理案件结案率。法院受理案件结案率指每一个自然年度，法院已经结案的案件数占受理的案件数的比例，比例越高，表明法院的效率越高。

（2）行政复议案件办结率。政府不作为、乱作为等行为侵犯了当事人的权利，申请行政复议是一个解决渠道。通过行政复议，可以对行政机关的执法行为进行监督纠错，倒逼行政机关依法行政。

14. 律师队伍

律师队伍是社会主义法治工作队伍的重要组成部分，在全面依法治国中扮演着重要角色。律师队伍的发展情况可以用万人律师数来评估。

万人律师数。万人律师数指的是一个区域内每一万人口中平均拥有的律师人数，是全面依法治国、全面建设小康社会的一项重要指标，可以从侧面评估人们的法治观念。

15. 法律顾问

法律顾问工作涵盖多个方面，包括解答法律询问、提供法律帮助、代理参加诉讼、调解或仲裁、维护聘请单位的合法权益等。群众享受法律顾问服务的情况可以通过村（社区）法律顾问覆盖率来评估。

村（社区）法律顾问覆盖率。村（社区）法律顾问覆盖率是指在特定地区内，已经配备了法律顾问的村（社区）数量占该地区总村（社区）数量的比例。这一指标可以反映该地区在推进基层法律服务体系建设、提升基层法律服务水平方面的成效。

16. 法律援助

法律援助是国家建立的为经济困难公民和符合法定条件的其他当事人无偿提供法律咨询、代理、刑事辩护等法律服务的制度，是公共法律服务体系的组成部分，可以通过法律援助覆盖率来评估其发展水平。

法律援助覆盖率。法律援助覆盖率是指特定地区内获得法律援助服务的人数或案件数量占该地区需要法律援助的总人数或总案件数量的比例，可以反映该地区法律援助服务的普及程度和满足度。

17. 廉洁建设

廉洁建设指政府及其工作人员通过加强廉政建设，杜绝腐败现象，做到用权为公、执政为民，不能以权谋私、假公济私，可以用年度通报腐败案件数进行评估。

年度通报腐败案件数。依法依纪查处腐败案件，是惩治腐败最直接最有效的手段。反腐败和廉政建设关系国家发展全局，关系最广大人民根本利益，关系社会公平正义与和谐稳定。

18. 政务公开

政务公开要求政府全面推进决策、执行、管理、服务、结果全过程公开，加强政策解读、回应关切、平台建设、数据开放，可以通过政府主动公开信息数和政府网络透明度指数来评估。

（1）政府主动公开信息数。《中华人民共和国政府信息公开条例》规定对涉及公众利益调整、需要公众广泛知晓或者需要公众参与决策的政府信息，行政机关应当主动公开。

（2）政府网络透明度指数。公众通过互联网获取各类政府信息，与行政主体联系与交流，通过政府行政主体或者重要公务人员的网络行为、政府应对突发事件的网络表现等，了解政府信息开放程度、政民交互的亲民程度和突发事件处理中表现出来的智慧与技巧运用程度。

19. 公共服务投入

公共服务投入是指政府定位于服务者的角色，通过法定程序，为了满足公民需求进行的资源配置，可以用一般公共服务支出占 GDP 比重进行评估。

一般公共服务支出占 GDP 比重。一般公共服务支出主要用于保障机关事业单位正常运转，支持各机关单位履行职能，保障各机关部门的项目支出需要，其占 GDP 比重体现了政府自我管理的水平。

20. 公共服务效益水平

公共服务效益水平是指公共服务投入与产出之间的比例关系，它反映了公共服务的效果和效率，可以通过一体化政府服务能力、行政审批和服务事项群众满意度来评估。

（1）一体化政务服务能力。全国一体化政务服务平台已成为政务服务的重要渠道，是建设服务型政府的路径之一。最明显的体现就是把群众反映强烈的办事"环节多、跑动多、收费多、材料多"问题化繁为简，将"减时间、减环节、减材料、减跑动"作为优化政务服务的重要目标，不断提升政务服务的效率和水平。

（2）行政审批和服务事项群众满意度。行政审批和服务事项群众满意度是政府工作的出发点和落脚点，是衡量政府行政审批和服务工作质量的重要指标，它反映了公众对政府工作的认可程度和满意度。

21. 平台建设

数字政府的平台建设是一个全面而复杂的工程，涉及多方面的整合与创新，其核心目标是通过数字化手段提高政府的治理能力，优化公共服务，并推动经济社会的数字化转型，可以用政府网站总体合格率、政府网上政务服务成效率进行评估。

（1）政府网站总体合格率。为进一步推动全国政府网站和政府系统政务新媒体健康有序发展，国务院办公厅制定《政府网站与政务新媒体检查指标》和《政府网站与政务新媒体监管工作年度考核指标》，各省组织开展全省政府网站与政务新媒体检查工作，政府网站总体合格率可检验各地区、各部门政府网站和政务新媒体是否健康有序发展，凸显政府数字治理能力。

（2）政府网上政务服务成效率。围绕转变政府职能、深化简政放权、创新监管方式、优化政务服务，政府深入推进"互联网+政务服务"，政务服务平台已成为提升政务服务水平的重要支撑，对深化"放管服"改革、优化营商环境、便利企业和群众办事创业发挥了重要作用。

22. 电子服务能力

电子服务能力综合反映省级政府在数字化、智能化、网络化的背景下，通过流行的网络服务渠道，为社会和公众提供政务服务的温度、深度与精准度，可以通过电子服务能力"双微"指数和电子服务能力"新媒体"指数来评估。

（1）电子服务能力"双微"指数。该指数是政务微信、政务微博两个渠道服务能力的综合测评指标，用以客观和全面地评价现阶段中国各地（港澳台除外）政府电子服务的"双微"建设情况。

（2）电子服务能力"新媒体"指数。该指数是政府官方微信、官方微博、App 和短视频四个渠道服务能力的综合测评指标，用以测评政府电子服务的"两微一端"和短视频建设情况。

23. 经济增速

经济增速是反映社会经济增长程度的相对指标，是报告期增长量与基期发展水平之比，可以用 GDP 增长率、固定资产投资增长率进行评估。

（1）GDP 增长率。GDP 增长率是指 GDP 的年度增长率，需用按可比价格计算的 GDP 来计算。GDP 指标是反映国民经济发展变化情况的重要工具，是描述经济规模的重要宏观经济指标，也是描述经济结构的重要标志。

（2）固定资产投资增长率。固定资产投资增长率是指本年固定资产净增加额占年初固定资产总额的比例，用以反映企业固定资产增长的速度和水平。

24. 人民生活

由于省域经济发展的成果最终还是由人民共享，所以在评估地区发展水平时还要考察人民生活水平，可以用全体居民人均可支配收入、城镇人口占常住人口比重进行评估。

（1）全体居民人均可支配收入。居民可支配收入是居民可用于最终消费的支出和储蓄的总和，即居民可用于自由支配的收入。人均可支配收入与生活水平成正比，即人均可支配收入越高，生活水平则越高。

（2）城镇人口占常住人口比重。一般城市人口占总人口的比重越高，城市化水平就越高，这个地区就越发达，社会经济发展水平越高。

25. 产业结构

产业结构主要指各产业之间的联系和比例关系，各产业部门的构成及相互之间的联系、比例关系不同，对经济效益的贡献大小也不同，可以用第三产业占 GDP 的比重、人均电子商务销售额对其进行评估。

（1）第三产业占 GDP 的比重。第三产业占 GDP 的比重指第三产业增量占国内生产总值增量的比重，用于分析经济增长中第三产业作用大小的程度，计算时应剔除价格变动因素，用可比价格的增量计算。

（2）人均电子商务销售额。人均电子商务销售额是一个衡量电子商务活动普及程度和电子商务交易规模的指标，它指在一定时期内人均产生的电子商务销售额。电子商务是国民经济和社会信息化的重要组成部分，正成为推动国民经济发展的新动力。发展电子商务是以信息化推动工业化、促进产业结构调整、促进经济增长方式由粗放型向集约型转变、提高经济运行质量和效率、走新型工业化道路的重要举措。

26. 生产效率

生产效率是指一定量的生产要素所能创造的价值的数量，也是衡量经济效益的重要指标。经济发展过程中土地、劳动力等要素利用率越高，意味着经济的投入产出比越高，也即经济发展的效益越好，可以用全要素生产率、全员劳动生产率进行评估。

（1）全要素生产率。全要素生产率是指各要素（如资本和劳动等）投入之外的技术进步或技术效率变化对经济增长贡献的因素，是产出量与投入量的比例或所有要素投入的某种加权平均，反映在经济增长贡献上，表现为不能由要素投入的增长来解释的产出增长部分。

（2）全员劳动生产率。全员劳动生产率是指一个地区所有从业者在一定时期内创造的劳动成果与其相适应的劳动消耗量的比值，可用于衡量劳动力要素的投入产出效率。

27. 市场环境

市场环境指对处于市场经济下的企业生产经营活动产生直接或间接影响的各种客观条件和因素，公平竞争的市场环境，规范有序的市场秩序，是实现资源有效配置和企业优胜劣汰的重要保障，可以用社会融资规模增量占GDP的比重、新登记市场主体同比增长率、基础设施投资增长率进行评估。

（1）社会融资规模增量占GDP的比重。社会融资规模具体是指在一段时间以内金融体系对于社会实体经济的帮助资金的全部数量指标，它反映了金融与经济的关系，以及金融对实体经济的资金支持。

（2）新登记市场主体同比增长率。作为反映经济活力和发展潜力的重要指标，新登记市场主体数量稳步增长，表明市场活力迸发，经济长期向好、稳中有进。

（3）基础设施投资增长率。基础设施投资增长率是指在一定时期内，基础设施投资额相比前一时期（如上一年同期）的增长百分比。它是衡量一个国家或地区在基础设施领域投资增长速度的重要经济指标。基础设施通常包括交通、能源、通信网络、公共服务设施等对经济社会发展至关重要的固定资产。

28. 政务环境

政务环境主要指企业生产经营活动受国家或政府经济管理职能的影响，政务环境好的地区更能获得投资者的青睐，能吸引更加丰富的人才、资金、项目，可以用政府亲近指数、政府清白指数、政府电子服务能力指数进行评估。

（1）政府亲近指数。政府亲近指数由服务力、支持力、企业活跃度、亲近感知度4个指标构成。

（2）政府清白指数。政府清白指数由政府廉洁度、政府透明度和廉洁感知度3个指标构成。

（3）政府电子服务能力指数。政府电子服务能力指数是由南京大学政务数据资源研究所构建的，旨在推动我国政务服务数字化转型创新，提升政府服务能力和公民满意度，促进我国电子政务服务健康有序发展。

29. 创新发展

创新日益成为高质量发展的核心驱动力，可以用R&D经费投入强度、人均技术市场成交额进行评估。

（1）R&D经费投入强度。R&D经费投入强度即R&D（研究与试验发展）活动经费支出占GDP的比重，是衡量一个国家科技活动规模和科技投入水平的重要指标，也是反映我国自主创新能力和创新型国家建设进程的重要内容。

（2）人均技术市场成交额。人均技术市场成交额是指在一定时期内，平均每万名科技活动人员在技术市场上成交的金额。它是衡量一个国家或地区技术市场活跃程度和科技成果转化率的重要指标。

30. 协调发展

协调发展是经济发展的内在要求，可以用城乡居民收入比、城乡居民消费支出比进行评估。

（1）城乡居民收入比。城乡居民收入比＝城市居民收入/农村居民收入，反映了城乡居民收入水平的差异,是衡量城乡经济发展差距的重要指标之一。

(2)城乡居民消费支出比。城乡居民消费支出比=城市居民消费支出/农村居民消费支出,反映了城乡居民消费水平的差异,是衡量城乡经济发展差距的重要指标之一。

31. 对外开放

建设开放型经济是实现经济高质量发展的必要举措,以新一轮高水平对外开放促改革、促发展、促创新、促转型,是推动省域经济高质量发展的必由之路。地区对外开放水平可以用外商投资额占 GDP 比重、出口总额增长率进行评估。

(1)外商投资额占 GDP 比重。外商投资额占 GDP 比重显示出地区吸引外资的能力,是评估地区经济开放程度的重要指标之一。

(2)出口总额增长率。出口总额增长率=(本年出口总额-上年出口总额)/上年出口总额×100%,反映出一国或地区对外贸易的总体规模和发展水平,是评估地区经济开放程度的重要指标。

32. 文化教育

发展文化教育是社会主义精神文明建设的有机组成部分,是提高人民群众思想道德水平的重要条件。文化教育的发展水平可以用人均文化事业费、人均受教育年限进行评估。

(1)人均文化事业费。文化事业费是指区域内各级财政对文化事业的经费投入总和,一般包括艺术表演团体、公共图书馆、文化馆(站)等文化事业单位的财政拨款(不含基建拨款)以及文化部门所属企业的财政补贴。

(2)人均受教育年限。人均受教育年限是某一特定年龄段人群接受学历教育的年限总和的平均数,人口的受教育程度和水平是衡量一个国家或地区人口素质的重要指标,也是反映教育发展状况的基本内容。

33. 文化宣传

文化宣传反映了文化价值引领作用发挥的深度,可以用累计爱国主义教育示范基地数、万人文艺活动次数进行评估。

（1）累计爱国主义教育示范基地数。推动爱国主义教育示范基地建设，有助于更加深入地开展群众性爱国主义教育活动，激发爱国热情，凝聚人民力量，培育民族精神。

（2）万人文艺活动次数。组织文艺活动是进行文化宣传的重要途径，其次数反映出地区在文化宣传方面的建设水平。

34. 公共文化产品

公共文化产品的繁荣度体现出人民精神文化生活的丰富程度，可以从人均拥有文化出版物总数量、人均拥有公共图书馆藏量进行评估。

（1）人均拥有文化出版物总数量。一个国家的图书品种与印数往往反映了一个国家的发展水平。图书品种越多意味着文化科技的发展越快，意味着人民的文化需求越旺盛。

（2）人均拥有公共图书馆藏量。公共图书馆藏量指已编目的图书、期刊和报纸的合订本、手册、手稿，以及缩微制品、录像带、录音带、光盘等视听文献资料数量之和。

35. 文化基础设施

文化基础设施是公民参与公共文化活动的必要条件，为人民文化权利的实现提供支持和保障，可以用艺术表演场馆机构数、广播节目综合人口覆盖率、电视节目综合人口覆盖率、乡镇（街道）文化站占省文化馆（站）的比重进行评估。

（1）艺术表演场馆机构数。艺术表演场馆指由文化部门主办或实业行业管理，有观众席、舞台、灯光设备，公开售票、专供文艺团体演出的文化活动场所。艺术表演场馆是举办艺术表演的物质基础，是保证艺术演出活动成功的基本条件，是地区文化基础设施之一。

（2）广播节目综合人口覆盖率。广播节目综合人口覆盖率是指用普通的收音机在中午能正常收听广播节目的人数与全市总人口数之比，是评估地区文化基础设施建设水平的指标之一。

（3）电视节目综合人口覆盖率。电视节目综合人口覆盖率是指某个电视频道或电视台所能覆盖到的地域范围人口在所考察的整个地域范围内的人口中的比例，是评估地区文化基础设施建设水平的指标之一。

（4）乡镇（街道）文化站占省文化馆（站）的比重。文化站是国家设立，政府举办的，乡、镇、城市社区、街道办事处、区公所一级的最基层公共文化事业机构，是向广大人民群众进行宣传教育，研究文化活动规律，创作文艺作品，组织、辅导群众开展文体活动，普及科学文化知识，并提供活动场所，进行公益性的文化传播与管理的文化事业机构。文化站建设是健全公共文化服务体系重要工程之一，是精神文明建设的重要内容。

36. 文化产业

大力推进文化产业升级，使文化产业成为国民经济支柱性产业，是文化市场体系建设的题中应有之义，可以用文化及相关产业增加值占 GDP 比重、文化服务业企业增值税占 GDP 比重评估文化产业的繁荣程度。

（1）文化及相关产业增加值占 GDP 比重。文化及相关产业增加值是指一个国家所有常住单位一定时期内进行文化及相关产业生产活动而创造的增加值。

（2）文化服务业企业增值税占 GDP 比重。文化服务业企业增值税占 GDP 比重＝文化服务业企业应缴增值税/GDP×100%，它反映出地区文化产业的繁荣程度。

37. 文化创新

大力推进文化创新，用先进科学技术促进文化产业发展，是激发文化市场活力的关键，可以用累计国家级文化和科技融合示范基地数、累计国家级文化创意产业园数量评估文化创新状况。

（1）累计国家级文化和科技融合示范基地数。开展文化和科技融合示范基地认定，依托国家高新技术园区、国家可持续发展实验区等建立国家级文化和科技融合示范基地，旨在进一步发挥文化和科技相互促进作用，更好地引导和推动各地文化和科技融合，增强文化产业领域科技实力和自主创新能力，促进文化产业持续健康快速发展。

（2）累计国家级文化创意产业园数量。文化创意产业园是一系列与文化关联的、产业规模集聚的特定地理区域，是具有鲜明文化形象并对外界产生一定吸引力的集生产、交易、休闲、居住于一体的多功能园区。

38. 就业状况

就业状况是指法定年龄内的劳动者所从事的为获取报酬进行的务工劳动的状况，可以用城镇新增就业人数占总就业人数的比例和城镇登记失业率进行评估。

（1）城镇新增就业人数占总就业人数的比例。城镇新增就业人数占总就业人数的比例＝城镇新增就业人数／总就业人数×100%。

（2）城镇登记失业率。城镇登记失业率是指在报告期末城镇登记失业人数占期末城镇从业人员总数与期末实有城镇登记失业人数之和的比重，是评估一个国家或地区就业状况的主要指标。

39. 就业服务

就业服务是指由特定的机构提供一系列服务措施，以满足劳动者求职就业或用人单位招用人员需要的行为，可以用接受职业指导人数占比和接受创业服务人数占比进行评估。

（1）接受职业指导人数占比。接受职业指导人数指求职者接受就业指导和用人单位合理用人，接受咨询、指导和帮助的人数。

（2）接受创业服务人数占比。接受创业服务人数指创业者接受市场分析、商业计划制订、融资协助、法律咨询、技术支持、人力资源管理、市场营销和品牌建设等方面的指导和服务的人数。

40. 教育权利保障状况

教育权利是公民获得文化科学知识和不断提高思想觉悟、道德水平的权利，每个公民都必须按照法律要求接受教育。教育权利保障状况即对这种权利进行保障的程度，可以用义务教育巩固率进行评估。

义务教育巩固率。义务教育巩固率即一个学校毕业人数与入学人数的百分比，义务教育巩固率＝毕业人数／入学人数（含正常流动生）×100%。

41. 教育投入状况

教育投入状况是指对各级各类教育投入的经费、人力等情况，可以用小

155

学生师比和人均教育经费投入进行评估。

（1）小学生师比。小学生师比，即小学生与教师的比例，是衡量教育资源分配和教育质量的一个重要指标。它反映了每个教师要负责的学生数量，通常用来评估教育系统是否能够为学生提供足够的个人关注和支持。小学生师比=小学培育学生人数/教师人数。

（2）人均教育经费投入。人均教育经费投入是指在一定时期内，平均每名在校学生所获得的教育经费。教育经费投入是中央和地方财政部门的财政预算中实际用于教育的费用。教育经费包括教育事业费（学校人员经费和公用经费）和教育基本建设投资（校舍建设和大型教学设备购买费用）等。

42. 医疗保障

医疗保障是指当个人遭遇医疗问题时，可以通过特定的保险机制获得相应的经济帮助以覆盖医疗费用。医疗保障水平可以用城乡居民基本医疗保险参保率进行评估。

城乡居民基本医疗保险参保率。城乡居民基本医疗保险参保率=城乡居民基本医疗保险实际参保人数/城乡居民基本医疗保险应参保人数×100%。

43. 医疗卫生建设

医疗卫生建设涉及社会公共卫生服务、医疗服务、健康促进服务以及与这些服务相关的保障体系、组织管理和监督体系的建设。医疗卫生建设水平可以用人均医疗卫生机构数量和人均卫生人员数量进行评估。

（1）人均医疗卫生机构数量。从事疾病诊断、治疗活动的卫生机构，其数量反映了地区的医疗卫生建设水平。

（2）人均卫生人员数量。卫生人员指在医疗、预防保健、医学科研和在职教育等卫生机构工作的职工，包括卫生技术人员、其他技术人员、管理人员和工勤人员。卫生人员的数量体现出医疗卫生的人力储备情况，同时也能反映出医疗卫生建设水平。

44. 养老事业发展

养老事业包括老龄工作的一系列计划、内容、任务和目标，由相关政府部门发挥自身主导作用，向老年群体提供产品与服务。养老事业发展水平可以用人均城乡居民基本养老保险基金收入进行评估。

人均城乡居民基本养老保险基金收入。基本养老保险基金收入指根据国家有关规定，由纳入基本养老保险范围的缴费单位和个人按国家规定的缴费基数和缴费比例缴纳的养老保险基金，以及通过其他方式取得的形成基金来源的收入。

45. 养老产业发展

养老产业涵盖了为实现老年人长期健康和幸福生活所需的各种服务和研究领域，它通过市场调节手段来调配老年人的需求。养老产业发展情况可以用每千老年人口养老床位数和人均养老机构数进行评估。

（1）每千老年人口养老床位数。每千老年人口养老床位数指每千名常住老年人口拥有的养老床位数，是反映养老产业发展水平的约束性指标。

（2）人均养老机构数。养老机构是指专为老年人提供集中居住和照料服务的机构，人均养老机构数是反映养老产业发展水平的基础性指标。

46. 社会保障

社会保障是社会保障体系的重要组成部分，在整个社会保障体系中居于核心地位，可以用社会救助支出占一般公共预算支出的比重、临时救助占比、社会福利支出占一般公共预算支出的比重及人均儿童福利和救助机构数进行评估。

（1）社会救助支出占一般公共预算支出的比重。社会救助支出占一般公共预算支出的比重＝社会救助支出／一般公共预算支出×100％，它反映出地区对社会救助工作的投入程度。

（2）临时救助占比。临时救助是对遭遇突发事件、意外伤害、重大疾病或其他特殊原因导致基本生活陷入困境，其他社会救助制度暂时无法覆盖或救助之后基本生活暂时仍有严重困难的家庭或个人给予的应急性、过渡性的救助，是社会救助兜底脱贫攻坚制度体系的重要组成部分，也是"救急难"机制的主要承接制度，在社会救助体系中起着拾遗补缺、托底保障的重要作用。

（3）社会福利支出占一般公共预算支出的比重。社会福利支出占一般公共预算支出的比重=社会福利支出/一般公共预算支出×100%，它反映了地区对社会福利工作的投入程度。

（4）人均儿童福利和救助机构数。儿童社会福利是社会福利的重要组成部分，儿童福利和救助机构数反映出地区社会福利的发展水平。

47. 社区服务

社区服务是公共服务建设的基础任务，也是评估公共服务水平的核心要素，可以用社区服务机构覆盖率、社区服务中心（站）覆盖率进行评估。

（1）社区服务机构覆盖率。社区服务机构覆盖率=社区服务机构数/（村委会数+居委会数）×100%，它是反映地区社区服务建设程度的重要指标。

（2）社区服务中心（站）覆盖率。社区服务中心（站）覆盖率=社区服务中心（站）数/（村委会数+居委会数）×100%，是反映地区社区服务建设程度的一项重要指标。

48. 社会治安

社会治安水平的提升对创造稳定有序的社会环境、提升当地居民的安全感具有显著意义，可以用人均地方财政公共安全支出、万人刑事犯罪逮捕数进行评估。

（1）人均地方财政公共安全支出。人均地方财政公共安全支出指地区在社会治安领域的财政投入水平，反映了地区对维护社会治安的建设投入。

（2）万人刑事犯罪逮捕数。万人刑事犯罪逮捕数指每万人中因涉嫌刑事犯罪而被检察院批准逮捕的人数，是反映地区治安水平的重要指标。

49. 生产安全

生产安全是公共安全的重要组成部分，可以用万人交通事故死亡人数、亿元GDP生产安全事故死亡人数对其进行评估。

（1）万人交通事故死亡人数。万人交通事故死亡人数既反映出地区综合治理道路交通的水平，又是地区交通安全度的评估指标。

（2）亿元GDP生产安全事故死亡人数。亿元GDP生产安全事故死亡人数指每一亿元地区生产总值中因生产安全事故死亡的人数，是反映地区生产安全水平的重要指标。

50. 应急管理

加强应急管理，提高预防和处置突发事件的能力，可以最大限度预防和减少突发事件及其造成的损害，保障公众的生命财产安全，其建设成效可以用灾害防治及应急管理支出占一般公共预算支出的比重、可发布预警水文监测站数进行评估。

（1）灾害防治及应急管理支出占一般公共预算支出的比重。灾害防治及应急管理支出指用于自然灾害防治、安全生产监管及应急管理等方面的支出，其占一般公共预算支出的比重反映出地区应急管理建设的财政投入力度。

（2）可发布预警水文监测站数。水文监测站是指为收集水文监测资料在江河、湖泊、渠道、水库和流域内设立的各种水文观测场所的总称。加强水文监测预警系统建设，对于防范恶劣灾害，提前预警通知，减少人员伤亡与财产损失，具有十分重要的现实意义。

51. 生产生活

生产是指农业、林业、牧业、渔业生产，生活则是指人民的日常衣食住行等。生产生活水平一般可以用各地区农林牧渔业总产值指数和硬化道路长度占村庄内道路长度百分比进行评估。

（1）各地区农林牧渔业总产值指数。各地区农林牧渔业总产值是本辖区内一定时期内生产的农业、林业、牧业、渔业产品的价值量和对农林牧渔业生产活动进行的各种支持性服务活动的价值的总和，它反映了一定时期内农林牧渔业生产总规模和总成果。

（2）硬化道路长度占村庄内道路长度百分比。硬化道路占村庄内道路长度百分比=硬化道路长度/村庄内道路长度×100%，是反映农村生产生活水平的重要指标。

52. 文明宜居

文明宜居是新农村建设的重点，强调农村的硬件、软件的全面升级，能够体现农村的全面进步，可以用人均公共厕所数量和人均乡镇文化站数量两个指标进行评估。

（1）人均公共厕所数量。公共厕所能够解决民众如厕难的问题，公共厕所的数量体现着民众的舒适感、获得感和幸福感。

（2）人均乡镇文化站数量。乡镇文化站是在农村设置的具有代表性的文化事业单位，主要是对基层群众文化活动进行规范指导，促使相关活动顺利开展。人均乡镇文化站的数量反映着乡村文化体系的建设情况。

53. 资源利用情况

资源利用情况主要反映了地区自然资源的利用率和循环利用情况，可以用万元 GDP 水耗、一般工业固体废物综合利用率进行评估。

（1）万元 GDP 水耗。万元 GDP 水耗指每万元地区生产总值的用水量，是反映水资源消费水平和节水降耗状况的主要指标，是一个水资源利用效率指标。该指标说明一个地区经济活动中对水资源的利用程度，反映经济结构和水资源利用效率的变化。

（2）一般工业固体废物综合利用率。一般工业固体废物综合利用率是指工业固体废物综合利用率占工业固体废物产量的百分比，它反映出地区资源的循环利用情况。

54. 能源利用情况

能源利用情况主要反映了地区能源利用率和清洁能源利用情况，可以用单位 GDP 能耗降低率、天然气占能源消费总量的比重进行评估。

（1）单位 GDP 能耗降低率。单位 GDP 能耗降低率反映在一定时期内，每生产一个单位的国内生产总值（GDP）所消耗的能源量的减少比例，是反映能源消费水平和节能降耗状况的主要指标，是一个能源利用效率指标。该指标说明一个国家经济活动中对能源的利用程度，反映经济结构和能源利用效率的变化。

（2）天然气占能源消费总量的比重。天然气占能源消费总量的比重反映出地区清洁能源的利用情况，是评估能源消费结构的重要指标。

55. 污染防治

污染防治指运用技术、经济、法律及其他管理手段和措施，对污染源的污染物排放量进行监督和控制，是地区进行环境保护的重要举措，可以用工业污染治理投资总额占 GDP 比重、城市生活垃圾无害化处理率进行评估。

（1）工业污染治理投资总额占 GDP 比重。工业污染治理是企事业单位在生产、建设、运营过程中对污染性的资料进行控制和治理，其投资总额占 GDP 的比重反映了省域对环境保护的重视程度。

（2）城市生活垃圾无害化处理率。城市生活垃圾无害化处理率指经无害化处理的城市市区生活垃圾数量占市区生活垃圾产生总量的百分比，可以反映出在污染物防治上的努力。

56. 环境质量

环境质量是指在一个具体的环境内，环境的总体或环境的某些要素对人类以及社会经济发展的适宜程度，可以用全年空气质量优良率、环境噪声等效声级进行评估。

（1）全年空气质量优良率。全年空气质量优良率指全年空气质量Ⅱ级以上天数所占的比例。较高空气质量优良率是环境质量较好的重要体现。

（2）环境噪声等效声级。防治噪声污染，保障公众健康，保护和改善生活环境，是维护社会和谐和推进生态文明建设的重要举措。

57. 生态建设

生态建设主要反映出地区在生态修复方面所做的努力，可以用人均年造林面积、国家级自然保护区占全省面积比重、人均公共绿地面积进行评估。

（1）人均年造林面积。造林面积指报告期内在荒山、荒地、沙丘等一切可以造林的土地上，采用人工播种、植苗、飞机播种等方法种植成片乔木林和灌木林，成活率达到 85% 及以上的造林面积。增加造林面积，提高森林覆盖率，是实施生态保护修复重大工程的重要举措。

（2）国家级自然保护区占全省面积比重。自然保护区是以保护各种重要的生态系统及其环境、拯救濒于灭绝的物种、保护自然历史遗产为目的而划定的典型地域。建立自然保护区是保护生态环境、保护生物多样性最重要也是最有效的措施，自然保护区事业作为一项世界性的新兴事业，越来越受到全社会的重视。

（3）人均公共绿地面积。人均公共绿地面积是指在城市居住生活的每一位居民所能够平均占有的公共绿地的面积，是能够有效反映城市居民的生活质量和生活环境的重要指标之一。

58. 生态基础

生态基础主要反映地区固有的生态文明情况，可以用森林覆盖率、湿地覆盖率、单位国土面积水资源量进行评估。

（1）森林覆盖率。森林覆盖率指全国或一个地区森林面积占土地面积的百分比，是反映一个国家（或地区）森林资源和林地占有的实际水平的重要指标。

（2）湿地覆盖率。湿地是重要的国土资源和自然资源，在保护地区生物多样性、调节径流、改善水质等方面具有重要作用。湿地覆盖率即湿地占地区土地面积的百分比，它是反映地区基本生态水平的重要指标。

（3）单位国土面积水资源量。单位国土面积水资源量是衡量国家或地区水资源可利用程度的指标之一，是反映地区基本生态水平的重要指标。

五　参考文献和数据来源

省域治理现代化指标体系所参考文献和各指标数据来源如下。

（一）参考文献

包国宪、周云飞：《中国公共治理评价的几个问题》，《中国行政管理》2009 年第 2 期。

薄贵利：《推进政府治理现代化》，《中国行政管理》2014 年第 5 期。

陈畴镛：《以政府数字化转型推进省域治理现代化》，《浙江日报》2019 年 12 月 12 日。

陈振明、李东云：《"政治参与"概念辨析》，《东南学术》2008 年第 4 期。

陈志勇、卓越：《治理评估的三维坐标：体系、能力与现代化》，《中国行政管理》2015 年第 4 期。

储建国：《省级政治家们的作为空间》，《领导文萃》2013 年第 16 期。

戴小明、苗丝雨：《区域法治与新时代省域治理》，《行政管理改革》2021 年第 6 期。

戴长征、鲍静：《数字政府治理——基于社会形态演变进程的考察》，《中国行政管理》2017 年第 9 期。

〔美〕丹尼尔·考夫曼、〔西班牙〕阿尔特·克拉：《治理指标：我们在哪儿，我们应去向何方》，《国家行政学院学报》2008 年第 6 期。

樊红敏、张玉娇：《县域社会治理评价体系：建构理路与评估框架》，《河南师范大学学报》（哲学社会科学版）2017 年第 7 期。

范逢春：《县级政府社会治理质量价值取向及其测评指标构建——基于社会质量理论的视角》，《云南财经大学学报》2014 年第 3 期。

房亚明：《省域治理现代化视角下的国土空间韧性规划》，《理论月刊》2021 年第 12 期。

付子堂、张善根：《地方法治建设及其评估机制探析》，《中国社会科学》2014 年第 11 期。

高立伟：《中国道路与中国共产党治理的内在逻辑》，《红旗文稿》2020 年第 3 期。

高奇琦、游腾飞：《国家治理的指数化评估及其新指标体系的构建》，《探索》2016 年第 6 期。

高小平：《治理体系和治理能力如何实现现代化》，《光明日报》2013 年 12 月 4 日。

顾辉：《综合评价法在城市治理评估指标体系中的应用》，《江淮论坛》2015 年第 6 期。

过勇、程文浩：《城市治理水平评价：基于五个城市的实证研究》，《城市发展研究》2010 年第 12 期。

韩志明：《治理技术及其运作逻辑——理解国家治理的技术维度》，《社会科学》2020 年第 10 期。

何增科：《中国治理评价体系框架初探》，《北京行政学院学报》2008 年第 5 期。

胡鞍钢、魏星：《治理能力与社会机会——基于世界治理指标的实证研究》，《河北学刊》2009 年第 1 期。

华林甫：《中国省制演进与未来》，东南大学出版社，2016。

李建华、李天峰：《省域治理现代化：功能定位、情境描绘和体系建构》，《行政论坛》2021 年第 4 期。

李伟：《生态文明建设科学评价与政府考核体系研究》，中国发展出版社，2014。

李文彬、陈晓运：《政府治理能力现代化的评估框架》，《中国行政管理》2015 年第 5 期。

楼苏萍：《地方治理的能力挑战：治理能力的分析框架及其关键要素》，《中国行政管理》2010 年第 9 期。

马得勇、张蕾：《测量治理：国外的研究及其对中国的启示》，《公共管理学报》2008 年第 4 期。

〔美〕罗纳德·英格尔哈特：《现代化与后现代化》，严挺译，社会科学文献出版社，2013。

莫纪宏：《国家治理体系和治理能力现代化与法治化》，《法学杂志》2014 年第 4 期。

欧阳康主编《省级治理现代化》，中国社会科学出版社，2016。

桑助来：《中国政府绩效评估报告》，中共中央党校出版社，2009。

施雪华、方盛举：《中国省级政府公共治理效能评价指标体系设计》，《政治学研究》2010 年第 2 期。

唐皇凤：《中国国家治理体系现代化的路径选择》，《福建论坛》（人文社会科学版）2014 年第 2 期。

唐天伟、曹清华、郑争文：《地方政府治理现代化的内涵、特征及其测度指标体系》，《中国行政管理》2014 年第 10 期。

王丛虎、祁凡骅:《探索治理现代化的评估维度》,《中国人民大学学报》2015 年第 3 期。

文丰安:《中国式现代化进程中推进国家治理体系和治理能力现代化的特色、困境与破解路径》,《中国行政管理》2023 年第 10 期。

汪仕凯:《后发展国家的治理能力:一个初步的理论框架》,《复旦学报》(社会科学版)2014 年第 3 期。

王敬尧:《县级治理能力的制度基础:一个分析框架的尝试》,《政治学研究》2009 年第 3 期。

王浦劬:《全面准确深入把握全面深化改革的总目标》,《中国高校社会科学》2014 年第 1 期。

王浦劬:《国家治理、政府治理和社会治理的含义及其相互关系》,《国家行政学院学报》2014 年第 3 期。

魏星河等:《当代中国公民有序政治参与研究》,人民出版社,2007。

吴毅、燕红亮:《省级治理研究的基本架构与核心主题》,《贵州社会科学》2020 年第 11 期。

《习近平谈治国理政》第一卷,外文出版社,2018。

谢庆奎主编《当代中国政府与政治》,高等教育出版社,2010。

熊光清、蔡正道:《中国国家治理体系和治理能力现代化的内涵及目的——从现代化进程角度的考察》,《学习与探索》2022 年第 8 期。

徐邦友:《推进国家治理体系和治理能力现代化的中国方案——基于制度理性的视角》,《治理研究》2020 年第 5 期。

徐勇、陈明:《以进一步全面深化改革推进国家治理体系和治理能力现代化新实践》,《当代世界与社会主义》2024 年第 5 期。

徐勇、高秉雄主编《地方政府学》,高等教育出版社,2005。

徐勇、吕楠:《热话题与冷思考——关于国家治理体系和治理能力现代化的对话》,《当代世界与社会主义》2014 年第 1 期。

许德明、朱匡宇:《文明与文明城市:〈全国文明城市测评体系〉研究》,上海人民出版社,2005。

许耀桐、刘祺：《当代中国国家治理体系分析》，《理论探索》2014 年第 1 期。

许耀桐：《制度、治理和现代化：若干重要概念术语阐释》，《新视野》2020 年第 2 期。

俞可平：《中国治理评估框架》，《经济社会体制比较》2008 年第 6 期。

俞可平：《推进国家治理体系和治理能力现代化》，《前线》2014 年第 1 期。

俞可平：《国家治理体系的内涵本质》，《理论导报》2014 年第 4 期。

郁建兴：《中国地方治理的过去、现在与未来》，《治理研究》2018 年第 1 期。

袁晓玲、王军、张江洋：《中国省域经济高质量发展水平评价与比较研究》，《经济与管理研究》2022 年第 4 期。

张弘、王有强：《政府治理能力与经济增长间关系的阶段性演变——基于不同收入阶段的跨国实证比较》，《经济社会体制比较》2013 年第 3 期。

张丽莉：《党的思想引领力源于思想生产力和思想说服力》，《河北学刊》2020 年第 6 期。

郑海峰：《中国古代官制研究》，天津人民出版社，2007。

郑言、李猛：《推进国家治理体系与国家治理能力现代化》，《吉林大学社会科学学报》2014 年第 2 期。

郑永年：《中国模式：经验与困局》，浙江人民出版社，2010。

郑永年：《中国的行为联邦制：中央—地方关系的变革与动力》，东方出版社，2013。

"中国社会管理评价体系"课题组：《中国社会治理评价指标体系》，《中国治理评论》2012 年第 2 期。

周黎安：《行政发包制》，《社会》2014 年第 6 期。

朱成燕：《省级政府的自主性与治理改革——以浙江省自主性变革为例》，《中共浙江省委党校学报》2016 年第 1 期。

Daniel Kaufmann，Aart Kraay and Massimo Mastruzzi，"Governance Matters V：Aggregate and Individual Governance Indicators for 1996–2005"，*World Bank Policy Research Working Paper Series*，No. 3630.

Goran Hyden，Julius Court and Kenneth Mease，*Making Sense of Governance：The Need for Involving Local Stakeholders*，Lynne Rienner Publisher，2014.

（二）数据来源

省域治理现代化指标体系需要收集的数据主要来自各省的统计年鉴、统计公报、官方网站、新闻网站等。如二级指标"经济增速"的考察指标"GDP 增长率""固定资产投资增长率"可直接从地方统计年鉴获取。又如控制指标"产业结构"（第三产业占 GDP 的比重）、创新发展（R&D 投入占 GDP 的比重）、协调发展（城乡居民收入比）等均可从统计年鉴中直接获取数据。省域治理现代化具体指标出处如表 3-3 所示，在搜集数据的过程中，为保证数据的真实性和可靠性，需注意选取数据统计口径的一致性。同时，倘若存在大多样本对于某一指标的数据易于搜集到而极少数样本的数据无法获得的情况下，指标缺失数据用相邻年份的数据或多年数据的平均值代替，此策略可保持数据的相对客观性，总体上不影响最终评估结果。

表 3-3　省域治理现代化指标出处

一级指标	二级指标	三级指标	指标出处
思想政治建设	主题教育	累计党史教育基地数量/个	国家党史教育基地名单
	理论学习	开展集体学习情况/次	省级人民政府网站
组织建设	组织动员能力	党领团建活动开展情况/次	省委宣传部网站
	组织生态	查处"四风"、违反中央八项规定精神问题数量/起	中央纪委国家监委网站
	组织创新	省级以上党建创新表彰数/个	全国基层党建创新案例评选结果名单

续表

一级指标	二级指标	三级指标	指标出处
贯彻和执行能力	贯彻中央和上级精神的举措	召开专题会议次数/次	省级人民政府网站
	地方发展战略规划	地方发展规划数量/个	省级人民政府网站
制度保障	人民代表大会制度	人大建议案数量/件	人大常委会工作报告
		人大代表建议办结率/%	省级人大网发布
		人大代表联络站数量/个	网络
	中国人民政治协商会议制度	政协提案立案率/%	网络
		协商议政活动次数/次	省级政协工作报告
		视察调研活动次数/次	省级政协工作报告
民主实践	政治参与广度	万人自治组织数/个	民政部网站
		万人社会团体数/个	民政部网站
	政治参与效度	网民留言回复率/%	人民网"领导留言板"年度数据分析报告
		"12345"政务热线服务质量	"12345"政务服务便民热线运行质量报告
法治建设	法规制定	新增法律法规以及规范性文件数量/个	中国法律年鉴
	地方实施	法院受理案件办结率/%	中国法律年鉴
		行政复议案件办结率/%	省级司法厅网站
法治服务	律师队伍	万人律师数/个	中国社会统计年鉴
	法律顾问	村(社区)法律顾问覆盖率/%	省级司法厅网站
	法律援助	法律援助覆盖率/%	省级司法厅网站
廉洁政府	廉洁建设	年度通报腐败案件数/件	中央纪委国家监委网站
	政务公开	政府主动公开信息数/条	省级人民政府网站
		政府网络透明度指数	《中国政府网络透明度指数评估报告》
服务型政府	公共服务投入	一般公共服务支出占GDP比重/%	地方统计年鉴
	公共服务效益水平	一体化政务服务能力	《省级政府和重点城市一体化政务服务能力调查评估报告》
		行政审批和服务事项群众满意度/%	省级人民政府网站

续表

一级指标	二级指标	三级指标	指标出处
数字政府	平台建设	政府网站总体合格率/%	省级人民政府网站
		政府网上政务服务成效率/%	《省级政府与重点城市一体化政务服务能力调查评估报告》
	电子服务能力	电子服务能力"双微"指数	《政府电子服务能力指数报告》
		电子服务能力"新媒体"指数	《政府电子服务能力指数报告》
经济发展水平	经济增速	GDP增长率/%	地方统计年鉴
		固定资产投资增长率/%	地方统计年鉴
	人民生活水平	全体居民人均可支配收入/万元	地方统计年鉴
		城镇人口占常住人口比重/%	地方统计年鉴
经济效益	产业结构	第三产业占GDP的比重/%	地方统计年鉴
		人均电子商务销售额/元	中国统计年鉴
	生产效率	全要素生产率	地方统计年鉴
		全员劳动生产率	地方统计年鉴
营商环境	市场环境	社会融资规模增量占GDP的比重/%	中国金融年鉴
		新登记市场主体同比增长率/%	国民经济和社会发展统计公报
		基础设施投资增长率/%	国民经济和社会发展统计公报
	政务环境	政府亲近指数	《中国城市政商关系评价报告》
		政府清白指数	《中国城市政商关系评价报告》
		政府电子服务能力指数	《政府电子服务能力指数报告》
高质量发展	创新发展	R&D经费投入强度/%	中国科技统计年鉴
		人均技术市场成交额/元	中国统计年鉴
	协调发展	城乡居民收入比	地方统计年鉴
		城乡居民消费支出比	地方统计年鉴
高质量发展	对外开放	外商投资额占GDP比重/%	中国贸易外经统计年鉴
		出口总额增长率/%	地方统计年鉴
文化价值引导	文化教育	人均文化事业费/万元	中国社会统计年鉴
		人均受教育年限/年	教育统计年鉴
	文化宣传	累计爱国主义教育示范基地数/个	全国爱国主义教育示范基地名单
		万人文艺活动次数/次	文化及相关产业统计年鉴

续表

一级指标	二级指标	三级指标	指标出处
公共文化服务	公共文化产品	人均拥有文化出版物总数量/册	地方统计年鉴
		人均拥有公共图书馆藏量/册	国家统计年鉴
	文化基础设施	艺术表演场馆机构数/个	中国文化及相关产业统计年鉴
		广播节目综合人口覆盖率/%	国家统计年鉴
		电视节目综合人口覆盖率/%	国家统计年鉴
		乡镇(街道)文化站占省文化馆(站)的比重/%	国家统计年鉴
文化市场体系	文化产业	文化及相关产业增加值占GDP比重/%	中国文化及相关产业统计年鉴
		文化服务业企业增值税占GDP比重/%	国家统计年鉴
	文化创新	累计国家级文化和科技融合示范基地数/个	科技部网站
		累计国家级文化创意产业园数量/个	文旅部网站
高质量就业	就业状况	城镇新增就业人数占总就业人数的比例/%	地方统计年鉴
		城镇登记失业率/%	中国人口和就业统计年鉴
	就业服务	接受职业指导人数占比/%	中国社会统计年鉴
		接受创业服务人数占比/%	中国社会统计年鉴
教育发展	教育权利保障状况	义务教育巩固率/%	中国统计年鉴
	教育投入状况	小学生师比(教师人数=1)	中国统计年鉴
		人均教育经费投入/元	中国统计年鉴
健康保障	医疗保障	城乡居民基本医疗保险参保率/%	中国统计年鉴
	医疗卫生建设	人均医疗卫生机构数量/个	中国卫生健康统计年鉴
		人均卫生人员数量/人	地方统计年鉴
养老服务	养老事业发展	人均城乡居民基本养老保险基金收入/元	中国统计年鉴
	养老产业发展	每千老年人口养老床位数/张	中国统计年鉴
		人均养老机构数	中国社会统计年鉴

续表

一级指标	二级指标	三级指标	指标出处
公共服务	社会保障	社会救助支出占一般公共预算支出的比重/%	省级民政厅网站
		临时救助占比/%	民政部网站
		社会福利支出占一般公共预算支出的比重/%	省级民政厅网站
		人均儿童福利和救助机构数/个	民政部网站
	社区服务	社区服务机构覆盖率/%	中国社会统计年鉴
		社区服务中心（站）覆盖率/%	民政部网站
公共安全	社会治安	人均地方财政公共安全支出/万元	中国社会统计年鉴
		万人刑事犯罪逮捕数/人	省级检察院官网
	生产安全	万人交通事故死亡人数/人	中国第三产业统计年鉴
		亿元GDP生产安全事故死亡人数/人	地方统计年鉴
	应急管理	灾害防治及应急管理支出占一般公共预算支出的比重/%	中国统计年鉴
		可发布预警水文监测站数/处	中国水利统计年鉴
新农村建设	生产生活	各地区农林牧渔业总产值指数	中国农村统计年鉴
		硬化道路长度占村庄内道路长度百分比/%	城乡建设统计年鉴
	文明宜居	人均公共厕所数量/个	城乡建设统计年鉴
		人均乡镇文化站数量/个	城乡建设统计年鉴
资源节约	资源利用情况	万元GDP水耗/立方米	地方统计年鉴
		一般工业固体废物综合利用率/%	地方统计年鉴
	能源利用情况	单位GDP能耗降低率/%	中国环境统计年鉴
		天然气占能源消费总量的比重/%	地方统计年鉴
环境保护	污染防治	工业污染治理投资总额占GDP比重/%	中国环境统计年鉴
		城市生活垃圾无害化处理率/%	中国环境统计年鉴

一级指标	二级指标	三级指标	指标出处
环境保护	环境质量	全年空气质量优良率/%	中国空气质量数据
		环境噪声等效声级/dB	中国环境统计年鉴
生态保育	生态建设	人均年造林面积/公顷	地方统计年鉴
		国家级自然保护区占全省面积比重/%	中国环境统计年鉴
		人均公共绿地面积/平方米	中国环境统计年鉴
	生态基础	森林覆盖率/%	中国环境统计年鉴
		湿地覆盖率/%	中国环境统计年鉴
		单位国土面积水资源量/立方米	中国环境统计年鉴

专题与案例篇

·政治治理·

第四章　基层政协协商的实践路径与优化向度

——以四川省"有事来协商"为例[*]

一　基层政协协商的理论内涵与时代价值

党的二十大报告指出："协商民主是实践全过程人民民主的重要形式。完善协商民主体系，统筹推进政党协商、人大协商、政府协商、政协协商、人民团体协商、基层协商以及社会组织协商，健全各种制度化协商平台，推进协商民主广泛多层制度化发展。"[①] 习近平总书记指出："有事好商量，众

---

[*]　执笔人：许宝君，四川大学马克思主义学院、副教授、硕士生导师，研究方向为马克思主义中国化、党的建设与基层治理。

[①]　习近平：《高举中国特色社会主义伟大旗帜　为全面建设社会主义现代化国家而团结奋斗——在中国共产党第二十次全国代表大会上的报告》，人民出版社，2022，第38页。

人的事情由众人商量，找到全社会意愿和要求的最大公约数，是人民民主的真谛。"① 协商民主是实现党的领导的重要方式，是我国社会主义民主政治的特有形式和独特优势。

协商民主是指参与主体通过公正透明的协商过程对经济社会发展中的重要问题和人民群众关心的热点难点问题进行沟通、讨论，以促进公共利益最大化的实现与集体决策的形成。基层是联系群众的"第一线"和服务群众的"最后一公里"，也是推进协商民主的重点场域，协商治理成为推进基层治理现代化的必然选择。政协协商是协商民主的一种方式，基层政协协商主要是指中国共产党领导人民在中国人民政治协商会议这个平台上，依法就城乡基层中涉及的经济、政治、文化、社会、生态等重大问题以及其他涉及人民群众切身利益的问题，进行平等、理性、充分沟通，以达成共识、形成重要公共决策的实践活动。

习近平总书记在中央政协工作会议暨庆祝中国人民政治协商会议成立70周年大会上提出人民政协要做好三项重点工作，即发挥人民政协专门协商机构作用，加强思想政治引领、广泛凝聚共识，强化委员责任担当，明确了新时代人民政协"是什么、干什么、谁来干"的重大命题。《中共中央　国务院关于加强基层治理体系和治理能力现代化建设的意见》指出，建立起党组织统一领导、政府依法履责、各类组织积极协同、群众广泛参与，自治、法治、德治相结合的基层治理体系。实践证明，基层政协协商在优化党委领导、促进政府履责、满足公众需求、引导社会参与、解决社会问题等方面发挥着越来越重要的作用，是加强和创新基层治理的重要举措。

具体而言，一是促进群众广泛参与。基层事务都是非常琐碎的事务，不是简单依靠行政手段就能解决，需要发动和组织群众广泛参与。而将协商的理念、程序、规则和文化落实于人民群众政治参与的全过程，通过协商的方式引导、组织群众往往更能得到群众的认同。二是促进社会有机团结。通过

---

① 《习近平谈治国理政》第二卷，外文出版社，2017，第292页。

协商的方式能够促进群众之间的交流和沟通，打破"各人自扫门前雪，莫管他家瓦上霜"的困境，让人们增进彼此之间的理解，在关心自身利益的同时更多关切对方利益、理解公共利益、考虑长远利益。三是促进政府科学决策。通过协商的方式能够在决策过程中进行交流讨论，增强决策的公开性，提高决策的透明度，更好地增进理解、凝聚共识。特别是能够吸引利益相关者参与决策，提高决策的针对性。四是助力化解社会矛盾。广泛形成人民群众参与各层次治理的机制，有助于从源头上预防和化解可能产生的矛盾和风险，促进社会和谐稳定。五是有助于塑造现代公民。充分调动各主体的积极性，保证每个公民普遍享有平等、自由的政治参与权参与地区发展事务的各种协商讨论，从而将过去封闭式政治参与转变为公众开放式参与。

二 四川省开展"有事来协商"的总体情况

专门协商机构是习近平总书记对人民政协作出的新的综合性定位，进一步回答了人民政协是什么的重大问题，鲜明标识了人民政协的民主性质、协商特征和专门属性，为新时代加强和改进人民政协工作指明了方向。如何充分发挥好专门协商机构作用，推动政协协商与基层治理有效衔接，是新时代的一个重大课题。"有事来协商"工作是四川省政协认真落实中央和省委政协工作会议精神，深入践行全过程人民民主理念，推动政协协商向基层延伸的一项创新举措。

四川省政协深入学习贯彻习近平总书记关于加强和改进人民政协工作的重要思想和中央、省委政协工作会议精神，牢牢把握新时代人民政协的新方位新使命，聚焦专门协商机构职能定位的新内涵，开展"有事来协商"平台建设工作，着力探索搭建集协商、监督、参与、合作于一体的特色协商平台，推动形成党委领导、政府支持、政协搭台、各方参与的协商局面，彰显了政协制度体系的整体效能和协商民主的独特优势。

自 2019 年四川省政协启动"有事来协商"工作以来，目前已初步形成"平台在一线搭建、调研在一线开展、问题在一线协商、思想在一线引领、共识在一线形成、力量在一线汇聚"的工作格局。截至 2022 年 9 月底，全省共搭建"有事来协商"平台 19649 个，聚焦基层社会治理问题，组织协商 7567 次，帮助解决问题 8878 个；聚焦党政重点，组织小微协商 5015 次，提出意见建议 12934 条；聚焦民生实事，组织协商 12116 次，帮助解决问题 14007 个。

三 四川省开展"有事来协商"的现实背景

（一）坚持双向发力，推动政协工作高质量发展的现实需要

高质量发展是新时代的鲜明特征，政协事业的高质量发展也是新时代政协工作的必然要求。习近平总书记强调，人民政协要"坚持发扬民主和增进团结相互贯通、建言资政和凝聚共识双向发力"①。双向发力是新时代人民政协工作职责的新概括和鲜明特征，也是提升政协履职质量的主要着力点。从调研了解的情况来看，有的基层政协聚焦协商主责主业不够，政协协商缺少必要的主体和基本依托，开展协商活动有限，协商形式也比较单一，缺乏健全的制度体系和组织体系，重建言资政、轻思想引领的现象依然存在，专门协商机构作用有待更好地发挥。搭建"有事来协商"平台，目的就是要对政协的协商活动作出统一规范，完善基层政协协商制度机制，大力提升协商活动质量和成果转化水平，把市县政协作为专门协商机构的职能、性质、定位更加鲜明地突出出来，有力破解"政协协商越往基层越弱化"的现实难题。

（二）聚焦社会问题，推进政协协商与基层治理融合的现实需要

习近平总书记指出："涉及人民群众利益的大量决策和工作，主要发生在基层。"② 基层处在国家治理的第一线、防范化解矛盾风险的第一线，基

① 《习近平谈治国理政》第三卷，外文出版社，2020，第 293 页。
② 《习近平谈治国理政》第二卷，外文出版社，2017，第 297 页。

层治理难、难治理的问题比较突出。区县政协大量工作直接面对老百姓，具有开门就是基层、出门就是群众的特点，在化解矛盾、理顺情绪、形成共识、增进团结等方面发挥着不可替代的作用。搭建"有事来协商"平台，可以有效推动政协协商与基层治理在协商主体、协商内容、协商方式等方面相互融合、有效衔接，拓展广大基层群众反映意见建议、实现民主政治参与的渠道，促进党政科学民主决策，助推形成共建共治共享的社会治理格局，切实把专门协商机构的制度优势转化为社会治理效能。

（三）锚定使命任务，更好地服务治蜀兴川大局的现实需要

习近平总书记指出："民主不是装饰品，不是用来做摆设的，而是要用来解决人民要解决的问题。"① 实践证明，只有自觉立足大局、积极融入大局，人民政协才能更好地发挥作用、彰显价值。当前，面对世界百年未有之大变局，面对经济社会发展的多重任务，更加需要发挥专门协商机构的独特优势和作用，调动一切积极因素，汇聚各方智慧力量，齐心协力攻坚克难。搭建"有事来协商"平台，就是要以构建综合性、开放式、常态化的协商议政格局为抓手，推动政协协商民主广泛多层制度化发展，发挥好政协作为"重要阵地、重要平台、重要渠道"的作用，切实担负起把党委、政府的决策部署和对政协工作的要求落实下去，把改革、发展、稳定的最大共识凝聚起来的政治责任，为治蜀兴川事业发展凝心聚力。

四　四川省开展"有事来协商"的主要做法

（一）构建协商议政体系，使基层政协协商常态化

健全完善的协商议政体系是开展协商活动的基础和依托。四川省紧紧围绕协商民主广泛多层制度化发展的要求，着力构建"2+4+X"协商体系。明确要求试点县级政协每年应至少召开2次专题议政性常委会议；举办4次

---

① 《习近平谈治国理政》第二卷，外文出版社，2017，第296页。

有主席会议成员、党委与政府领导参与的协商活动；按照"不建机构建机制"和"请上来、走下去"的工作思路，以基层委员小组、界别小组等为抓手，开展"X"次结合当地实际、突出界别特色、基层群众有序参与、形式灵活多样的"小微协商"。各试点区县坚持把探索建立"X"次"小微协商"平台作为"有事来协商"试点工作的重中之重，按照"事"有范围、"来"有场所、"协"有主体、"商"有结果的思路，因地制宜、与时俱进，打造了一些独具特色、务实管用的"小微协商"平台。

1. 搭建面对面协商平台

坚持开门协商、开放协商，探索协商恳谈会、民主听证会、面对面协商会、协商调解会等形式，组织相关部门（单位）与政协委员、群众代表坐在一起，围绕群众关心关注的热点难点问题开展协商讨论，为群众参与社会治理拓宽渠道。比如，绵竹市政协在部分村（社区）试点成立"院坝协商"联络点，每个点指定 3 名委员，与村（社区）推选出的群众代表组成"协商议事会"，共同开展协商议事活动。邻水县政协通过组织"社区对话会""界别议事会"等方式深化基层协商，更加广泛地听取群众意见。

2. 搭建网络议政平台

强化"互联网+政协"思维，充分利用新媒体等手段，以网络信息技术为支撑，建设网络议政、远程协商平台，构建便于群众参与的网络协商模式，更好地激发群众的参与热情和协商活力。比如，泸县政协通过在微信公众号开设协商平台专栏，向社会征集协商主题、收集意见建议。

3. 搭建委员联络平台

部分试点区县加强探索创新，结合自身实际在乡镇（街道）设立政协工作委员会，在村（社区）设立政协工作联络站，加强对委员的管理服务，加大履职考核力度，密切了政协组织、政协委员同基层群众的经常性联系，有效地发挥了政协组织作为党委、政府联系群众的桥梁和纽带的作用。

（二）规范协商议政流程，使基层政协协商程序化

四川省按照科学合理、规范有序、简便易行的要求，紧紧围绕在哪里协

商、谁来协商、协商什么、如何协商、协商后怎么办等，科学设定了明确协商议题、规范协商主体、开展调查研究、组织协商建言、强化成果运用五步协商议事程序，形成了协商议事的完整闭环。

1. 明确协商议题

通过党政交题、委员荐题、各方征题、政协选题等方式，选择党政工作重点、社会关注焦点、群众关心热点作为协商主题，分别形成年度协商计划、实施方案和工作台账。①党政交题：由党委、政府交办，重点协商议题由党委、政府、政协会商后确定。②委员荐题：由委员或界别（组）委员联名提出议题。③各方征题：以发函、走访、媒体公告等形式向社会各界征集议题。④政协选题：通过政协常委会和主席会筛选审定议题。

2. 选择协商主体

坚持开门协商的原则和要求，通过发文邀请、自主报名、人才库抽选等方式，邀请党政领导，遴选参政水平高、代表性强的政协委员、群众代表、专家乡贤等参与协商。

3. 开展调查研究

坚持把调查研究作为协商议事的必经程序和基础环节，协同议题牵头单位组织政协委员、群众代表和有关党政部门负责同志，深入一线、深入群众，通过去粗取精、去伪存真的调查研究，通过由此及彼、由表及里的研究分析，深剖问题根源，形成建言思路，为高质量开展协商做好充分准备。

4. 组织协商建言

根据就近、就地、就事、就便等原则，选择相匹配的协商场所组织各方开展协商活动，包括政协机关、议题所在地、热点问题现场、社区、企业等。围绕协商议题，组织学习相关方针政策和决策部署，邀请党委、政府领导及党政部门负责同志到会通报情况、听取建议。坚持相互尊重、平等协商，开展面对面沟通交流，增加"问、答、辩"等互动环节比重，畅所欲言，坦诚沟通。在协商过程中注重加强思想政治引领，理顺情绪，化解矛盾，使协商议政的过程成为宣传政策、凝聚共识的过程。

5. 强化成果运用

将相关协商意见进行梳理归纳，形成综合协商报告、协商纪要、建议案或提案等，向党委、政府或有关方面报送协商成果，为党政决策提供参考。对协商建议中的重点、难点问题，通过组织委员开展民主监督、调研视察、民主评议等形式跟踪办理情况，对办理中出现的新情况、新问题，进行再调研、再协商，推动协商成果落到实处。

（三）强化协商议政保障，使基层政协协商专业化

1. 增强组织保障

各试点区县切实加强组织领导，成立了领导小组和办公室，具体负责统筹、协调、指导各项试点工作。乡镇（街道）政协工委或者政协工作联络组明确专门工作力量，负责平台建设日常工作。部分试点区县依托乡镇政协工委或政协工作联络组，建立各界代表人士党支部，确保协商主体在党的领导下开展协商活动。

2. 增强队伍保障

试点区县在政协委员和社会各界人士中，广泛推选行业专家人才，组建协商人才库，并实行适时调整、动态管理，为开展协商活动提供人才保障。通过开设"政协课堂"专题讲座、举办高校培训班、组织现场观摩学习等方式，定期组织政协委员、协商专业人才集中学习、集中培训，提升协商建言的业务水平。

3. 增强制度保障

本着先行先试、边试边改原则，各试点区县及时研究制定了《关于开展"有事来协商"平台建设试点工作的实施方案》，对协商主题、频次、主体、形式等作了详细的制度设计，构建程序合理、环节完整的协商制度体系，让基层协商工作更具可操作性和规范性。在实际运行工作中不断优化完善，根据试点工作的经验，探索建立了群众代表列席、预调研、专题培训、限时发言等制度机制，有效提升了协商工作的质量和水平。

五　四川省开展"有事来协商"的地方经验

（一）自贡市自流井区：开展"五化协商"

近年来，自流井区政协紧紧围绕"有事来协商·建言自流井"主题，紧盯基层"有事来协商"工作中存在的问题，规范完善协商程序，密切跟踪协商各环节，探索实施"五化"微协商工作法，持续推动"有事来协商"工作提质增效，着力以高质量协商成效打通履职为民"最后一公里"，有效促进民生改善、助力基层治理。

1. 全域化广泛征题，让委员沉下去

建立党政点题、基层报题、政协拟题、委员荐题等征题机制，多渠道、全域化广泛征题。充分发挥政协委员在协商中的主体作用，综合委员界别、驻地等情况，按照每个基层"有事来协商"联络组不少于 10 名政协委员的原则，将委员全覆盖派驻到镇（街、园区）、村（社区），纳入基层"有事来协商"议事会。结合"六个一"委员履职任务，引导委员走进田间地头、堂前屋后、院落小巷，深入开展民意调查、问需服务，参与交流座谈、走访接待，广泛征集协商议题。促进基层"有事来协商"从日常"等诉求"向主动"找问题"的有效转变，着力解决协商活动开展不平衡、协商参与面不广等问题。

2. 结构化精准定题，把难题列出来

坚持定题不求易、不避重、不避难，探索实施"7+X"结构化定题模式，做足协商"基础功课"，组织基层"有事来协商"议事会成员对议题的必要性、可行性、重要性逐一研究、科学研判、调研论证。针对协商议题涉及的资金难题、政策难点、执行堵点、技术弱点等，主动邀请相关界别委员、智库专家、居住地政协委员、职能部门等参与调研。坚持聚焦问题最难点，将协商内容细分为资金支持、政策指导、场地建设、人员保障等七大类，报请同级党委把关定题，促进基层"有事来协商"定题从"粗放型"向"精准化"有效转变，着力解决协商选题不准、选题不精、避重就轻等问题。

3. 多元化协商解题，促议事厅动起来

充分发挥各镇（街、园区）、村（社区）"有事来协商"联络组、议事会作用，广泛开展议事会协商、院落协商、线上协商等各类协商活动。针对镇（街、园区）、村（社区）协商平台小、力量弱等问题和短板，创新设立区政协"流动议事厅"，将全体政协委员、政协各专委会与区级党政部门负责同志纳入议事厅，积极推动"流动议事厅"走进镇（街、园区）、走进村（社区）、走进学校、走进企业、走进部门，真正做到"哪里有需要，流动议事厅就搬到哪里""哪里困难问题突出，流动议事厅就设置到哪里"，促进基层"有事来协商"从"单打独斗"向"聚指成拳"有效转变，着力解决协商力量不足、成效欠佳等问题。

4. 清单化督促答题，助点球发出去

建立"一题一清单""一委员一清单""一部门一清单"协商答题机制，通过"小清单"做实"微协商"。对于基层想解决难以解决、想办成难以办成、想推动难以推动的议题，需要区级层面具体实施的协商建议，各镇（街、园区）"有事来协商"议事会形成协商建议清单后，由联络组转交区政协"有事来协商"指导办集体研究，按照"定人、定责、定时"原则，以协商建议意见方式"点对点"转送有关职能部门，明确责任人、职责分工、办理时限，并做好跟踪督促，以"清单"方式将办理情况适时反馈至各镇（街、园区）、村（社区）"有事来协商"联络组，促进基层"有事来协商"从"点到为止"向"一抓到底"有效转变，着力解决协商成果转化不及时、协商建议意见落地难等问题。

5. 常态化公开评题，将成果晒出来

建立健全协商成效检验机制，各镇（街、园区）、村（社区）"有事来协商"联络组每年召开至少一次协商成果落实情况通报会，对协商成果转化和落地落实情况开展多方参与的评议活动。坚持把群众满意不满意作为检验工作成效的最高标准，对群众关注度高、社会影响面广的议题，将评议工作放到协商成果落地现场开展。通过设置评价栏互动评、召开会议当面评等方式，邀请群众现场"评题"、让群众现场"打分"，推动协商成效评议从

"笔尖"走进群众"心尖",促进基层"有事来协商"从"自查自评"向"群众点评"有效转变,着力解决协商民意表达不畅、群众参与积极性不高等问题。

实践以来,自流井区建立"1+1+9+N"区—镇(街、园区)—村(社区)三级"有事来协商"平台20个,组建协商队伍600余人,打造区级示范点2个,累计开展微协商56次,提出协商意见建议160余条,助推解决新华路社区邻里食堂、磨子井社区老旧小区改造等基层困难问题30余个,直通基层、联系群众、惠及民生的协商平台建设已初见成效,凝心聚力汇共识、服务民生促治理的"政协作业"交出新的答卷。

(二)攀枝花市东区:找准"四事维度"

自"有事来协商"工作开展以来,攀枝花市东区政协积极探索推进新时代政协协商向基层延伸的有效途径,将履职重点向基层聚焦、委员力量向基层集中、凝聚共识向基层发力,突出"党政所需、群众所盼、政协所能"的工作原则,将"进一步完善东华街道海德堡登山步道入口便民设施的管理使用"这类涉及民生的"关键小事"作为协商的议题,围绕基层群众"急难愁盼"问题扎实开展"小微协商"活动,初步构建起从"领事"到"找事"再到"议事"最终"成事"的工作模式,通过"小切口",推动政协协商与基层协商有效衔接,努力把政协制度优势转化为参与基层社会治理的效能。

1. 在"领事"维度,强化组织保障,夯实基础推进

形成了在东区区委和镇(街道)党组织领导下,由6个镇(街道)政协委员联络站站长、副站长为召集人,区政协主席会议成员和专委会负责人为指导员,镇(街道)指定工作人员为联络员,由驻地两代表一委员、群众代表、网格员、有关行政企事业单位代表、律师、咨询专家等共同组成30人左右的议事会,以委员联络站为议事场所的组织体系。

2. 在"找事"维度,把握协商重点,坚持深入一线

采取党政交题、委员荐题、各方征题、政协选题等方式,由镇(街道)政协委员联络站、议事会进行讨论筛选并开展可行性调研,经镇(街道)党

组织确定，报区政协审查，由区委批准实施。在选题内容上坚持议"党政忧虑的事、群众身边的事、公众关注的事、政策明确的事、协商主体提出需求的事"、不议"违纪违法的事、表达个人诉求的事"的"五议二不议"原则，明确政协性质定位。坚持"无调研不协商"的原则，围绕拟协商议题，组织政协委员和议事会成员开展"沉浸式""蹲点式"调研，摸清各方需求，明确各方利益诉求点，加强交流、沟通、引导，力求掌握不易看到、意想不到的真情实况，将"共识"转化为"共为"，把"功夫"更多下在协商会外。

3. 在"议事"维度，突出凝聚共识，注重形式多样

通过"政协搭台，邀请各方""基层搭台，政协嵌入"，灵活运用会议协商、院坝协商、现场协商等多种形式协商议事。着重凸显"汇集众智，一事一议"的协商氛围，按照指出问题、提出建议、互动协商等步骤进行多轮协商，经专家咨询、协商会议达成共识、召集人归纳意见、法律顾问评估、集体表决，找到不同利益诉求的"最大公约数"，形成凝聚各方共识的协商成果。

4. 在"成事"维度，建立落实机制，促进成果转化

采取"交、督、复"一体化模式，力求落实责任、化解问题、汇聚合力。对于达成共识的议题，由镇（街道）党组织交办，承办单位按要求办；对于未达成共识的议题，坚持集思广益、持续协商，积极寻求解决途径；对于基层难以解决的议题，通过政协委员提案、社情民意信息等形式反映呼吁。镇（街道）政协委员联络站跟进监督协商成果实施情况，确保事事有回音、件件有着落。承办单位适时将办理情况分别向镇（街道）议事会和交办单位反馈，议事会以走访调查方式进行验证，做到"双反馈一验证"。

近年来，东区政协共计组织"小微协商"活动140余场次，政协委员参加协商400余人次，议事会成员参加协商300余人次，利益相关方代表参加协商1000余人次，40余个党政群机构、280余名党政领导和经办人员参加了面对面协商，解决问题事项130余件，把百姓烦心事、操心事、揪心事办成开心事、舒心事、暖心事，用实际行动诠释了"人民政协为人民"的责任担当。

（三）眉山市青神县：把握"四个环节"

青神县政协认真贯彻习近平总书记指示精神，按照省、市政协要求，积极推进"有事来协商"工作，探索形成"协商啥子、谁来协商、咋个协商、协商后咋办"机制，先后围绕城市建设、乡村振兴、民生实事、基层治理等开展"有事来协商"活动 30 多场次，取得良好成效。

1. 多途径精心选题

选好协商议题，是"有事来协商"的基础。在实际工作中，青神县政协坚持"三结合""三不议""四个途径"的选题原则，即：协商议题要与党委和政府中心工作相结合、与民生发展基层治理相结合、与百姓的呼声和需求相结合；涉法涉诉的不协商、质疑政策的不协商、表达单个利益诉求的不协商；走村串巷找题、政协委员荐题、市民热线选题、党委政府交题。例如，程家嘴村道扩建协商议题，是通过走访青神籍在外老乡收集到的。老年人活动阵地建设协商议题，是离退休老同志通过市民热线反映的。城市建设强弱项补短板议题，是县委书记刘今朝亲自交办的。消除建华社区安全隐患议题，是青竹街道政协委员吴月推荐的。

2. 多层次摸清底数

调研是协商的前提，也是协商成败的关键所在。协商前了解情况，摸清底数，掌握政策，有助于协商出结果、见成效。实践证明，调研越是深入、细致，掌握的情况越多，协商效果就越好。例如，在城市建设强弱项补短板协商中，青神县政协就利用近 1 个月时间，带着问题实地走遍了城区的所有街道、公园、农贸市场，走访街道、社区和居民代表 100 多人次，再根据调研到的实际情况组织各方进行现场协商，县政协形成的协商专报得到县委书记签批。在"城乡公交一体化"协商前，经科委的同志花了近 3 个月时间，跑遍了全县所有乡镇、街道，走访了 10 多家企业，亲自乘坐每条线路、每个班次的公交车，向乘客、居（村）民了解情况，听取意见，有时从早上到晚上，10 多个小时都在公交车上，取得了非常翔实的第一手资料，为高质量协商奠定了基础。

3. 多形式务实协商

青神县政协在推进"有事来协商"过程中，坚持发挥政协民主协商作用，但也不拘于形式，着力提高协商实效。在协商人员上，不求人多，人随事定，来了就要说话，就要发表意见，不搞无用的大场面。在协商地点上，少固定多移动，少集中多分散，虽然建有固定规范的协商场所，但更多的是拿着"有事来协商·竹乡人话竹乡事"的移动标牌，在田间地头、项目现场、村民院坝等地方，就近、就地、就事协商。在协商方式上，既有你问我答的解惑式协商，也有引导性的讨（争）论式协商，还有征集意见式的线上协商等。

4. 多渠道推动落实

"有事来协商"效果好不好，"协商后咋办"很重要，青神县政协按照"商量好了马上办，职能部门支持办，党委、政府推动办，办理结果回头看"的总思路落实协商结果。能办的不拖，商量好了马上办，比如在老旧小区改造协商中反映的消防器材缺失、树枝修剪等问题，协商后施工方立即落实了；较难问题职能部门支持办，比如在程家嘴村道扩建协商中，因涉及资金量大，则由交通运输部门纳入"四好农村路"一并规划实施；普遍性问题党委、政府推动办，如协商形成的老旧小区改造"四不改""七个一"工作机制由县委、县政府确定为此项工作的标准化工作模式，协商形成的高台镇百家池村柑橘产业发展"5+4+1"果农利益链接机制也在全县推广；对"有事来协商"结果的落实情况，由政协牵头领导和委室适时采取现场看、群众谈、电话问等形式进行"回头看"，每半年对协商结果落实情况进行汇总，以协商专报的形式报县委、县政府主要领导，推动协商结果落地落实。

（四）宜宾市南溪区：写好"三篇文章"

自开展"有事来协商"工作以来，南溪区政协准确把握人民政协性质定位，充分发挥专门协商机构作用，做好"拓面、提质、增效"三篇文章，推动"有事来协商"向基层延伸、在终端见效，助力解决了一批群众身边的急难愁盼问题，取得了助发展、惠民生、促和谐的显著成效。

1. 做好"拓面"文章，推动协商体系"到边到角"

一是政协"搭台"，协商平台再延伸。坚持共建共治共享，在搭建"一中心三基地"（委员文体活动中心、委员爱心服务基地、委员文化传承基地、委员产业帮扶基地）履职平台的基础上，将协商平台向镇（街道）、村（社区）、小区（院巷）、企事业单位和社会组织等领域延伸。通过建立"议事厅""议事堂""议事亭""议事室"，构建起群众身边的"零距离"服务平台，推动协商议事活动由点向面拓展，实现协商议事的全覆盖。目前，全区已建立"有事来协商"小微协商平台201个，先后开展各类协商活动300余场次。

二是委员"下沉"，工作力量再融合。在镇（街道）和南溪经开区设立12个基层政协工委，成立协商议事会，建立健全基层协商体系。将全区191名委员"打桩定位"下沉到基层工委，参与基层工委活动，推动"有事来协商"与调研视察、民主监督、提案办理协商等履职活动相融合，促进政协履职向基层延伸，让政协工作更"接地气"。

三是群众"入会"，参与范围再拓展。积极吸纳当地党代表、人大代表、乡村精英等一批有能力、有影响力、有热情的人加入协商议事会，对涉及群众的热点、难点问题开展"院坝协商""网格协商""邻里协商"，把话语权、评价权、监督权更多地交给群众、服务对象和利益双方，做到小事不出网格（小区）、大事不出村（社区）、难事不出镇（街道），实现了问题解决分级"诊疗"、快办快结、防止越级上访。

2. 做好"提质"文章，推动小微协商"见真见效"

一是紧盯民意，选好主题。积极探索建立以民情为基础、以民生为重点的协商议题形成机制，通过党政交题、委员荐题、各方征题、政协选题等方式，广泛征集议题，并将议题报经同级党组织审定，实现党政所需、群众所盼有机统一。探索建立协商议题"三色需求台账"，按照绿色为公共管理、红色为矛盾纠纷、黄色为基础设施维修的类别，进行分类管理，做到一账一销，形成小问题自己办、大问题商议解决的基层治理格局。

二是紧扣关键，抓实调研。组建由专委会、协商议事会、政协委员组成的专题调研组，带着课题走进百姓家庭、田间地头开展商前调研，认真听取群众呼声愿望，做足"会前功课"。自2022年以来，先后组织60余名政协委员、90余名镇（街道）协商议事成员，围绕产业发展、乡村振兴、基层治理等10个协商主题开展商前调研17次，收集群众反映的困难问题、意见建议130条，化解矛盾纠纷30余个。区政协发挥优势、凝聚力量、凝聚共识，助力南溪区成功创建省级乡村振兴先进区、四川省四星级现代农业园区，入选中国营商环境百佳示范县。

三是紧贴民心，充分协商。坚持实事求是、平等探讨、理性交流的原则，通过群众讲心声、部门即席回、委员献良策、领导现场评的方式，让群众充分发表意见、找出问题差距、提出意见建议，达到凝聚共识、形成合力的目的。探索推行"楼栋提、支部审、大家议、代表决、专人督、群众评"的"六步工作法"，整合政府部门、政协委员、国有公司等资源力量，帮助解决了古街商圈环境提升、老旧小区治理、月亮湾景区环境提升、农村便民小客运行等群众关心的热点难点问题390余个，推动形成了群众有效参与的基层治理共建共治共享格局。

四是紧跟时代，创新品牌。围绕"协商什么""谁来协商""成果怎么转化"等关键问题，出台《关于高质量开展"有事来协商"工作实施意见》，明确协商范围、议题、主体、流程等，形成规范有序的协商机制。组织开展"办不成事""院巷议事""小区邻里荟"等"小微协商"活动，初步探索形成"南事不难""院巷议事团""同心茶苑"等协商品牌。《院巷议事团答好老旧小区治理答卷》被评为全国市域社会治理创新优秀案例。

3. 做好"增效"文章，推动协商成果"落地落实"

一是纪检助力，精准督办。建立协商成果落实限时办结制度，借助区政协与区纪委监委"双走进、双提升"活动，探索建立与纪委监委协商前沟通、协商中参与、协商后督办的全过程协作配合机制，完善对协商民主成果落实情况的检查考核。特别是对需要多个政府职能部门办理落实的重点问题，由区政协和纪委监委共同开展联合督办，让"软监督"变成"硬任务"。

二是委员回访，精准反馈。建立协商成果落实现场视察制度，组织政协委员对协商决议的落实情况开展"回头看"，对需要一定时间才能整改落实的难点问题开展定期回访跟踪。自 2022 年以来，已先后组织委员对古街商圈环境提升、农村便民小客运行、老城区停车场管理等难点问题的协商办理情况进行跟踪回访 10 余次，确保协商民主成果件件有着落、事事有结果。

三是群众评价，精准跟进。以群众满意不满意为最终评价标准，建立协商民主成果落实复查走访制度，由协商议事会牵头对协商事项办理结果通过回音壁、对比照等方式进行公示，并适时组织群众对小区绿化、下水道疏通、电瓶车充电难等热点问题的办理情况进行综合评价，进一步激发群众参与热情。

（五）广安市邻水县：做好"三个坚持"

邻水县发挥县级政协"基层"和"专门协商机构"双重优势，将政协协商民主和基层民主有机融合，不断推进"有事来协商"工作在基层走深走实，开展"有事来协商"活动 300 余场次，政协委员参加协商 2600 余人次，吸纳基层群众代表参与 3500 余人次，解决问题 260 余个。广安市政协"有事来协商"工作现场推进会连续三年在邻水举办，其经验做法被全市推广。

1. 坚持党的领导，营造"有事来协商"工作好环境

开展"有事来协商"工作，既要充分发挥政协自身优势，更要坚持党的领导。一是争取党委领导。县委常委会会议多次听取专题汇报，将"有事来协商"工作纳入目标考核，落实专项经费 110 余万元，推进平台建设。二是坚持政协主导。县政协党组将"有事来协商"作为工作品牌打造，将全县 25 个镇、2 个园区划分为 8 个片区 100 个工作单元，由县政协党组书记牵头抓总，4 名副主席分片负责，8 个专委会具体指导推动。三是注重多方引导。在镇（园区）、村（社区）全覆盖成立协商议事会，建立"27+335"的协商平台体系。引导 303 名各级政协委员全部下沉一线，选聘 1810名村（社区）干部、"五老人士"、知名乡贤等组成协商人才库，共同组织

协商活动。

2. 坚持规范引领，探索"有事来协商"工作好机制

开展"有事来协商"工作，既要大胆探索深入实践，更要规范有序建立机制。一是坚持"5+5"协商选题。采取"走村串巷找题、政协委员荐题、向社会征题、党委政府交题、从提案和社情民意中选题"五个途径广泛收集议题；坚持议"党政忧虑的事、群众身边的事、社会关注的事、委员反映的事、政策明确的事"等五个重点内容，明确协商议事重点。二是规范"6+4"协商程序。对群众普遍反映的共性问题，按照收集议题、确定议题、议前调研、协商议事、公开公示、成果转化"六步协商"程序进行协商；同时，不断优化提出问题、回应关切、协商互动、达成共识"四步议事"流程。三是推行"A、B、C"协商办理。借鉴提案办理工作经验，对于达成共识能落实的 A 类协商成果，交由承办单位办理；对需要党委、政府研究解决或属于村民自治的 B 类协商成果，专报党委、政府决策或交由村（居）两委妥善处理；对短时间内不能解决的 C 类协商成果，做好宣传解释工作。

3. 坚持有机融合，实现"有事来协商"工作好成效

开展"有事来协商"工作，既要建立机制常态开展，更要统筹协调抓好融合。一是与凝聚共识相融合。将"有事来协商"工作作为凝聚共识的重要渠道，不局限于解决协商议题所涉及问题，更加注重在一些党政关注、群众关切的痛点难点堵点上主动发声，助推理顺情绪、化解矛盾。二是与"双助"活动相融合。以"助力巩固脱贫、助推乡村振兴"专项活动为载体，将产业发展、基础设施改善、农村饮水安全、农村人居环境治理、儿童关爱救助等纳入协商议题，助力乡村振兴。三是与"渝事好商量"相融合。利用紧邻重庆的优势，积极与重庆市渝北区、长寿区等地政协开展联动合作，建立协商议题共选、协商会议共办、协商成果共享机制，就边际道路硬化、建设等开展联合协商，促进"有事来协商"和"渝事好商量"互融互通、共促共享，不断扩大"有事来协商"品牌影响力。

（六）四川省阆中市：念好"三字经"

自"有事来协商"工作开展以来，阆中市政协深入贯彻"协商于民、协商为民"，服务中心大局、顺应群众呼声，设立"古城保护与利用"政协委员专项协商联络组，专职为古城保护鼓与呼。自联络组正式运行以来，工作受到党委、政府大力支持和肯定，协商活动得到广大市民的信赖和参与，成为阆中古城协商议事的响亮品牌。

1. 因"症"施策，在"专"字上做文章

一是成立工作专班。成立以分管副主席为组长、相关委室负责人为成员的"古城保护与利用"专项协商领导小组，指导、统筹、联系专项协商相关事宜。定期邀请党委、政府领导参加协商活动，与市民现场互动。二是组建专业队伍。吸纳 27 名认真负责、专业性强的政协委员为联络组成员。同时组建"智囊团"，设立"古城保护专家委员会"，聘请国家文物局文物保护司世界遗产处处长郭旃等 3 名同志为顾问、15 名同志为委员。三是畅通专门渠道。在古城醒目位置设置"古城保护与利用"意见箱，匿名收集意见建议。把调研线索征集信息方式、专项协商委员联络组二维码等制作成移动宣传栏，固定在群众和游客相对集中的地方，直观发布联络组信息。

2. 用心用情，在"深"字上下功夫

一是彰显深厚情怀。协商平台搭建以来，一大批社会精英、有识之士，特别是在阆中生活和工作过的老干部、老同志，积极建言献策，贡献"智慧财富"，通过共同努力、多方协调，有效化解了古城保护与利用中的诸多矛盾。二是深入一线调研。逐条分析线索筛选协商议题，根据协商内容专业属性，组建专业相符的走访工作小组，以问题为导向，深入基层一线，弄清问题实情。共组建走访工作小组 54 个，深入一线调研 135 场次，形成一致沟通意见 76 条。三是深植"古保"理念。充分利用协商活动和走访群众机会，解读宣传《四川省阆中古城保护条例》，共集中解读 18 场次，热爱古城、关注古城、保护古城的理念深植人心，为协商活动顺利进行奠定了坚实

群众基础。

　　3. 主动作为，在"实"字上见成效

　　一是协商议题实。议题确立围绕"古城保护与利用"主题，明确"古城发展、民计民生"议事方向。如针对古城火灾处置能力不足的问题，2022年5月开展了"提升古城消防能力"专题协商，后被《四川新闻联播》报道，作为基层民主方面成果向四川省第十二次党代会献礼。二是协商过程实。每双月15日上午在古城人员相对集中地点征求老百姓对"古城保护与利用"方面的意见与建议，收集各类信息；每单月15日上午召集相关职能部门与群众现场协商。协商中各职能单位分管领导现场答复线索提供人，会后跟踪督办答复结果。三是协商成效实。截至2022年底，共征集相关议题56个、意见建议63条，开展"古城保护与利用"小微协商18场，有效解决了古城保护区违建拆除、移动通信基站扩容等一批具体问题。

六　四川省开展"有事来协商"的实践成效

（一）提升了基层协商议政质量，专门协商机构的形象更入人心

　　长期以来，县级政协工作不同程度存在工作定位模糊、职能模糊、责任模糊、工作方式模糊的问题。各试点区县始终坚持问题导向和实践导向，加强实践探索，创新协商形式，坚持固定协商与移动协商相补充、线上协商与线下协商相结合，推进协商进学校、进院落、进单位、进社区，推动协商体系更加健全、协商内容更加丰富、协商程序更加规范、协商密度和频次更高，让协商直面基层、直达一线，极大提升了政协组织在人民群众中的知晓率和满意度。试点工作开展以来，共举办协商议政性会议、"小微协商"活动等200多次，推动委员下到基层、工作干到基层、制度落到基层，广大干部群众在协商中更加了解政协，有事主动找政协协商的意识明显增强。

（二）厚植了党的群众基础，政协在基层治理中的作用更加彰显

人民政协承担着政治协商、民主监督、参政议政职能，在社会治理体系中具有不可替代的重要作用。试点工作开展以来，各地始终坚持"党委中心工作推进到哪里，政协履职就要跟进到哪里"，坚持建言资政和凝聚共识双向发力，积极探索政协协商同基层社会治理相结合的有效形式，紧盯社会治理焦点，紧扣党政决策部署，既深入调查研究，认真论证分析，着力增强建言资政的前瞻性、精准性，又积极宣传党委、政府决策部署，反映人民群众呼声愿望，着力提升凝聚共识的针对性、有效性，切实把政协制度优势有效转化为基层治理效能。比如，成都市双流区政协着力打造"建言资政、聚智献策"和"增进共识、凝心聚力"两大平台，围绕全区公交线网优化工作开展多层次的协商活动，提出具体意见建议 144 条，促进了市民群众和公交部门之间的双向沟通和交流。南充市顺庆区政协围绕"问题楼盘"矛盾纠纷的多元治理，组建 4 支精通金融、法律、建筑等业务的委员小分队，深入调研、协商，推动了相关问题的有效解决，促进了社区和谐与稳定。

（三）解决了一批事关群众切身利益的问题，政协协商更接地气

社会治理的重点在基层，大量的民生问题需要协商解决。各试点区县坚持协商于民、协商为民，把教育医疗、养老住房、生态环保、社会治理、精准脱贫等群众反映强烈的民生问题作为协商议事的重要内容，组织政协委员与相关部门、群众代表进行协商讨论，形成协商共识，提出协商建议，解决了一批群众关心关注的热点难点问题，让广大群众深切感受到政协离得近、委员在身边。比如，泸州市合江县政协针对尧坝古街社区居民关注的电路老化等问题开展院坝座谈协商，促成落实 100 万元完成古街电路改造，有效解决了群众身边的烦心事。绵竹市天池村通过院坝协商，推动新建综合农贸市场，解决群众生活购物困难，实现众人事由"少数人说了算"向"大家商量办"转变。

七 基层政协协商的经验启示与优化向度

实践证明，开展"有事来协商"平台建设，完善了政协协商的制度程序和参与实践，搭起了基层政府与群众"零距离"协商的平台，抓住了县级政协工作的"牛鼻子"，推动了政协高质量履职。但是，从试点工作推进的情况来看，还存在政协协商与基层治理的衔接机制不健全、参与者协商能力和水平有待提升、协商结果转化运用的成效不高等突出问题。在下一步工作中把"有事来协商"平台建设做得更扎实，让这一工作品牌更接地气、更富实效、更具影响力，需要我们着力把握好四个方面的关系。

（一）经验启示：正确把握好四大要素

1. 商前调研是"有事来协商"活动的前提基础

没有调查就没有发言权，要真正促进问题的解决，就必须进行科学有效深入的调研。从调研的准备上看，要厘清重点和方向。只有坚持带着问题去调研，通过调研摸清利益相关方各自诉求、议题背后主要矛盾点和问题症结点，从而对调研的目的方向、方法步骤、组织保障等做好准备，才能做到有的放矢。

2. 平等协商是"有事来协商"活动的有效路径

小微协商直面群众的切身利益和诸多矛盾，必须真协商、真议事，而平等协商、充分协商是做到真协商、真议事的关键一环。这就要求在选取人员上，要尽力选择热心公共事务、责任心强、善表达的委员和群众参与。在座谈协商中，将梳理的重要观点在会上探讨，可以设置回避环节，逐层反映意见建议。

3. 成果转化是"有事来协商"活动的关键环节

在协商中，要充分发挥政协组织和政协委员的牵头作用，商请党政有关负责同志到现场介绍情况，及时回应相关意见建议。协商会后要及时汇总整理协商意见，向党委、政府报送协商成果，与区委目标绩效管理办公室保持有效沟通，积极推动健全成果的采纳、落实和反馈机制。

4. 凝聚共识是"有事来协商"活动的最终目的

"有事来协商"活动涉及群众的切身利益，可以让党政领导与群众面对面交流、心与心互换，是凝聚共识的有效载体。"有事来协商"活动体现了以人民为中心的发展思想，传递了党政领导和部门对民生问题的关切，区政协通过组织"有事来协商"活动，为党政部门宣讲政策、介绍情况提供平台，通过与群众有效沟通交流，达到凝聚共识的目的。

（二）优化向度：妥善处理好四大关系

1. 正确把握和处理党委领导与政协搭台的关系

协商民主是实现党的领导的重要方式，协商民主必须在党的领导下进行。开展"有事来协商"活动，既要牢牢把握正确政治方向，始终在党委的统一领导下进行，又要充分发挥政协党组把方向、管大局、保落实的重要作用，积极主动开展工作。政协党组要自觉贯彻落实党的路线方针政策，自觉把党委的决策部署与政协履职结合起来，认真落实请示报告制度，坚持协商议题必须经党委审定、协商方案必须报党委批准，确保协商议事活动不偏向、不走样。人民政协参与基层协商，必须坚持主要工作是协商、主要方式是搭台，发挥优势、主动作为，做到找准定位不越位、精准补位不包办，以高质量的履职成效服务中心大局。比如，一些地方探索开展的村级协商议事会，既要做到不越俎代庖干预村务，也要积极建言、务实作为，拓展乡村协商民主实践，协力村级事务管理，助推基层治理能力和水平的有效提升。

2. 正确把握和处理规范协商与灵活协商的关系

人民政协是具有中国特色的、体现"我有你没有、我能你不能"政治优势的政治组织和民主形式，开展政协协商是一项严肃的政治活动，对制度化规范化程度要求较高。但基层政协协商与群众联系紧密、参与主体多元，协商议事的途径和形式需要更加多样，组织实施的过程也需要更加机动和灵活。因此，要着力推动协商活动制度化，对协商的议题提出、参与主体、协商程序、协商频次、协商成果和督办落实等，要形成系统完备的制度规定并在实践中逐步完善，确保协商活动开展有制可依、有规可守、有章可循、有序可遵。同时，要在坚持建章立制、规范运行的基础上，适应基层协商的特点和要求，因地制宜加强实践探索，从会场到现场，从线下到线上，从集中到分散，从综合到专题，打造有特色、易操作、成效好的协商议事平台。充分运用"互联网+大数据"技术打造全新委员履职平台，方便委员随时随地提交提案和反映意见建议，开展微协商，实施微监督，提升协商的灵活度和实效性。

3. 正确把握和处理建言资政与凝聚共识的关系

从试点工作开展情况来看，基层政协重建言资政、轻思想政治引领的状况还不同程度存在，虽然在各类协商会议、提案、社情民意信息、大会发言等方面形成了比较健全的制度和办法，但在如何做好政策宣传、社会引导和凝聚共识方面，则相对缺乏深入研究和相应制度保障。在推进基层政协协商民主建设过程中，要自觉把凝聚共识融入协商议政中，在建言成果、思想收获上一体设计、一体落实，让建言资政和凝聚共识有机融合、相互赋能。一方面，要紧扣中心协商建言，围绕决战决胜目标任务、统筹疫情防控和经济社会发展，聚焦做好"六稳"工作、落实"六保"任务等重点工作积极建言资政，助力党委和政府科学决策、民主决策，助推党委和政府工作部署落地落实。另一方面，要在协商议政中加强思想政治引领，团结一切可以团结的力量，同心同德，群策群力，协助党委和政府多做解疑释惑、宣传政策、凝聚共识、汇聚力量的工作，夯实共同思想政治基础，切实把党委和政府的决策部署与对政协工作的要求落实下去，把改革、发展、稳定的最大共识凝聚起来。

4. 正确把握和处理扩大群众参与和强化委员主体的关系

社会主义协商民主是中国特色社会主义民主政治的特有形式和独特优势，是中国共产党的群众路线在政治领域的重要体现，协商活动应充分体现人民性和公开性。从试点工作情况来看，广大群众的参与意识明显增强，但参与的覆盖面不够广，影响了协商议事活动的代表性。要大力弘扬协商文化，坚持"不抓辫子、不打棍子、不扣帽子"的原则，大力营造畅所欲言、各抒己见的良好协商氛围，增强广大群众参与政协协商的主体意识和权利意识，扩大群众参与覆盖面。积极推进政协协商向基层延伸，充分运用好乡镇（街道）委员联络站、村（社区）委员联络组等形式，大力开展多种形式的小微协商，为基层群众参与政协协商创造更多机会、搭建更宽平台。专门协商机构作用发挥的关键在于委员主体作用的充分发挥，只有把委员队伍组织起来，把委员履职积极性调动起来，才能提高基层政协履职的整体效能。要完善多层次委员联络服务制度，把委员履职平台建设作为激发委员履职活力的重要抓手，通过创设委员履职小组、委员之家、委员工作室等有效平台，为委员行使权利、履职尽责创造更加便捷的条件，推动委员工作下沉。加强委员履职管理，建立和完善委员的考核激励机制，强化委员履职考核结果运用，充分调动委员履职尽责的积极性。紧紧围绕"懂政协、会协商、善议政"的重要要求，坚持分级培训和集中培训相结合，加大委员培训力度，不断提升协商议政的专业精神和专业素养，全面增强委员履职本领，努力提高协商建言质量。

第五章 数字化治理的实践模式与优化路径

——以浙江省"数字乡村"实践经验为例[*]

以浙江省"数字乡村"实践经验为例[*]的脚注

一 浙江省"数字乡村"理论背景

当前，新一代信息技术创新空前活跃，不断催生新技术、新产品、新模式，推动全球经济格局和产业形态深度变革。党的十八大以来，以习近平同志为核心的党中央高度重视网络安全和信息化工作，作出一系列战略决策，统筹推进网信事业快速发展。农村信息基础设施加快建设，线上线下融合的现代农业加快推进，农村信息服务体系加快完善，进一步发掘数字化在乡村振兴中的巨大潜力，促进农业全面升级、农村全面进步、农民全面发展，是实现乡村治理现代化的重要举措。

立足新时代国情农情，要将数字乡村建设作为数字中国建设的重要方面，加快信息化发展，整体带动农业农村现代化发展。进一步解放和发展数字化生产力，注重构建集知识更新、技术创新、数据驱动于一体的乡村发展政策体系，注重建立灵敏高效的现代乡村社会治理体系，开启城乡融合发展和现代化建设新局面。浙江互联网大省和数字经济发展先发地的良好发展环境，使浙江数字乡村建设具有独特的优势和良好的基础。"十四五"时期，浙江省坚持"系统观念、创新驱动、数字赋能、示范引领"的要求，充分利用自身经济、科技优势，发挥数字技术亮点，创新乡村数字治理工作，以

---

   * 执笔人：胡云，华中师范大学政治与国际关系学院讲师、硕士生导师，研究方向为历史政治理论、监察政治、比较政治学。

数字化改革撬动各领域变革，形成了具有代表性的乡村数字治理实践，诸如德清县"14136"模式、临安区的"135N"模式以及平湖市和慈溪市共有的"1115N"模式，其着眼于农业高质高效、乡村宜居宜业、农民富裕富足，高水平推进农业农村现代化建设，为推进数字乡村建设高质量发展，助力乡村全面振兴提供了有益经验。

二　浙江省"数字乡村"典型模式

2020 年首批国家数字乡村试点地区名单公布。其中，浙江的德清县、临安区、平湖市、慈溪市成功入选。经过两年多的探索与实践，这四地已经在浙江省数字化治理的大旗指引下，整合业务数据和信息资源，基于省电子政务基础设施，搭建数字"三农"协同应用平台，涵盖 1 个大数据中心、1 张全域空间信息图、1 个数字化工具箱、1 个"网上农博"平台、五大领域核心业务应用，形成了各具特色、独具一格的新型"数字乡村"治理模式，对其进行有效的分析与总结，有助于进一步推进"数字乡村"的改革，得出具有标准化模式的推广经验，进而使数字化治理向纵深方向推进。

（一）"14136"模式——德清县

德清县作为浙江省首批美丽乡村示范县之一，同时又是联合国世界地理信息大会举办地，拥有良好的美丽乡村和数字技术发展基础。近年来，德清县委、县政府高度重视数字乡村建设工作，深入推进"一中心、四平台、一张图、三应用、六工程"数字乡村"14136"模式（见表 5-1），完善乡村信息基础设施和数据资源体系，加快培育乡村数字经济新业态，不断创新乡村数字治理新模式，积极构建乡村智慧服务体系，全面提升农业农村治理数字化、生产智能化、经营网络化、服务便捷化水平，为实现乡村全面振兴提供有力支撑。

表 5-1 德清县的数字乡村"14136"模式

一中心	四平台	一张图	三应用	六工程
即打造一个统一的乡村数据底座,制定农业农村数据标准规范	即打造乡村智治、智慧农业、智慧服务、综合决策等四大云服务平台	即深入打造一张动态交互的数字乡村全景图,以用于实时动态呈现、分析乡村规划、经营、环境、服务、治理状况,为数字乡村建设提供辅助	即数字治理、数字兴业、数字惠民三大应用领域	即数字乡村建设的六大工程,包括信息基础设施提升工程、乡村数字治理护航工程、智慧农业示范工程、创业创新引领工程、农村网络文化培育工程、信息服务深化工程

在实践中,德清的数字乡村建设主要体现在生产、生态、生活三大层面。一是以数字促生产,实现乡村"智富"。安排财政资金 1700 万元,推进"智能农业三年行动计划",提升农业数字化水平。推动农业生产智能转型,已建成 1 个智慧农业云平台、10 个智能农业示范园区、100 个数字应用示范园(场)、3200 个农业物联网应用示范点。加大数字农业经营主体引育和扶持力度,引进实施 20 个智慧农业项目,总投资达 3.5 亿元。建立农产品质量安全动态监管平台,构建"从农田到餐桌"追溯体系,成功创建"国家农产品质量安全县"。二是以数字优生态,实现乡村"智美"。围绕打好生态环境整治组合拳,创新打造城乡协同的信息化管理监测系统,搭建起"县镇村一体、水陆空合一"的"生态防护网",全县全年空气优良天数超过 330 天,县控监测断面水质均达Ⅲ类以上。全面启用全省首个农村环境卫生全域整治智能检测系统——德清·居系统,运用无人机督查、遥感影像等数字技术对全县行政村进行地毯式排查,在农村人居环境整治"百日攻坚行动"中共摸排问题点位近 6 万个、清运处理垃圾近 11 万吨。三是以数字提服务,实现乡村"智治"。以莫干山镇五四村为试点,打造乡村治理数字化平台,探索智慧乡村治理新模式。聚焦乡村规划、乡村经营、乡村环境、乡村服务和乡村治理五大板块,构建"数字乡村一张图",以"一图全面感知"的方式实时掌握乡村生产、生活、生态变化。截至 2022 年 10 月,平台已实现 141 个行政村(社区)全覆盖,为全省乡村治理数字化提供"德清经验"。

（二）"135N"模式——临安区

临安区创新构建"135N"数字乡村建设体系，搭建 1 个"天目云农"数字乡村平台，聚焦乡村数字经济、数字治理、数字服务三大重点，创建青山湖"城乡融合"全域治理集成等五大创新示范区，构建数字乡村应用的系统基础。平台归集全域涉农数据，已打通 18 个部门数据。在完善信息基础设施方面，全区建设 4G 基站 3000 多个、5G 基站 997 个，开发智慧农村总平台和 60 多个个性化子平台，平台产品和高速宽带惠及近 5 万户农户。

聚力数字经济，全面推动乡村产业业态升级。临安区大力推动智慧农业建设，创新开发"山核桃"和"天目雷笋"两大产业"大脑"，加快推进农业现代化。全区每年安排专项扶持资金 1000 万元，实施电商高质量发展三年行动计划，累计培育省级电商镇 4 个、省级电商专业村 27 个，电商服务站点实现行政村全覆盖。在全省率先成立"新农人"联合会，吸引近 600 名新乡村精英返乡创业。大力发展智慧乡村旅游，打造天目村落、天目山宝等"天目"系列农业农村区域公共品牌，全区 14 家村落景区运营商与 22 个村集体完成合作签约，村民人均增收 2400 元。

聚力数字治理，全面推动乡村治理形态升级。临安区构建共建共治共享新格局。①创新设立村社微型法庭工作室，打通司法便民"最后一公里"。②在"天目清廉乡村"平台公开村级财务、村级工程资产资源、民生补助、农民建房等内容，规范基层权力运行。自 2021 年以来，通过平台开展民主决策监督 3804 次、村级财务监督 4152 次，发现违规问题 223 起。③营造"防灾天目"应用场景，以"微应急"科学防控地质灾害。全区 2021 年已有效避让地质灾害 124 起。④打造社会治理风险预测预警预防体系，以"微预警"精准研判各类风险。截至 2021 年 11 月，形成预警信息 308 条，化解各类风险隐患 283 起。⑤打造青山湖街道"青和翼"全域智治平台，实现民生问题"一键反馈"、基层执法人员人人参与。2021 年 11 月已处置"民呼我为"报料 3700 余起，平均处置时长减少至 8.7 分钟，流转处置率达 100%。

聚力数字惠民，全面推动乡村服务样态升级。紧紧围绕人民群众"急难愁盼"问题，临安区着力提升住房安居、普惠金融、医疗卫生等领域服务保障水平。在住房安居方面，临安区创新农房全生命周期综合管理服务应用，实现农房审批办证"零材料"、建房监管"零盲区"、贴心服务"零距离"、安全管理"全覆盖"。在普惠金融方面，临安区加大农信融资担保支持力度，推出"天目云贷"，依托农业生产主体信用评价体系和"浙农码"核定授信额度，最快2个工作日放款，最高获批200万元。同时，开设政策性险种24种，总计承保46万余户（人），保额14.76亿元，累计赔付800余万元。在医疗卫生领域，临安区全力推进智慧教学、远程医疗、智慧养老建设，如面向高血压、糖尿病等慢性病患者投放穿戴设备，实行全天候健康监测、全过程异常报警、全时段远程诊断服务，服务群众达8.6万人次。成功举办全市数字乡村现场会，数字乡村建设被列为全省农业农村领域共同富裕典型案例，相关经验得以在全国数字乡村建设工作现场推进会上交流，林业特色产业基地数字化改造等6条意见被中央网信办纳入《数字乡村建设指南1.0》……临安区正在持续推进乡村振兴走深走实，推动共同富裕走快走好，让群众幸福生活看得见、摸得着。

（三）"1115N"模式——平湖市和慈溪市

近年来，平湖市和慈溪市先后入选了省级数字乡村试点示范市县、省级乡村振兴产业发展示范名单，形成了具有各自特色的数字乡村发展格局。其中最为典型的便是两者都形成了以数据支撑为核心的"1115N"模式（见表5-2）。

表5-2　平湖市和慈溪市的数字乡村"1115N"模式

1	1	1	5	N
1个大数据中心	1个大数据分析平台	1个数字驾驶舱	以数据赋能生产管理、流通营销、行业监管、公共服务、乡村治理五大应用领域	打造N个智能化、数字化应用

平湖市高度重视乡村数字化建设,经过一年多的探索实践,如今已形成"1115N"架构的新型平湖治理格局,具体体现为以下三大方面。一是"数字"助力农业产销升级。不断加大对农业生产、经营、管理等全产业链的数字化改造。聚焦粮食和本市五大农业主导产业,先后建成涵盖蔬菜、食用菌、林果、水产等产业的农业物联网技术示范应用基地13个,实现计算机对植物生长的温度、光照、二氧化碳浓度等的自动控制,大数据可视化分析平台可实现对农产品的销售情况、增长趋势、基地实况等的实时掌握。同时,推动"金平湖"农产品区域公用品牌先后与京东农场、盒马鲜生、戴梦得等平台合作,上线"金平湖"品牌农产品20余种,2021年销售规模超过5.5亿元,产品平均溢价达到10%以上。二是"数字"守护"舌尖上的安全"。建立平湖市智慧农业云平台,全市80%的农作物实现生产可控、安全可视、线上监管,802家规模生产主体全部被纳入信息库,实行"追溯+合格证"管理,上线以来开具农产品质量合格证1556万张,涉及农食用农产品3.3万吨。同时,不断从源头上加强投入品安全监管,全市90家农药经营单位配备"人脸识别"一体机,对农资生产、批发、零售、使用、回收的各个环节进行全程数字化监管,落实农药实名制购买率100%。三是"数字"激活乡村治理新动力。在原有"股权分红+善治积分"基层治理模式基础上,将平湖市沈家弄村、通界村作为试点,实行善治积分数字化管理,开发农户"善治宝"积分管理系统。村民可通过手机终端"善治宝"微信小程序动态了解积分加减明细、村内排名,并通过积分排名兑换公交卡、健康体检卡等特定公共服务,实现村域治理数字化。目前,"善治宝"1.0版已具备积分分红、积分换物、三务公开、专家问答、农民培训、供需发布等功能,700余户村民正在使用。

慈溪市同样在"1115N"的架构基础上,通过打造"一中心一平台五应用",即建成1个市农业农村大数据中心,搭建1个三农数字化工作平台,拓展生产管理、流通营销、行业监管、公共服务、乡村治理等五大领域数字化应用,实现农业生产管理高效化、农业服务便捷化、乡村治理数字化等目标,努力打造全国数字乡村建设先行区。慈溪市抢抓数字经济机遇，推进数字引领，紧紧围绕生产、销售、治理等三个方面，加大政策扶持力度，强化项目落地，推动数字乡村建设工作取得明显成效。依托科技创新，探索数字生产新模式。积极开展数字工厂、数字园区数字农场试点建设和种养基地数字化改造工作，引进先进技术、智慧模式，大力推广物联网农业和智能控制系统，基本完成正大蛋业、瑞丰农业、海通食品3家数字工厂建设，完成种养基地数字化改造15个，并引入宁波地区首台无人驾驶插秧机。通过网联网营销，抢占市场营销新份额。出台农产品电商扶持政策，通过快递费和线上宣传推介费奖励的形式，鼓励农业主体探索电商销售新模式，农产品电商销售额达11亿元；利用甬农鲜、慈溪农业农村微信公众号等平台，累计开展各类农产品线上宣传推介活动10期，直供直销配送超26.5万单，配送农产品2340吨。强化智能服务，推动乡村治理新风尚。推进"互联网+政务服务""互联网+监管"等工作，着力破解农业农村领域政务服务难题，52项涉农服务项目实现"掌上办"，乡村治理"双随机"事项覆盖率达到100%，现场掌上执法率达到90%以上。

三 浙江省"数字乡村"经验做法

（一）探索乡村"智治"新模式，提升了乡村治理现代化水平

浙江省因地制宜推进4个国家数字乡村试点县和15个省级数字乡村试点市、县建设。依托城市"大脑"，构建乡村数字化治理"1+N+5"框架体系，即打造1个大数据底座，建设N个应用支撑体系，积极推动乡村规划、乡村环境、乡村服务、乡村经营、乡村治理五大领域数字化，实现协同高效的政府治理。浙江省率先探索"一图全面感知"乡村数字化治理的新模式，构建村情民意、遥感监测等"问题事件工单"流转处置机制，形成乡村治理全过程数智化监管。

以湖州德清县为例。德清县是田园综合型数字乡村的代表，通过整合

50 多个部门的数据，实现"数字乡村一张图"141 个行政村（社区）全覆盖，在全省率先探索出了"一图全面感知"乡村"智治"新模式，提升了乡村治理现代化水平。德清县在 2020 年 10 月率先发布了《"数字乡村一张图"数字化平台建设规范》和《乡村数字化治理指南》等两项县级地方标准规范，良好的政策吸引了各类社会资源助力数字乡村建设，取得更为显著的成绩。例如与淘宝合作打造的共享直播平台，大幅提升了当地农民农产品的收益。与喜马拉雅合力建设的乡村数字图书馆，在弘扬文明乡风的同时，也丰富了乡村文化。另外，德清县也致力于简化村民的办事流程，推动乡村数字医疗和智慧养老项目，不断完善健康预警机制。接下来，德清县将实施城乡三维地图建模、乡村治理多规合一应用等多个重点项目，着力提升乡村振兴和治理能力。

例如，2019 年嘉兴平湖市制定出台了《平湖市数字农业建设三年行动方案（2018—2020 年）》，起草编制了《数字农业农村发展规划（2020—2025 年）》，以业务协同、数据共享和互联互通为主要目标，逐步优化农业农村大数据平台，构建天地空全域地理信息图，推动农业生产经营管理服务以及乡村治理的数字化应用，围绕特色优势产业，以农业绿色发展、质量兴农为主要目标，重点建设平湖市数字乡村大数据中心等，提升了数字乡村建设的效果。平湖市不但关注产业发展过程中的生态环境建设，通过数字化技术着力构建绿色生产体系，开展绿色生产技术工程和生态系统监测工程，而且基于"互联网+"思维，推动相关农业服务，提升乡村治理水平。该模式的借鉴意义在于可为数字乡村建设中如何深化绿色产业体系和乡村人居环境治理体系提供重要思路。

同样地，数字治理在基层监督层面也发挥着巨大的作用。用"算力"代替"人力"发现基层公权力潜在问题，是基层监督数字化改革的重心，也是基层监督"最后一公里"能否实现"智治"的关键。浙江省纪委监委用监督模型把海量数据和监督需求连接起来，通过数据抓取、碰撞比对等，动态感知、精准识别基层公权力运行中的廉政风险，实现监督从线下到线上、从事后到事前、从"瞪大眼睛看"到"数据碰撞算"、从单独作战为主到全面贯通融合的转变。安吉县纪委监委以"村务清"公开和监管平台为抓手，创新村级事务管理模式，群众足不出户就能对村级"三资"使用、工程建设、民生资金发放等情况进行实时查看和监督，发现问题及时反映举报，真正将基层监督的触角覆盖到群众身边。

（二）以数字惠民为核心，提升了"联动式"政务服务能力

国家"十四五"规划和2035年远景目标纲要提出："以数字化助推城乡发展和治理模式创新，全面提高运行效率和宜居度。"数字社会建设，就是运用数字技术解决社会公共问题，为老百姓解决生活中的痛点、堵点和难点问题。浙江省在致力于开发数字惠民平台的同时，也重视服务的普惠性，让科技进步惠及更多群众。因此，在城乡一体化发展框架下，推动数字技术与农业农村基础设施融合发展，提升乡村治理数字化水平；不断降低技术门槛，帮助特殊群体跨过"数字鸿沟"，享受均等服务等。以数字信息化平台为媒介，让智慧城市建设造福人人，是数字中国建设的题中应有之义。

杭州市萧山区临浦镇推进乡村数字化治理成绩不凡。近年来，杭州市萧山区临浦镇党委、政府，忠实践行"八八战略"，奋力打造"重要窗口"，牢固树立以人民为中心的发展思想，创新手段、数字赋能、改革破题、创新制胜，针对乡村治理中村民诉求解决慢、信息沟通效率低、村级事务参与少等突出问题，以通二村为试点，依托"浙政钉"开发应用"平安钉"系统，构建高效乡村服务和管理体系。经过一年的运行、调试，临浦"平安钉"平台已形成了你钉我办、村民议事、信息报送、巡逻日报、一键呼叫、有奖答题、平安课堂七大功能板块，并通过推行村民积分结果应用，激发内在动力。34个村社平安分会、4410家个体工商户、702家规上规下企业、47家公复场所，现有组织架构人员达62172人，实现了"平安钉"的全域覆盖、全员覆盖，"平安钉"成为人人参与的全民钉、便捷有效的宣传钉、有呼必应的民生钉、专职跑腿的服务钉，生动叙写了全域治理体系和治理能力现代化的"萧山经验"。

无独有偶，临安区也利用数字化平台进一步提升了服务能力。2021 年 8 月 13 日 1 点 30 分，杭州临安清凉峰镇发生泥石流，道路、房屋多有损毁。幸运的是，在新上线的"临里安居"平台智能预警下，新峰村翁家自然村 20 户 50 人及时转移，成功避险，无一人员伤亡。这已经不是"临里安居"平台第一次发挥作用——2021 年第 6 号台风"烟花"来临时，平台共成功预警 8 起临安风险区内发生的地质灾害险情，有效保障了人民群众生命和财产安全。事实上，安全预警只是"临里安居"的一项功能，它的全名是"农房全生命周期综合管理服务应用"，对农房建设审批、开工、安全维护的各个环节都有覆盖。过去，农村建房耗时长、程序多、审批难，是一件困扰老百姓多年的烦心事。如今，"临里安居"上线后，建房审批流程精简为"零材料、零次跑、零填报、一键办"，再也无须反复线下申请、填报纸质材料。建房时，平台将工匠信息集成为工匠库，实行持证上岗，农户在线就能自主选择工匠，施工过程中还能对工匠进行"打卡管理"。房屋建成后，平台建立"一库一图一码"安全监测系统，对农房后期维护进行全方位管理，也就有了成功避险泥石流的神奇一幕。目前，"临里安居"已在"浙里办"上线，农户只需登录即可享受农房全流程线上管理的舒心服务。

（三）打造完善信息化平台，推动了乡村"农旅融合"产业的发展

数字乡村建设通过提升乡村数据汇集服务能力、推动应用智能化农业生产经营手段、深化农产品营销数字化应用以及完善农产品质量安全追溯体系等多种举措，为当地农产品电商发展注入新的活力，并逐步成为已经具备电商基础的地区开展数字乡村建设的主要模式。浙江省积极发展"互联网+"，通过推动农产品出村进城工程，开展农产品物流中心、产地仓储、冷链物流等基础设施建设，发展村淘服务站和鼓励农业主体建立网销体系等多种途径，培育了一批具有较强竞争力的县级农产品产业化运营主体和农产品品牌。探索"农产品+旅游"新模式，充分利用旅游资源，通过产品包装、广告宣传等方式，拓展销售渠道，实现农村电商融合发展。

浙江省以地理信息产业为核心，按照坚持产业发展特而强、功能叠加聚而合、建设形态精而美的特色小镇创建要求，打造德清地理信息小镇。以市场为导向，引入第三方机构，注册成立公司，以市场机制运营产业创新服务综合体，积极发挥市场在资源配置、服务创新创业主体、日常运营等方面作用。例如，杭州市临安区早在2017年就入围阿里巴巴全国"农产品电商50强县"，已经形成了较为成熟的农产品电商产业销售体系。从2017年至今，临安区已经建立了1个跨境电商产业园、4个众创空间、4个省级电商镇和19个电商专业村。整个临安区共有425个各类电商服务站点，覆盖了270个行政村，形成了以"互联网+山核桃"为特色的临安电商模式。

浙江省在开展数字乡村建设活动中，也通过数字信息技术保障当地特色农产品的高质量生产，逐步构建"高、精、尖"的特色产业体系，为全省农业品牌的建设提供强有力的支撑。以金华市浦江县的数字乡村建设为例。浦江以"浦江葡萄"为主要产业，深挖葡萄产业的价值，并且以乡村产业大数据中心为基础，推动葡萄产业数字化应用，推动深加工技术研发项目的持续开展，这些举措在浦江县葡萄品牌打造方面作出了巨大的贡献。浦江县数字乡村战略模式对于已经拥有了特色产业但尚未形成特色品牌的地区有着非常重要的借鉴意义，对于全省以及全国各乡村地区形成专属的农业品牌也具有重要的参考价值。

湖州市安吉县以做强白茶支柱产业为前提，通过不断建设完善的信息化平台来推动乡村"农旅融合"产业的发展，目前安吉县的169个行政村已经全部覆盖4G网络，而且全县90%以上的农户都连接上了互联网，普及率远高于全国平均水平。安吉县借助完善的信息网络系统，大力发展乡村旅游，推动"农旅融合"产业发展，立足田园风光、生态资源和民俗文化等资源优势，以农业为基础，大力发展休闲农业与乡村旅游，形成了以休闲农业、采摘体验和农耕体验为主的休闲农业与乡村旅游供给体系，增加了就业岗位，转移了剩余劳动力。该模式对于如何推进"农业+旅游业"的数字乡村建设具有重要的参考价值。

四　浙江省"数字乡村"优化路径

"全域数字化治理试验区",要求在全面数字化转型中推进系统性变革,以数据思维打破责任壁垒,推动服务流程再造,在构建"全链条协同机制"中形成更广泛合力,建立跨地区、跨部门、跨层级的协同工作平台和相应管理机制,为大数据时代县域治理体系和治理能力现代化提供先行实践经验。基于德清、平湖、临安、慈溪的实践,建议在推动省域数字化治理过程中更加聚焦以下几点。

(一)聚焦乡村数字新基建,夯实数字乡村发展底座

围绕数字浙江建设"三农"领域短板,实施高水平推进农业农村现代化补短板建设行动,谋划实施一批乡村数字新基建重大项目。到 2025 年,5G 基站基本覆盖乡镇、重点行政村和"农业两区",智能化农产品仓储保鲜冷链设施覆盖全省各乡镇。

1. 新一代信息基础设施建设

推进城乡网络一体化建设,将通信基站、管道、杆线、机房等建设全面纳入乡村建设规划,率先统一城乡网络规划、建设、服务等标准,尽快实现农业主体信号全覆盖。加快乡村信息基础设施升级换代与普及覆盖,有序推进 5G 网络建设应用和基于 IPv6 的下一代互联网规模部署,加快推广北斗卫星导航系统和遥感技术在农业农村的应用。建立乡村信息基础设施建设网络安全快速联动工作机制,落实网络安全等级保护措施。

2. 乡村传统基础设施数字化改造

利用互联网、物联网、云计算、大数据、5G、人工智能、区块链等新一代信息技术,加快推动乡村水利、公路、电力等生产生活基础设施数字化改造,高水平推进"四好农村路"建设,持续推动城乡一体化和农村规模化供水,积极推广天然气、太阳能等清洁能源。在统筹利用已建自动感知终端设备基础上,构建广覆盖感知网络。针对浙江省山区洪涝、台风等自然灾

害多发特点，通过增加通信、电力、气象等网络布点，加密地质灾害隐患感知设施，消除信息获取盲点，提高应急预警能力，保障农业生产安全和农民群众生命安全。

3. 农村智慧物流体系建设

整合交通、邮政、商务、农业农村等部门现有资源，推进农产品仓储保鲜冷链物流智慧基础设施建设，打通农产品出村进城"最先一公里"和"最后一公里"。依托"浙冷链"冷链食品追溯系统，支持建设集在线交易、信息发布、位置跟踪、质量追溯、技术咨询、产业动态分析等功能于一体的区域性第三方冷链物流资源公共信息服务平台，扩大农村冷链物流产品监控和追溯覆盖范围，提高设施利用率和流通效率。支持农产品冷链细分领域的第三方数字化服务平台向乡村延伸，整合农村中小冷链企业资源，深度应用物联网、人工智能、区块链、5G等新技术，实现冷链运输全程监控、冷链产品温控追溯和全程管理信息共享。到2025年，基本实现农村"冷链成网"。

（二）聚焦乡村产业数字化，推进乡村经济全面振兴

推动数字技术与农业农村经济深度融合，促进农村三次产业融合发展，加快农业生产经营、流通营销等数字化改造升级，强化要素管理对产业融合的导向作用，发展多类型农村产业融合方式，建立多形式利益联结机制，开展农村产业深度融合试点，探索产业链延伸、农业功能拓展、多业态复合等产业融合发展新模式，推进乡村经济全面振兴。

1. 推进农业生产数字化

围绕生产效能提升和人力成本下降，提高农业生产终端监测和数据分析能力，推进数字技术与种植业、畜牧业、渔业生产深度融合应用。推进数字种业建设，探索智能服务应用模式。建设"数字农田"，推进全省高标准农田、粮食生产功能区、永久基本农田、耕地（分水田、旱地）和农用地"一张图"管理，为农业生产力布局、粮食生产功能区"非粮化"整治等提供决策支持。推进种植业数字化，推广环境温湿度调控、土壤肥力和病虫害监测等智能设施装备，加快水稻、小麦等大田作物数字化管理及数字植保等

应用建设，推动数字农业气象服务系统在现代农业中的应用，建设数字植物工厂和数字农业园区。完善林业大平台建设，推进实现统一规划、统一标准、统一入口、统一平台、统一管理，为建设以大数据为基础的现代林业治理模式夯实基础。大力推进畜牧养殖业数字化转型，建设数字牧场，推广通风温控、空气过滤、环境感知等设备应用，集成应用精准上料、畜禽体征精准监测、畜禽粪污处理、疫病疫情精准防控等技术，推进病死动物无害化处理、动物检疫防疫、屠宰管理等数字化监管，实现规模化生猪养殖场数字化改造全覆盖。积极发展智慧渔业，实施渔业领域"机器换人"行动，构建基于物联网的水产养殖生产和管理系统，打造数字渔场。以宁波、温州、舟山、台州等地的国家级海洋牧场示范区为重点，推进可视化、智能化、信息化系统建设，全面推广北斗卫星导航系统和遥感技术在海洋捕捞中的应用，积极发展渔业船联网。发展智慧农机，推进智慧农机示范基地建设，加快农机智能终端装备的配备应用，全面提升农业设施装备水平。数字赋能山区26县跨越式发展，构建"绿色+智慧"的山区产业体系。到2025年，建成数字农业工厂400个，示范带动规模化种养基地完成数字化改造3000个。

2. 推进农村电商发展

实施电子商务进农村综合示范工程、"两进一出"（进村、进厂、出海）工程、全国试点快递进村工程，推进快递网点和电商配送行政村全覆盖，建设一批电商专业镇和电商专业村，提高流通效率，提升服务体系标准化水平。支持电商平台积极下沉市场，促进农村地区重点产品的换代消费。实施"互联网+"农产品出村进城工程，加快农产品销售物流体系数字化改造，构建完善农产品产供销一体化系统，做大做强"网上农博"平台。大力培育直播电商、跨境电商等新业态，开展云展销、云洽谈等活动，培育新零售模式。加快数字农合联建设。到2025年，全省年交易额亿元以上农产品批发市场全部建成数字化交易系统，建成电子商务专业村2200个，农产品网络零售额达1800亿元。

3. 数字赋能农文旅体融合发展

推进"互联网+"农村经济创业创新，开展特色农产品、农村工艺品、民宿餐饮、乡村旅游线路直播宣传推介，发展体验农业、众筹农业、定制（订单）农业、共享农业、云农场等"互联网+农业"新业态新模式。推动美丽休闲乡村（渔村、农庄）、农家乐（民宿）、乡村康养和文创基地等开展在线经营，大力发展乡村体育休闲、户外运动等产业，培育发展冰雪运动、数字体育等新业态新场景，推动农文旅体融合发展。开展清新空气（负氧离子）监测网络建设，加快新型服务业、休闲旅游等数字化建设，培育数字乡村新业态。

（三）聚焦乡村服务数字化，激发服务新业态活力

围绕农民群众在教育、医疗、养老、救助、信息等领域需求，按照"补短板、强弱项、提质量"的要求，实施乡村数字服务系统建设工程，数字化赋能农村社会事业，加强与城市"大脑"链接应用，创造性探索"一件事"集成协同场景，培育打造一批数字乡村"最佳实践"全省共享共用模式，持续推动公共场所服务水平大提升，推进公共服务供给创新，完善优质公共服务资源统筹共享机制，大力推动城乡基本公共服务均等化。到2025年，乡村信息服务体系建立健全，农民办事努力实现"办事不出村"，广大农民群众的获得感不断增强。

1. 推进农村公共事业数字化

加快乡村教育信息化，提升乡村中小学"宽带网络校校通"水平，推进智慧校园建设，推广城乡同步课堂、校园电视台、远程专递课堂、教师网络研修、名师网络课堂等形式，推动城乡义务教育优质均衡发展，实现"互联网+义务教育"乡村学校结对帮扶全覆盖，建设新时代城乡教育共同体。推进农村"互联网+医疗健康"建设，引导医疗机构发展远程医疗平台和互联网医院，向农村地区提供远程医疗、远程教学、远程培训等服务，加快实现城乡居民基本医疗保险异地直接结算、社会保险关系网上转移接续。基于"浙里办"打造"一站式、全方位"的国民医疗健康专区，推进挂号、接种、体检、检查等分时精准预约，实现医保参保、零星报销、参保转移、个账共济等功能，优化在线取号、排队叫号等掌上便民服务，推广检验检查

报告、健康体检报告、电子处方信息、电子健康档案等共享开放，完善电子健康证明、互联网医院等公共服务应用。

2. 推进农村社会保障数字化

开发完善农村智慧养老管理服务应用场景，加快推动养老服务信息平台建设，积极发挥互联网在助餐服务、居家养老上门护理服务、康复辅具租赁等养老服务方面的重要作用，探索成熟可复制的乡村"智慧养老"模式。持续推进大救助信息系统迭代升级，着力推进农村困难群众救助"一件事"改革，实现困难群众社会救助、特殊群体救助、公用事业民生补贴等14项民生补贴事项"一件事"一站式线上集成办理。完善"数字残联"平台，以残疾人全周期服务"一件事"为牵引，实现农村残疾人证办理、残疾人康复、教育、就业培训、社会保障、托养、家庭无障碍改造等相关业务一站式网上办理、个性化精准帮扶，同时实现残疾人人口信息的精准管理，确保部门数据共享的完整性和准确性。

3. 推进乡村数字服务应用

推进"互联网+政务服务"向乡村延伸覆盖。以"浙里办"为载体，持续推进"掌上办"集成优化，优化政务事项要素和流程，所有农业农村系统政务许可事项100%线上受理，加快实现网上办、掌上办。推进信息进村入户，加快益农信息社标准化规范化建设，迭代升级"农民信箱"，完善服务功能，建立广覆盖、便携化的村级信息服务体系，推动涉农服务事项一窗口办理、一站式服务。创新"跟着节气游乡村"地图应用，打造美丽乡村数字生活新服务应用场景。推进"互联网+法律服务"向乡村延伸覆盖。推进"乡镇街道公共财政服务平台+一卡通"建设，以"规范管理，便利群众"为原则，将所有到人到户的涉农补助和民生补贴财政资金纳入平台管理并使用"一卡通"发放，实现到人到户财政补助资金的精密智控。积极推广数字普惠金融，推进"零接触""不见面"金融服务。协同金融机构及金融科技企业等，推进农村信用体系建设，持续推进农户信用信息建档立卡工作，积极开展信用户、信用村（社区）、信用乡（镇、街道）的评定工作，促进农村信用体系建设与农村信贷投放有效联动。加大央行再贷款再贴现政策的定向支持力度，在农村地区推广"贷款码"。依托浙江省企业信用信息服务平台实现线上融资精准对接，支持农村新产业新业态、新型农业经营主体以及低收入农户发展。创新符合"三农"特质的专项信贷产品，优化对新型经营农业经营主体的授信服务，提高农户小额信用贷款覆盖率。推广移动办贷服务模式，鼓励为农村客户提供开卡、资料采集、贷款申请等上门服务。

4. 推进农民数字化素养提升

数字乡村建设要高度重视人才的作用，以多重政策来吸引人才和培养人才，争取留住人才积极服务于浙江省数字乡村建设工作，建立涵盖薪资、教育和医疗服务等内容的多方位的具有高度竞争力的待遇体系，为引入的人才分配与其专业能力高度契合的岗位，确定合理的人才晋升渠道。除此以外，建立健全激励政策，促进"两进两回"，全面激发乡村活力。充分发挥新乡贤作用，积极培育新型农民，深入推进千万农民素质提升工程，引导农民通过创业、就业、经营、持股增加收入，夯实共同富裕根基。

（四）聚焦乡村治理数字化，构筑基层整体智治体系

以构建乡村数字化治理新体系为重点，扎实推进数字乡村试点县建设，在体系平台、技术应用、政策制定、制度设计、发展模式等方面，探索建立与乡村产业发展、行业管理服务能力、农民生产生活水平相匹配的数字乡村发展模式。加快信息技术在乡村治理领域的推广应用，开发实用、好用的乡村特色应用场景，深化"三农"高效协同治理改革模式，建立健全上下贯通、横向联动的全方位、立体化、闭环式基层数字治理网格，切实提升乡村治理能力，构建党建统领"四治融合"的现代农业农村治理体系。到2025年，力争创建10个国家数字乡村试点地区，培育乡村智治示范村、镇100个，创建未来乡村1000个，打造乡村整体智治的浙江样板。

1. 深入推进自治、法治、德治、智治"四治融合"

坚持以数字化思维和手段，加强农村"四治融合"，推进乡村治理数字化应用，构建现代乡村治理体系，推行村级权力运行数字监督，创新农村集

体资金、资产、资源管理方式，推动党务、村务、财务网上公开，更好地发挥农村基层党组织在"四治融合"中的领导核心作用，开展"一肩挑"后基层治理体系变革落实年活动。完善基层民主协商制度，推广掌上"随心问""随手拍"等应用，丰富村民参与民主选举、民主协商、民主决策、民主管理、民主监督的载体与形式，推动基层治理主体多元化、方式智能化。加强乡村法治宣传教育线上化，健全农村公共法律服务体系，着力提升乡村治理法治水平。推进平安乡村建设，推动农村地区开展立体化、信息化治安防控体系建设，不断扩大"雪亮工程"建设覆盖面，实现重点公共区域视频监控全覆盖、全联网。优化建设"基层治理四平台"系统，打造网上网下事件处置联动体系。推进新时代文明实践中心建设，建设"文明大脑"综合数字平台，打造移动端网络传播主阵地。推进农村地区信用体系建设，大力推广"积分制"做法，培育优良家风，构建涵盖乡村治理的公共信用评价和信用联合奖惩体系。着力解决"数字鸿沟"带给老年人、残疾人等特殊群体的生活不便，防止滥用生物识别技术给广大人民群众和政府监管带来的信息安全风险，实现共建共治共享，不断提高乡村综合治理效能。

2. 建立健全精准的乡村环境监管治理体系

利用航空航天遥感技术、卫星导航系统等，基于全省国土空间基础信息平台，完善农村耕地、水域、农业气象、农业生物、林业、渔业等资源数据体系，推进乡村资源多规合一，强化乡村资源保护、利用和监管。推进数字化技术在农村生活垃圾分类处理、水源污染治理、大气污染治理、农业面源污染治理及厕所革命中的应用，构建农业土地资源、环境卫生、河道管理、生态保护等信息库，搭建农村生活污水、饮用水源、渔业水域、养殖污水、绿化等网络监测平台，推进人居环境数字化管理，提升农村人居环境水平。创新"农民建房一件事"改革，建立市、县、镇、村四级宅基地数字化管理网络体系，推进宅基地分配、使用、流转、纠纷仲裁管理等工作。到2025年，初步实现农村住房数字化管理。

3. 加强乡村优秀文化资源数字化保护

加强农村网络文化阵地建设，深化"礼堂家"网站、手机客户端建设，完善全省农村文化礼堂电子地图。依托"浙江智慧文化云",研究开发公共文化终端服务产品,推进乡村公共文化设施的智慧化管理、全领域服务,提高乡村公共文化数字化服务水平。加强乡村传统文化资源数字化保护和开发利用,建设历史文化名镇名村、民间艺术之乡、历史文化村落和重要农业文化遗产等资源库,丰富数字化公共文化产品。重点利用音视频等数字媒体技术,传承好乡村优秀农耕文化,利用数字媒体学,做好文化产品的包装和宣传,传播好浙江声音,扩大浙江文化影响力。推进乡风文明网络传播监督体系建设,加强网络舆论正面引导和管理,发挥网络生态"瞭望哨"作用,有效回应基层社会关切和舆论关注。

作为中国政府数字化转型的重要代表和先行示范,当前浙江的数字政府建设要在前期"最多跑一次"改革营造的良好政务环境下,接续发力、持续创新,以打破"信息孤岛"实现数据共享为关键抓手,通过政府数字化转型有力推进"最多跑一次"改革向各领域覆盖深化,并主动顺应数字化时代大势,以现代信息技术为支撑,对政府职能进行系统性、数字化重塑,推进政府部门工作流程再造,打造治理体系和治理能力现代化的"未来政府"。总而言之,浙江省的数字乡村建设填补了城市发展的"数字鸿沟",让更多的农民享受到数字化发展红利的同时,也让城里人因为乡村而幸福,让城乡百姓收获更多的"数字生活"红利,共享更多的满足感、快乐感,为助力乡村振兴而砥砺前行。

第六章　农村宅基地制度改革带动乡村全面振兴

——以江西省为例[*]

　　土地问题是我国最大的政治和社会问题。作为一项基础性制度安排，土地制度是整个社会结构的基础，事关经济社会发展和国家长治久安。农村宅基地制度是土地制度的重要组成部分，承载着重要的政治、经济和社会功能，在促进农业发展、维护农村稳定、保障农民安居和巩固农村集体土地所有制等方面作出了历史性贡献。现阶段，我国农村地区普遍存在一户多宅多、面积超标多、权属不清多、长期闲置多、私下交易多和布局散乱多等现象，造成农村土地集约化利用水平低、农户土地财产性收益实现难和村容村貌脏乱差等问题，这在一定程度上制约着农业农村现代化和乡村全面振兴进程，推动农村宅基地制度改革势在必行。

　　处理好农民和土地问题历来是党中央高度重视的问题。党的十八届三中全会作出了全面深化改革的决策部署，作为深化改革重要内容的土地制度改革被提上日程。2014 年 12 月，中共中央办公厅、国务院办公厅印发《关于农村土地征收、集体经营性建设用地入市、宅基地制度改革试点工作的意见》，指出"以县（市）行政区域为单位开展试点，探索形成可复制、可推

---

　　* 2017 年 6~7 月，由华中师范大学政治与国际关系学院袁方成教授牵头的农村"三块地"制度改革研究团队先后赴湖北宜城、湖南浏阳和江西余江展开专题调研。2017 年 7 月，笔者所在的"农村宅基地改革课题组"前往余江展开了为期 7 天的田野调研。课题组先后对该县6 个乡镇、12 个行政村和 14 个自然村展开了典型调查，并对县宅改工作领导小组及其办公室部分成员、乡镇分管领导、国土部门负责人、村"两委"成员、村民事务理事会成员、村民代表等进行了半结构化访谈。调研过程中，调研组搜集了余江县、乡、村出台的制度文件和总结材料。无特别说明外，本报告使用的文件和数据均来源于笔者在余江县田野调查时获取的文字性资料。执笔人：靳永广，华中师范大学政治学博士，山西财经大学公共管理学院副教授、硕士研究生导师，研究方向为农村基层治理。

广的改革成果，为科学立法和修改完善相关法律法规提供支撑"。2015 年 2 月，由江西省委、省政府推荐的鹰潭市余江县①被确定为全国第一批农村宅基地制度改革试点县。

为探索经济欠发达地区农村宅基地制度改革样板，江西省委、省政府高度重视余江试点工作，并通过健全机制、过程指导和政策支持等措施助力余江先行先试。作为试点县级单位，余江县围绕健全制度体系、激发群众热情、释放乘数效应等举措探索余江经验。经过四年多先行探索，余江为全省乃至全国探索出了一条以农村宅基地制度改革为牵引带动城乡融合发展、村庄环境整治、村治机制完善、内生动力激活、闲置资产盘活和集体经济壮大的乡村全面振兴之路。为全面贯彻中共中央、国务院关于全面深化农村改革和实施乡村振兴战略的决策部署，江西省委着眼全面推进乡村振兴和加快农业农村现代化大局，在全省应用推广余江宅改经验，并稳慎推进省域农村宅基地制度改革和规范管理，努力为全国宅改探索更多"江西方案"、创造更多"江西经验"。

一　严格试点条件，立足省情精心遴选试点单位

为全面贯彻落实党的十八届三中全会审议通过的《中共中央关于全面深化改革若干重大问题的决定》，江西省委、省政府要求各职能部门对照改革任务和部门职责提前谋划。农村宅基地制度改革涉及千家万户、与群众利益息息相关，遴选的试点单位必须前期工作基础好、党政重视程度高尤其是群众参与意愿强。

2014 年 3 月，为充分做好承接全国农村"三块地"改革试点准备工作，江西省国土资源厅②副厅长带队在玉山、婺源和余江三个县调研农村宅基地

---

① 2018 年，余江县撤县设区。因余江承担全国农村宅基地制度改革试点工作启动且主要集中于撤县设区前，本报告余江地名仍使用余江县。

② 2018 年，国务院政府机构改革时，国土资源部调整为自然资源部，原属国土资源部承担的农村宅基地管理事项调整至农业农村部。因余江县承担全国农村宅基地制度改革试点工作由原国土资源部负责指导和监督，所以本报告中在涉及余江试点过程时使用改革前的部门名称。对于改革后的部门名称、职责划归和具体行动使用最新名称。

情况。通过走访调查、资料查阅和听取汇报等，江西省国土资源厅发现余江县的农村宅基地工作基础整体较好。两个月后，国土资源厅工作人员携带由国土资源部起草的农村土地征收、集体经营性建设用地入市、宅基地制度改革相关文件前往余江，征求余江县国土资源局是否有意愿以及愿意报名参加哪项改革。农村宅基地制度改革涉及多个涉农部门、牵涉众多利益主体且需要多项政策支持，远非一个职能部门能够决定和承担，必须由县委、县政府统筹部署。时任余江县国土资源局局长蔡国华立即向县委、县政府请示汇报，时任余江县委书记的张子健对参与"三块地"改革试点表示大力支持。后经县委、县政府研究决定，由县国土资源局向省国土资源厅正式提出参加农村宅基地制度改革试点工作。

从余江县民意调研数据来看，村民的支持程度也非常高。余江县农村普遍存在房屋老旧、村庄道路狭窄且多泥土公路现象，"晴天一身灰，雨天一身泥"是村庄道路环境的真实写照。与此同时，老百姓在住房周围散乱建设畜禽养殖设施。这些基础设施长期不使用，坍塌破损严重，生产生活环境脏乱差，老百姓迫切希望改变村庄生产生活环境。2015 年 4 月 17～30 日，余江县委组织党政领导干部 13 人选取黄庄乡等 4 个乡镇展开为期三轮的专题调研。调研数据显示，七成受访农民希望拆除废弃房屋，94.37% 的受访农民认为应当对乱占地建房现象进行治理。

2014 年 11 月底，江西省国土资源厅召开年度全省国土资源系统会议，宣布推荐余江参加农村宅基地制度改革试点工作。2014 年 12 月 27 日，鉴于余江县委和县政府重视程度比较高且农村宅基地工作基础比较好，江西省委召开常委会正式决定向国土资源部推荐余江县为农村宅基地制度改革试点县（以下简称"宅改试点"）。2015 年 2 月 27 日，全国人大常委会决定授权国务院在北京市大兴区等 33 个试点县（市、区）行政区域暂时调整实施《中华人民共和国土地管理法》《中华人民共和国城市房地产管理法》关于农村土地征收、集体经营性建设用地入市、宅基地管理制度的有关规定，余江成为江西省唯一承担宅改试点任务的县级单位。

二 规范试点运行，多措并举助力余江探索经验

以县为单位推动农村"三块地"改革，要求县级党委、政府切实担负起试点的主体责任。为充分激发余江的积极性和创造性，助力余江探索可复制、能推广、利修法的经验做法，江西省委、省政府将试点方案制定及实施的主动权交由余江，赋予余江在不突破中央政策允许的框架内、不突破"三条底线"①的前提下以足够自主空间，并着力在组织保障、政策支持和过程督导等方面规范试点运行。

（一）健全领导机制，强化组织保障

余江县被正式确定为全国宅改试点单位后，江西省委迅速组建省、市、县三级宅改领导班子。经江西省委、省政府主要领导亲自批示，成立由时任省委副书记、常务副省长毛伟明为组长的省级宅改试点工作领导小组，负责指导并监督余江的试点实践，其中之一便是指导余江成立由县委书记任组长、县长及 8 个县委常委任副组长、22 个单位及所有乡镇为成员的县级宅改试点工作领导小组。领导小组下设宅改办公室，负责全县宅改工作协调和日常运转工作。作为日常办事机构，宅改办公室设在县国土资源局，办公室主任由宅改试点工作领导小组常务副组长担任，县国土资源局局长和副局长兼任宅改办公室副主任，15 名工作人员从县乡各部门抽调产生。

（二）强化责任担当，指导监督过程

江西省委、省政府指导、审核并向国土资源部报批余江编制的各类实施方案和总结报告。主要集中在如下几个方面：指导余江编制农村宅改试点实施方案并报国土资源部批复；指导余江按照党中央、国土资源部改革意见和批复的实施方案，完善工作机制、明确主体责任并部署开展试点工作；审核

---

① "三条底线"即土地公有制性质不改变、耕地红线不突破、农民利益不受损。

余江围绕试点工作启动、机构设置、规章制度建设和部署实施等情况形成的年度进展报告，并报国土资源部；审核余江形成的试点总结报告和政策实施效果以及相关法律的修改建议等后报送国土资源部。除审核相关方案和总结报告外，省委、省政府以及组成部门还亲自指导、监督试点过程，确保试点改革做到封闭运行、风险可控，发现问题及时纠偏，在过程指导中彰显责任担当，忠实履行好省级党委、政府责任。

（三）注重系统联动，政策倾斜支持

为切实改变农村地区村容村貌脏乱差和"有新房没新貌"现象，时任江西省省长鹿心社要求全省各地借鉴内蒙古"十个全覆盖"[①] 做法，从根本上改变农村面貌。时任常务副省长毛伟明则要求余江县充分利用全国宅改试点平台先行探索，通过宅改带动农村基础设施和公共服务建设，并在取得经验基础上逐步推开。对于需要省级政府部门支持的事项，毛伟明强调余江可先进行沟通衔接，为后期在余江召开的省级领导小组会议做好充分准备。

2016 年 4 月 21 日，毛伟明带领 30 多位省厅相关部门领导参加"建设美丽乡村、打造'一改促六化'余江样板"现场推进会。针对余江在推进宅基地制度改革、新农村建设、农村基础设施建设和电网升级改造等改善村容村貌方面面临的资金压力，毛伟明要求省直有关部门和鹰潭市委、市政府始终站在全省高度支持余江样板建设。具体而言，就是在政策上予以倾斜、资金上予以扶助、项目上予以照顾，尤其是要在余江实现新农村建设点全覆盖、结合宅改试点先行实施基本公共服务工程上给予全力支持。

为助力余江打造全省乃至全国样板，江西省发展改革委对余江申报移民

---

① 2014 年 1 月 13 日内蒙古自治区召开农牧区工作会议，提出要按照"生产发展、生活宽裕、乡风文明、村容整洁、管理民主"的要求，扎实推进新农村新牧区建设。计划利用三年时间（2014~2016 年）实施农村牧区"十个全覆盖"工程，从而提高公共服务水平。"十个全覆盖"工程具体内容是：一、危房改造工程；二、安全饮水工程；三、街巷硬化工程；四、电力村村通和农网改造工程；五、村村通广播电视和通信工程；六、校舍建设及安全改造工程；七、标准化卫生室建设工程；八、文化室建设工程；九、便民连锁超市工程；十、农村牧区常住人口养老医疗低保等社会保障工程。

搬迁、农村产业融合发展、农产品批发市场、江河治理等专项建设基金项目给予了关心支持；省财政厅适当增加余江一事一议财政奖补资金；省国土资源厅从新增建设用地有偿使用费省级分成资金中拨付余江以一定的农村宅基地制度改革试点工作扶持资金；省交通运输厅对余江村庄内部道路硬化给予项目支持；省人社厅在县、乡、村三级平台建设资金方面给予倾斜；等等。省直相关单位的政策和资金支持，为余江先行先试提供了强有力支持。

三 赋权基层创新，聚焦试出经验打造余江样板

宅改试点过程中，余江县始终坚守改革底线、坚持群众主体地位，紧紧围绕"为何改""谁来改""如何改""改得好"等问题，激发群众参与热情、突出群众主体作用、强化制度激励约束、持续释放乘数效应，走出了一条以农村宅基地制度改革为牵引带动城乡融合发展、村庄环境整治、村治机制完善、内生动力激活、闲置资产盘活和集体经济壮大的乡村全面振兴之路。

（一）围绕"为何改"，激发群众参与热情

一是梳理土地利用乱象。余江县对照《中华人民共和国土地管理法》《江西省实施〈中华人民共和国土地管理法〉办法》等法律法规有关农村宅基地利用标准，对县域范围内农村宅基地利用现状进行摸排调查。调查结果显示，全县7.3万户农户中，一户多宅有2.9万户，近四成（39.73%）农户属一户多宅家庭；"一户一宅"有4.4万户，其中面积超标1.7万户，占比38.6%；闲置房屋23000栋，危房8300栋，倒塌房屋7200栋。统计数据还显示，全县农村宅基地9.24万宗，村庄建设用地7.8万亩，宅改前人均建设用地面积170m²，远超省定140m²的占用标准。除"一户多宅"数量多、农民建房面积大之外，还存在缺乏规划、散乱无序，长期闲置、空心化严重，违章住房数量大，私下流转现象普遍等问题，加之脏乱差的生产生活环境，村民迫切期望改变面貌。

二是征求群众改革意愿。余江县委组织的三轮农村宅基地制度改革专题调查数据显示，七成的受访农民表示希望对废弃的房屋进行拆除；94.37%的受访农民认为，应当对乱占地建房现象进行治理。同时，37.71%的受访农户表示，本村宅基地分配不公平，需要通过改革实现宅基地的公平分配。此外，68.88%的受调研对象表示，希望对超标准占用宅基地行为收取有偿使用费。一组组数据表明，余江农村地区的老百姓有着迫切的改革意愿，"我要改"成为大多数村民的自觉行动。

（二）聚焦"谁来改"，突出群众主体作用

基于土地集体所有和按照村民自治原则进行集体土地管理等制度安排，余江妥善处理政府与村庄之间的角色，明确政府与村庄的权力范围和边界。坚持"村民的事村民办"，发挥政府在改革中的推动、引导、宣传和监管作用，将宅改任务交由村庄理事会来主导实施，充分调动农民群众的主体作用。

一是激发内生动力，多元激励联动。余江农村地区是典型的宗族团结型村庄。与行政组织相比，村庄有着稳定的传统宗族网络，其在情感维系、利益平衡和矛盾化解中发挥着巨大作用。余江县委、县政府充分利用传统宗族网络优势，提出在村党支部的领导下，按照代表性、公认性、稳定性原则，并经过村民集体民主协商，在全区1040个自然村成立村民事务理事会，遴选出一批肯吃苦、有担当、讲奉献的理事。赋予村民事务理事会和理事在宅基地申请、有偿使用、流转、退出、收益分配等方面12项宅基地事务民主管理权利，并明确15项宅基地管理义务。成立并赋权村民事务理事会，将政府的改革任务转化为村庄内部事务，使村民成为决策的设计者和执行者。这在一定程度上弱化了政府与农民之间可能存在的矛盾，同时还能够减少制度改革面临的可能阻力。

针对村民理事没有工作报酬、任务繁重、存在畏难心理等问题，余江县通过"精神激励+物质激励+政治激励"等多元激励联动，调动村民事务理事会成员参与宅基地制度改革的积极性。一是通过召开县、乡、村、组四级

干部会，让工作表现突出的村民理事上台发言，增强其荣誉感、成就感、自豪感，对其进行精神激励；二是由乡镇、村委会给予适当误工补贴，对村民事务理事会成员进行物质激励；三是通过开展优秀十佳理事会的评选，将优秀十佳理事长及成员优先列入村"两委"班子候选人，对村民理事进行政治激励。

在明确界定村民事务理事会职责的同时，余江县各乡镇还进一步下放权力，扩大村民事务理事会权能，赋予村民事务理事会宅基地管理权利。规定乡镇政府和村委会在为当事人出具证明、办理各种证照、申请享受权益等时，应事先由村民事务理事会签署意见，对于村民需要办理的相关事务，如未经理事长签署意见，村委会不能开具证明或加盖公章；对于个别不配合宅基地制度改革工作的"钉子户"或"赖皮户"，若后续需要办理相关事务，村民事务理事会可拒绝签字。通过多重赋权性激励，有效激发了村民事务理事会的内生动力，切实推动了宅基地制度改革的顺利进行。

除突出村民事务理事会主体作用外，余江县还充分发挥基层党组织政治引领作用。通过党员家庭户挂牌、全体党员佩戴党员徽章亮相和划定党员责任区等方式，促使全体党员自觉做到"亮身份、亮承诺、亮形象"，切实做到带头宣传改革政策、带头支持改革、带头参与改革、带头做好亲朋好友思想工作、带头为村里做实事办好事。此外，还通过及时向在外工作人员、务工经商赤子、青年学子才俊等传达党和政府意图、改革进展动态、家乡点滴变化等引导其反哺家乡。据统计，先后有 50 多人返乡投身"宅改"，担任理事长或理事，捐资 5500 多万元支援家乡建设。①

二是层层组织动员，加强宣传联动。余江县先后组织召开 12 次县、乡、村、组四级干部动员大会，召开 64 次县级调度会议，组织 18 次村组成员、村民事务理事会成员、群众代表、精英代表集中封闭培训，同时，余江还每月组织工作推进会、参观交流会，研究解决实际操作问题。通过发放政策手

---

① 数据来源于清华大学中国农村研究院主办的《"三农"决策要参》2018 年第 44 期文章《以"宅改"为突破口　探索村民自治有效形式　下好乡村振兴先手棋》。

册、派送一次性宣传纸杯、建立工作微信群、开设微信公众号、群发短信、制作宣传标语和户外宣传牌、电视宣传报道、编排宅基地制度改革为主题的小品和快板小段、到乡镇演出、参观典型宅改点、组织召开乡村精英茶话会、观看改革视频短片、成立政策宣讲团、开设宅基地制度改革试点政策宣讲课等多种方式，大力宣传农村宅基地制度改革。通过多元媒介宣传，向广大群众传递宅基地制度改革政策和意图，营造出浓厚的改革氛围。

（三）紧扣"如何改"，强化制度激励约束

余江坚持"县委领导、国土指导、乡（镇）统筹、村级实施、理事会主导、群众主体"工作主线，以中心工作机制构筑多主体联动的改革格局。

一是明确部门职责，条块职能联动。余江县委将宅基地制度改革作为"一把手工程"高位推动，县委、县政府把试点工作列入重要议事议程，县委书记、县长亲自挂帅，县级各部门主要领导干部组成农村宅基地制度改革试点工作领导小组，配强配足工作力量，明确各职能部门具体责任，充分发挥对宅改试点的组织、宣传、引导和监督等作用。干部下乡驻村，部门齐抓共管。宅改过程中，余江从各单位抽调人员组建业务指导组、综合协调组和督察组等工作队伍，这些干部下乡驻村专职全程负责改革试点日常具体工作，并按照"分工协作，各司其职"的行动原则推进工作，从而形成了部门齐抓共管的良好推进氛围。

二是坚持民主酝酿，健全制度体系。余江始终坚持问题导向和目标导向，由 11 个乡镇挂职县领导协同相关部门人员，驻村 15 天调研乡镇情况，做到三天一汇报、三天一汇总。宅改办根据调研意见草拟政策文件，由挂职县领导将政策文件带到乡镇、村组征求意见，根据各乡镇、村组反馈意见继续修改完善。通过"三上三下"，出台县级层面《农村宅基地有偿使用、流转、退出暂行办法》等 23 项宅基地管理制度。县宅改办组织各试点乡镇党委书记、分管领导、国土所长、规划所长等乡镇干部，以及村干部和村民事务理事会成员到余江县委党校封闭培训、集中酝酿，因地制宜制定符合本村集体的宅改制度办法。通过多元主体参与，余江县各乡镇依据本乡镇实际情

况，因地制宜出台《村民事务理事会宅基地管理工作考核评比办法》等 11 项制度，村组层面出台《集体经济组织成员认定办法》等 9 项实施办法。

三是推行分级包保，强化监督考核。为确保农村宅基地制度改革试点工作顺利开展，余江县实行县四套班子领导挂点联系改革难点村，并实行"县挂乡、乡驻村、村包组、组联户"负责制，层层传导压力、步步压实责任。该县推行县级领导挂点联系乡镇、包村制度，每个县级领导挂点联系 1 个乡镇或包 1 个行政村。县委组织部从县直机关单位抽调驻村干部，与驻村乡镇科级干部及村委会干部组成工作组。试点期间，县乡干部与原单位脱钩，脱产蹲点、吃住在村，协助试点村宅改推进工作。余江还将改革试点作为干部考核任用的"指挥棒"，通过改革锻炼干部、发现干部和培养干部，强化宅改任务完成在县乡干部年度考核和选拔任用中的激励作用。

四是编制村庄规划，强化规划管控。土地利用规划和村庄规划是严格控制宅基地占用标准、合理划定功能区位的前提，是管理农村宅基地的基础。针对农村建房布局杂乱、村庄道路不畅、基础设施匮乏等问题，余江县出台《余江县村庄规划编制工作实施方案》（余府办字〔2015〕41 号）。按照"多规合一"要求，先后投入 2000 多万元，以招投标形式选定 6 家甲级资质技术单位，编制 116 个行政村总体规划，1040 个自然村村庄规划和土地利用、土地整治规划。规划编制以布局合理、功能齐全、配套完善、生态优美为基本取向，充分依托农村集体土地所有权、宅基地使用权和集体建设用地使用权确权登记工作成果，为顺利推进宅改奠定了坚实基础。在村庄规划全县覆盖基础上，余江县强化规划管控，严格规范管理村庄建设用地，加强村庄各项规划对宅基地审批、使用和管理的约束作用，注重规划落实与宅基地退出、统筹利用协调并行，推动宅基地制度改革有序开展。

五是着力政策联动，强化项目激励。为激励各乡镇、村组积极参与宅基地制度改革工作，余江县整合新农村建设、精准扶贫、城乡建设用地增减挂钩、土地整理、农村危房改造、农业开发等各类政策项目资金近 4 亿元，为率先完成宅基地制度改革的试点村优先安排新农村建设项目资金（30 万元/点）。申请土地增减挂钩指标扩大到全省范围内交易，适合开展土地增减挂钩并已通过宅改验收的村庄可积极申报土地增减挂钩项目。通过配套项目政策捆绑，做到政策项目资金向宅基地制度改革试点村纵向倾斜，为各乡镇、村组宅基地制度改革提供动力和资金支持，进一步调动试点村参与改革积极性。

六是坚持因村制宜，保障户有所居。按照地域范围，余江将县域城乡划分为县城规划区、乡镇规划区、传统农区和边远山区，因地制宜保障户有所居。对于城乡核心区，为保障农民住房需求和改善农村人居环境，余江印发《余江县城乡核心区内农民住房保障实施办法》（余宅改办字〔2015〕4号），提出在县城规划区实行统规统建，建设公寓式或住宅小区式住房。对于乡镇规划区，采取统规统建、统规自建或多户联建方式保障户有所居。对于传统农区，继续推行一户一宅、面积法定的宅基地分配制度，保障农户住房需求。针对边远山区符合建房条件且自愿放弃的，探索在所属乡镇辖区内进行调剂并实行有偿使用，引导农民向集镇、中心村集中，促进就地城镇化。此外，余江还出台村民退出宅基地进城购买安置房方案，针对退出宅基地到城镇居住的村民，或符合宅基地申请条件而放弃申请资格到城镇居住的村民实行低于市场价的购买政策，同时保留农村相关权益和享受与城镇居民同等福利待遇。

七是坚持弹性施策，减少农户损失。针对宅基地有偿使用和退出，余江县出台《余江县农村宅基地有偿使用、流转和退出暂行办法》（余宅改办字〔2015〕5号），只规定具有足够弹性的县级指导性标准，将自主权交由发挥主导作用的村民事务理事会。对于超占宅基地面积起征标准，余江县规定对一户一宅超标准占用宅基地的、一户多宅的多宅部分以及非本集体经济组织成员通过继承房屋或其他方式占有和使用宅基地的按照阶梯式收取有偿使用费。其中，超出起征面积$1\sim50$平方米的按照每年10元$/m^2$收费，每增加50平方米收费标准提高5元$/m^2$；一户多宅的多宅部分按照阶梯式收费；非本集体经济组织成员通过继承占有宅基地的按照每年5元$/m^2$收费，以其他方式占有宅基地的按照每年20元$/m^2$收费。为体现宅基地取得的公平性，同时尽可能减少改革阻力，有偿使用费缴费户数一般控制在本集体经济组织总户数的 15% 以内。因此，各村组在县级指导性标准范围内，以本村一户一宅平均建房面积为基础，上下浮动 20%，由村民事务理事会差异化制定本村宅基地有偿使用起征标准。如黄溪镇渡口村上黄组，该村建房平均面积为 $224m^2$。村民事务理事会以此为基础，向上浮动将起征面积定为 $230m^2$，并通过召开村民代表大会集体讨论通过。

在宅基地退出方面，余江县主要采取无偿退出和有偿退出相结合的多元化退出方式推进宅基地制度改革。对户外厕所、闲置废弃的畜禽舍、倒塌的房屋、影响村内道路及公共基础设施建设的院套等建筑物或构筑物，实行无偿退出。对一户多宅的多宅部分、非本集体经济组织成员在农村占有和使用的宅基地实行有偿退出。由于余江财政无力承担有偿退出补偿款，且村民事务理事会主导村庄改革，余江县仅规定有偿退出的补偿标准，各村民事务理事会根据本村集体经济收入情况自主选择有偿退出、无偿退出或有偿和无偿相结合的方式推进。

（四）紧盯"改得好"，持续释放乘数效应

以宅基地制度改革为牵引，系统推进农业农村发展现代化、基础设施标准化、公共服务均等化、村庄面貌靓丽化、转移人口市民化和农村治理规范化。通过 4 年多宅改，余江 949 个试点村已基本完成宅改任务，通过验收 925 个，占试点村总数的 97.5%。[1] 宅基地乱象得到有效遏制，农村建房管理进一步规范，广大农村发生惊人转变，不仅完成既定的改革任务，还取得超预期效果。可以说，余江宅改找到了农村土地改革的突破口和农村环境整治的有力抓手，找到了推进乡村组织、产业、生态和文化全面振兴的重要路径。

一是腾退超占土地资源，维护农户合法权益。截至 2019 年 7 月，退出宅基地 36439 宗 4862 亩，其中有偿退出 8071 宗 1127 亩，无偿退出 28368 宗 3735 亩；收取有偿使用费 8048 户 1144 万元，退出宅基地复垦

---

[1] 数据来源于中共江西省委全面深化改革委员会办公室《关于应用推广余江宅改经验做好规范农村宅基地管理工作的通知》（赣改办字〔2019〕12 号），2019 年 7 月 18 日。

991 亩，流转宅基地 1132 宗 221 亩，323 户农民退出宅基地或放弃建房进城购房落户。① 通过宅基地退出，释放的空间可以满足未来 10~15 年时间农民建房用地需要。试点以来，90% 的新增宅基地通过利用存量宅基地而实现，这既避免了挤占耕地面积，还有效保障了农户平等占有建设用地等合法权益。对于退出宅基地或放弃建房资格进城落户的农户而言，他们进城购买政府回购优惠商品房，不仅能够每平方米比市场价优惠 600~800 元，而且还保留原有农村土地承包经营权、宅基地使用权和集体收益分配权。尤其是允许 15 年后自愿选择是否回村建房，解决了进城落户农民的后顾之忧。

二是综合整治农村环境，建设美丽宜居村庄。以宅基地制度改革为抓手，推动农村环境综合整治。大力实施美化、绿化、亮化工程，推进"七改三网"（改路、改水、改厕、改房、改沟、改塘、改环境，建设和完善电力、广电、互联网）和"8+4"工程（建设公共服务平台、卫生室、便民超市、农家书屋、文体活动场所、生活垃圾处理设施、污水处理设施、公厕，实现道路拓宽硬化，沟塘清澈明亮，村村有活动场所，处处有绿化景观）。据统计，余江借助宅基地制度改革契机，新修村内道路 526 公里、村内沟渠 539 公里，清运拆除垃圾 48 万吨，绿化村内面积 946 亩。同时，还建设活动中心 3 万平方米，建设幸福楼 48 栋 8815 平方米。② 村庄环境美化、道路畅通后，进一步增强了群众获得感和对村庄的认同感，大大提升了村庄的凝聚力，有效改善了村庄的社会风气。

三是探索自治有效形式，提升基层治理能力。余江积极挖掘并激活村庄传统治理资源，充分发挥村民事务理事会基层协商作用，赋予其宅基地分配、农房抵押贷款、进城购房、收取有偿使用费、宅基地退出、调处矛盾纠纷、集体经营性建设用地入市等方面 12 项权利和 15 项职责，是对村民自治工作的有益探索。余江县委、县政府将宅基地制度改革的制度办法设计和实

---

① 数据来源于中共江西省委全面深化改革委员会办公室《关于应用推广余江宅改经验做好规范农村宅基地管理工作的通知》（赣改办字〔2019〕12 号），2019 年 7 月 18 日。
② 数据来源于中共江西省委全面深化改革委员会办公室《关于应用推广余江宅改经验做好规范农村宅基地管理工作的通知》（赣改办字〔2019〕12 号），2019 年 7 月 18 日。

际操作完全交由群众，让群众广泛参与到调查摸底、宣传发动、民主协商、监督管理等治理各环节，为建设人人有责、人人尽责、人人享有的社会治理共同体打下了坚实基础，有效践行了全过程人民民主的治理理念。村"两委"是主抓手、理事会是操盘手的角色定位，促使村民事务理事会逐渐成为村庄自组织的重要主体，在村级组织治理中发挥有效补位作用，进一步提升了村民自治能力。党员干部带头冲在改革第一线，主动拆除自家房屋，发挥了先锋模范作用，促使党组织凝聚力、号召力更强，干部作风得到有效改进，干群关系进一步融洽。以明确政府和村民事务理事会职责权限为前提，建立政社联动有效机制，实现了政府行政管理和基层群众自治的有效衔接。

四是盘活闲置土地资源，壮大村级集体经济。打破了余江农村地区长期依赖种粮的单一产业结构，有效促进了一二三产业融合发展。余江结合区域自然禀赋、特色优势，因地制宜、高效利用，大力发展休闲农业、乡村旅游、农村淘宝等新产业新业态，增强了农村发展后劲。如邓埠镇桥西殷家、马荃镇岩前倪家、杨溪乡管溪陈家等地利用退出的闲置宅基地，加快培育休闲农业、农家乐、乡村旅游等新产业新业态。2019 年 1 月，随着鹰潭红旗干部学院的落户，平定乡蓝田宋家村采取集体土地入市的方式，先后出让集体建设用地 27.96 亩用于学院建设，村集体收益 310 余万元。为配合学院发展，满足学员住宿需求，宋家村积极盘活村民闲置住房，由村民事务理事会牵头成立物业公司，统一管理发展民宿产业，现有民宿 39 栋 210 间。除盘活闲置农房外，村内还盘活闲置土地，引进可食用玫瑰产业项目。村集体经济合作社通过抵押 9 处集体不动产，可获得年收益 5% 的分红收益。[①]

四 推广余江经验，稳慎推进省域农村宅基地制度改革和规范管理

总的来看，余江宅改之所以能顺利推进并取得较好效果，根本原因在于

[①] 《鹰潭余江区：民宿旺了 村民腰包鼓了》，江西省人民政府网，http：//www.jiangxi.gov.cn/art/2022/5/19/art_21782_3964361.html。

坚持以人民为中心的发展思想，在于把中央精神与基层实际相结合，在于充分尊重群众的首创精神，在于坚持"一把手高位推动"和"村民的事村民办"等。余江宅改，初步形成了"可复制、能推广、利修法、惠群众"的成功经验，能够为广大农村特别是我国中部传统农村宅基地制度改革以及推动乡村全面振兴提供有益借鉴。

2016 年 8 月，江西省委、省政府在余江组织召开全省农村宅基地管理现场会，部署规范农村宅基地管理工作，推介余江宅改试点经验。9 月，江西省国土资源厅印发《关于开展全省农村建房违法违规占地集中整治和宅基地管理试点工作的通知》，要求各县（市、区）分别选取 3~5 个自然村开展规范农村宅基地管理试点工作，进一步实践、检验、完善余江改革工作经验，为更大范围推广探路。11 月，出台《关于进一步推进全省农村宅基地管理工作的指导意见》，围绕加强规划管控、严格用地审批、强化监管职责和创新工作机制等四个方面提出 13 条具体意见。12 月，省国土资源厅印发《江西省农村宅基地和集体建设用地使用权及房屋所有权确权登记试点指导意见》，对农村宅基地和集体建设用地使用权确权登记政策作出详细规定。

在江西省委、省政府部署安排下，上饶市、鹰潭市借鉴余江宅改经验，部署在全域推进规范农村宅基地管理试点工作。截至目前，两市自然村试点已基本完成，初步建立起一套符合实际、切实可行的农村宅基地管理制度体系。全省绝大多数市县结合城乡环境综合整治、脱贫攻坚等开展拆除空心房、土坯房、危旧房等宅基地退出工作。据统计，江西全省开展宅基地管理试点工作涉及自然村 2.75 万个，占全省 18 万个自然村的 15.3%，共退出宅基地 36.81 万宗，面积 2501.41 万平方米。① 各地借鉴余江经验推进本地试点过程中，因地制宜探索出"一退四统"村庄改造、移民搬迁集中安置统一建设、与秀美乡村建设相融合、与发展特色产业相融合等多种模式，最大程度把规范农村宅基地管理与新农村建设、村庄环境整治、精准扶贫、发展

---

① 《江西省自然资源厅关于省政协十二届二次会议第 20190214 号提案的答复》，江西省自然资源厅官网，http://bnr.jiangxi.gov.cn/art/2019/5/16/art_28784_1357686.html。

乡村旅游和特色产业、多规合一等工作结合起来，以发挥改革叠加效应为关键，让群众更多享受到规范宅基地管理试点带来的红利。

村庄规划编制是推进农村宅基地管理、改善农村人居环境和实施乡村振兴规划的前提。2019年4月，江西省社会主义新农村建设暨农村人居环境整治工作领导小组印发《江西省农村人居环境整治村庄规划编制指导意见》。同月，江西省自然资源厅下发《关于开展村庄规划编制试点工作的通知》（赣自然资字〔2019〕13号），提出在全省按照集聚提升类、城郊融合类、特色保护类等三种类型选择50个村庄开展规划编制试点，以试点为示范和样本积极探索展示江西地域自然风貌、体现赣鄱乡土文化风情、符合当地村民意愿需求的村庄规划编制方式和内容，进而总结经验后在全省推广应用。

2019年7月，中共江西省委全面深化改革委员会办公室印发《关于应用推广余江宅改经验　做好规范农村宅基地管理工作的通知》（赣改办字〔2019〕12号），要求各地要结合实际，学习借鉴余江宅改经验，充分应用有益成果，积极稳妥做好规范农村宅基地管理工作。

2020年8月，中共中央办公厅、国务院办公厅印发《深化农村宅基地制度改革试点方案》（厅字〔2020〕18号），江西省湖口县、大余县、永丰县和余江区入选新一轮农村宅基地制度改革试点地区。为指导四地稳慎推进改革试点工作，确保试点地区高质量完成各项改革试点任务，中共江西省委农办、江西省农业农村厅于2020年11月下发《关于加强组织领导扎实推动农村宅基地制度改革试点工作的通知》，要求党政主要领导将相当精力放在改革试点工作上，以"一把手"工程层层抓好落实。同时，省委农办和省农业农村厅明确一名分管厅领导分阶段依次挂点指导四个试点县（区），四名处级干部分别挂点一个试点县（区）全程跟踪指导。同时，对建立领导小组和工作专班、扎实做好基础工作、分步推进改革试点、落实改革经费保障、强化宣传动员培训、发挥村民事务理事会作用、完善改革实施方案等予以规定。

2021年3月，时任国务院副总理胡春华赴江西考察，充分肯定了江西省宅改试点工作，并要求江西大力推广"余江宅改"经验，为全国创造先进经验。江西省委强调要把宅改工作作为当前和今后全省一个时期的重大改革任务来抓，坚持系统谋划、一体推进。具体而言，就是以打造宅改"江西样板"为目标定位，积极推广"余江经验"，稳慎推进农村宅基地制度改革和规范管理齐头并进。为进一步规范农民建房管理，江西省委农办、省农业农村厅于 2021 年 3 月印发《关于在全省开展"示范先行"县创建行动引领农村宅基地规范管理的通知》（赣农办字〔2021〕2 号），并在全省选择 17 个县（市、区）开展农村宅基地规范管理"示范先行"县创建行动，推广余江宅改有益经验，为宅基地规范管理工作选树了一批标杆典型。

2022 年 3 月，中共江西省委办公厅、江西省人民政府办公厅印发《江西省农村宅基地制度改革试点和规范管理行动方案（2022—2024 年）》（赣办发〔2020〕12 号，以下简称《方案》）。《方案》要求，按照"强基础、严规范、分类推、建体系、促改革"的工作思路，以保障农民基本居住权为前提，积极探索宅基地所有权、资格权、使用权"三权分置"路径和办法，为建设依法取得、节约利用、权属清晰、权能完整、流转有序、管理规范的农村宅基地制度贡献江西力量。

进入全省农村宅基地制度改革和规范管理工作新阶段，江西省农业农村厅联合自然资源厅和住建厅等有关单位对全省宅基地利用现状进行全面摸底。相关省直单位深入 11 个设区市 21 个县（市、区）62 个乡镇 147 个行政村 275 个村小组开展调研，访谈 8907 户农户，发放并收回 9882 份调查问卷，基本摸清了全省农村宅基地现状和突出问题。[①] 同时，按照"先试点、再扩大、再全面推开"的推进路径，将全省 93 个涉农县（市、区）分成国家宅改试点县、规范管理先行县、基础工作夯实县三类分类推进。其中，第一类县重点聚焦突破体制性障碍、政策性创新，创造更多改革制度性成果；第二类县重点聚焦理顺管理体制、完善审批制度、健全执法体系、盘活闲置

---

① 数据来源于江西省农业农村厅农村合作经济指导处撰写的《稳慎推进农村宅基地改革和规范管理》报告，该报告收录于江西省农业农村厅政策与改革处公布的《2021 年度全省农业农村改革典型案例汇编》中。

宅基地及农房，创典型、出经验；第三类县重点聚焦宅基地摸底、规划编制、房地一体发证、历史遗留问题分类处置，夯实宅改基础。如今，江西省正在按照既定规划稳慎推进农村宅基地制度改革和规范管理工作。

五　江西宅改实践对探索省域治理现代化的经验启示

党的二十大报告指出，新时代新征程"中国共产党的中心任务就是团结带领全国各族人民全面建成社会主义现代化强国、实现第二个百年奋斗目标，以中国式现代化全面推进中华民族伟大复兴"。中国式现代化是国家治理体系和治理能力持续完善的现代化，是省域治理、市域治理、县域治理和城乡基层治理等各个层面的现代化。与其他层级不同，作为连接国家治理和基层治理中间环节的省域治理，既有国家治理的规范性动作，又具备地方治理的自主性特征，在分担中央治理任务和提升基层治理效能方面具有显著优势。

中国式现代化离不开省域治理现代化。江西省以农村宅基地制度改革撬动乡村全面振兴的实践探索，为全国各省高水平推进省域治理现代化提供了重要经验启示。

（一）坚持党的领导，夯实党的组织主体责任

中国共产党是中国特色社会主义事业的领导核心。推进省域治理现代化关键是要坚持党的领导，将党的领导落实到各领域各方面各环节。江西省以农村宅基地制度改革撬动乡村全面振兴的核心是强化各级党组织的领导和主体责任。省级党委领导和推荐、县级党委主体责任、村级党组织战斗堡垒、党员带头参与等，是江西顺利推进农村宅基地制度改革和推动乡村全面振兴的关键所在。因此，各省在高水平推进省域治理现代化过程中，要将党的领导融入各个方面，夯实不同层级的党组织的主体责任，充分发挥党员的先锋模范带头作用。

（二）坚持人民至上，充分调动民众参与热情

维护人民群众根本利益，增进民生各类福祉，不断满足人民日益增长的美好生活需要，是我们党长期以来坚持的初心和使命。江西省在推进农村宅基地制度改革过程中，着眼于农民户有所居的现实需求，将全过程人民民主融入县级宅基地制度制定、村庄操作性规则执行过程中，充分调动起民众的参与热情，真正做到了以人民为中心。在具体操作过程中，赋予有着广泛民意基础、产生于民众之中的村民事务理事会以主体责任，既充分尊重了农民意愿，还较好地保障了农民的知情权、参与权、表达权和监督权，切实做到了实现、维护和发展农民权益。江西实践的启示在于，既要坚持以人民为中心的发展思想，还要将全过程人民民主融入改革创新全过程，真正让现代化建设成果更多更公平惠及全体人民。

（三）坚持统筹推进，提升改革系统性有效性

省域治理现代化涉及多个领域和方面。各项改革之间并非完全割裂，而是存在一定的嵌套性和耦合性。以单项改革突破撬动其他改革，既能够释放改革的综合活力，还能够弥补单项改革存在的联动效应不强和改革动力不足等短板。江西省在推进农村宅基地制度改革试点过程中，全面推进农业发展现代化、基础设施标准化、公共服务均等化、村庄面貌靓丽化、转移人口市民化、农村治理规范化，释放改革综合活力。这样的统筹推进，既有助于推动乡村全面振兴，还能够增强农民的获得感、满足感和幸福感，较好地发挥改革的规模效应，促使农民由"要我改"转变为"我要改"。江西以农村宅基地制度改革撬动乡村全面振兴的价值在于，启示省域治理工作者要统筹推进各项工作，既要提高单项改革的有效性，更要重视各类改革的系统性。

第七章　以创新和融合为动力，打造中国经济高质量发展先行省[*]

——以浙江省为例

2017 年，浙江省第十四次党代会提出"谋划实施'大湾区'建设行动纲要"，该纲要指出浙江大湾区建设会将重点放在杭州湾经济区，同时支持台州湾区经济发展试验区建设，并加强全省重点湾区间的联系。[①] 翌年，浙江省第十三届人大第一次会议上，时任浙江省省长袁家军在政府工作报告中提出了全面实施"大湾区大花园大通道大都市区建设"的行动计划，成立建设领导小组。该计划明确大湾区建设对接"一带一路"，以环杭州湾经济带为战略重点，接轨上海，聚焦杭州宁波一体化发展，构建具有全国乃至国际影响力的大湾区；大花园建设践行"绿水青山就是金山银山"理念，以衢州、丽水为核心区，推进绿色发展；大通道建设以杭嘉沪创新大通道、义甬舟开放大通道等大通道建设为重点，构建省域、市域、都市区的一小时交通圈；大都市区建设聚焦四大都市区综合能级和国际化水平的提升。[②] 这四大建设属于浙江省"富民强省十大行动计划"，能够有力推进"两个高水平"建设及高质量发展。四大建设以创新和融合为经济发展的动力和源泉，力图将浙江打造成中国经济高质量发展先行省，其中创新意为浙江省敢为人先，创造性、突破性地提出多项发展政策，融合则指包含产城

---

 * 　执笔人：杨光，华中师范大学政治与国际关系学院讲师，研究方向为比较政治经济学、国家治理、台湾政治与两岸关系。

 ① 　《车俊在浙江省第十四次党代会上的报告（全文）》，浙江在线百家号，https：//baijiahao. baidu. com/s？id=1570598817679872&wfr=spider&for=pc。

 ② 　《2018 年政府工作报告》，浙江省人民政府门户网站，https：//www. zj. gov. cn/art/2018/2/7/art_1229019379_1251. html。

融合、生态优势与经济利益融合、各经济区融合在内的多维度有机融合与协调发展。

目前，浙江"大湾区大花园大通道大都市区建设"战略实施已逾五年，在助力浙江省经济高质量发展及现代化建设上取得阶段性成果，当然也面临一些亟待解决的问题，还有可提升空间。站在此时间节点上，回顾过去该战略实施的得与失，总结经验教训是必要且恰当的。本报告首先分别介绍浙江大湾区、大花园、大通道、大都市区的建设规划及主要特征，其次阐述各方面的阶段成效与基本经验，最后针对发展情况及面临问题，提出未来的发展思路和政策建议，为制定新一轮大湾区建设行动计划提供可能的方向指引，以期以更高的站位、更严格的标准深入推进，切实保证浙江省在经济高质量发展方面走在全国前列。

一　建设规划及主要特征

浙江省地处中国东南沿海，长江三角洲南翼。[①] 下辖杭州、宁波、温州、嘉兴、湖州、绍兴、金华、衢州、舟山、台州、丽水 11 个地级市，37 个市辖区、20 个县级市、33 个县（含一个自治县）。[②] 在宏观经济发展及增速上，2022 年地区生产总值为 77715 亿元，较 2021 年增长 3.1%；人均地区生产总值达 118496 元，较 2021 年增长 2.2%。[③] 在经济高质量发展方面，2016 年浙江省总指数为 77.4，位居"第二梯队"、全国第六；在高质量供给、高质量需求、发展效率、经济运行、对外开放等一级分指数上，分别居

---

① 《了解浙江：自然地理》，浙江省人民政府门户网站，https：//www.zj.gov.cn/art/2023/3/17/art_1229398249_60056356.html。
② 《了解浙江：区域人口》，浙江省人民政府门户网站，https：//www.zj.gov.cn/art/2023/2/27/art_1229398251_60200570.html。
③ 《2022 年浙江省国民经济和社会发展统计公报》，浙江省统计局网站，http：//tjj.zj.gov.cn/art/2023/3/16/art_1229129205_5080307.html。

于全国第 4、3、6、7、5 位，较好地支撑了本省经济高质量发展。[①] 2019年，浙江省经济高质量发展综合评价排全国第 5 位，在创新、协调、绿色、开放、共享这五个发展维度上分别处于全国第 4、13、7、6、4 位；此外，浙江省在各维度的发展上相对均衡、协调良好。[②]

整体上，浙江省的经济发展水平长期呈现良好态势，居于全国前列；而近年来在经济高质量发展方面的表现更是可圈可点，凭借"大湾区大花园大通道大都市区建设"这一代表性发展战略，以创新和融合为重要抓手，为经济发展提供动力，力图打造中国经济高质量发展先行省。具体而言，如图 7-1 所示，在我国经济由高速增长阶段转向高质量发展阶段的大背景下，浙江省力推"大湾区大花园大通道大都市区建设"，通过在创新顶层设计、践行"两山"理念、强化综合交通、打造长三角金南翼这四个方面顺时应势、因地制宜的规划，建立起长效的创新和融合机制来为经济发展提供动力，进而推进本省经济高质量发展。

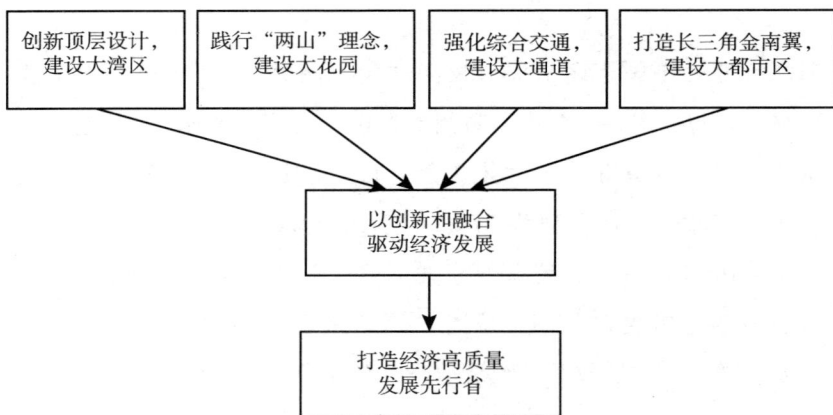

图 7-1 浙江省推进经济高质量发展框架

① 马茹、罗晖、王宏伟、王铁成：《中国区域经济高质量发展评价指标体系及测度研究》，《中国软科学》2019 年第 7 期。
② 王婉、范志鹏、秦艺根：《经济高质量发展指标体系构建及实证测度》，《统计与决策》2022 年第 3 期。

（一）创新顶层设计，建设大湾区

在 2012 年党的十八大明确提出"科技创新是提高社会生产力和综合国力的战略支撑，必须摆在国家发展全局的核心位置"的背景下，2017 年 6 月，浙江省第十四次党代会作出谋划落实"大湾区"建设的重大部署，将杭州湾经济区作为发展重点，全省重点湾区互通共荣，大力推进湾区经济发展。① 2018 年 1 月，浙江省第十三届人大第二次会议提出统筹推进"大湾区大花园大通道大都市区建设"。5 月，省委、省政府印发《浙江省大湾区建设行动计划》，明确以打造"绿色智慧和谐美丽的世界级现代化大湾区"为大湾区建设的总目标，以建设"全国现代化建设先行区、全球数字经济创新高地、区域高质量发展新引擎"为具体目标。在具体落实上，计划到 2022 年湾区经济总量达到 6 万亿元以上，数字经济对经济增长的贡献率达到 50% 以上，高新技术产业增加值占工业增加值 47% 以上；② 到 2035 年，高水平完成基本实现社会主义现代化的目标。至此，浙江大湾区成为继粤港澳大湾区后我国将重点开发的另一湾区。值得一提的是，浙江省大湾区规划并非凭空而来，早在省政府 2003 年印发的《浙江省环杭州湾产业带发展规划》中就提出了环杭州湾大湾区概念，包含了杭州、宁波、绍兴、嘉兴、潮州和舟山六市。③ 后又以已落实的三大产业带发展战略中已规划杭州湾和温台两个产业带为基础，具体提出来。④

湾区拥有丰富的环境资源和独特的区位、生态、人文、经济优势，其经

---

① 《车俊在浙江省第十四次党代会上的报告（全文）》，浙江在线百家号，https：//baijiahao. baidu. com/s？id＝1570598817679872&wfr＝spider&for＝pc。

② 谢梦洁：《浙江要造"世界级大湾区"力争 2022 年湾区经济达 6 万亿》，央广网浙江频道，https：//zj. cnr. cn/zjyw/20180529/t20180529_524250372. shtml。

③ 《浙江大湾区落地　打造长三角一体化新增长极》，时代周报百家号，https：//baijiahao. baidu. com/s？id＝1611251098217532016&wfr＝spider&for＝pc。

④ IUD 中国领导决策案例研究中心：《浙江大湾区：绿色智慧和谐美丽的世界级现代化大湾区》，《领导决策信息》2018 年第 2 期。

济主体是湾区城市群，因此湾区经济①有别于一般的沿海区域经济及城市群经济。② 在经济全球化背景下，湾区通常能成为区域创新的引领者和全球经济发展的动力引擎。③ 而发展湾区经济对我国具有重要意义，既能加快推动我国产业转型升级，又能开拓由我国主导的新的全球价值链和产业链空间。④ 在这一意义上，浙江大湾区作为粤港澳大湾区之外的另一突出湾区，若能被成功打造为具有世界影响力的战略空间，对我国经济乃至更广泛意义上的发展必然大有裨益。

根据《浙江省城镇体系规划（2011—2020）》，浙江将打造四大都市区（以下简称"四区"）和三大城市群（以下简称"三群"）的省域空间架构。"四区"为杭州、宁波、温州、金华—义乌，每个都市区涵盖中心城区及周边紧邻的县市。对内，它们既是全省加快创新体系、文化服务体系和综合交通枢纽建设的重点地区，也是带动全省率先发展、转型发展的重要地区；对外，"四区"是长江三角洲地区城市群参与全球竞争的国际门户。"三群"系杭州湾、温台沿海、浙中城市群，其中，杭州湾城市群包括杭州、宁波、绍兴、嘉兴、湖州、舟山六市，温台沿海城市群包含温州、台州两市，浙中城市群涵盖金华市、衢州市的龙游县及丽水市的缙云县。这三个城市群地区，应以提升城市功能和城市化质量为主，增强要素集聚和产业协作，支撑环杭州湾、温台沿海和金衢丽高速公路沿线三大产业带的发展；而内陆地区、山区和岛屿地区，以完善城市综合服务功能和提高城市化水平为主。

2018 年提出的浙江大湾区总体布局是"一环、一带、一通道"，即环

---

① "湾区经济"一词源于美国旧金山湾区，湾区是由一个海湾或相连的若干个海湾、港湾、邻近岛屿组成的区域，其衍生的经济效应被称为湾区经济。参见伍凤兰、陶一桃、申勇《湾区经济演进的动力机制研究》，《科技进步与对策》2015 年第 12 期。
② 陈建军、陈怀锦、刘实、徐倩：《区域一体化背景下的长三角大湾区研究：基于国内外比较的视角》，《治理研究》2019 年第 1 期。
③ 李立勋：《关于"粤港澳大湾区"的若干思考》，《热带地理》2017 年第 6 期。
④ 陈建军、陈怀锦、刘实、徐倩：《区域一体化背景下的长三角大湾区研究：基于国内外比较的视角》，《治理研究》2019 年第 1 期。

杭州湾经济区、甬台温临港产业带和义甬舟开放大通道，并以环杭州湾经济区为主体，构筑"一港、两极、三走廊、四新区"的空间格局。其中，"一港"为高水平建设中国（浙江）自由贸易试验区，争创自由贸易港；"两极"意为增强杭州、宁波两大都市区带动环杭州湾经济区创新、开放以及联动发展的作用；"三走廊"指以高新区、高教园、科技城为依托，加快建设杭州城西科创大走廊、宁波甬江科创大走廊、嘉兴 G60 科创大走廊；"四新区"系打造杭州江东、宁波前湾、绍兴滨海及湖州南太湖四大新区，以将其建设成为产城融合、人与自然和谐共生的现代化新区为目标。

整体来看，浙江大湾区将环杭州湾经济区、科创大走廊以及产城融合的现代化新区作为建设的重点；空间范围上以环杭州湾经济区为核心，联动台州湾、三门湾、象山湾、乐清湾等湾区，涉及杭州、宁波、温州、湖州、嘉兴、绍兴、台州、舟山八市范围，基本覆盖了《浙江省城镇体系规划（2011—2020）》提到的重点发展区域。[①] 大湾区建设作为创新性的顶层设计和总体布局来统领浙江省现代化发展，既顺时应势——充分利用区域竞争优势重整的机遇期以及杭州湾区的优势，以助力浙江经济发展攀登更高峰，又高瞻远瞩——拥抱全球化与一体化，放眼全国争做先行者，放眼世界则敢与国际三大湾区竞争。

（二）践行"两山"理念，建设大花园

进入 21 世纪，浙江省积极践行习近平总书记提出的"发挥八个方面的优势""推进八个方面的举措"的决策部署（以下简称"八八战略"）及"绿水青山就是金山银山"的理念（以下简称"两山"理念），以建设"全域大景区、全省大花园"为总目标，全力推进全省经济高质量发展。习近平生态文明思想萌发于浙江，"两山"理念发源于浙江，而浙江又不断依托省内地理资源及生态优势，深入践行习近平生态文明思想，力求将全省打造

---

① 吴可人：《浙江省大湾区泛城市化演进及高质量转型发展》，《治理研究》2019 年第 1 期。

为一个"大花园",在生态文明建设上再创佳绩。概言之,浙江省通过践行"两山"理念,创新性地构建理论与实践的良性循环,并将生态优势与经济效益有机融合,推动省域经济高质量发展。

2003年7月,时任浙江省委书记习近平同志在谋划部署"八八战略"时,提出要发挥浙江的生态优势,建设生态省,打造"绿色浙江"。2005年8月,习近平同志在浙江安吉余村首次提出"两山"理念,强调乡村环境资源的重要性,并倡导、鼓励将"绿水青山"型资源环境要素向"金山银山"式资产转换。① 以"八八战略"及"两山"理念为指引,2017年6月,浙江省第十四次党代会作出谋划实施"大花园"建设行动纲要的重大部署,提出"使山水与城乡融为一体、自然与文化相得益彰,支持衢州、丽水等生态功能区加快实现绿色崛起,把生态经济培育成为发展的新引擎"。② 时任浙江省委副书记、省长袁家军表示,建设大花园的部署顺时应势,力求"让习近平生态文明思想在浙江大地上生根开花"。③ 2018年1月浙江省第十三届人大第二次会议上,袁家军代表省政府作政府工作报告,提出《浙江省大花园建设行动计划》,并指出"大花园是现代化浙江的普遍形态"。④ 该行动计划系在浙江省委、省政府统筹之下,计划编制组在衢州、丽水等地实地调研,与国家发展改革委沟通,征求专家及地方有关部门意见的基础上,历时一年研究制定的。⑤

2019年1月,袁家军代表浙江省政府,对大花园建设的良好开局作出肯定,并部署将扎实推进大花园建设作为全面开展四大建设年活动积极

---

① 赵德余、朱勤:《资源—资产转换逻辑:"绿水青山就是金山银山"的一种理论解释》,《探索与争鸣》2019年第6期。

② 《车俊在浙江省第十四次党代会上的报告(全文)》,浙江在线百家号,https://baijiahao. baidu. com/s? id=1570598817679872&wfr=spider&for=pc。

③ 袁家军:《深入践行习近平生态文明思想 加快建设"诗画浙江"大花园》,浙江日报百家号,https://baijiahao. baidu. com/s? id=1610635057147003554&wfr=spider&for=pc。

④ 《2018年政府工作报告》,浙江省人民政府门户网站,https://www. zj. gov. cn/art/2018/2/7/art_1229019379_1251. html。

⑤ 浙江省发展规划研究院:《浙江大花园打造现代版富春山居图》,《浙江经济》2018年第13期。

展开，以实现打造"诗画浙江、美好家园"的目标。① 在"两山"理念提出 15 周年之际，2020 年 1 月浙江省政府部署加快打造"诗画浙江"大花园，包括推动衢州、丽水大花园核心区建设，新建大花园示范县（市、区）30 个等具体举措。同年 3 月，浙江省发展改革委发布《浙江省大花园建设行动计划 2020 年工作要点》进一步明确部署大花园建设，包括加快构建以生态系统生产总值（GEP）为核心的"两山"转化评估体系，制定县域 GEP 核算地方标准，以安吉县域践行"两山"理念综合改革创新试验区等为先行示范，推进环境资源转换为资产资本，以及以示范县为大花园建设的抓手等举措。② 4 月，在"诗画浙江"大花园建设新闻通气会上，浙江省发展改革委一级巡视员徐幸介绍，浙江省 2020 年将推进太湖龙之梦乐园、天然气"县县通"等 183 个大花园重大项目建设，计划完成年度投资 1995 亿元；同时将深入推进丽水生态产品价值实现机制国家试点，探索形成多条生态产品价值实现路径，实现 GEP 和 GDP 双增长，其中 GEP 的 GDP 转化率将达到 40%。③

2021 年 1 月，时任浙江省省长郑栅洁在政府工作报告中提出，在"十四五"开局之年，应提升"大花园核心区建设水平，推进诗路文化带和海岛公园、名山公园建设，培育 10 个以上'耀眼明珠'"。④ 2022 年 1 月，时任浙江省代省长王浩在省第十三届人大第六次会议上部署 2022 年目标任务和重点工作，明确在大花园建设上应进一步打响全域美丽大花园的名号，积极开展"人人成园丁、处处成花园"活动，深入培育"耀眼明珠"。⑤ 从

① 《2019 年政府工作报告》，浙江省人民政府门户网站，https：//www.zj.gov.cn/art/2019/8/19/art_1678454_37135586.html。
② 《浙江省大花园建设行动计划 2020 年工作要点》，浙江省发展和改革委员会网站，https：//fzggw.zj.gov.cn/art/2020/3/26/art_1660443_42396100.html。
③ 郭其钰：《浙江美丽大花园建设：183 个重大项目年度投资 1995 亿元》，中国新闻网，https：//www.chinanews.com.cn/cj/2020/04-23/9165904.shtml。
④ 《权威发布：浙江省政府工作报告（全文）》，衢州党建网，http：//www.qzdj.gov.cn/djzt/news/show-7146.html。
⑤ 《2022 年政府工作报告》，浙江省人民政府门户网站，https：//www.zj.gov.cn/art/2022/1/24/art_1229019379_4865173.html。

上述浙江省政府历年的工作部署中不难发现，大花园建设层层推进及深入，从初期衢州、丽水两个生态功能区建设，推广至大花园示范县（市、区）建设，再到"处处成花园"，正一步步稳扎稳打地向"诗画浙江"的目标靠近。

（三）强化综合交通，建设大通道

浙江不仅在经济发展上走在全国前列，在交通建设方面也可谓强省。在"大湾区大花园大通道大都市区建设"的发展战略中，大通道建设亦占有一席之地，突出了交通设施对宏观发展、民生福祉的重要意义，也展现出浙江省政府对进一步强化省域综合交通的决心。

2017年6月，浙江省第十四次党代会作出构筑义甬舟开放大通道，以"一带一路"为统领，全面提升开放水平的部署，① 义甬舟开放大通道旨在通过连接义乌和宁波舟山港来建立"买全球、卖全球"的贸易格局。② 2018年1月，浙江省第十三届人大第二次会议上，袁家军代表省政府作政府工作报告，指出"大通道是现代化浙江的发展轴线"，提出《浙江省大通道建设行动计划》（以下简称《大通道计划》），其中重要规划及目标包括建设杭嘉沪创新大通道、义甬舟开放大通道、浙东南海洋经济大通道、浙西南生态旅游大通道等70项重点项目，并达成三个"一小时交通圈"的工作目标，即省域范围一小时航空交通圈、都市之间一小时高铁交通圈、都市圈内一小时公路交通圈；估算总投资约1万亿元，五年计划完成投资约7500亿元。③ 6月27日，为加快推进实施《大通道计划》，全省大通道建设推进部署会议召开。2019年1月，袁家军代表省政府肯定了大通道建设的速度，并规划将扎实推进大通道建设作为全面开展四大建设年活动积极展开，具体举措包括

---

① 《车俊在浙江省第十四次党代会上的报告（全文）》，浙江在线百家号，https：//baijiahao. baidu. com/s？id=1570598817679872&wfr=spider&for=pc。
② 郭占恒：《从"建设海洋经济强省"看"建设海洋强国"》，《浙江经济》2023年第4期。
③ 《2018年政府工作报告》，浙江省人民政府门户网站，https：//www. zj. gov. cn/art/2018/2/7/art_1229019379_1251. html。

实现文成通高速，铁路杭州南站、杭州湾大桥北接线二期建成投用，加快推进金甬、沪嘉甬等铁路和杭金衢高速拓宽等补短板工程，开工建设沪苏湖、杭衢等铁路项目，建成地铁68.5公里，最终建成多元、便捷、高效的综合交通体系。①

2020年1月，省长袁家军在浙江省第十三届人大第三次会议上提出全力推进大通道建设，以"四大"建设为载体推动长三角一体化发展，具体包括：①聚焦"三个一小时"交通圈目标，高水平建设交通强省；②推进基础设施补短板项目，加快杭丽铁路、苏台高速等前期工作；③推进高铁门户建设，全面推进铁路杭州西站、萧山国际机场综合交通枢纽等项目建设；④加快杭金衢高速公路拓宽、沪嘉甬铁路等项目进度；⑤建成商合杭铁路、杭绍台高速、杭宁高速拓宽等项目；⑥实现陆域"县县通高速"。②2021年，省长郑栅洁在政府工作报告中提出，在"十四五"开局之年，应加快杭绍台等多条铁路和湖杭等公路项目建设，全面开工建设通苏嘉甬、甬舟等铁路项目，力争综合交通投资完成3300亿元，新增铁路和轨道交通里程600公里以上；积极推进沪甬跨海通道、甬台温福铁路前期工作。③2022年1月，代省长王浩在浙江省第十三届人大第六次会议上部署2022年提速推进大通道建设，加快建设义甬舟开放大通道，提升综合交通枢纽功能，完善综合交通网络，新增铁路与轨道交通里程260公里。④2023年1月，省长王浩在浙江省第十四届人大第一次会议上进行今后五年发展目标部署时提到，纵深推进义甬舟、金丽温开放大通道建设，整体提升对外

---

① 《2019年政府工作报告》，浙江省人民政府门户网站，https：//www. zj. gov. cn/art/2019/8/19/art_1678454_37135586. html。

② 《权威发布：2020年浙江省政府工作报告（全文）》，https：//baijiahao. baidu. com/s？id=16559419074522303538wfr=spider&for=pc。

③ 《权威发布：浙江省政府工作报告（全文）》，衢州党建网，http：//www. qzdj. gov. cn/djzt/news/show-7146. html。

④ 《2022年政府工作报告》，浙江省人民政府门户网站，https：//www. zj. gov. cn/art/2022/1/24/art_1229019379_4865173. html。

开放体系的水平。①

综上，浙江省政府将大通道建设细化为具体的目标任务和重点工作，体现在历年工作部署之中，反映了浙江省深度融入"一带一路"倡议、构建全面大开放格局的信心和决心，亦是浙江积极响应推进长三角一体化发展的具体行动之一。② 此外，大通道建设为其他三大建设提供有力支持，如沪嘉甬铁路系大湾区建设的重要支撑，加快环杭州湾经济区接轨上海，推动沿海各经济区融合且协调发展；再如，杭衢铁路支撑大花园核心区建设，加快衢州等区域接轨杭州；铁路杭州城西枢纽和杭州萧山机场枢纽保障大都市区建设，通过集成多元交通方式来提升杭州作为大都市的价值。

（四）打造长三角金南翼，建设大都市区

2017 年 6 月，浙江省第十四次党代会提出提升杭州、宁波、温州、金华—义乌（以下简称"金义"）四大都市区综合能级和国际化水平，深入优化"以四大都市区为主体、海洋经济区和生态功能区为两翼的区域发展总体格局"。③

2018 年 1 月，在浙江省第十三届人大第二次会议上，袁家军代表省人民政府作政府工作报告，提出"编制杭州、宁波、温州、金义四大都市区建设规划，发挥四大都市区在统筹城乡、统筹区域发展中的战略平台作用"，将大都市区建设相关计划作为当年政府工作重点。而在未来五年，规划进一步集聚高端要素、发展高端产业，加快建设都市区轨道交通体系，力争到 2022 年四大都市区经济总量全省占比达到 70%以上，促进县域经济转型升级，形成中心城市与周边县市一体化发展格局。④ 2019 年 1 月，袁家

① 《2023 年政府工作报告》，浙江省人民政府门户网站，https：//www. zj. gov. cn/art/2023/1/17/art_ 1229019379_5056991. html。
② 《大通道　大开放》，《浙江经济》2019 年第 18 期。
③ 《车俊在浙江省第十四次党代会上的报告（全文）》，浙江在线百家号，https：//baijiahao. baidu. com/s？ id=1570598817679872&wfr=spider&for=pc。
④ 《2018 年政府工作报告》，浙江省人民政府门户网站，https：//www. zj. gov. cn/art/2018/2/7/art_ 1229019379_1251. html。

军代表省政府肯定了过去一年大都市区建设的成果，并规划将扎实推进大都市区建设作为全面开展四大建设年活动积极展开，具体举措包括加快四大都市区核心区建设，推动四大都市区高铁站的综合交通枢纽建设，带动三大城市群及衢州、丽水城市花园建设，"加快打造长三角世界级城市群的'金南翼'"等。① 同年 2 月 21 日，浙江省政府召开新闻发布会，公布四大都市区建设的详细目标，包括"到 2022 年，大都市区核心区 GDP 全省占比 78%以上，常住人口总量全省占比 72%以上，第三产业增加值占 GDP 比重达到 60%，各类人才总量超过 1000 万人，城市轨道交通总里程达到 850 公里以上，城市智慧大脑服务面积覆盖率达到 30%以上"。②

2020 年 1 月，浙江省政府部署深化四大都市区建设，包括公共资源配置、城市阳台景观、步行街品质等细节上的实施规划，以及多个城市群同城化建设等。③ 2022 年 1 月，代省长王浩在浙江省第十三届人大第六次会议上部署当年加快提高四大都市区能级，包括协调杭州、宁波建设以推动齐头并进，支持温州强化城市综合竞争力，促进金义聚合同城化发展。④ 2023 年 1 月，省长王浩在浙江省第十四届人大第一次会议上提到，未来五年计划进一步提升四大都市区和中心城市能级。⑤

作为大湾区的主引擎、大花园的主支撑、大通道的主枢纽，大都市区建设以打造"长三角世界级城市群一体化发展金南翼"为总目标，以成为"参与全球竞争主阵地、长三角高质量发展示范区、浙江现代化发展引领

① 《2019 年政府工作报告》，浙江省人民政府门户网站，https：//www. zj. gov. cn/art/2019/8/19/art_1678454_37135586. html。

② 《浙江公布大都市区建设系统谋划部署》，https：//www. jiemian. com/article/2882637. html。

③ 《权威发布：2020 年浙江省政府工作报告（全文）》，澎湃新闻，https：//www. thepaper. cn/newsDetail_forward_11040426。

④ 《2022 年政府工作报告》，浙江省人民政府门户网站，https：//www. zj. gov. cn/art/2022/1/24/art_1229019379_4865173. html。

⑤ 《2023 年政府工作报告》，浙江省人民政府门户网站，https：//www. zj. gov. cn/art/2023/1/17/art_1229019379_5056991. html。

极"为具体目标。① 而四大都市区各具特色及优势，因而各有分工：杭州都市区目标为以数字经济为特色的世界名城，以打造杭州城西科创大走廊、钱塘江金融港湾、沿湾智造大走廊等功能平台为重点；宁波都市区目标为以开放创新为特色的国际港口名城，侧重打造义甬舟开放大通道、北翼产业制造大走廊、宁波甬江科创大走廊、环象山港—三门港—台州湾海洋经济平台等功能平台；温州都市区目标为建设以国际时尚智造为特色的中国民营经济之都，重点打造环大罗山科创走廊、沿海先进智造产业带、西部生态休闲产业带、世界华商综合发展试验区等功能平台；金义都市区目标为建设以丝路开放为特色的世界小商品之都、国际影视文化之都，重点打造金义科创廊道、义乌跨境电子商务区、金义国际陆港新区及快递物流中心、金义综合保税区、横店影视产业集聚区等功能平台。②

二 阶段成效与基本经验

目前，浙江"大湾区大花园大通道大都市区建设"发展战略落地已逾五年，在助力浙江省经济高质量发展及现代化建设上取得阶段性成果，以下针对四大建设分别说明其阶段成效与基本经验。

（一）大湾区建设

首先，从浙江省历年政府工作报告（见表7-1）中可以发现，自《浙江省大湾区建设行动计划》实施以来，大湾区建设稳步推进。以杭州、宁波为建设起点，进而转向绍兴、湖州等城市，再到金义、台州地区，做到层层深入推进，步步稳扎稳打。其中，又以产业平台建设为经济高质量发展的重要抓手。

---

① 方臻子：《官宣：接下来的16年 浙江大都市区要这样建》，浙江日报百家号，https://baijiahao.baidu.com/s? id=1626043799110586456&wfr=spider&for=pc。
② 方臻子：《官宣：接下来的16年 浙江大都市区要这样建》，浙江日报百家号，https://baijiahao.baidu.com/s? id=1626043799110586456&wfr=spider&for=pc。

表 7-1　浙江省大湾区建设历年完成情况

年份	已达成目标
2018	大湾区建设全面启动。制订大湾区建设行动计划,高起点谋篇布局杭州湾经济区,湾区智慧交通体系、重大科创平台等标志性工程启动建设,一批重大产业项目落户大湾区。杭州经济总量达到 1.35 万亿元,宁波突破万亿大关
2019	大湾区建设明显提速。打造杭州钱塘新区、宁波前湾新区、绍兴滨海新区、湖州南太湖新区等高能级平台,首批 7 个"万亩千亿"新产业平台建设全面启动
2020	大湾区平台能级提升。各类开发区和产业集聚区全面优化整合,万亩千亿新产业平台实现增点扩面,新设金义新区和台州湾新区
2021	积极提升大湾区平台能级。推动特色小镇规范健康发展,20 个"万亩千亿"新产业平台加快建设,开发区(园区)数量从 1059 个整合至 134 个

资料来源：整理自 2019~2022 年浙江省政府工作报告中关于大湾区建设的论述。

　　其次，浙江省大湾区建设突出数字经济的作用，尤其是其通过提升人力资本水平和产业结构升级能够有力推动经济高质量发展的积极效应，[1] 旨在打造出全球数字经济创新高地，因此这方面的发展成效也值得关注。整体而言，浙江省数字经济发展处于我国前列。[2] 浙江省数字经济企业以信息传输、软件和信息技术服务等类型为主导，制造业也积极推进数字化转型，增长势头正旺；网络传输、图像处理、汽车工艺、发光二极管等多个领域均有涉及（见图 7-2）。[3] 在数字经济企业投资方面，大湾区内部投资联系紧密且活跃度高，其中杭州与宁波之间的投资尤为活跃，杭州与其他地级市之间联系最为紧密；数字经济企业投资吸引力强，吸引了超百亿元来自北京、广州的投资；数字经济企业对外投资首选上海，[4] 在一定程度上体现了杭州湾经济区接轨上海的战略考量。

①　张蕴萍、董超、栾菁：《数字经济推动经济高质量发展的作用机制研究》，《济南大学学报》（社会科学版）2021 年第 5 期。

②　辛金国、姬小燕、张诚跃：《浙江省数字经济发展综合评价研究》，《统计科学与实践》2019 年第 7 期。

③　郭斯兰、林崇责、钱挺、邱靓：《浙江大湾区数字经济发展多源大数据画像》，《浙江经济》2019 年第 19 期。

④　郭斯兰、林崇责、钱挺、邱靓：《浙江大湾区数字经济发展多源大数据画像》，《浙江经济》2019 年第 19 期。

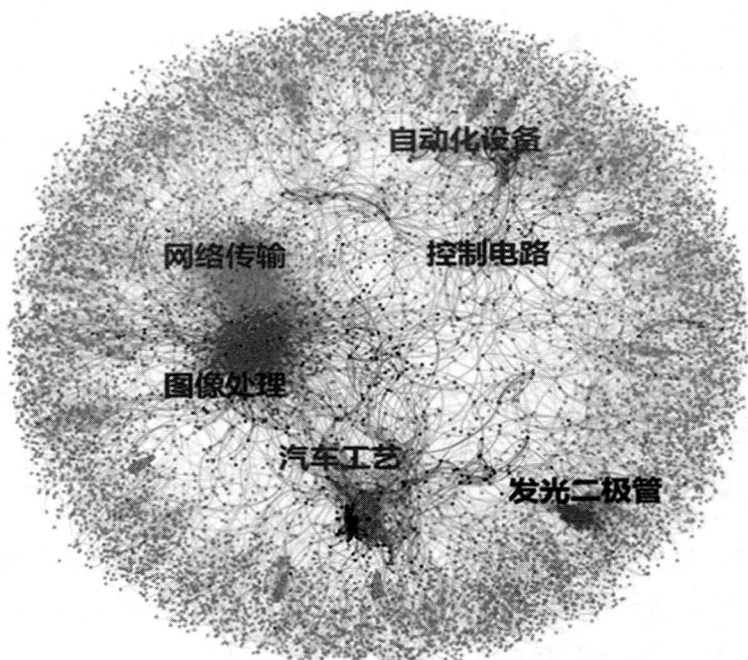

图 7-2 浙江省大湾区数字经济创新网络

资料来源：郭斯兰、林崇责、钱挺、邱靓《浙江大湾区数字经济发展多源大数据画像》，《浙江经济》2019 年第 19 期。

最后，在科技创新方面，大湾区整体科技创新资金投入持续增加，高于全国平均水平，且处于大幅增长中。此外，科技创新资源丰富，吸引了各领域高层次人才，形成专业性团队及高能级平台。[①]

（二）大花园建设

首先，从浙江省历年政府工作报告（见表 7-2）中可以发现，自《浙江省大花园建设行动计划》落地以来，一直处于有力推进过程中。以衢州、丽水大花园为代表的核心区得以有力打造的同时，诗路、文化带、名山与海岛公园等多项建设同步推进，基本达成"诗画浙江"大品牌影响力不断扩

[①] 徐士元、夏慧芳、徐子轩：《浙江大湾区科技创新协同发展策略研究》，《海洋开发与管理》2021 年第 11 期。

大、全域"处处成花园"的建设目标。从核心区到示范县，大花园建设层层深入，直至基层。

表7-2 浙江省大花园建设历年完成情况

年份	已达成目标
2018	大花园建设开局良好。制订大花园建设行动计划，推动浙东唐诗之路、钱塘江唐诗之路、瓯江山水诗之路、大运河(浙江)文化产业带建设，编制诗路文化带发展规划，出台衢州、丽水大花园核心区规划，打响"诗画浙江"品牌。世界旅游联盟总部落户萧山湘湖。全年接待游客6.9亿人次，旅游总收入1万亿元
2019	大花园建设全面开展。制定实施诗路文化带发展规划，推进浙东唐诗之路、钱塘江唐诗之路、瓯江山水诗之路、大运河(浙江)文化产业带建设，谋划建设十大名山公园和十大海岛公园，打响"百县千碗"品牌，"诗画浙江"影响力不断扩大
2020	大花园建设扎实推进。浙东唐诗之路启动建设，十大名山公园、十大海岛公园加快打造，培育千万级大景区12家
2021	加快打造"诗画浙江"大花园。发布首批8个大花园示范县和16个"耀眼明珠"

资料来源：整理自2019~2022年浙江省政府工作报告中关于大花园建设的论述。

其次，从旅游业发展的角度来看，浙江省域11个地级市旅游竞争力差距有所缩小。其中，作为"大花园建设"中重点打造的核心区域，丽水以"青山画城、绿水兴城、文化荣城"理念为指引，融合美丽生活、美丽经济、美丽生态"三美"发展，通过"旅游+农业""旅游+文化""旅游+城市"等多种创新产业叠加，使旅游业有了质的飞跃，呈现出强劲的发展潜力。[1] 坐落在另一核心建设区域衢州的常山县矿山，在2018年启动"蓝天三衢"生态治理工程，以"生态旅游"为目标重点打造矿山公园，最终实现矿山复绿，成为"网红"打卡地，真正将环境资源转换为资本的"两山"理念落到实处。[2]

---

[1] 徐春红、丁镭：《"大花园"建设背景下浙江全域旅游竞争力评价及融合发展研究》，《商业经济》2019年第6期；胡海雯、胡洁、沈梦洁、张冰暄、叶晔：《文旅融合视域下诗路文化元素融入浙江大花园建设研究》，《文化创新比较研究》2022年第6期。
[2] 陈国勇：《守护绿水青山 奋力描绘诗画浙江大花园最美核心区——以常山县矿山复绿为例》，《绿色中国》2022年第17期。

最后，大花园建设从生态学角度，为"美丽中国"建设提供了新思路。基于生态圈理论，丽水大花园核心区尊重生态圈的整体性、能量流和网络化，构建出"一个综合圈、三大功能层"相互嵌套的生态圈模型——仿照"自然生态圈"原理，构建"以政府主导，能流平衡、互动网络三要素协同并行的生态圈模型"，以及"生产、生活、生态耦合发展的三大圈层"，为深化"美丽中国"建设提供实践经验。[①]

（三）大通道建设

首先，从浙江省历年政府工作报告（见表7-3）中可以发现，2018～2021年覆盖公路、铁路、航空等多元交通方式的通道建设工作齐头并进，综合公共交通体系正在建立，大大提高了省域、市域、都市区之间资源流通的速度，有力降低了成本。

表7-3　浙江省大通道建设历年完成情况

年份	已达成目标
2018	大通道建设明显加快。制订大通道建设行动计划，杭黄铁路开通运营，甬台温高速公路复线、台州湾大桥、三门湾大桥、乐清湾大桥、鱼山大桥建成通车，中断60年的钱塘江中上游航道全线通航，杭绍台、杭温、金台铁路和景文泰高速公路加快推进，杭州萧山机场枢纽、丽水机场开工建设。国际航空航线达到31条，浙江省率先成为拥有杭州、宁波、温州三家千万级客流量机场的省份
2019	大通道建设全面加快。建成铁路杭州南站，杭州湾大桥北接线二期、甬台温沿海高速公路复线如期通车。建成地铁103.6公里。全面取消高速公路省界收费站。宁波机场三期工程投运。萧山国际机场客流量突破4000万人次
2020	大通道建设明显提速。铁路和轨道交通投资增长42.5%，商合杭、衢宁等铁路建成投运，杭绍台等铁路建设加快推进，通苏嘉甬、甬舟、沪苏湖、衢丽等铁路动工建设；杭州绕城西复线、千黄高速、龙丽温高速文泰段等建成通车
2021	加快大通道建设。建成杭台高铁、金台铁路、杭海城际、杭绍城际、宁波舟山港主通道等一批重大项目

资料来源：整理自2019～2022年浙江省政府工作报告中关于大通道建设的论述。

[①]　杨琳：《区域生态圈的建构：美丽浙江的地方性实践——以丽水大花园核心区建设为例》，《中共石家庄市委党校学报》2020年第1期。

其次，在三大通道中，义甬舟开放大通道建设的启动，大大推动了浙江省在对外开放、互联互通、协同推进等维度上的发展。[1] 以贯通的综合交通网络为支撑，浙江省得以与长三角其他地区互通、共享资源与信息，在更广阔的一体化平台上优化本省经济建设。此外，大通道建设带来的积极效应也外溢到其他领域的建设中。例如，除舟山以外的 10 座城市均开通有高铁，在贯通省内的同时，也为拓展到省域之外提供了必要条件，促进了旅游业发展，进而提升了旅游水平，[2] 对大花园建设起到重要的支撑与保障作用。

（四）大都市区建设

首先，从浙江省历年政府工作报告（见表 7-4）中可以发现，2018~2022 年杭州、宁波、温州、金义四大都市区能级稳步提升，杭甬"双城记"大放光彩；其他城市、乡镇跟随其后，有机更新；以提升社区内居民的生活体验和幸福感为目标的未来社区试点成效突出，老旧小区得到积极改造。

表 7-4　浙江省大都市区建设历年完成情况

年份	已达成目标
2018	大都市区能级提升。制订大都市区建设行动计划，规划建设综合交通枢纽，加快集聚高端人才、高端要素、高端产业，都市区辐射带动作用明显增强
2019	大都市区能级加快提升。开工建设一批标志性工程。加快建设杭绍甬一体化示范区，推动甬舟、嘉湖一体化发展。推进城市、乡镇、园区有机更新。开展首批 24 家未来社区试点，城镇老旧小区改造被列入全国试点，完成"三改" 1.5 亿平方米、拆违 1.3 亿平方米。全面完成小城镇环境综合整治，推进 30 个传统开发区（园区）改造提升。龙港撤镇设市
2020	大都市区建设稳步推进。杭绍甬、嘉湖、衢丽花园城市群一体化积极推进，甬舟一体化发展方案全面实施。特色小镇建设、小城市培育、未来社区试点取得积极成效，城市有机更新进一步加强，棚改开工 11.6 万套，老旧小区改造开工 622 个
2021	增强四大都市区集聚辐射功能，推进杭州、宁波"双城记"五年行动计划落地实施
2022	推动杭州宁波唱好"双城记"、四大都市区和中心城市协同发展

资料来源：整理自 2019~2023 年浙江省政府工作报告中关于大都市区建设的论述。

---

[1] 《大通道　大开放》，《浙江经济》2019 年第 18 期。
[2] 徐春红、丁镭：《"大花园"建设背景下浙江全域旅游竞争力评价及融合发展研究》，《商业经济》2019 年第 6 期。

其次，除杭甬二城之外，地处浙江之心的金华市，在大都市区建设中的成绩亦是可圈可点。第一，经济发展综合实力大幅提升，金华市地区生产总值、人均可支配收入较 10 年前翻一番，较 20 年前翻三番，2021 年地区生产总值进入全国城市综合实力前 40 名；第二，在发展创新方面，以创新驱动发展为统领，建立国家首个招才局以引进全球人才，研发投入强度提升，高新技术企业数量年均增长 29.5%；第三，在发展融合上，全域打响"八婺同城、市县互通"政务服务品牌，凝聚全市上下思想共识。① 世界小商品之都义乌，则不断扩大有证市场建筑面积，扩充市场经营户，并在开拓新的国内外商机以及推进线上线下融合上下功夫，努力构建数字变革高地。②

三 发展思路和政策建议

浙江省统筹推进"大湾区大花园大通道大都市区建设"的发展战略已逾五年时间，因此站在此时间节点上，回顾过去该战略实施的得与失，总结经验教训是必要且恰当的。整体来看，该战略令浙江省域空间格局不断优化，助力浙江省经济高质量发展及现代化建设取得阶段性成果，当然也面临一些亟待解决的问题，仍有可提升空间，需要以更高的站位、更严格的标准深入推进，切实保证浙江省在经济高质量发展方面走在全国前列。以下，首先分别阐述四大建设存在的问题，然而对症下药地提出发展思路和政策建议。

---

① 中共金华市委：《"浙十年"金华牢记嘱托实干争先　奋力谱写第四大都市区建设新篇章》，《政策瞭望》2022 年第 10 期；朱重烈：《牢记嘱托　实干争先　奋力谱写第四大都市区建设新篇章——"'浙'十年·金华"主题新闻发布会新闻发布稿》，东阳市人民政府门户网站，http：//www.dongyang.gov.cn/art/2022/9/14/art_1229163092_59577946.html；徐贤飞、何贤君、罗奕：《奋力谱写第四大都市区建设新篇章》，浙江日报官网，http：//zjrb.zjol.com.cn/html/2022-09/10/content_3585223.htm；张斌：《（"八八战略"观澜）浙江之心"破局突围"　八婺合力建设现代都市区》，中国新闻网，https：//www.chinanews.com/cj/2023/08/01/10059221.shtml。

② 杨晨：《金华：谱写第四大都市区建设新篇章》，今日浙江，http：//jrzj.cn/art/2022/9/30/art_721_21261.html。

（一）大湾区建设

总体来看，与世界三大湾区（纽约湾区、旧金山湾区和东京湾区）及粤港澳大湾区相比，目前浙江大湾区仍有较大差距，尚不具备单独成为具有全球影响力的大湾区的可能。[①] 下面先从地理及人口条件、基础条件、产业特色、科教支撑、发展优势/发展驱动力等方面，比较浙江大湾区与世界三大湾区、粤港澳大湾区，接着指出浙江大湾区的优、劣势，以及可调整、改进之处，最后提出未来发展建议。

如表7-5所示，世界三大湾区及粤港澳大湾区有几处共同点：第一，发挥地理构型、区位及港口优势，充分利用国内、国际两大市场资源，深入投身全球化；第二，进行跨区域的顶层设计，并促进湾区内各行政区的分工及合作，以实现协同发展；第三，核心城市发挥带头、辐射作用，周边城市谋求错位发展，共同提升整个湾区经济的竞争力；第四，建设了配套的基础设施并设计了综合交通体系，为湾区内外资源互动、一体化联动发展提供有效支持；第五，凭借优势资源（如健全的金融体系、高科技人才、先进技术等）形成核心竞争力，驱动湾区经济发展；第六，凭借科教资源（如顶尖高校、研究机构、高新技术企业）促进高质量发展；第七，开放包容的文化氛围令多民族文化融合，反过来又推动了湾区开放、激发创新。[②] 此外，世界三大湾区在发展过程中，逐步建立了包含官方型、半官方型、专区型、商会型、协会型等机构在内的功能各异的跨域治理机构；尽管这些治理机构在运作模式、隶属关系、资金来源、核心成员及意见输出方式上不尽相同，但因各自优势及与所在湾区内不同地区的适配度而起到促进湾区经济发展的作用。[③] 综上，正是这些资源条件、配套设施以及治理机构，

---

① 陈建军、陈怀锦、刘实、徐倩：《区域一体化背景下的长三角大湾区研究：基于国内外比较的视角》，《治理研究》2019年第1期；郭斯兰、林崇责、钱挺、邱靓：《浙江大湾区数字经济发展多源大数据画像》，《浙江经济》2019年第19期。

② 张锐：《湾区经济：国际步伐与中国格调》，《对外经贸实务》2017年第5期。

③ 杨爱平、林振群：《世界三大湾区的跨域治理机构：模式分类与比较分析》，《公共行政评论》2020年第2期。

表7-5 浙江大湾区与世界三大湾区、粤港澳大湾区比较

	地理及人口条件	基础条件	产业特色	科教支撑	发展优势/发展驱动力
浙江大湾区	以环杭州湾经济区为核心，联动台州湾、三门湾、象山湾、乐清湾等湾区，涉及杭州、宁波、温州、湖州、嘉兴、绍兴、台州、舟山等8市港区范围；陆域面积6.76万平方公里，海域面积5.17万平方公里，其中海岸线长度、深水岸线长度、海岛数量均居全国首位；常住人口超过4500万，占浙江省1/2以上	经济总量超6.5万亿元，占全省约90%，以单一经济体计算，这一体量可位居2021年全球前20大经济体第17位，超过荷兰、瑞士等国	港口贸易、数字经济、制造业、高端装备、新材料、新能源、生物医药、服务业等产业在全国处于现代服务业等产业在全国处于前列。我国民营经济最活跃的地区之一，如阿里巴巴、网易等数字经济龙头企业及吉利汽车等工业企业	拥有浙江大学等中国顶尖高校	总面积最大；民营经济及创新创业活跃；有国家"高质量发展建设共同富裕示范区"政策加持
纽约湾区	由31个县组成，陆地面积2.15万平方公里，包含美国纽约、纽瓦克、新泽西等城市，其中纽约为其中心，总人口达6500万	纽约港为全美第一大商港，湾口占全美经济总量6%，是美国交通设施完善，纽约是美西方公交系统最繁忙的城市。世界金融的核心枢纽与商业中心	以华尔街为核心，集聚全美1/3的500强公司总部，3000多家银行、证券等金融机构，摩根大通、花旗集团、大都会人寿保险公司等，被称为"全球金融心脏"	聚集包括纽约大学、哥伦比亚大学等在内的数十所全球顶尖大学、科研机构	以金融和贸易为核心功能，外向度极高。金融是驱动纽约湾区发展的关键
旧金山湾区	包含9个行政县，陆地面积约1.79万平方公里，以美国旧金山、奥克兰、圣何塞三大城市为核心，联动周边101个大小城市，构成美国五大城市群之一；总人口超过760万	区内交通设施十分完善，涵盖高速公路、海湾大桥、海底隧道以及三大国际机场等	以高端硅谷为核心，信息技术、生物技术、计算机和电子技术、通信科技、生物科技等领先世界，集中包含苹果、谷歌等在内的大量科技、英特尔世界知名高科技公司	拥有5个国家级研究实验室，以及斯坦福大学、加州大学伯克利分校等20多所著名高校	以科技立足，依托内部顶尖科研机构和高校输送的大量人才。高科技人才驱动是旧金山湾区成功的核心因素

续表

	地理及人口条件	基础条件	产业特色	科教支撑	发展优势/发展驱动力
东京湾区	由"一都三县"（东京都、神奈川县、千叶县和埼玉县）组成，陆地地面积约1.36万平方公里；以东京为中心，沿岸形成了包含横滨港、东京港等6个港口在内的港口群；总人口超过3500万	日本的金融、航运及科技中心；占日本约3/4的工业产值，占全国经济产值占全国经济总量30%。区内交通设施完善，以新干线、轨道交通为核心的交通网络实现区域内外部的无缝衔接	集中钢铁、冶金、炼油、石化、机械、电子、汽车、造船等大多数主要工业部门，拥有丰田、索尼等众多世界著名制造业企业，聚集了日本数十家世界500强企业	聚集武藏工业大学、横滨国立大学等260多所高等教育机构，特别重视企业内部工业技术研究机构建设，"产学研"体系成熟，既是产业中心，也是科技研发中心	注重通过技术创新促进产业发展，同时将以金融和航运为核心的现代服务业作为配套产业
粤港澳大湾区	由广东省9个珠三角城市以及港澳两个特别行政区组成；区域总面积约5.6万平方公里，总人口约7000万	经济总量近12万亿元人民币，占全国约12%，是中国开放程度最高、经济活力最强的区域。区内交通、轨道发达，港珠澳大桥、轨道交通、航运一应俱全	产业多元发展，如以广州为代表的贸易、制造业，以深圳为代表的高新技术产业，以香港为代表的金融、航运及贸易业，以澳门、珠海等为代表的文化、旅游、娱乐业等现代服务业。集聚世界著名金融机构、科技企业、工业企业，如汇丰银行、平安集团、华为、比亚迪等	拥有华南理工大学、中山大学、香港大学、澳门大学、深圳技术大学等众多顶尖高校和大学等众多顶尖高校和科研机构，以及华为研究院等众多企业研发机构	具有多元政治形态、多样产业经济、多点发展中心、多彩城市格局，综合性极强。市场优势是当前其区别于其他湾区最明显的特征，广阔的市场将成为其全球资源整合、财富投资、创新创业的超级平台

资料来源：田栋、王福强《国际湾区发展比较分析与经验借鉴》，《全球化》2017年第11期；林贡钦、徐广林《国外著名湾区发展经验及对我国的启示》，《深圳大学学报》（人文社会科学版）2017年第5期；张锐《湾区经济：国际步伐与中国格调》，《对外经贸实务》2017年第5期。

257

令世界三大湾区及粤港澳大湾区有亮眼的湾区经济建设成果，并辐射至更大区域，推动整个国家的经济发展。

与世界三大湾区及粤港澳大湾区相比，浙江大湾区具有地理面积最大，民营经济及创新创业活跃，以及国家对"高质量发展建设共同富裕示范区"予以政策支持等明显优势。但亦存在比较劣势及可改进之处，具体体现在以下三个方面。首先，浙江大湾区在发展水平，人口、经济和产业集聚程度，产业高度化水平和产业链/价值链的掌控能力，国际贸易通达性，以及创新资源储备及其活跃性和城市国际化程度等主要指标上，均与世界三大湾区及粤港澳大湾区存在差距；在发展水平、产业水平和创新资源储备等几个方面上的劣势较为突出。[①] 其次，浙江大湾区与计划之总体空间格局基本匹配，但板块之间略有差异。具体而言，2018年浙江省政府发布《浙江省大湾区建设行动计划》，提出大湾区总体布局是"一环、一带、一通道"，即环杭州湾经济区、甬台温临港产业带和义甬舟开放大通道，目前大湾区在空间上符合此种布局；但呈现板块间建设进程不一、区域内发展不均的现状，其中环杭州湾经济区发展成熟，甬台温临港产业带发展处于初级水平，义甬舟开放大通道发展相对缓慢。[②] 最后，环杭州湾经济区建设情形基本与《浙江省大湾区建设行动计划》中提出的以环杭州湾经济区为主体，构筑"一港、两极、三走廊、四新区"的空间格局匹配；但各类平台潜力不均，尤其是杭州江东新区、绍兴滨海新区和宁波前湾新区这三个新区的综合交通建设进程较缓，目前发展潜力较小。[③]

值得一提的是，在构建全球数字经济创新高地这一目标达成上，目前浙江大湾区建设存在不充分、不均衡的问题，仍有可提升空间。具体体现在：第一，"用云量"（云服务综合使用量）整体水平低于粤港澳大

---

① 陈建军、陈怀锦、刘实、徐倩：《区域一体化背景下的长三角大湾区研究：基于国内外比较的视角》，《治理研究》2019年第1期。

② 柯敏、张薇：《浙江大湾区空间开发潜力评价及发展建议》，《中国工程咨询》2018年第11期。

③ 柯敏、张薇：《浙江大湾区空间开发潜力评价及发展建议》，《中国工程咨询》2018年第11期。

湾区；第二，只有杭州一座城市数字经济产业发展态势良好，只能"单核引领"，不同于粤港澳大湾区深圳、广州、香港、澳门"多级联动"；第三，相较于粤港澳大湾区，浙江大湾区的技术创新网络偏松散，需增强各领域创新成果之间的关联，以形成完整的产业链与产业生态体系；第四，浙江大湾区数字经济岗位的高层次人才需求不足，可能限制数字经济发展。[①]

简言之，目前浙江大湾区建设在整体发展水平上与世界三大湾区及粤港澳大湾区均存在差距；同时，在内部发展进程与潜力上均衡性不足，尤其在数字经济这一块。若要提升综合发展潜力，未来能与世界三大湾区及粤港澳大湾区匹敌，浙江大湾区建设必须深入推进长三角一体化发展，整合包括浙江、上海、江苏在内的多省市资源，构建长三角大湾区。[②] 而若要提升杭州江东新区等新区的发展潜力，则可以从以下四方面下手：第一，完善城市功能，包括加强与邻近县城的互动、拓宽生产服务与消费服务领域、完善公共服务设施、吸引高端专业化人才以回应产业发展需求；第二，补强交通网络，包括新区之间与新区内部的高速公路、铁路、地铁等综合交通体系架设；第三，促进区域板块协调发展，具体做法为，采用一套自上而下的统筹协调机制，建立基础设施，形成特色产业，共建区域生态；第四，深挖自然资源与生态条件优势，审慎对待填海问题，并充分利用深水岸线、河港、湿地等生态资源。[③]

针对数字经济发展，建议从以下四个方面加快把浙江大湾区建设成全球数字经济创新高地：第一，与上述提升综合发展潜力的做法一致，浙江应主动拥抱长三角一体化战略，接轨上海，叠加苏皖优势，形成与粤港澳大湾区类似的多级联动模式；以杭州城西科创大走廊、宁波甬江科创大走廊、嘉兴

---

① 郭斯兰、林崇责、钱挺、邱靓：《浙江大湾区数字经济发展多源大数据画像》，《浙江经济》2019 年第 19 期。

② 陈建军、陈怀锦、刘实、徐倩：《区域一体化背景下的长三角大湾区研究：基于国内外比较的视角》，《治理研究》2019 年第 1 期。

③ 柯敏、张薇：《浙江大湾区空间开发潜力评价及发展建议》，《中国工程咨询》2018 年第 11 期。

G60 科创大走廊这"三走廊"为载体，加大数字技术投入，打造产学融合的数字经济中心；第三，建立吸引及留住数字经济高层次人才的机制，鼓励产学合作育人；第四，完善支撑数字经济的金融体系，推动数字湾区和金融港湾共荣共进。[①]

此外，作为我国两大主要湾区，浙江大湾区与粤港澳大湾区展开合作，有充分的必要性及可行性。就必要性而言，两湾区都有推动外贸高质量发展及数字经济发展的需求。在外贸发展方面，作为东部沿海省份及外贸大省，浙江省和广东省同样拥有主场和历史优势，利用得当则能促进外贸复苏，进而在推动本省经济高质量发展的同时，拉动全国经济增长。在数字经济发展方面，大湾区的优质产品需要寻找电商平台来实现全球化发展，此外，杭州需要借助广东的跨境电商能力，因此打造数字化供应链，增强数字营销能力，是两湾区共同的当务之急。就可行性而言，两大湾区能够优势互补，资源共享。粤港澳大湾区具备巨大的资源优势（如香港具有的国际化优势、国际跨境结算优势、信息流通优势、国际创业团队聚集优势），以及合作优势（包括大湾区一体化优势、政策区域优势等）。浙江大湾区具有丰富的直播资源和巨量电商产品需求，浙江省电商发展领跑全国，企业、主播数量和交易额均居全国首位，其中杭州表现尤为突出，但杭州电商需要销售更多优质产品，同时也需要吸引更多来自广东的高质量但缺乏品牌能力的企业加盟。综上所述，浙江大湾区需要与粤港澳大湾区展开合作实现双赢，最终推动本省乃至全国经济高质量发展。

就浙江大湾区与粤港澳大湾区合作如何落实，可以从以下方面进行尝试。一是在浙江建立"双湾国际贸易中心"，通过浙江电商让粤港澳大湾区的优质企业和产品"走出去"，实现品牌营销和产品销售；再经过一段时间长期累积，推动浙江大湾区贸易开放，同时实现粤港澳大湾区产品升级以及中国制造向全球品牌提升。二是在浙江建立电商选品中心，将粤港澳大湾区

---

① 郭斯兰、林崇责、钱挺、邱靓：《浙江大湾区数字经济发展多源大数据画像》，《浙江经济》2019 年第 19 期。

精心组织的优质货源引入浙江电商中心，既能令浙江主播就近、快捷选品，缩短选货配货流程，提升效率，也能加强对粤港澳大湾区优品的掌握，为长期合作打下坚实基础。

总之，浙江大湾区需要通过推进长三角一体化发展以及与粤港澳大湾区合作来增强自身竞争力，进一步助力本省经济高质量发展与现代化建设更上一个台阶。

（二）大花园建设

大花园建设有效带动了浙江全域旅游，成为经济发展新的动力。为后续建设更上一层台阶，可以从以下环节着手。首先，统筹省域资源，助力全域发展，如充分发挥优势地区的示范及辐射作用，以杭州为龙头，构建浙东、浙西、浙中多个旅游区；[①] 再如通过杭嘉沪创新大通道、义甬舟开放大通道等多条大通道，共享省内外旅游资源及客源。其次，将浙江省特有的文化资源与生态环境资源有机结合起来，如整合甬台温宗教文化资源，构建"佛道名山旅游带"；再如发展杭州、金华"浙中影视文化旅游带"及"陆上"和"水上"唐诗之路。[②] 再次，在大花园建设的总体目标下，将全域旅游打造、乡村振兴、城乡协同发展等不同领域的具体目标结合起来，最终实现省域高质量发展水平与人民生活品质双双大提升。最后，大花园建设需要创新性公共服务提供支持，如凭借创新市场综合监管体制、建设及应用智慧化公共服务体系，提升全域旅游品质。[③]

除了改善全域旅游模式来进一步提升大花园建设的质量这一方式外，浙江省也需要通过顶层设计思维的调整来为大花园建设注入灵魂。浙江省陆地

---

① 徐春红、丁镭：《"大花园"建设背景下浙江全域旅游竞争力评价及融合发展研究》，《商业经济》2019 年第 6 期。

② 胡海雯、胡洁、沈梦洁、张冰暄、叶晔：《文旅融合视域下诗路文化元素融入浙江大花园建设研究》，《文化创新比较研究》2022 年第 6 期；徐春红、丁镭：《"大花园"建设背景下浙江全域旅游竞争力评价及融合发展研究》，《商业经济》2019 年第 6 期。

③ 徐春红、丁镭：《"大花园"建设背景下浙江全域旅游竞争力评价及融合发展研究》，《商业经济》2019 年第 6 期。

面积 10.55 万平方千米，其中山地和丘陵占 70.4%，水网占 6.4%，平原和盆地占 23.2%，呈现"七山一水二分田"分布，被誉为"鱼米之乡"；同时拥有我国主张管辖海域 26 万平方千米，为海洋大省；总体而言，浙江山水环境提供的居住条件较为安全，自然灾害较少，因此山水的超景观功能和特征更加明显。① 不过人地矛盾引发开山占水造田，尤其是近 40 年城乡建设无序扩张，对生态平衡产生了恶劣影响，也使景观水平整体大幅下降；幸运的是，近年来环境问题得到重视，生态环境保护力度加大，情况有所改善。②

然而就大花园建设而言，若想全面提升居住、就业、旅游等功能，则必须调整顶层设计思维，并由上而下贯彻执行。具体而言，需要克服功利主义取向，以"发挥理性因素在审美中的关键作用、扭转非理性的艺术审美偏差趋势"为大花园建设的指引，以"恰当自然审美"为标准作出正确建设部署。③ 当前我国部分城镇、乡村建设存在迎合低级审美趣味、同质化、一味追求经济利益的问题，既忽视生态发展，又不符合艺术审美，浙江大花园建设应避免此种问题。而要做到"恰当自然审美"，就要"将浙江山水的审美特征和审美价值放在由认知、伦理等共同组成的整体价值体系中来考察，力求实现审美效应正向化、最大化"。④ 具体而言，要达成一种社会共识，即保护并发挥浙江具备的山水资源优势，并深入研究其生态机理；在这种意义上，大花园建设的"诗画浙江"目标符合艺术审美。需要注意的是，在自然环境破坏严重、生态问题严峻的大背景下，在居住、就业、旅游等方面，大花园建设应尽可能遵循自然主义，有节制地建设。在居住方面，以生

---

① 周膺、吴晶：《"恰当自然审美"与乡村理性改造——对浙江大花园的价值认知与反思》，《浙江社会科学》2020 年第 5 期。

② 周膺、吴晶：《"恰当自然审美"与乡村理性改造——对浙江大花园的价值认知与反思》，《浙江社会科学》2020 年第 5 期。

③ 周膺、吴晶：《"恰当自然审美"与乡村理性改造——对浙江大花园的价值认知与反思》，《浙江社会科学》2020 年第 5 期。

④ 周膺、吴晶：《"恰当自然审美"与乡村理性改造——对浙江大花园的价值认知与反思》，《浙江社会科学》2020 年第 5 期。

态安全和生活便捷为建设原则，重视保护原生态资源、提升新旧建筑物功能而非追求怪诞，并讲求布局整体性；同时，充分发挥乡村环境及文化优势，大力发展养老、文化、休闲幸福产业，以健全衢州、丽水等地的养老服务体系。① 在就业方面，以生态型和创意型为建设原则，包括改善传统产业以达到现代化建设水平，大力推进新型工业、后现代服务业、生态农业等创意经济发展，以及推广农业绿色生产方式，通过互联网促进生态农业市场化发展来带动乡村振兴。在旅游方面，以原生态和源文化体验为建设原则，如最大限度保护和展示自然、文化遗产，适度改造旅游服务，将艺术展示与自然、生态资源结合，注重开发原产地文化资源，真实展现原生态文化而避免采用克隆方式。②

（三）大通道建设

浙江省人大财政经济委员会对浙江省港口、交通建设情况进行实地调研，并对照世界一流强港和高水平交通强省相关指标，发现目前建设情况仍存在差距，具体表现在：第一，集疏运体系存在堵点难点，如港区铁路建设缺口较大、港区内设施衔接不足等；第二，航运服务业能级较低，如航运服务业层级偏低、设立总部的全球航运公司非常少等；第三，宁波舟山港一体化尚未到位；第四，铁公水联运等综合性枢纽不足且连接不畅；第五，薄弱的财政保障能力无法满足偏远山区、海岛地区强烈的交通发展需求；第六，交通物流成本依旧高；第七，省域内交通发展均衡性仍需提升，如革命老区、省际边界等地区交通发展滞后；第八，配套的法规政策体系尚不健全，

---

① 周膺、吴晶：《"恰当自然审美"与乡村理性改造——对浙江大花园的价值认知与反思》，《浙江社会科学》2020 年第 5 期；徐幸：《大花园建设是浙江践行乡村振兴战略的重要行动》，《浙江经济》2018 年第 15 期。

② 周膺、吴晶：《"恰当自然审美"与乡村理性改造——对浙江大花园的价值认知与反思》，《浙江社会科学》2020 年第 5 期；徐幸：《大花园建设是浙江践行乡村振兴战略的重要行动》，《浙江经济》2018 年第 15 期。

政策扶持力度有待加大。①

针对上述交通建设的问题与不足，对浙江省建设交通强省提出以下四点建议：第一，发展绿色交通、智慧交通、安全交通，提升综合交通枢纽综合性能；第二，增加对革命老区、省际边界等地区交通发展滞后地区的资金支持；第三，做好"亚运会""亚残运会"等活动的交通保障；第四，健全法规政策体系。②

聚焦三大通道建设，甬台温高速拥堵问题已常态化；而义甬舟开放大通道的部分通道流量趋于饱和；沪杭甬通道目前的通行能力无法满足沿线经济迅速发展地区人民不断提升的出行需求；杭金衢通道金华至衢州段因拓宽工程尚未完成而拥堵严重；杭州绕城、沪杭甬杭州市区段、乍嘉苏等局部路段已呈瓶颈卡口；此外，也存在部分营运高速公路互通间距过大、营运高速服务区的服务能力不足等问题。③ 欲解决上述问题，建议以浙江省"十四五"期间高速公路建设的总体思路为指引，深入贯彻长三角一体化等战略，将重点放在完善跨省跨区域重要通道以及繁忙通道扩容改造上。④

而针对宁波全面融入义甬舟开放大通道建设，建议未来宁波深化与义乌、舟山等地的资源共享与合作，具体提出以下举措：第一，加强区域产业统筹协同发展，包括加强与义乌、舟山等地的产业合作，通过主动融入"一带一路"和长江经济带建设来共同拓展市场，借助自身境外投资优势，加大企业"走出去"力度；第二，建立综合保税区，并在未来构建大通道沿线的综合保税区网络；第三，加快物流服务平台建设，完善跨境电商服务

① 《浙江省人大财政经济委员会关于世界一流强港和交通强省建设情况的调研报告》，《浙江人大》（公报版）2023年第2期。
② 《浙江省人大财政经济委员会关于世界一流强港和交通强省建设情况的调研报告》，《浙江人大》（公报版）2023年第2期。
③ 吴坚、朱沛、林饶瑶：《浙江省"十四五"期间高速公路建设思路和重点研究》，《综合运输》2022年第7期。
④ 吴坚、朱沛、林饶瑶：《浙江省"十四五"期间高速公路建设思路和重点研究》，《综合运输》2022年第7期。

平台；第四，完善海铁联运运输体系，包括完善宁波与义乌、舟山等地之间的通道建设，推进多式联运发展，打通宁波与华东地区之间的通道。[①]

（四）大都市区建设

在创业环境方面，四大都市区总体水平较高，但仍存在可提升空间。创新创业对拉动发展而言意义非凡，因而作为浙江省重点建设的经济核心区，四大都市区的创新创业情况显得尤为重要。2020 年的调查结果显示，四大都市区在创业环境方面的综合得分排名依次为温州、杭州、宁波及金义，其中不同区域各具优势及短板：杭州都市区在教育培训、政府项目、商业环境方面较佳，在知识产权及市场开放度上发展不足，需增强知识产权保护意识，并改善创建开放市场环境的路径；宁波都市区在政府项目、文化与社会规范等方面表现较好，但在政府政策、知识产权方面有所欠缺；温州都市区在妇女创业、金融支持方面表现亮眼，不过在知识产权和教育培训上略显不足；金义都市区在有形基础设施、知识产权等方面优势明显，但在市场开放度与商业环境方面较为薄弱。[②] 针对上述问题，未来可以从以下六个方面改善都市区创业环境：一是从基础教育入手加强创业教育；二是加大知识产权保护力度；三是促进技术创新转化为成果；四是增强对民营金融机构的扶持；五是优化营商环境，协助小微企业、困难的民营企业发展；六是打破所有权界限，扩大市场开放。[③]

在生态协调发展方面，杭州大都市区包含了杭州、绍兴以及安吉在内的 23 个区县，是浙江发展的龙头，因此其发展有极其重要的意义。大都市区建设以来，杭州大都市区显露出一系列生态方面的问题，包括区内用以开发的耕地后备资源不足且主要分布于生态脆弱地区、水下"荒漠化"现象较

---

① 王帅、蒋天颖：《宁波全面参与义甬舟开放大通道建设的对策建议》，《宁波经济（三江论坛）》2017 年第 3 期。

② 谢守红、戴思琪、邢免：《浙江四大都市区创业环境综合评价与优化对策》，《中国名城》2021 年第 9 期。

③ 谢守红、戴思琪、邢免：《浙江四大都市区创业环境综合评价与优化对策》，《中国名城》2021 年第 9 期。

为普遍等，影响区域的可持续发展。① 尽管作为长三角地区重要的生态涵养区，杭州大都市区的生态恢复力较强，但长期积累下来的资源利用压力对该区域的生态可持续发展造成的挑战仍不容忽视。针对上述生态问题，建议未来发展引入国土整治生态景观设计模式，从以下五个方面调整：第一，采取集中连片整治的模式，通过自然生态系统提升土壤肥力，增加作物产量，优化农产品供给；第二，采用植被缓冲带设计，改善杭州大都市区中污染严重的近岸海域等区域，优化环境调节；第三，通过生态防护工程技术，改善杭州大都市区中生态风险较高地区抵御自然灾害的能力；第四，在杭州大都市区中除具重要生态功能区域之外的各地区农田中，构建利于生物生长、繁殖的栖息地及生态系统，以丰富生物多样性；第五，基于不同土地类型具备的资源条件及各方利益，采用不同生态景观设计模式组合。②

综上所述，浙江省政府顺时应势地提出的"大湾区大花园大通道大都市区建设"战略，以创新和融合为经济发展的动力和源泉，在近年来助力浙江高质量发展上成效显著。当然，该战略在实施过程中仍存在亟待解决的问题，有可提升空间，相信未来在新一轮大湾区建设行动计划的指引下，能够以更高的站位、更严格的标准深化推进建设，切实保证浙江省持续扮演经济高质量发展先行省的角色。

---

① 陈新明、黄冰冰、黄璐、胡广、闫玉玉：《杭州大都市区国土整治生态景观设计模式研究》，《浙江国土资源》2021年第8期。
② 陈新明、黄冰冰、黄璐、胡广、闫玉玉：《杭州大都市区国土整治生态景观设计模式研究》，《浙江国土资源》2021年第8期。

第八章　社区公益创投：推动基层治理体系和治理能力现代化的有效机制[*]

——以湖北省为例

一　引论

（一）研究背景

湖北省社区公益创投具有自身的鲜明特点。2010 年以来，公益创投逐渐成为政府引导社会力量参与社区服务的一种新机制。国内通常做法是，政府部门面向专业社会服务机构，开展公益创投，引导社会力量嵌入社区，为城乡社区社会救助对象、建档立卡贫困人口、困境儿童、精神障碍者、社区服刑人员、刑满释放人员和留守儿童、妇女、老人等特定群体提供人文关怀、精神慰藉和心理健康服务。这是嵌入式的社区服务社会化路径。湖北省民政厅另辟蹊径，面向社区工作者，开展公益创投，引导普通居民参与社区公益服务的提供、社区公益事业的建设、社区公共问题的治理，让居民在参与中自我组织起来，内生公益性的社区社会组织。这是内生式的社区治理社会化路径。

湖北省社区公益创投历时多年，经历了社会工作知识普及阶段和社区工作实务实操阶段。一是社会工作知识普及阶段。2011~2013 年，湖北省民政厅基层政权和社区建设处实施"送知识到社区"行动，分别在武汉、黄石、襄阳、宜昌、荆门等地分片区举办社区工作与社区治理专题培训班，华中师范大学湖北

---

[*] 执笔人：张必春，华中师范大学政治与国际关系学院教授、博士生导师，研究方向为基层治理、弱势群体研究。

城市社区建设研究中心的陈伟东、胡宗山、王敬尧、袁方成、孔娜娜等学者采用案例教学方式，向全省社区工作者讲授社会工作的新理念、新知识、新方法等，为社区公益创投奠定了知识基础和认识基础。二是社区工作实务实操阶段。2014~2018 年，华中师范大学湖北城市社区建设研究中心协同湖北省民政厅基层政权和社区建设处，面向全省社区工作者，围绕社区公益创投，开展社区工作实务能力训练、社区公益项目大赛、社区公益项目优秀案例采集、社区工作法征集等活动，引导各级民政部门开展社区公益创投，引导社区工作者策划和运作社区公益项目，引导居民参与社区公益项目，引导社会力量扶持社区公益项目。

（二）研究目的

本章的研究目的是系统分析湖北省社区公益创投的成效和不足。基于研究目的，本章重点研究第二阶段即 2014~2018 年社区工作实务实操的成效和不足。本章主要讨论以下问题：一是湖北省社区公益创投的总体情况与变化趋势；二是湖北省社区公益创投对推进社区治理起了什么作用，取得了什么成效；三是湖北省社区公益创投有什么不足。

（三）研究思路

本章紧紧围绕上述三个问题，从四个维度来展开讨论：一是通过社区公益创投与民政部门作用的相关性分析，来回答民政部门是如何发挥牵头作用的；二是通过社区公益创投与社区工作者专业化的相关性分析，来回答群众性自治组织是如何发挥基础作用的；三是通过社区公益创投与居民参与的相关性分析，来回答社区居民是如何发挥主体性作用的；四是通过社区公益创投与社区在地资源开发的相关性分析，来回答社区社会组织和辖区单位是如何发挥协同作用的。同时，在上述四个相关性分析的基础上，进一步发现湖北省社区治理面临的新情况和新问题。

（四）基本概念

1. 社区公益创投

湖北省的社区公益创投灵感来自欧美的公益创投（Venture Philanthropy），

西方的概念主要强调资助方与受资助方不再是简单的捐赠与受捐赠关系，更重要的是两者建立长期的、深入参与的合作伙伴关系。同样地，我们认为社区治理也不单纯是政府的事情，而是应该建立包括社区居民在内的各类治理主体的合作伙伴关系，改变传统"政府热、居民冷"的局面。从这个意义上看，湖北省社区公益创投是促进各类治理主体在社区公益服务和公共治理过程中协作并带动各种治理资源汇集到社区的机制，这是将"政府治理、社会调节和居民参与良性互动"落地的思路和实践途径。

2. 社区工作者专业化

社区工作者专业化是指社区工作者为履行工作职责，不断践行社会工作理念、习得社会工作知识、应用社会工作方法的持续实践过程。社区工作者专业化可以通俗理解为社区工作者的"社工化"，但要避免社区工作者"会考"（考取社会工作师资格证书）、"不会用"的问题。进一步说，社区工作者专业化包括他们能"用正确的方法"，"做正确的事"。社区工作者不仅要知道"做正确的事"，而且要知道"用正确方法做事"。作为群众性自治组织的社区居民委员会，其首要职责是组织和动员居民开展自治，建立党组织领导下的充满生机和活力的居民自治机制。"做正确的事"，即作为社区居民委员会组成人员的社区工作者要坚持"以居民为中心"的原则，组织居民开展自治。"用正确方法做事"，即社区工作者应践行社会工作理念，应用社会工作知识和社会工作方法，使得组织和动员居民参与社区治理更可能、更有效。

3. 居民组织化

居民原子化与居民组织化是一组对应概念。居民组织化可以简称为居民"社团化"。个人与团体的关系是我们理解居民原子化与居民组织化这组对应概念的金钥匙。居民组织化是指居民加入团队获得社会身份和社会功能的过程，进一步说，居民加入某个或某几个团队，从而获得团队成员的社会身份，团队促进个人与个人之间、成员与成员之间相识、相知、相信、相助，从而使个人承担某种社会功能。居民原子化是指无团队依存的个人，失去社会身份和社会功能，成为"无根的"个人或弃儿。[①]

4. 社区在地资源

社区在地资源是指隐藏在社区"人"（个人、团体、法人）身上的一切可利用的资源，这些资源常常是分散的甚至是闲置的，诸如闲暇时间、闲置的生产资料、闲置的生活资料、闲置的能工巧匠、闲置的空间等。

二 总体情况和基本趋势

（一）湖北省社区治理资金投入量逐年增长

湖北省通过社区公益创投大赛引导全省、各地市州加大对社区治理的资金投入力度，特别是带动了政府对社区社会组织培育孵化项目的资金投入，具体表现为"省民政厅投入"和"地市州投入"两个增长。

第一，湖北省民政厅对社区社会组织培育孵化引导资金数额逐渐增长。这是省厅撬动地方加大该类投入的"杠杆"，其目的是撬动各地市州也增加对社区社会组织培育孵化项目的资金支持力度。从图 8-1 可以看出，湖北省民政厅从 2014 年开始投入资金引导各地市州培育社区社会组织参与社区治理。从投入来看，2014~2018 年的投入金额分别为 200 万元、400 万元、400 万元、900万元、1000 万元，资金投入额不仅总体呈现上涨的势头，而且增幅较大。

第二，各地市州也分别加大对社区社会组织培育孵化引导资金的投入力度。省厅的示范带动就是各地市州的"工作信号"和"中心工作"，在省民政厅的示范带动下，各地市州也增加相应的投入。从统计数据上看，2015[②]~2018 年各地市州投入社区社会组织培育孵化引导资金数额分别为 100 万元、200 万元、800 万元、1000 万元，资金投入额不仅每年保持上涨的势头，而

---

① 〔美〕彼得·德鲁克：《社会的管理》，徐大建译，上海财经大学出版社，2003，第 10 页。

② 由于 2014 年是湖北省第一年举办社区公益创投大赛，各地市州 2014 年的经费预算是在 2013 年底完成的，因此没有这笔经费，2014 年各地市州在社区公益创投项目扶持上的经费为零。

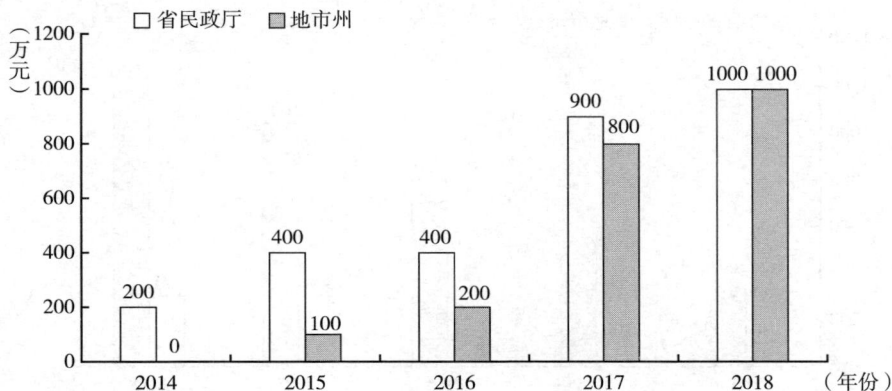

图 8-1　2014~2018 年湖北省民政厅和各地市州对项目的资金投入情况

且增幅明显。不得不指出来的是，2014~2018 年地方投入的增长幅度是湖北省民政厅资金投入增长幅度的 2 倍多。由此可见，湖北省通过社区公益创投大赛取得了引导地方政府资金向社会治理领域投入的成效。

（二）全省社区工作者实务能力训练全面铺开

理论和实践的脱节是我国社区工作者面临的普遍问题，他们考取了社会工作从业资格证，但仍然不知道如何组织居民、带动居民开展自治活动。针对这种情况，华中师范大学湖北城市社区建设研究中心协同湖北省民政厅基层政权和社区建设处，面向全省社区工作者，围绕社区公益创投，开展社区工作实务能力训练，大批的社区工作者来武汉市参加公益创投实务能力训练师资班，他们回到工作岗位后，各地市州也充分利用这批师资，开展本地实务能力训练。

从省民政厅的培训人次来看，2014~2018 年分别为 100 人次、100 人次、200 人次、300 人次、300 人次（见图 8-2），总体上保持上涨的势头。

通过省民政厅的引导，各地市州也相应进行社会工作实务能力训练，从培训人次来看，2014~2018 年分别为 360 人次、480 人次、800 人次、1040 人次、1200 人次，不仅每年保持上涨势头，而且 2018 年比 2014 年增长了

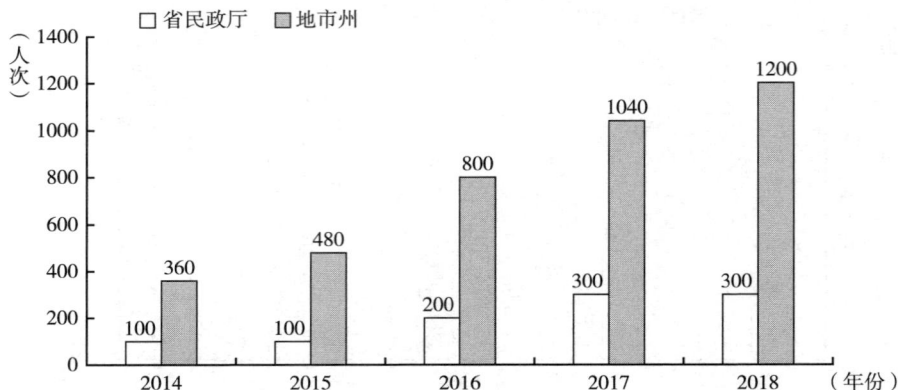

图 8-2　2014~2018 年湖北省民政厅和各地市州对社区工作者的能力培训情况

233%，增幅超过了省民政厅培训人次。由此可见，湖北省通过公益创投大赛，有效促进和引导了地方政府对社区工作人员实务能力训练的重视，大批的社区工作者都接受了社会工作实务能力训练。

（三）社区社会组织年度新增受益人群数量逐渐增长

湖北省社区公益创投大赛引导各地市州加大对社区社会组织的孵化培育力度，孵化培育了一批社区社会组织，因此 2014~2017 年，湖北省社区社会组织年度新增受益人群数量逐年增加（见图 8-3）。这里的受益人群是指年度增加的受益人群，其实第二年的受益人群数量应该是第一年的数量加上第二年新增的受益人群数量，以此类推，2018 年的受益人群数量应该是前几年的受益人群数量的总和。

随着湖北省社区公益创投大赛的逐年开展，以及年度新增社区社会组织数量的增加，它们扎根在社区为居民提供生活服务类、志愿服务类、邻里互助类服务，受益人群逐年增加。从统计数据来看，就全省层面受益对象而言，2014 年的受益人群数量是 11840 人次，2015 年受益人群数量是 32414 人次，以此类推，2018 年的受益人群数量是 165425 人次。由此可见，湖北省社区公益创投的作用十分明显，受益人群非常多。此外，从受益人群数量

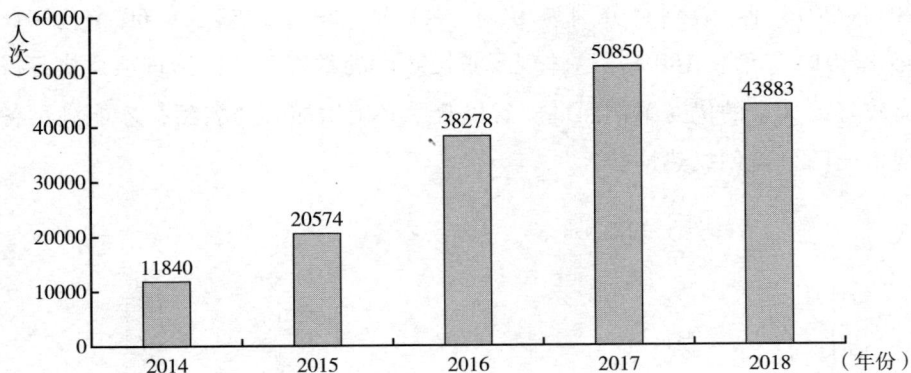

图 8-3　2014~2018 年湖北省新增受益人群数量

注：2018 年新增受益人数稍微下降，主要是因为湖北省 2018 年的社区公益创投大赛以社区公益金众筹为主题，只有小部分社区服务项目，而众筹的公益金主要供社区社会组织开展公益服务使用，补充政府资源的不足。

的增幅来看，2014~2018 年增幅约为 271%。由此可见，湖北省社区公益创投大赛促进了公益项目的发展，使更多的社区居民受益。

（四）形成创优争先的社会治理创新氛围

目前，湖北省社区公益创投大赛已经成为全省社会工作者的"年度盛宴"。各地市州在省厅的带动下也积极开始举办社区公益创投大赛，因此在社区治理创新领域，全省范围内形成了"你追我赶""奋勇争先"的社区治理创新氛围——可以说湖北省的社区治理探索出一种以社区社会组织为主要载体的社区治理模式。这种状况主要可以通过参赛项目的数量表现出来，全省涌现出一批优秀的大赛项目，为了摘取桂冠，社区工作者狠抓学习、锐意创新、团结协作，涌现出了一批又一批社区治理示范项目，具体表现为"省级参赛项目"和"市级参赛项目"的两个"增加"。

第一，湖北省省级社区公益创投大赛项目逐渐增加。从图 8-4 可以看出，湖北省民政厅从 2014 年开始举办社区公益创投大赛，引导本省各地市州在本地进行社区公益创投大赛，且从数据分析可以看出参加大赛项目数在多数年份保持增长，且保持一定的增长幅度。从参赛项目数量来看，

2014～2018 年参赛项目分别为 30 个、41 个、50 个、61 个、60 个，2018 年比 2014 年增长 100%。这体现了省民政厅的重视，社区治理项目执行得比较好，大量的优秀案例涌现。省民政厅必须增加大赛名额，才能满足各地市州的公益创投热情。

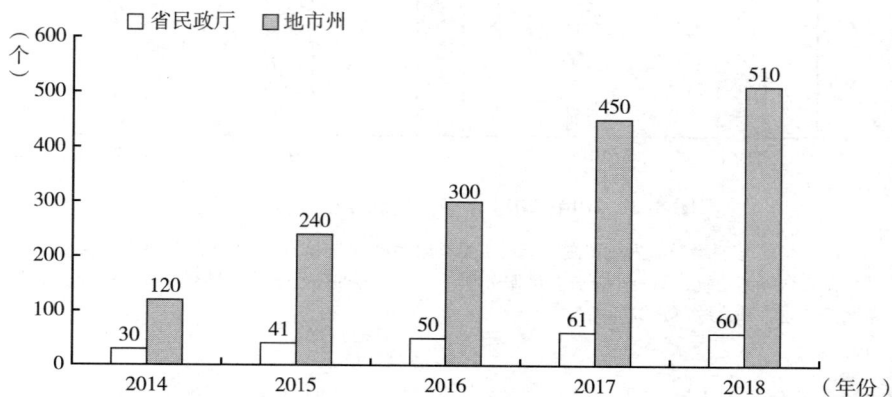

图 8-4　2014～2018 年湖北省民政厅和各地市州举办公益创投项目中参赛项目数量

第二，各地市州社区公益创投大赛项目不断增加。全省社区公益创投大赛的举办，点燃了各地市州社区治理创新的热情，纷纷举办社区公益创投大赛，借此来推动地方社区治理创新。从参赛项目数量来看，2014～2018 年参赛项目数量分别是 120 个、240 个、300 个、450 个、510 个，不仅保持增长势头，而且 2018 年比 2014 年增长了 325%，约为省级参赛项目数量增幅的 3.25 倍。由此可见，湖北省通过省级社区公益创投大赛带动地方举办社区公益创投大赛的积极性，湖北省全境已经形成社区治理创新的氛围。

三　作用和成效

（一）社区公益创投推动社区工作者专业化

评判社区工作者专业化需要把"用正确方法做事"（过程）与"做正确的事"（结果）结合起来，关键要看过程的专业程度，即社会工作知识的习得情况、社会工作方法的应用情况、社会工作理念的践行情况。就湖北省社区公益创投大赛而言，社会工作知识的习得情况主要用项目负责人平均接受能力训练小时数（小时）和项目负责人持证（社会工作者国家职业资格证书，以下简称"社工证"）率衡量。

1. 社区公益创投大赛增加了项目负责人平均接受能力训练小时数

从 2014 年开始，湖北省民政厅每年举办城乡社区公益创投实务能力师资培训班，每年都举办 1~3 期，每期 70 人，要求各地选送优秀社区工作者、专业社工和社会组织负责人参加培训，以提高他们的专业化程度，助力社区治理。

从图 8-5 可以看出，全省层面社区公益创投大赛项目负责人平均接受能力训练时间，2014 年为 21.18 小时，2015 年为 30.00 小时，2016 年为 37.06 小时，2017 年达到 41.91 小时，2018 年达到 46.54 小时，2014~2018 年逐年增加。由此可见，湖北省通过社区公益创投大赛对项目负责人进行实际能力训练，促进了项目负责人的能力素质提升，增强了项目实施效果。

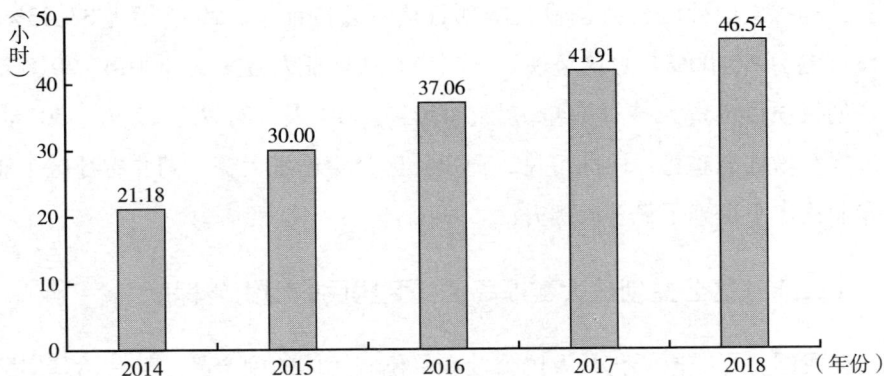

图 8-5　2014~2018 年湖北省社区公益创投大赛项目负责人平均接受能力训练时间情况

2. 社区公益创投大赛提高了全省项目负责人的持证率

社工证是由人社部组织制定并统一颁布的，反映了从事专门性社会服务工作专业技术人员的专业化水平。湖北省通过社区公益创投大赛，在社区工作者中掀起了考取社工证的热潮。仅从参赛项目负责人的持证率就可以发现，除个别年份外，项目负责人的持证率总体呈现上升趋势（见图8-6）。

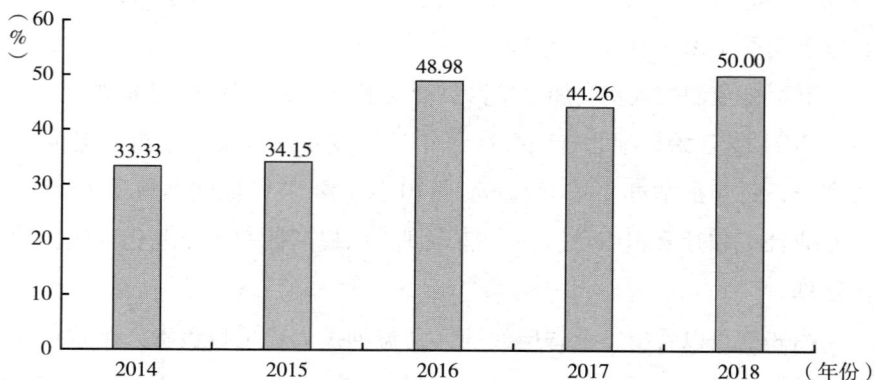

图8-6　2014~2018年湖北省社区公益创投大赛项目负责人全省持证率情况

从图8-6可以看出，湖北省从2014年开始通过举办社区公益创投大赛来引导各地市州项目负责人通过考取社工证提升自身专业化水平。从持证率来看，全省层面社区公益创投大赛项目负责人持证率，2014年为33.33%，2018年达到50.00%，总体呈现上升趋势。从持证人数来看，2014~2018年全省创投项目负责人持证数量分别为10人、14人、24人、27人、30人，呈现逐年增加的趋势。由此可见，通过社区公益创投大赛，湖北省社区工作者专业化水平得到了显著的提升。

（二）社区公益创投大赛提高了社区居民的组织化程度

在我国，居民原子化是人民公社和单位制解体的副产品。社区治理实践表明，原子化的个体，由于目的不同、价值不同、行为方式不同，很难做到步调一致，难以整合动员，因此不能成为社会治理的有生力量，反而很可能成为乌合之众，进行着"布朗运动"。大力培育社区社会组织是解决居民原子化问题的可行方案。湖北省社区公益创投大赛通过社区治理项目的执行，让原子化的社区居民围绕共同的项目、相同的流程走到一起来，将他们整合为一个个项目执行团队，从而提高了社区居民的组织化程度，收到了"1+1>2"的效果。

从图8-7可以看出，湖北省从2014年开始举办社区公益创投大赛项目，全省志愿者团队成员数量（或者可以称为团队吸纳志愿者人数）大体呈现上升趋势。从志愿者团队成员数量上来看，2014～2018年全省志愿者团队成员数量分别为772人、968人、1735人、1967人、2028人，志愿者团队人数呈现增长趋势，由此可见，社区公益创投大赛促进了社区居民的组织化进程，社区居民参加志愿者团队的人数越来越多；另外，由于社区居民的总人数相对稳定，参加志愿者团队的人数增加，那么未参加志愿者团队的、非组织化的居民数量就会降低，这就表明湖北省公益创投大赛提高了社区居民的组织化程度。

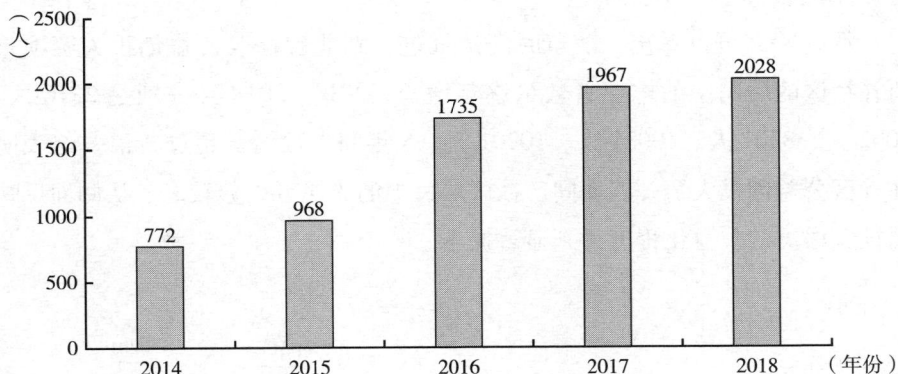

图8-7　2014～2018年湖北省公益创投大赛项目的志愿者团队成员数量

（三）公益创投大赛提高了社区居民的公益化程度

组织化并不代表公益化。居民组织化的现实状况是居民可以自发形成自娱自乐组织（各类文体活动团队），但难以自发形成公益性志愿者组织，娱乐性组织有交往、有互助但缺公益精神和社会责任感。居民组织化的重点是大力培育志愿者组织，吸引社区居民参加公益服务活动。

鉴于此，湖北省社区公益创投大赛在提高居民组织化程度的同时，更加强调公益化。总结来看，湖北省社区公益创投大赛促进社区居民的公益化主要表现在两个方面：第一，社区居民志愿者数量的增加；第二，社区居民从事志愿活动的类型增加。

第一，社区居民志愿者数量的增加。湖北省社区公益创投大赛的组织化是有选择的组织化，组织化的形式不仅仅是文体活动类，更多的是民政部所倡导的生活服务类、公益慈善类和居民互助类等，这些活动的重要特色就是富有"公益性"，服务对象具有明显的"外延性"，更重要的是项目参与者在社区中间的比例不断提升，从而表明社区居民的公益精神不断增强、责任感不断提升。从统计数据来看，社区公益创投大赛提高了项目所在社区居民中的志愿者的人数，表明了社区居民的公益化程度不断提高。

从图 8-8 可以看出，随着时间的推进，湖北省社区公益创投大赛项目所在社区的居民中的志愿者数量逐年增长，2014~2018 年分别是 2316 人、3002 人、8301 人、10031 人、10201 人，5 年间人数增长超过 3 倍，这表明在社区公益创投大赛开展期间，社区居民中的志愿者人数较多，从侧面反映出社区居民的公益化程度得到显著提升。

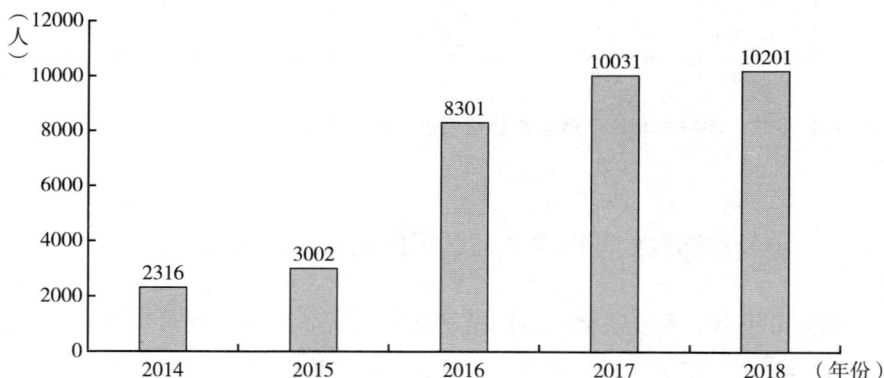

图 8-8　2014~2018 年湖北省社区公益创投大赛项目所在社区的居民志愿者数量

第二，社区居民从事志愿活动的类型增加。从学界研究来看，志愿者一般包括两种类型：服务类志愿者、技能支持类志愿者。2014~2017年湖北省社区公益创投大赛主要培育的是服务类志愿者，包括治安巡逻、环境保护、关爱特定群体等方面的志愿者。2018年湖北省社区公益创投大赛新增一类"筹资类志愿者"。就社区层面志愿者而言，这在国内属于"首创"，因为目前北京、上海等发达地区一般只在街道办的社区公益基金（会）或者企业家办的公益基金（会）有"筹资类志愿者"，在社区层面的基金（会）几乎为零。湖北省社区公益创投大赛建立的是社区基金（会），主要做法是由社区工作人员把社区居民的闲暇时间、闲置的生产资料、闲置的生活资料、闲置的能工巧匠、闲置空间充分利用起来，构成社区的治理资源，以补充政府治理资源的不足。

（四）社区公益创投盘活了社区本地资源

体制内行政资源是有限的，体制外社会资源是无限的。就社区治理而言，完全依靠社区居民委员会的办公经费，不足以解决众多的社区治理问题。因此社区治理需要树立资源意识。鉴于此，湖北省通过社区公益创投大赛加快了社区工作者的专业化，盘活了社区本地资源，具体表现为丰富了社区资源种类、增加了社区资源链接量。

1. 社区公益创投大赛丰富了社区资源种类

社区治理需要资源的支持，包括荣誉资源、人力资源、物质资源等，这些资源从人、财、物等方面保证了社区治理活动的顺利开展，可以说资源越丰富，社区公益创投项目的类型就越丰富，项目实行效果就越好，持续性也会相应延长。那么如何获得丰富的资源呢？"先进的理念带来先进的思路，走向活路。"湖北省民政厅协同华中师范大学城市社区建设研究中心使用社区公益创投大赛这种形式来撬动社会资源，取得了显著的成效。

从图8-9可以看出，通过社区公益创投大赛的拉动，湖北省社区公益创投大赛项目所在社区链接资源的种类更加丰富。2014~2018年，全省资源

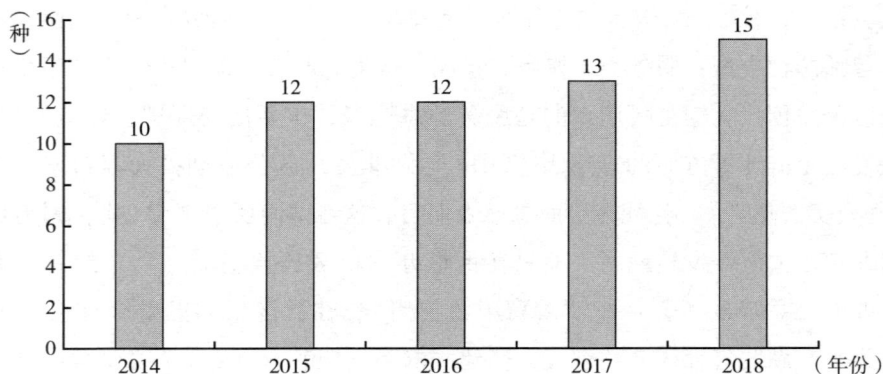

图 8-9　2014~2018 年湖北省社区公益创投大赛项目所在社区链接资源种类

链接种类分别为 10 种、12 种、12 种、13 种、15 种，链接资源种类呈稳步增加趋势，这表明社区公益创投大赛丰富了社区链接资源的种类。为了更加清楚地说明这种趋势，课题组使用质性研究的方法对资源类型进行归并和梳理，具体情况如表 8-1 所示。

表 8-1　湖北省社区公益创投大赛链接资源一览

年份	有形资源	无形资源
2014	生活用品、手工艺品、宣传品、文具、厨具、食品、药品、书籍、礼品	文体娱乐
2015	生活用品、手工艺品、宣传品、文具、厨具、食品、影音设施、公园场地	政府事业单位、文体娱乐、会议学习、需求调查
2016	生活用品、文具、食品、基础设施建设、康复器械、人力资源、公园场地、资金	政府事业单位、就业岗位、法律支持、私营企业
2017	生活用品、手工艺品、宣传品、文具、食品、药品、体育用品、基础设施建设、影音设施	政府事业单位、文体娱乐、会议学习/培训、需求调查
2018	生活用品、手工艺品、宣传品、文具、厨具、食品、药品、体育用品、基础设施建设、影音设施、康复器械、人力资源	政府事业单位、文体娱乐、会议学习/培训

从表 8-1 我们可以看出，湖北省社区公益创投大赛所在社区不仅链接了丰富的有形资源，也注重无形资源对于社区和居民的作用。

从有形资源来看，2014～2018 年，生活用品、食品等基本生活资源是每年都被链接的，表明社区始终将居民的基本物质生活需求的满足放到首位；另外，随着居民健康生活意识的增强、观影需求的提升，2015～2018 年，社区链接了丰富的影音设施、体育用品、康复器械等资源，为居民健康生活提供支持，改善居民观影体验，这表明湖北省社区公益创投大赛不仅覆盖了特定弱势群体，而且扩展到中青年群体。

从无形资源来看，2014～2018 年，文体娱乐资源基本每年都有链接（2016 年除外），说明社区在满足居民基本物质生活需求的同时，也重视居民精神文化需求的满足；并且，随着居民对个人发展的重视，2015～2018 年，社区链接了政府事业单位、会议学习/培训等资源，为居民个人发展既提供政策上的支持，又提供具体渠道和方法，这些无形资源在居民需求满足层次上得到了升华，也能激励居民更加高效、积极参与社区治理。

2. 社区公益创投大赛增加了社区资源链接量

资源链接量是资源相对应的人民币，反映了社区公益创投大赛盘活社区资源的能力。本部分将公益创投项目链接到的资源，按照市场价格进行等价折算，换算为公益创投资源链接量，然后进行分年度比较。

从图 8-10 可以看出，近年来，湖北省社区公益创投大赛带动了项目所在社区资源链接量的扩大。2014～2018 年，全省社区公益创投大赛项目所在社区资源链接量分别达到 205825 元、290908 元、345040 元、386460 元、686571 元，链接资金规模尤其是在 2017～2018 年明显扩大，且增幅达到约 77.7%，这是因为从 2018 年开始，华中师范大学城市社区建设研究中心针对社区治理资源短缺的问题，专门讲授社区治理资源众筹技术流程，这一流程传授，让湖北省社区公益创投大赛项目资源链接量得到显著的提升，这一关键点的"巨变"从侧面反映出社区公益创投大赛对社区链接资金能力的提升作用。

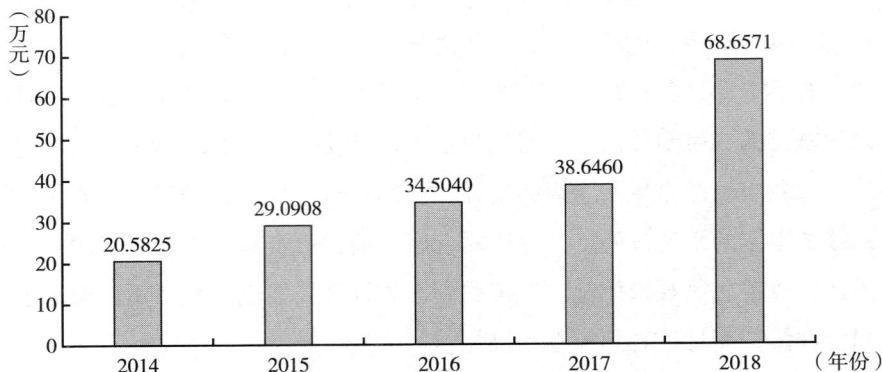

图 8-10 2014~2018 年湖北省社区公益创投大赛项目所在社区资源链接量

四 不足和建议

（一）城乡不平衡，应该加大对农村项目的扶持力度

"城乡二元结构"是我国经济和社会发展中存在的一个严重障碍，因此对湖北省而言，通过社区公益创投活动培育发展社区社会组织，也存在着城市社区和农村社区的差异。从表 8-2 可以看出，就 2014~2018 年社区公益创投大赛获奖项目而言，2014~2016 年没有一个农村社区的项目获奖①，2017 年开始才有农村社区项目陆续获奖，但是获奖的数量远远低于城市社区项目。比如 2017 年城市社区获奖数量有 56 项，但是农村社区只有 5 项，前者是后者的 11 倍多；2018 年城市社区获奖数量有 54 项，但是农村社区只有 6 项，前者是后者的 9 倍。如此巨大的反差，体现出巨大的城乡不平衡。

---

① 2014~2016 年湖北省社区公益创投大赛和师资培训班都没有设立农村项目和农村班，虽然这种现象有一定的客观原因，但这本来就是城乡差距的表现。

表8-2 2014~2018年湖北省社区公益创投大赛获奖项目的城乡分布

单位：项

	2014年	2015年	2016年	2017年	2018年
城市社区	30	41	50	56	54
农村社区	0	0	0	5	6

党的十九大报告中提出要"统筹城乡发展"，就湖北省的社区公益创投大赛引导社区社会组织发展而言，需要做到以下两点。

第一，在奖项设置上单独为农村社区公益创投项目预留名额。2006年，国务院办公厅转发监察部、国务院纠风办等9部门《关于清理评比达标表彰活动的意见》，对各类评比达标表彰活动进行全面清理，各省份也进行了相应的清理。在这种背景下，能拿到省级表彰对地市州，特别对街道和社区而言，意义特别重大，在年终考核时也可以得到加分。从前面的分析中可以看出，农村社区在社区公益创投大赛中的获奖项目数量偏低，这可能是由于农村社区的公益创投起步较晚，项目质量不及城市社区，但是出于鼓励和发展的目的，建议在奖项设置上单独为农村社区公益创投项目预留名额，这样可以提高农村社区的获奖比例，这对广大的农村社区而言，是一种巨大的激励作用。

第二，为农村学员单独设立城乡社区公益创投实务能力师资培训班。湖北省社区治理创新是通过社区公益创投活动培育发展社区社会组织，走的是内生式社区治理道路。这种道路包括公益创投实务能力师资培训班、公益创投项目创意、项目推选、项目审定、创投大赛和实施督导等环节。环节比较多，如果把城市学员和农村学员放到一个班上，就可能出现"农村学员跟不上，但城市学员吃不饱"的情况，因此建议在全省实务能力训练班的设置上加大对农村学员的倾斜力度，甚至可以单独为农村学员设立社区公益创投实务能力师资培训班，提升农村社区工作者的专业化水平；同时还需委托专业机构对农村社区治理创新项目的实施环节进行督导，保证项目的执行效果。

283

（二）区域不平衡，应该加大对贫困和偏远地市州的扶持力度

公共财政投入程度决定了社区建设的速度。这条经验成了人们判断各地社区建设成效的标准。社区治理创新中要形成政府治理、社会调节、公众参与的社会治理体系。而要形成"公众参与"局面，就需要培育社区社会组织，需要赋能社区工作者、扶持社区治理项目等政策指引，这些政策的实施都需要各地市州的大量资金投入。

从湖北省开展公益创投活动和社区治理创新的实践来看，经济发展水平决定了各地市州在受训学员数量、参赛项目数量、社区工作者持证人数上的差异。从表8-3中可以看出，就受训学员数量而言，武汉、襄阳、宜昌的人数分别是1517人、280人、617人，而天门的人数仅为31人，潜江和神农架的人数均为0。同样的规律也出现在参赛项目数量和社区工作者持证人数上，比如武汉、襄阳、宜昌的参赛项目数量分别是28项、20项、33项，而潜江、天门、神农架分别为9项、7项、3项，凡此种种，不胜枚举。总而言之，GDP较高的城市无论是在受训学员数量、参赛项目数量还是社区工作者持证人数上都远远超过GDP较低的地区。

表8-3　湖北省社区公益创投大赛的成效对比

排名	地区	2017年GDP（亿元）	受训学员数量（人）	参赛项目数量（项）	社区工作者持证人数（人）
1	武汉	13410.34	1517	28	20
2	襄阳	4064.90	280	20	8
3	宜昌	3857.17	617	33	14
15	潜江	671.86	0	9	4
16	天门	528.25	31	7	1
17	神农架	25.51	0	3	0

注：1. 本表使用2017年的湖北省各地市州GDP排序，但是总体规律应该不会变化。
2. 由于篇幅限制，本表只列出了GDP排名前三名和后三名的地区，但是这足以说明问题。

鉴于上述情况，课题组建议"锦上添花"和"雪中送炭"同时进行，且要更加重视"雪中送炭"——加大对贫困和偏远地市州的资金和政策扶

持力度。为此要做到以下几点。

一方面，拨付资金时向贫困和偏远地市州倾斜。从 2014 年开始湖北省民政厅就有"社区社会组织培育孵化引导资金"，资金数量较大，已经达到 1000 万元，目前采取"每个项目 3 万元"平均分配法，未来建议在划拨该资金时，建立地方配套制度和倾斜制度。具体而言，GDP 较高的地市州可以适当少拨付资金，并要求地方政府按照较高比例配套；反之，适当提高资金拨付数量，按照较低比例配套。

另一方面，分配师资培训班名额时向贫困和偏远地市州倾斜。从 2014 年开始湖北省民政厅就在全省举办城乡社区公益创投实务能力师资培训班，每年一般都有 3 期，共 210 个名额，建议未来在进行名额分配时，适当向贫困和偏远地市州倾斜，因为条件比较好的地市州极有可能会单独举办培训班；此外，还可以探索单独为这些地市州举办普及班，因为贫困地市州的学员处于起步阶段，和武汉等地区的学员不在一个层次上，授课内容和步调难以一致，不妨单独为其开班。

（三）实践和宣传不平衡，应该加大对湖北省"内生式三社联动"实践模式的宣传

前文已述，近 10 年来，在政社合作的背景下，社区公益创投已经逐渐成为政府引导社会力量参与社区治理的一种新机制，衍生出来的主要做法称为"嵌入式社区治理社会化"（或者称"嵌入式三社联动"），即政府购买专业社会工作服务机构的项目，为社区特定弱势群体提供人文关怀、精神慰藉和心理健康服务。很多研究者指出，在这种模式下，社区、社会工作者和社会组织还是"两张皮"，它们并没有联动起来；在这种背景下，湖北省开创了面向社区工作者的社区公益创投大赛，引导普通居民参与社区公益服务的提供、社区公益事业的建设、社区公共问题的治理，从而实现《中华人民共和国城市居民委员会组织法》中规定的"居民自我管理、自我教育、自我服务"，让居民委员会的功能实至名归——这就是湖北省所实践的"内生式社区治理社会化"（或者称为"内生式三社联动"）。

然而与实践不相匹配的是宣传不到位。具体表现在三个方面。第一，宣传呈现碎片化，没有完全呈现出内生式社区治理社会化的全貌。目前关于内生式三社联动的研究，只是零星出现了华中师范大学城市社区建设研究中心的硕士论文、博士论文以及该团队在学术期刊中公开发表的论文。第二，流程再现呈现碎片化，没有完整地梳理湖北省社区公益创投大赛的实践历程。目前华中师范大学关于湖北省社区公益创投培育社区社会组织的研究，大部分只截取其中的一段，比如居民主体性挖掘、社区公益券使用、积分兑换、社区问题治理等，并没有将整个流程完整地再现出来，无法形成整体效益。第三，成效展示呈现空白，没有量化的研究数据能表明社区治理中"湖北模式"的重要成效。目前对湖北省"通过社区公益创投推动社区治理社会化，引导社区居民参与社区公益项目"的实践模式，缺乏一个整体的、可量化的考核和评估机制，因此也不能发现这种模式和传统"嵌入式社区治理社会化"的差异。

鉴于此，应该加强对湖北省"内生式社区治理社会化"实践模式的宣传和推广，并启动学术研究、政策研究、对比研究，再现湖北省社区治理创新的全貌，并从各个维度展现这种社区治理模式的成效，提炼出相关的经验做法，努力打造社区治理的"湖北模式"。

第九章　广东省加强城乡社区治理体系建设的创新举措与经验总结[*]

城乡社区治理是社会治理的最基本层级和最基础方式。党的十九大报告给出的具体任务是，加强社区治理体系建设，推动社会治理重心向基层下移，发挥社会组织作用，实现政府治理和社会调节、居民自治良性互动，从而巩固党和国家长治久安、人民安居乐业的社会基础。习近平总书记指出，"社会治理的重心必须落到城乡社区，社区服务和管理能力强了，社会治理的基础就实了"。[①]

我国市场经济的深入发展、城镇化的加速推进以及由此带来的经济社会结构的急速转型，使得改革开放以来逐渐形成的基层治理格局普遍面临着治理结构不合理、机制不健全、资源保障不到位、现代化信息技术运用不充分以及由此导致的公共服务供给难以满足民生需求等难题，制约着城乡社区服务和管理能力的提升。

我国社会问题主要集中在基层，解决社会问题的基本力量也在基层。只有城乡社区治理组织发挥出自主能动作用，不断健全城乡社区治理体系，才有可能把资源、服务、管理投放到基层，使基层有能力更好地为群众提供精准有效的服务和管理，夯实国家治理的基石。

广东省作为改革开放的前沿阵地，基层经济社会结构的转型开展时间较早，推进程度也较深，因此相较于其他地区，更早也更为深刻地感受到了基层社会治理面临的这些难题和挑战。故而，2010 年以来，特别是 2012 年党的十八大召开后，广东省内各地结合党的十八大关于基层社会治理的最新要

---

[*] 执笔人：丁羽，华中师范大学政治与国际关系学院讲师、硕士生导师，研究方向为地方治理、边疆治理；肖棣文，中共广东省委党校副教授；温松，中共广东省委党校教授。

[①] 《习近平关于社会主义社会建设论述摘编》，中央文献出版社，2017，第 127 页。

求以及当地实际，普遍开展了以优化基层社会治理结构、完善基层群众自治制度运行机制、强化城乡社区治理资源保障、创新运用现代化信息技术手段以及致力于社会民生服务水平提升为主要内容的改革创新举措，积累了不少可供复制推广的实践经验（见图9-1）。

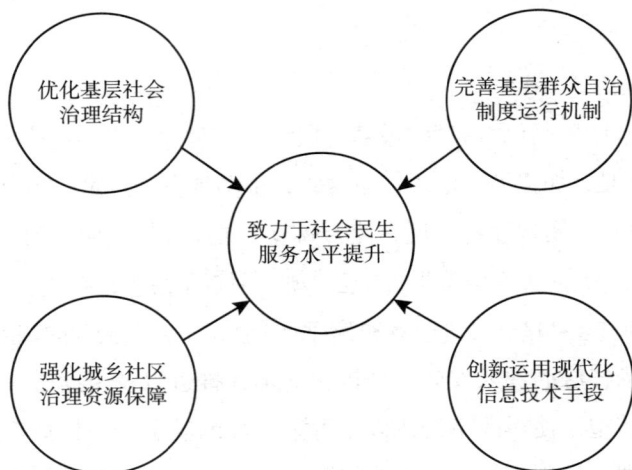

图 9-1　广东省加强城乡社区治理体系建设创新举措

一　优化基层社会治理结构

改革开放以来，随着居民委员会在城市的逐渐恢复，以及《中华人民共和国村民委员会组织法》在第九届全国人民代表大会常务委员会第五次会议上的正式通过，我国逐渐在广大的城市和农村社区确立了以村（居）民委员会为依托的基层群众自治制度。不过随着城乡综合改革的不断深入，特别是在快速推进的市场化和城镇化浪潮的冲击之下，既有的城乡社区治理结构中存在的许多不合理之处日渐显现。在农村，很多建立在行政村的村委会，由于行政村内过大的管辖面积和过多的自然村（村小组）之间利益相关性的不足以及治权与产权的不一致，而陷入"空转"和"悬浮"状态，难以发挥出应有的治理效能；在城市，面对大量涌入的高流动性城市外来人口，原本主要以辖区范围内户籍城镇人口为管理和服务对象的社区居委会，越发力不从心；与此同时，不论是在城市还是在乡村，在基层群众自治制度下，"指导"和"被指导"关系界定不清晰，以及上级行政部门自上而下行政命令式管理惯性的存在，导致镇（街）及其职能部门与村（居）民自治组织之间的关系很难理顺，自治组织常常陷入被"附属行政化"、"过度自治化"或是"被边缘化"等困境。为此，广东省内各地近年来持续探索推进社会治理重心下移改革、现代化城市社区治理体系构筑，以及理顺镇（街）与村（居）治理关系试点，希望借此优化城乡社区治理结构。

（一）推进社会治理重心下移，夯实农村基层治理结构

人民公社制度解体后，面对基层公共事务和秩序无人管理的"治理真空"状态，最先在广西宜山、罗城一带出现的农民自我组织管理社会秩序的村民委员会，均以自然村为基础组建。1987 年全国人大常委会通过的《中华人民共和国村民委员会组织法（试行）》中也明确规定，"村民委员会一般设在自然村；几个自然村可以联合设立村民委员会；大的自然村可以设立几个村民委员会"。这表明，在肇始阶段，无论是在实践探索还是在法律规定层面，村民自治都是以"自然村"为轴心和基础展开的。不过，在贯彻《中华人民共和国村民委员会组织法（试行）》过程中，为迅速填补人民公社制度留下的"治理真空"，全国大多数地方都在原公社基础上设立了乡镇，在原生产大队基础上设立了村民委员会，在原生产小队基础上设立了村民小组，形成了"乡镇—村民委员会—村民小组"体制。

不过，考虑到自身独特的自然和社会环境，广东省则分别在原公社和生产大队一级设立了行政派出机构，形成了"乡镇—管理区（村公所）—村民委员会"体制，村民委员会大多设立在自然村。不过，为了统一规范村民委员会这一组织形式，全国人大常委会 1998 年修订并通过了正式的《中华人民共和国村民委员会组织法》，相对于 1987 年的试行版，最大的变化就是取消了"村民委员会一般设在自然村；几个自然村可以联合设立村民委

员会；大的自然村可以设立几个村民委员会"的规定，增加了"村民委员会可以根据村民居住状况、集体土地所有权关系等分社若干村民小组"。这一变化无疑消解了村委会设在自然村的合法性，因此广东也改变了原有体制，与全国一样实行"乡镇—村民委员会—村民小组"体制。

然而，随着改革的不断深入以及农村经济社会的不断发展，以行政村为基础开展的村民自治则由于村委会的行政化，规模过大、人口过多，产权与治权的分离，以及农业税废除后行政村内部各自然村、村民小组和村民之间的利益不相关，而遭遇了极大的困难和体制性障碍，使得村民自治难以有效实现，甚至陷于制度"空转"，难以"落地"，在农村治理过程中日渐"失落"。而这些问题在村集体资产普遍由村民小组或自然村掌管且宗族血缘关系影响较强的广东省表现得尤为明显。以清远市为例，作为广东省陆地面积最大且大部分都是农业区的地级市，清远市的行政村管辖范围普遍较大，下辖的自然村或村民小组较多，且多以自然村聚居的形式分布。因此以行政村为管理单位，下面有几十个自然村，而村委会只有几个人，很难管理到位。作为国家治理的神经末梢，行政村还要做好上级交办的各项行政事务，比如计划生育、殡葬改革等，平时的工作任务已经非常繁重，很难再有余力做好村民自治工作。另外，清远 90% 以上的村集体资产都被掌握在村民小组或自然村一级，行政村基本不掌握集体资产，在产权和治权分离的情况下，村民自治难以落实。

与此同时，各自然村之间因为没有共同利益，所以很难联系在一起拧成一股绳来谋发展，甚至经常为了一些利益分配问题产生矛盾纠纷，农村社会问题突出。再加上自然村或村民小组没有自治平台，致使集体经济发展困难，村容村貌越来越破败，上访村、空心村、垃圾村等频频出现，表明农村普遍存在村民自治效果不明显、经济发展迟缓等问题，其核心是农村治理结构不健全。面对这些问题，同属粤北山区的清远市和韶关市乳源瑶族自治县，分别开启了以"三个重心下移"为核心的农村综合改革和村民小组"五有"规范化建设探索。

1. 清远市"三个重心下移"改革

2012 年，时任清远市委书记葛长伟在带队跑遍了全市 85 个乡镇、300

多个村庄进行调研后，总结出了"村民自治的效果不明显、基层党组织较为薄弱、农村经济发展迟缓、农村经营体制机制滞后、农村公共服务水平较低、农村不稳定因素多发"六大制约清远农村发展的问题，而究其根源，则在于自 20 世纪 80 年代以来，清远与全国一样，所形成的以行政村为基础的基层治理模式越来越不适应农村发展和社会治理需要，产生了一系列矛盾。为此，清远市委、市政府于 2012 年底出台了《中共清远市委、清远市人民政府关于完善村级基层组织建设推进农村综合改革的意见（试行）》（清发〔2012〕33 号），开启了以"三个重心下移"为核心的农村综合改革。

一是完善扎根群众的村级党组织体系，推动党组织设置重心下移。从 2013 年开始，清远基于农村一些地方尤其是在村民小组（自然村）一级党员队伍年龄老化、能力不足，基层党组织在群众中威信不高，难以担当带领群众致富奔小康重任的情况，积极创新基层党组织的设置方式和活动方式，推动基层党建根基延伸到最基层，将农村基层党组织设置由"乡镇党委—村党支部"调整为"乡镇党委—党总支—党支部"，在行政村一级建立党总支，在村民小组（自然村）及具备条件的村办企业、农民合作社、专业协会等建立党支部。截至 2014 年底，清远全市在行政村一级成立了 1013 个党总支，在村小组（自然村）成立了 10058 个党支部。同时，清远市还着力建立健全党领导的村级基层组织运作机制。村集体经济较薄弱的地方一般实行村党组织书记、村委会主任、村集体经济组织负责人"一肩挑"。村集体经济发达或较发达的地方可以实行"政经分离"，即村党组织书记和村委会主任不兼任村集体经济组织负责人，村党组织推荐村党组织副书记、委员或符合条件的专业人士通过法定程序担任村集体经济组织负责人。

二是健全民事民治的基层自治组织体系，推动村民自治重心下移。清远农村集体"三资"基本上集中在村民小组（自然村），行政村所辖的自然村之间缺少共同利益关联，自治基础较为薄弱。于是，清远以英德市西牛镇、连州市九陂镇、佛冈县石角镇为试点，探索村委会规模调整，缩小村民自治单位，将现行的"乡镇—村（行政村）—村民小组"调整为"乡镇—片区一村（原村民小组、自然村）"。在乡镇下面根据面积、人口等因素划分若干片区建立社会综合服务站，在片区下依据集体资产、地缘血缘关系等因素，以一个或若干村民小组（自然村）为单位设立村委会。也就是将行政村自治改变为自然村自治，村委会下沉到了自然村、村小组一级。2014年初，3个试点镇根据法定程序进行了村委会规模调整，村委会数量由42个增至390个，并全部顺利完成了"两委"换届选举。

三是优化便民利民的农村公共服务体系，推动农村公共服务重心下移。清远以山区为主，农村人口居住较为分散，行政村管辖范围较大，在提供农村公共服务、加强社会管理方面往往鞭长莫及。为此，清远以解决群众办事难问题为切入点，在县域建立健全县、镇、村三级社会综合服务平台，在县、镇建立社会综合服务中心，在行政村一级全面建立社会综合服务站，推动基本公共服务重心下移，实现三级服务平台无缝对接。通过联网办理、下放审批权限、实行代办员制度等措施，开展全程代办服务，由群众跑腿变成干部跑腿，为农民提供八大类108项农村基本公共服务，切实解决好服务群众"最后一公里"问题。截至2015年底，清远全市在行政村（片区）、社区建立了1100个社会综合服务站，服务站人员主要由原行政村、社区"两委"成员担任，不足部分向社会公开招录。

2. 韶关市村民小组"五有"规范化建设

社会治理重心的下移能否有效实现，不仅取决于基层治理结构能否适度调整，还取决于下一层治理组织的治理能力能否满足新格局下社会治理需求。为此，近年来，韶关市乳源瑶族自治县在全县1064个村民小组推行"五有"规范化建设，即有健全的班子、有可行的发展规划、有科学民主的决策、有公开透明的理财制度、有严格的管理机制，从而加强村小组管理，使得各个村民小组规范有序运作，治理能力得到有效提升。

一是以选优培强为核心，健全组级班子。把建设一支精干高效的组级班子作为"五有"规范化建设的首要任务。在村民小组成立由组长、妇女组长、报账员三人组成的组委会，成员从年轻党员、大中专毕业生、致富能手、退伍军人中择优录用。

　　二是以富民强村为目标，科学制定发展规划。各组委会根据摸底情况，在广泛征求村民意见后，制定村民小组三年发展规划，发展规划上报村、镇两级审核、备案，确保每个年度都有详细的发展目标、发展项目和主要措施。组委会成员在村民小组三年发展规划的框架基础上结合自身工作职责，作出履职承诺，承诺内容不仅在组委会会议上公开宣读，还在组务公开栏上向群众公开，接受群众监督。

　　三是以"三议一审"为抓手，规范决策程序。出台《村民小组重大事项"三议一审"工作制度》。在村民小组成立由老党员、离任村干部、村民代表、复退军人、经济能人以及外出乡贤等组成的理事会，按照"民事民办、民事民治"的原则，履行调处邻里矛盾、兴办农村公益事业、协助村民自治、监督理财等四项职责。凡涉及集体资产资源的开发利用、集体经济所得利益的分配使用、村民小组集体资产购置、集体企业改制等重大事项，在不违反国家法律法规、方针政策的前提下，严格按照"三议一审"（组委会提议、理事会商议、报村党支部和村民委员会审议、户代表或村民会议决议）工作制度进行决策。同时，按照"应公开、尽公开"的要求，事前公开决策方案，事中公开决策内容和过程，事后公开决策实施结果，保证决策的公正性和透明度。

　　四是以"三资监管"为重点，完善理财制度。坚持把"三资管理"作为推动村民小组"五有"规范化建设的重要内容。多方筹措资金，依托向下延伸的县政府服务一体化应用平台，建立"三资"（资金、资产、资源）管理服务实体办事大厅和电子网络大厅，把"三资"信息全部录入网络，让群众足不出户便能了解本村"三资"信息。在各镇设立"三资"交易平台，农村集体资源、资产的开发利用，一律按程序进行招标、拍卖，堵塞各种交易漏洞，有效防止集体资产的流失。在有集体收入的村民小组中全面推行"组账镇代记"制度和财务定期公开制度。所有资金一律存入"组账镇代记"办公室专用账户，并指定专人代理会计账务，村民小组只设报账员，执行组账"收支两条线"，解决村民小组"有账无人记、有账不会记、记账不规范"等问题。

五是以完善制度为保障，健全管理机制。不断加强建章立制工作，制定《乳源瑶族自治县村民小组组委会选举办法（试行）》，规范明确了组委会的组成人员、任职条件、选举产生方式等。此外，制定《村民小组组委会成员联系群众"包户五员"工作制度》《村民小组民主评议组委会成员制度》《村民小组组务公开制度》等一系列制度。

（二）构筑现代化社区治理体系，提升城市基层治理质量

深圳市作为全国最早实现全面城市化的城市，也是目前唯一一个没有农村建制的城市，在高楼林立的城市中，传统城市基层治理体系存在明显的条块分割、力量分散、资源低效、工作零碎等问题，而造成这些问题的一个重要原因就是基层党组织没有阵地、没有依托，导致其区域统筹、资源整合、堡垒作用的发挥缺乏发力点和支撑点。与此同时，城市社区中虽然存在基层党组织、居委会、业委会、物业管理公司、集体经济组织、社会组织以及社区居民等多元治理主体，但各主体间缺乏有效的沟通、协调与配合机制，力量分散且难以整合，不但不能在社会治理过程中形成合力，不同主体（如业委会和物业企业、居委会）之间有时反而还会出现矛盾甚至是冲突，直接制约着城市社区治理效能的提升。针对这些问题，深圳市近年来试图通过纵向上构建三级党群服务中心联盟、横向上打造"一核多方"社区共建体系，构筑现代化城市社区治理体系，以适应现代化超大城市基层社会治理需求。

1. 深圳市构建三级党群服务中心联盟，加强纵向联系

2017 年，深圳市出台了《关于推进城市基层党建"标准+"模式的意见》，在标准化建设基础上，把关系互不隶属、层级高低不同、领域多元多样的各类党组织联结起来、协同起来，构建机制衔接、互联互动、开放融合、资源共享的党建共同体。其中，在为推进"标准+服务阵地"建设而配套出台的《关于加强党群服务中心建设管理的意见》中，明确深圳市将建成包含 1 个市级党群服务中心、10 个区级党群服务中心，以及 N 个社区或类社区的产业园区、商务楼宇、商圈市场等新兴领域的党群服务中心，构建

"1+10+N"三级党群服务中心联盟，为资源整合提供支撑。

一是加强党委对基层社区治理工作的领导。市委成立基层治理领导小组，统筹协调全市基层治理工作，把党的建设贯穿于城市社区治理全过程。充分发挥街道党工委"轴心"作用，聚焦抓党建、抓治理、抓服务等工作。推进社区党建标准化建设和城市基层党建"标准+"模式，深化政经分开、居站整合、赋权定责、人事提管"四项改革"，强化社区干部待遇、党群活动阵地、服务群众经费"三大保障"，落实社区党委的领导保障权、人事安排权、监督管理权、事务决策权"四项权力"，巩固和发展以社区党委为核心，居委会、工作站、群团组织、驻区单位、物业管理公司等有序发挥作用的基层治理格局。

二是建强基层工作队伍，推动其职业化专业化发展。选优配强街道党工委书记，保持街道干部队伍活力。实施基层党组织"头雁"工程、社区"两委"成员学历提升计划，制定出台加强社区专职工作者管理的指导意见，研究制定加强社会工作政策文件，通过提高成员学历、改善薪酬体系、加大资源投入力度，引导优秀社工人才向社区聚集。

三是建成"1+10+N"党群服务中心联盟。制定出台《关于加强党群服务中心建设管理的意见》，按照"1+10+N"的模式，高标准规划建设市、区两级党群服务中心，合理布局社区、园区、商圈、楼宇党群服务中心，确保党员群众在1公里范围内可以到达一个党群服务中心。同时，通过完善功能设置，提高建设水平，促进为民服务等功能在党群服务中心集聚集成。

四是搭建社区共治共享平台，激发居民参与社区事务热情。全面推广实施"民生微实事"，强化党委主导、需求导向、民主决策和资金支持，切实解决居民身边的小事、急事、难事，精准及时地满足群众需求，激发群众参与社区事务的热情，做到民生工作服务民需、尊重民意、体现民愿。

五是突出融合共建，助推社区治理"多方共治"。坚持党建引领，依法有序组织居民群众参与社区治理，推动实现人人参与、人人尽力、人人共享。健全社区协商机制，发挥社区党群联席会、居民会议、居民议事会等社区议事协商平台作用，实行"民主商议、一事一议"。做强党组织领导下的社区居民议事会，以"六有"（有架构、有流程、有名册、有制度、有培训、有监督）标准规范日常运行。拓宽来深建设者参与社区治理途径，制定出台非户籍"两委"成员管理制度，充分发挥非深户籍委员团结、服务来深建设者的作用。发挥社会力量的协同作用，探索"五嵌入工作法"，通过简化登记程序、加大扶持力度等措施，把社区社会组织打造成增强社区治理和服务功能的重要载体。

2. 深圳市打造"一核多方"社区共建体系，密切横向沟通

2018年以来，深圳市罗湖区以"创新共建体系、强化共治能力、升级服务共享"为主线，创新党建责任体系和"议行合一"的社区多方协同体系，建立"一核多方"社区共建体系，以求分类提升物业管理公司、社区居民等共治能力，双管齐下，从社区服务"软硬实力"入手提高服务共享水平。

一是构建"一核多方"共建体系。以党建为核心，建立街区党建责任体系，制定党建责任清单和问责事项清单，优化党建领导队伍构成，实现班子结构年轻化、高学历化和性别均衡化。以小区为单位拓宽党建覆盖面，以物业管理公司党员、业委会党员、居民小组党员和居民党员为主体，建立小区联合党支部，把各类组织间的外部关系转变为党支部的内部关系。同时，依托"民生微实事"，推动构建"议行合一"的社区多方协同体系。将社区居民议事会审议纳入"民生微实事"三级审议程序中最重要的环节，通过每年每个社区200万元的资金"实锤"强化"民生微实事"体系的"共议"功能。依托"民生微实事"项目实施，设计出一套涵盖项目问需、生成、审议、实施、监督评议等流程的程序，调动社区居民、物业管理公司、社会组织、社区"两委"等参与全过程。

二是提升物业管理公司、居民的共治能力。结合老城区实际分类施策，一方面弥补物业管理公司力量在部分无物业管理老旧社区的缺位，另一方面提升有物业管理小区的物业管理公司履职与管理水平，引导物业管理公司在不同类型的社区发挥所长，参与社区共治。制定物业工作规范指引、物业服务采购项目清单等，增强物业管理公司自主意识。针对居民，尤其是年轻人主动参与意识薄弱的情况，采取"以点带面"的思维，发挥社区自治骨干的引领作用，带动更多社区居民自发参与社区共治。通过鼓励非户籍人员参选社区"两委"班子，增强居民主动参与意识。

三是"双管齐下"提升服务共享水平。一方面，通过服务设施建设、"民生微实事"、城市更新等渠道，完善社区服务设施，在全区探索建立"1+83+N"（1 个区级党群服务中心，83 个社区党群服务中心，N 个楼宇、园区党群服务中心）党群服务中心联盟、老年人日间照料中心及文体服务中心等，引导"民生微实事"资金投入社区服务设施改善上，实现社区服务综合升级。另一方面，借助"互联网+技术"，创新社区服务供给方式，提供"智慧化"便民服务。在共性服务之外，以项目资助形式引入各类个性化服务。制订智慧罗湖年度实施方案，稳步推动全区"智慧政务"、"智慧城区管理"以及"智慧民生服务"，以信息化手段升级便民服务，让群众办事方便快捷，让政务服务优质高效。

（三）理顺镇（街）与村（居）治理关系

20 世纪 80 年代以来，随着村民自治制度在农村的推行和居民自治制度在城市的恢复，我国的基层治理结构开始急剧转型，乡镇和村庄的关系，以及街道与社区的关系，开始由原来的行政命令式的"命令—服从"关系，转变为协调配合式的"指导—协助"关系，并逐渐形成了"乡政村治"和"街政居治"体制，即在基层社会管理中并存着两个处于不同层面且相对独立的权力主体，镇（街）作为国家在农村和城市的基层政权或其派出机构，按照相关法律规定，对本镇（街）事务行使国家行政管理职能；农村和城市的村（居）民委员会作为村民的自治组织，对本村和本社区事务行使自治权。

根据《中华人民共和国村民委员会组织法》和《中华人民共和国城市居民委员会组织法》的相关规定，乡镇人民政府、不设区的市与市辖区的人民政府或者它的派出机关对村（居）民委员会的工作给予指导、支持和帮助，村（居）民委员会协助乡镇和不设区的市与市辖区的人民政府或者它的派出机关开展工作，但乡镇、不设区的市与市辖区的人民政府或者它的派出机关不得干预依法属于村民自治范围内的事项。因此，理论上，镇（街）与村（居）委会之间是一种相对松散的业务指导关系，不存在对村（居）委会依法享有的自治权进行强力介入的法定权威。但是，由于相关法律制度供给的不足、基层政府的行政权和自治组织的自治权之间权责边界的模糊，以及传统计划经济和一元化政治管理体制历史惯性的影响，在具体的实际运作过程中镇（街）及其职能部门与村（居）民自治组织之间的关系却很难理顺，常常陷入自治组织"被附属行政化""被过度自治化""被边缘化"等困境，既严重压缩了村（居）民自治和基层民主的成长空间，有违基层自治制度的设计初衷，又制约着国家行政权力在基层的有效行使。针对上述问题，深圳市近年来不断优化街道和社区的机构设置，而广东省民政厅则自2015年开始，积极推进"建立镇（街）和职能部门与村（居）委会双向考核制度"试点工作，力图破解镇（街）和村（居）职能定位中的问题，推进政府治理和社会调节、居民自治的良性互动。

1. 深圳市开展"街道、社区机构设置"优化行动

针对街道、社区机构设置不合理，且二者职能定位不清、权责模糊，社区其他主体运营各自为政，社区服务质量水平不高等城市基层治理存在的问题，深圳市民政局在充分调研的基础上，从2016年开始，逐步通过适时拆分大街道，优化街道、社区机构设置，完善"一核多方"社区共建体系等措施，在基层构建社区党建、社区服务、社区管理、社区自治"四位一体"的社区基层治理与服务体系。

一是为破解街道办事处职能定位问题，学习上海模式，街道党政内设机构按"6+2"模式设置，即统一设置综合办（工作部）、社区党建办（工作部）、社区管理办（工作部）、社区服务办（工作部）、社区平安办（工作部）、社区自治办（工作部）。同时根据街道实际需要，增设2个工作机构。同时，建立权责统一的工作制度，赋予街道更大的综合管理权。比如，赋予街道党工委对区职能部门派出机构负责人人事考核权和征得同意权，赋予街道规划参与权、综合协调管理权、重大决策和重大项目的建议权等。

二是建设街道"三中心"平台体系。根据街道职能定位，构建面向基层的服务管理平台体系：设立街道公共服务中心、设置街道城市网格化综合管理中心和社区党群服务中心。比如，以街道为单元成立公共服务中心作为街道办下属的一个事业单位，受街道办委托统一向辖区居民提供公共服务事项办理服务，加快推进跨部门社区管理服务平台建设。在现有织网工程、信息惠民、智慧城市等信息系统基础上，通过改造原有的社区政务服务窗口，实现服务窗口信息的互联互通，实现跨部门、跨区域事项的办理。一个街道设若干个公共服务站办事大厅，隶属于街道公共服务中心，一个公共服务站办事大厅服务辐射若干个社区。

三是实行区级职能部门职责下沉准入制度和街道职权清单制度。要形成街道"三个清单"——行政权力清单、街道事权清单、街道服务清单，形成涵盖区职能部门、街道内设机构、街道服务中心的完整机构体系和服务网络。实行社区事务准入制度。按照政事分开的思路，将社区的各项工作进行梳理，做到"两个明确"，即明确哪些属于街道的工作，哪些属于社区的工作；明确哪些是政务性工作，哪些是事务性工作。

2. 省内开展镇（街）和职能部门与村（居）委会权责清单和双向考核制度试点

针对"乡政村治"体制存在的问题，广东省民政厅自2015年开始，分别在增城、东莞等地选取试点，开展"建立镇（街）和职能部门与村（居）委会双向考核制度"试点工作，希望通过理顺镇（街）和职能部门与村（居）委会的权力边界和职责范围，明确双向考核的具体流程、重点内容和应用范围，重构基层组织关系，实现镇（街）政府行政管理与村（居）民自治的有效衔接和良性互动。

一是建立村（居）公共服务站，探索行政事务和自治工作相分离的基层社会治理新机制。按一村（居）一服务站的标准，建设村（居）公共服务站，公共服务站承接政府行政事务，接受村（居）委会领导。公共服务站建立一站式服务机制，延伸政府公共服务到村（居）民，提升政府公共服务水平。村（居）公共服务站配备专职工作人员，其中社区公共服务站专职工作人员按 300~500 户配备 1 人，不超过 9 人的标准配置，与镇（街）签订聘用合同，接受镇（街）的管理；村委会选举出兼职委员，负责村（居）民自治工作，兼职委员每人每月补贴 200 元。目前，全区 284 个行政村、55 个社区已实现公共服务站建设全覆盖。

二是梳理镇（街）和职能部门与村（居）委会双方责任清单，建立村（居）公共事项准入制度。主要是按照法律规定，对村（居）委会组织职能重新明确定位。其中，村委会的主要职责包括村民自治、宣传教育和协助镇（街）做好基层社会管理和公共服务工作，承接镇（街）基层社会管理和公共服务工作的主体是村公共服务站，村公共服务站接受村委会的领导和监督；居委会的主要职责包括组织自治、服务社区、宣传教育、协助管理和开展监督，协助管理工作以社区公共服务站为主体开展，居委会领导和监督社区公共服务站开展工作。同时，在法律基础上，结合各镇（街）和职能部门的工作现状，细化梳理出《村委会依法履职工作清单》和《居委会依法履职工作清单》。清单范围外需要村（居）委会办理的事项，统一按照"权随责走、费随事转"的原则，列入政府购买村（社区）服务工作范围。

三是双方签订协议，建立政府购买服务制度。由试点镇（街）与村（居）委会分别签订《镇（街）与村（居）委会双向承诺书》。镇（街）和村（居）委会相互承诺按履职清单规定范围履职。对超出村（居）委会职能范围，需要村（居）委会办理的事项，以村（社区）公共服务站为主体承接，或以政府购买服务的形式向社会组织或村（居）委会购买服务，实行"费随事转"。第一，明确政府购买村（社区）服务工作的主体为使用国家行政编制，经费由财政承担的机关单位，纳入行政编制管理，经费由财政承担的群团组织，以及依法行使行政管理职能或公益服务职能，经费由财政全额保障的事业单位。属区部门的事项，区相关部门为购买服务主体，属镇（街）部门的事项，镇（街）相关部门为购买服务主体。第二，明确政府购买村（社区）服务工作对象为社会组织和村（居）委会，并明确相关资质要求。第三，明确政府购买村（社区）服务工作的实施程序，购买服务主体须根据党委、政府工作部署和部门工作实际，通过拟订购买服务计划与预算等进行申报立项；按购买服务主体可承接服务项目的权责范围进行项目采购；与购买服务对象签订服务合同后，政府部门应及时核拨工作经费，并督促和指导购买服务对象抓好项目的组织实施。当前，增城全区已有 8 个镇（街）开设了家庭综合服务中心项目，每年投入 1600 万元，向专业社工机构购买服务，为青少年、老人、弱势群体、外来人员等各类群体提供服务。

四是制定双向考核办法，建立评估评价机制。制定《村（居）委会对镇（街）考核明细表》和《镇（街）对村（居）委会考核明细表》，将村（居）委会承接、实施、完成农村基本公共服务、公益事务和落实基层群众自治工作等情况和镇（街）提供经费保障、工作指引、培训教育及落实购买服务机制、责评监督等情况，列为考核的主要内容。由区双向考核试点工作领导小组指导和组织实施双向考核试点工作的开展。试点镇（街）按要求成立双向考核试点工作领导小组及办公室，负责双向考核工作。镇（街）双向考核试点工作领导小组按照区的要求，根据考核内容，收集镇（街）有关部门意见，组织打分，并将相关情况上报区双向考核试点工作领导小组办公室。村（居）委会根据考核内容，召开村民代表会议、村（居）"两委"扩大会议等会议收集意见，组织打分，并将相关情况上报区双向考核工作领导小组办公室。镇（街）和村（居）委会互相考核的总分均为 100分。考核结果分为四个等次，90 分及以上的为优秀，75～89 分为良好，60~74 分为合格，低于 60 分的为不合格。村（居）委会对镇（街）的考核结果，由区双向考核试点工作领导小组办公室报区委组织部，作为每年对镇（街）考核的参考；村（居）委会对镇（街）的考核与镇（街）对村（居）委会的考核相结合，列入绩效考核内容。

二　健全基层群众自治制度运行机制

（一）广州市推行"116"城乡社区协商工作法共商社区事

广州市按照"116"城乡社区协商工作法，即建好 1 个议事厅、落实 1个议事制度、抓好 6 个主要环节，加大议事厅建设力度，从规范城乡议事厅运作、强化成果运用、引导多方主体有序参与等方面入手，提升城乡社区协商议事能力，初步形成了兼容并蓄、多方参与的社会治理方式。

一是注重示范引领，激活基层活力。自开展幸福社区创建活动以来，广州市各创建社区按要求普遍建立了以社区"两委"为核心，党员骨干、居民代表、楼（组）长、辖区单位、社会组织各界代表广泛参与的社区议事平台。各区结合自身特点积极探索，先后形成了天河区车陂街广氮社区三层五步解决纠纷"对对碰"、海珠区"一核多方、共建共治"民主协商、荔湾区冲口街杏花社区三级议事会、南沙区"6+X"社区协商议事等社区议事方式。

二是加强顶层设计，依法规范城乡社区协商。制定下发《广州市全面推进城乡社区协商的工作方案》，将《中华人民共和国村民委员会组织法》《中华人民共和国城市居民委员会组织法》等原则性的制度设计"落地生根"，从市级层面对城乡社区协商议事建设标准进行规范统一。

①规范硬件建设。坚持"一室多用"的原则，利用现有场地资源，合理设置主持席、代表席、旁听席等功能区。目前，广州已建成规范的城乡社区（村）居民议事厅 2540 个，计 19.3 万多平方米，其中，1144 个村全部建成村民议事厅，实现全覆盖。

②规范软件建设。按照城乡社区实际，制定了村民代表会议制度、社区居民议事制度的范本，供各区参考。下发《建立村（居）民议事会工作指引》，明确城乡社区议事机构的成员组成、职责任务、推选程序及议事范围、议事程序、执行主体等事项，将老党员、楼组长、企事业单位代表等多方主体纳入议事平台，参与社区协商。指导各村（居）委会制定、完善议事制度。

③规范决议执行。探索建立"会议决议无条件执行"制度，凡经村民代表会议通过的决议、决定，现场形成会议纪要，村民代表签名确认，村务微信平台及时公开，由村"两委"负责组织落实。

三是开展督导培训，提升基层协商议事能力。定期组织各区民政局相关负责人对全市城乡社区议事厅建设情况进行交叉检查，学习交流成功经验，及时发现存在的问题并督促整改。围绕开展城乡社区协商、加强能力建设等课题，以集中授课、现场教学等方式，组织全市 980 多名领导干部、村委会成员举办城乡社区协商专项业务培训班。

（二）广州城市社区建立社区、网格、楼宇三级议事联动机制

近年来，广州市荔湾区昌华街西关大屋社区以党建为引领，以项目为引导，不断健全社区治理体系，增强居委会自治职能。通过成立"两代表一委员"联络室，建立社区、网格、楼宇三级议事联动机制，引入"三社联动"多方主体参与社区协商，逐步实现党委领导下的政府治理、社会调节以及居民自治的良性互动。

一是夯实根基，党建引领凝心聚力。推进在职党员进社区服务全覆盖，参与率达 99%，让社区居民增强党建引领、俯身为民的幸福感。在街道成立"两代表一委员"联络室，在各社区成立工作站，激发"两代表一委员"参政议政、为民服务的履职热情，发挥他们在社会管理中凝心聚力的骨干作用。构建楼宇党组织工作联动机制，党员参与率达 80% 以上，增强了党组织凝聚力。

二是务实治理，项目引导"三级议事"。2016 年，西关大屋社区成立由社区党组织领导的社区党员民情议事会。社区居委会通过调查问卷、走访等形式，摸查居民意见，了解问题的争议点和诉求的共同点。根据项目涉及的业务范围，拟定项目议事团成员，邀请相关专业人员、职能部门、利益相关居民等参与议事。根据协商议事成员和项目的需求，征询有关机构，搜集有关政策文件、规章制度和专业指引，为顺利推进项目决策提供基础性材料。项目经过社区居委会集体酝酿后发布并提交会议审议，形成"征集—提出—酝酿—发布"的项目收集流程。

同时，建立社区、网格、楼宇三级议事联动机制，明确了三个层面的议事范围：社区层面指导和研究居民提请的公共事项，网格层面讨论和决定公共环境和管理问题，楼宇层面讨论和处理邻里及楼栋事务。通过"三级议事"，居民的大事小事有着落有反馈。针对社区旧楼宇数量多、老龄人口比

例高、加装电梯需求迫切的情况，2017 年，荔湾区启动"百梯万人党旗红"书记项目，西关大屋社区居委会引导每栋旧楼业主成立筹备小组，推选业主中有担当、有责任，敢于解决问题的老党员牵头筹备小组工作，在每个楼层推选出层长，负责收集住户意见、宣传政策、反馈议事进展。

三是充实力量，推动"三社联动"。推动社区、社工、社会组织"三社联动"，实现"三社"优势互补、资源共享、相互促进。居委会在社区巡查和社区议事中，发掘居民的需求和问题，社工及时提供专业服务。社工在开展服务的过程中，注重培养居民参与社区事务的能力，以及培育社区社会组织，推动居民自治。

三　强化城乡社区治理资源保障

随着经济社会不断发展，公众的需要从基本物质需求向对美好生活的向往逐步过渡，基层治理也开始向集中解决不平衡、不充分发展的问题聚焦。基层社会治理的有序开展，需要以各种资源作为支撑，做到人尽其才、物尽其用。现实的情况则是，由于受到工业化、城市化所带来的"虹吸效应"影响，公共治理人才流失、物质资源匮乏、社区一盘散沙的情况已成为严重影响基层社会稳定的问题。解决这些问题的核心在于，通过有效的资源整合和汇集，促进治理体系重心下移，以夯实基层社会治理体系，形成"共建、共治、共享"治理格局。对此，习近平总书记指出，"要创新社会治理体制，把资源、服务、管理放到基层，把基层治理同基层党建结合起来"[①]，改变基层政权空转、基层社区资源薄弱的现象，进而达到党的十九大报告所要求的"完善党委领导、政府负责、社会协同、公众参与、法治保障的社会治理体制"[②]。

资源的发掘、汇集是做实基层社会治理结构的重要一环。构建合作协

---

① 《习近平关于总体国家安全观论述摘编》，中央文献出版社，2018，第 153 页。
② 《十九大以来重要文献选编》（上），中央文献出版社，2019，第 264 页。

调、有序参与的基层社会治理格局，首先需要识别并挖掘各种潜在资源，并将治理所需的人力资源、物质资源和精神文化资源有效整合起来，在此基础上形成有效的激励机制和保障体系，调动参与各方的积极性、主动性、创造性，密切联系参与各方，有效识别民生诉求、提供优质服务、维护社会和谐稳定。尤其是，挖掘更具专业性的行动者参与，解决既有治理体系资源供给能力弱、专业能力不强与公共服务需要和要求不断提升之间的矛盾。其次，要对资源的配置和投放进行合理规划，在不同参与者之间搭建协商互动的平台，支持各类社区资源的科学合理投放和对接，形成良性的协同机制和持续的资源运作平台。最后，要注重资源的再生产和持续维护。为此，基层社会各主体之间需要形成良性的互动，并进行更广泛的社会动员，培育信任、团结、有序参与的治理文化，形成更深厚的社会资本。

广东省在基层社会治理过程中，通过各种方式发掘、集聚和再生产各种有助于公共治理结构稳定运行和持续优化的资源。在基层政府主导、地方社会协同的主旨下，更有效地组织起基层社会中的各类资源要素，发展均衡可持续的协同治理模式。

（一）挖掘财政、物质资源，为基层治理运转提供基本保障

1. 围绕农地、农业，全省范围内探索"三个整合"，优化资源要素配置

（1）全省范围内整合农村土地资源

一是落实农村土地集体所有权，积极探索农村土地集体所有权的实现形式。坚持农村土地集体所有这个农村基本经营制度之"魂"。农村经济合作社或经济联合社按照农村集体所有权归属和集体资产产权归属设置，是农村集体土地的所有者代表，是农村集体资产经营和管理的主体，负责办理集体土地承包、流转及其他集体资产经营管理事项。同时，支持有条件的经济合作社或经济联合社在尊重群众意愿的基础上，在确保群众土地承包权不变的前提下，积极探索农村土地集体所有权的实现形式，发展壮大集体经济，增加群众收入。

二是稳定农户承包权，推进农村土地确权登记颁证工作。在群众自愿基

305

础上，鼓励在集体经济组织成员内部进行土地互换并地、解决细碎化问题后，再稳妥推进土地承包经营权确权登记颁证工作。确权登记颁证工作要充分依靠农民群众自主协商，以确权确地为主；城郊或农村集体土地经营状况发生较大变化的地区，也可以确权确股不确地。2014年继续抓好阳山县农村土地承包经营权确权登记颁证试点工作，各县（市、区）各选择1~2个镇启动确权登记颁证试点工作，2015年在全市推开，2016年基本完成确权登记颁证工作任务。将确权登记颁证工作经费纳入县（市、区）财政预算，市财政给予适当补助。

三是放活土地经营权，促进农业用地规模化经营。按照依法、自愿、有偿原则，支持土地经营权在公开市场上向家庭农场、专业大户、农民合作社等新型农业经营主体流转。结合清远实际，土地经营权流转应以集体经济组织内部为主。不提倡一次性以低价将农民土地承包经营权向集体经济组织以外长期流转，防止农民的土地收益长期低位固化。总结推广"叶屋经验"，鼓励在集体经济组织成员内部开展互换并地，促进农业适度规模经营和产业分工。2014年，各县（市、区）分别选择2个以上镇作为试点，通过村民自治自决，在村集体内部进行土地互换并地。以支农项目和财政资金为引导，优先支持开展土地集约利用、实施适度规模经营的村庄完善农业基础设施配套。探索农民以土地入股的形式，组建土地股份合作社，开展农业合作生产，或入股农业企业、生产大户，获取更大的土地收益。

四是探索农村集体建设用地流转模式。积极推动城乡建设用地增减挂钩试点政策，开展土地复垦工作，将获得的周转指标在公共资源交易中心平台进行公开交易、有偿使用，将指标交易取得的土地净收益及时全部返还用于改善农民生活条件和支持农村集体发展生产。

（2）整合财政涉农资金

广东省高度重视整合和统筹财政涉农资金，以支持主导产业、重点项目、重点区域和重点对象为方向，探索在财政预算编制等环节归并整合涉农资金，集中投入，加快形成能力，提高财政资金使用效率。

一是整合普惠性涉农项目资金。允许基础条件相对较好的村进行试点，将普惠性资金集中到村集体，统筹用于村基础设施建设和发展公益事业。探索农业林业补贴发放新方式，发挥村民自治作用，在群众自愿的前提下，按照相关政策规定的流程，将种粮直补、生态公益林补偿等资金集中由村集体统筹，用于村公益事业和基础设施建设。2014年选择部分基层治理基础较好的村开展试点，探索涉农资金整合的有效方式。

二是整合非普惠性涉农项目资金。坚持"渠道不乱、用途不变"的原则，将中央、省、市、县安排的各项可整合涉农资金，按照农业生产发展类、农村社会发展类、扶贫开发类三大类进行整合统筹使用。对中央、省级涉农专项资金，以规划优质项目为抓手，积极争取中央、省有关部门的支持，从而将中央、省级涉农专项资金进行整合。对市、县两级财政安排的资金，以预算编制或预算调整为抓手，从而将市、县两级财政涉农资金进行整合，解决项目多头管理、绩效不高、资金细碎化的问题。建立统筹机制，成立市涉农资金整合领导小组，统筹项目规划、方案制定、资金申报等环节，对来自不同部门、目标相近的资金进行统筹使用。完善涉农资金管理和监督制度，确保资金有效使用。

三是探索财政涉农资金的投入方式。涉农资金主要支持农民合作社以及发挥带动作用的农业企业。把农民合作社作为财政支农的重要载体和平台，将财政支农项目优先安排给符合条件的农民合作社实施，探索将涉农财政资金转化为农民合作组织资产、农民生产经营资本的有效途径。

四是创新农村金融服务体系。第一，探索农村产权抵押融资。创新产权抵押融资贷款担保方式，探索以农民宅基地、房屋和农村土地经营权、集体建设用地使用权做抵押，向金融机构申请贷款。第二，完善金融服务网点建设。逐步增加农村金融服务站点的设立和金融服务自助设备的投入，鼓励各金融机构通过多方合作、服务外包等模式向农村投入POS机、ATM等支付服务终端设备。第三，稳妥开展农村信用合作试点。坚持社员制、封闭性原则，在不对外吸储放贷、不支付固定回报的前提下，推动社区性农村资金互助组织发展。试点探索在农村集体经济组织框架下，建立经济合作社或经济联合社信用合作部，整合农户闲置资金，拓宽农民融资渠道。第四，进一步推进农村征信体系建设。积极推广清新区"政银保"农村信贷新模式，建立集政府担保、金融服务和保险保障于一体的"政银保"贷款担保体系。第五，探索和发展政策性涉农保险。鼓励保险机构积极开发特色农业产业保险项目。

（3）整合涉农服务平台

一是统筹整合农村服务站（点）。建立健全农村社会综合服务站，统筹推进农村基层公共服务资源有效整合，实现设施共建共享。以村级社会综合服务站为平台，对现有的各部门分头设立的村级服务站（点）全面清理整合，对已有的办公场所、设施、技术、服务项目等资源进行整体规划、统筹运作，建立综合性的服务平台。逐步拓展社会综合服务站的服务功能，满足群众日益增长的需求。总结推广阳山县经验，依托县、镇、村社会综合服务中心（站），探索建立农村集体"三资"管理交易、农村产权综合交易平台，促进农村"三资"管理交易和农村产权流转交易规范化、公开化、信息化。充分发挥阳山县农村综合改革试点先行先试作用，推广应用其先行运行的平台应用软件，避免各自为政、重复开发，实现资源共享、规范管理。

二是统筹整合涉农信息平台资源。整合各部门在镇、村的信息平台资源，在村级整合建立信息综合服务平台，在镇级整合建立综合门户网站和网上办事大厅，将所有涉农服务项目整合到网上办事大厅，实现各部门数据垂直和横向的互联互通，形成便捷、高效的综合服务平台。在全市政务信息资源共享平台的基础上，建设涉农信息资源共享子系统，形成一个涉农信息资源数据共享平台。

三是统筹整合基层农业生产服务资源。强化农业生产公共服务和社会化服务，以建设统一、高效的新型农业生产服务平台为目标，整合基层各类农业生产服务主体，提高农业生产服务水平，为农民提供生产技术、农资供应、农产品购销、金融、保险、通信等生产服务，构建高效的农业生产服务体系。按照"返本出新""改造自我""服务农民"的要求，积极稳妥开展供销合作社综合改革试点，探索村社共建模式，建立基层供销社与农村经济组织的经济利益共同体。加强以电子商务为重点的农产品流通信息化建设，依托第三方电子商务平台，建立清远市农产品电子商务平台，开展农产品网上交易。

2. 在经济发达地区推进"政经分离"改革，理顺财政资源流向

近年来，随着城市化、工业化进程的加快，经济较发达的珠三角农村依托良好地理优势推行"三旧"改造，不少农村资产迅速增值。随着集体资产规模的迅速扩大，社会利益主体的诉求也日趋多元化，出现了农村基层争权夺利、身份竞争和利益分配纠纷、权利差异与公共服务不均等问题，农村基层社会矛盾和纠纷不断加剧。为此，佛山市南海区自 2011 年以来，以"政经分离"为突破口，先行先试，积极推进农村体制综合改革，明确基层各组织主体的职能定位，统筹城乡关系，推进社区建设和公共服务供给，以求实现"基层善治"。

（1）实行"政经分离"改革

"政经分离"最本质的就是将基层的社会管理和经济管理两种职能分离，村（居）党组织、村（居）民委员会和集体经济组织各司其职，在人事结构、组织功能、财政资产和决策程序等方面实现独立运作，实现"五分离"，即选民资格分离、组织功能分离、干部管理分离、账务资产分离、议事决策分离。"五分离"理顺了基层三大组织的关系，三大组织各归其位。"政经分离"之后，村（居）党组织书记不再兼任经联社社长，这在形式上削弱了党组织的领导核心地位。为夯实基层党组织的领导力，南海又实施了一系列的举措，将党组织延伸到最基层。274 个村（居）党支部升格为党总支部，经联社全面建立党支部，条件成熟的经济合作社可建立党支部，隶属村（居）党组织的领导，这一举措事实上强化了党组织的工作抓手，使得党组织可以有效地监督经济组织。除了村（居）党组织全面升格和对集体经济组织的全覆盖之外，还进一步建立纵横结合的党组织网络，即在社区服务中心、楼宇、行业协会、同乡会等建立党组织，构建区域化大党建格局。

（2）推进"三资"平台建设

为有效推进农村集体"三资"的透明化和信息化，南海搭建了集体经济组织资产交易平台、集体经济组织财务监管平台和集体经济组织成员股权

（股份）管理交易平台这三大平台，为"政经分离"改革提供重要的配套措施。三大平台分别对应集体经济的物、钱和人（股权）。其中，集体经济组织资产交易平台把镇、村、组三级集体资产纳入一个大系统，对资产发包、租赁、出让、转让或转租等行为实行统一管理、交易、监督，全程视频监控可以看到交易过程的每一个细节，最大程度压缩了交易的"寻租"过程；财务监管平台全面推行"出纳驻村、会计驻街、集中会计核算、财政专项资金专户管理"的模式，村（居）委会每一笔款项的支取都要通过监管平台，开创了集体资产智慧管理和阳光交易的新机制；股权（股份）管理交易平台分为成员管理、股权管理、分红管理和特殊群体管理四个模块，其中通过股权管理这个模块，经过确权的社员股东可进行股权交易流转，如转让、继承、赠与、抵押、担保等。

（3）强化社会公共服务

实现公共服务的均等化，关键在于服务对象的同等化，南海的政策实践是将农村社区转型为城市社区，第一步是于 2011 年初开始了"村改居"的改革探索，截至 2012 年 5 月，全区已经全部完成"村改居"任务。"村改居"之后，农村居民不仅可以享受集体经济增值带来的福利，而且可以享受到城市居民的待遇。但是"村改居"只是名称的变化，为进一步将公共服务延伸到农村"社区"，第二步是"村居合并"，加快城乡一体化的进程。为进一步提高服务的效率，第三步则是"社区合并"，通过社区服务资源的重构和整合，实现资源配置效率的最大化，在避免重复建设和资源浪费的同时，也能集中力量办大事，进一步丰富社会服务的内容，为社区内的户籍人口和流动人口提供更好、更便捷的均等化公共服务。

3. 深圳市培育社区基金会，汇集社区建设资源

深圳市光明新区（2018 年改设光明区）通过试点培育社区基金会这一新型的公益性社区社会组织，引导各类社会组织、社会工作者参与社区建设，为完善社区治理结构、实现"三社联动"、创新社区治理机制探寻了新路。

一是注重顶层设计，保障规范运作。试点初期，光明新区根据现行国家

《基金会管理条例》制定了《深圳市社区基金会培育发展工作暂行办法》，保证社区基金会操作程序在国家相关法律法规框架下运行。还结合社区治理实际需求，制定了财务管理、项目管理等7个制度文件，建立了理事会依据章程治理、银行第三方托管、第三方评估等5项机制，在资金募集、项目运作、资金监管、第三方评估、捐赠人服务等方面，初步形成了制度体系。同时，初步确立了社区基金会与其他社区治理主体之间的关系：与社区党委的被领导与领导关系，与政府部门的合作互补关系，与社区居委会的共建与被监督关系，与企业、居民的合作共享关系，与其他社区社会组织的互助互惠关系。

二是选取典型社区，动员社会参与。试点启动后，光明新区选定了3种类型5个社区作为首批试点。新区通过召开动员大会、调研座谈、深入企业、社区宣讲等方式，广泛发动社会力量参与。辖区企业和居民积极响应，筹集善款2000万元。新区财政还从2015年起每年安排900万元专项资金，对培育发展社区基金会、开展社区公益服务进行资助。

三是完善内部治理，民主遴选项目。动员企业精英、热心公益居民参与社区基金会，理事会治理结构注重多元包容。5家社区基金会理事会分别由捐赠人、发起人、居民代表、专业人士等5~11人组成，通过推荐会议协商产生；监事由居委会主任担任。为了提升理事会专业水平，5家社区基金会邀请了16名专家学者、律师、记者等专业人才进入理事会。各社区基金会聘请了1名专业社工担任专职副秘书长，动员了6~8名社区志愿者参与到基金会秘书处工作中。社区基金会实行项目化运作，项目实施须经过"广泛收集项目—建立项目遴选库—基金会秘书处初选—征求社区综合党委意见—居民议事会审议—理事会决策—第三方社会组织实施—第三方评估"等流程，并全程通过"社区家园网"等网络平台公示，接受公众监督。整个遴选过程既体现党的领导、居委会主导，又充分体现社会参与、群众需求。

四是汇集各方智慧，把握试点方向。试点过程中，光明新区主动对接上级部门，对试点遇到的各种问题及时向上级部门咨询。光明新区还组建了专家智囊团，与北京大学、浙江大学、香港理工大学等高校的专家学者建立长期合作研究机制，通过举办专题研讨会、实地指导、培养人才等方式为试点工作提供智力支持；与北京大学法治与发展研究院建立了五年战略合作关系，在社区基金会和社区治理的战略规划咨询、重大创新平台建设和成果转化、人才交流培养等方面开展深入合作。

五是发展多元类型，提升服务能力。为了将社区基金会试点的有益经验和做法推广到新区 28 个社区，新区将成立区级社区基金会作为深化试点的"重头戏"，区级社区基金会由深圳知名企业华星光电、华强文化两家企业作为发起人，注册资金为 800 万元，选举产生了第一届理事会，服务范围覆盖整个光明新区。

通过不断努力，社区基金会成为基层社区"三社联动"的纽带。一方面，社区基金会通过培育社区社会组织、资助社会组织和专业社工开展公益项目，为社会组织和社工发展"开源"，改变了社会组织发展过度依赖政府扶持"一条腿走路"的现状，推动了社区社会组织发展和社会工作者的成长。另一方面，社区基金会筹集各类资源，针对社区问题设计解决方案，社区社会组织和社工主动对接，实施项目解决问题，实现了自发、主动的"三社联动"。社区基金会在项目设计中注重对居民公益意识和公益习惯的培养，有钱出钱、有力出力，使公益慈善成为社区居民无处不在的自觉行为，传播了社区公益慈善理念。社区基金会根植于社区，接地气、响应快，对弱势群体、困难群众的个性化服务需求予以精准回应，满足了他们的福利需求，弥补了政府普惠、"漫灌"式服务短板，还惠及了弱势群体、困难群众。

（二）探索人才保障机制，确保治理结构切实下沉

为切实做好乡村振兴工作，广东省积极行动，树立在艰苦复杂环境激励担当作为的选人用人导向，加强对第一书记选派工作的统筹领导，严把人选资格条件，加强岗前培训，充分发挥第一书记在基层社会治理中的带头作用和示范效应。同时，各地方积极探索基层人才培育制度，为持续推进基层社

会治理转型升级提供人才保障。

1. 全省实现乡村第一书记全员派驻，做实"领头雁"工程

2018 年，广东省委办公厅印发《广东省加强党的基层组织建设三年行动计划（2018—2020 年）》，规定今后每年选派不少于千名优秀党员干部到贫困村、软弱涣散村和集体经济薄弱村担任党组织第一书记，拟在三年时间内实现基层党建工作全面过硬。2018 年以"规范化"为主题，着力解决基层党组织设置、党员教育管理和基层党建标准不规范等突出问题；2019 年以"组织力提升"为主题，着力解决基层党组织领导体制不健全、党组织带头人队伍建设滞后等突出问题；2020 年以"基层党建全面进步全面过硬"为主题，全面完成软弱涣散基层党组织整顿工作，着力解决先进典型示范不明显、党建质量整体不高等突出问题。

一是探索建立第一书记"召回"机制，以压力激活动力，推动第一书记发挥作用、履行职责，为精准脱贫攻坚提供组织保证。2018 年，广东省委、省政府对全省 1.92 万名村党组织书记履职情况进行全面摸底排查，坚决撤换不称职村党组织书记，全面优化农村带头人队伍。结合实施"千村示范、万村整治"工程，树立脱贫攻坚先进典型，发挥党组织在打赢脱贫攻坚战、推动乡村振兴中的领导核心作用。

二是明确定位第一书记的角色，切实发挥引领作用。第一，要求第一书记当好"政策宣传的指导员"。各村第一书记结合落实"三会一课"制度，采取集中学、自主学、带头宣讲等方式，带头并发动村党员定期学习贯彻习近平新时代中国特色社会主义思想、习近平总书记关于脱贫攻坚的重要讲话精神和对广东工作的重要批示精神，做到学深学透、入心入脑。同时广泛宣传精准扶贫、乡村振兴的相关工作，为群众脱贫致富提供更多的政策指引，推动农村经济发展。第二，当好"基层信息收集的情报员"。第一书记要进行深入的调查研究工作，进村入户了解群众信息，掌握基层自然环境、人文风俗、地形地貌等情况，摸清基层发展现状、贫困户分布情况，科学拟订乡村振兴计划，勾画发展蓝图。第三，当好"资源下沉的服务员"。第一书记要充分发掘利用各种关系，积极联系有关部门，开展科技、文化、卫生、法律等下乡活动，让群众得实惠、受益处；通过发动社会力量开展关爱活动，诚心实意帮助困难群众解决实际困难和问题。

三是进一步规范驻村第一书记的工作职责，充分发挥第一书记"头雁作用"。广东省委、省政府要求，第一书记要带着责任、带着感情奔赴农村广阔天地建功立业，在抓党建上下功夫，在谋发展上想办法，在善治理上多探索。具体而言，就是要切实履行好五项工作职责：建强基层组织、推动精准扶贫、为民办事服务、提升治理水平，以及创建社会主义新农村示范村。一方面，充分发挥基层党组织战斗堡垒作用。以提升组织力为重点，突出政治功能，全面整顿软弱涣散的农村基层党组织。另一方面，让村民自治制度富有生命力。推进乡村法治建设、乡风文明建设和平安乡村建设，健全党领导下的自治、法治、德治结合的乡村自治体系，努力让土生土长的村民自治制度更加规范有序、充满活力。

总体而言，第一书记在推动美丽乡村建设、密切干群关系、维护农村社会和谐稳定方面发挥了重要作用，并通过脱贫攻坚、乡村振兴工作练就了过硬本领，锤炼了品德修为，成为带领乡村振兴、人民生活水平提升的"领头雁"。

2. 河源市实施村治人才"育苗"工程

为加强村"两委"班子建设、打赢精准脱贫攻坚战和推进乡村振兴战略，广东省河源市龙川县积极行动，推出"育苗"工程，提高村级班子引领发展、服务群众、促进和谐的能力，全面加强村级后备干部队伍建设，为基层组织"输血强身"。

一是定期培养选拔人才，向村（社区）"两委"直供。每三年在全县范围内选拔和培养100名优秀村级后备干部，并逐步充实到村（社区）"两委"班子中，为新一届村（社区）"两委"换届储备后备人才，进一步提升党在基层的执政能力，为全面建成小康社会提供强有力的组织保障和人才保证。

二是强化基层经验，注重定期考核。村级后备干部实习、聘用期间必须在村（社区）里工作。县委组织部对村级后备干部进行培养和管理：①举办村级后备干部培训班，培训学习包括理念学习和实践锻炼；②县委组织部、县民政局会同各镇每年对村级后备干部进行一次考核，对年度考核不合格的，按照有关规定解聘。

截至2019年，龙川县已有三批"育苗"工程村级后备干部走上工作岗位，315个村实现全覆盖，每个村都有一名年轻的后备干部。村级后备干部不但解决了村（社区）"两委"干部老龄化的问题，而且年轻人的文化水平比较高，广大党员干部对他们的评价好，为推动龙川高质量发展提供了坚强的组织保证。

（三）建构基层治理的文化、社会资本，确保基层社会资源再生产

1. 珠海市力推"社区营造"，培育社区纽带

为培育社区文化，提升群众对社区的认同感和治理参与度，珠海市香洲区引入"公众参与式的社区治理"理念，针对不同社区分别开展各具特色的社区营造项目。珠海各地围绕"党建引领、政府扶持、全民参与、专业支撑、合作共赢"的营造思路，围绕"人、文、地、产、景"五大主题，发挥辖区资源优势，推出"公益合伙人"创投、"议治相济"协商共治、"老街活化"参与式社区规划等社区营造活动，营造出和谐共治的社区环境。

一是培育社区治理生力军。第一，社区营造从"人""文"入手，以社区为主阵地，链接政府、企业、高校、社会组织等资源，培育"小巷总理"、居民骨干，引领居民投身社区建设。如"狮山点睛"营造中心成立"社创学院""义社联动站""社区创意班"等，邀请高校专家，先后举办10场设计思维工作坊，成功培育出40名社区营造创新人才。第二，调动社会力量，通过发掘居民骨干，建设社区团队强化社区协作能力，使居民从原来的服务享受者转变为服务提供者。如"翠香领航""拱北星辰"运营的《社区议事厅》由80多名社区居民亲自"采编播"，累计在珠海电视台播出900多分钟，800多名居民、嘉宾与现场观众参与探讨民生热点。

二是引导居民参与社区"微改造"。各社区营造中心根据社区需求，搭

建社创服务平台，采取"政府引导+居民参与+社会组织帮扶"的运作模式，向社区居民征集公益题材，诞生了光华街美丽花坛、四时植物园、彩虹斑马线设计等创意方案。同时，在不改变土地用途、不征用土地的前提下，引导居民设计与规划"微改造"提案，升级改造小规模、不规则的城市"边角闲置地块"，改造成 132 个高品质、集约型的"街心式"社区体育公园，覆盖全区 126 个社区。

三是营造和谐社区共同体。社区营造将"人"字排在第一位，开展了"美丽阳台""美丽街角"等营造活动，将小区阳台、废旧单车棚、街边转角等打造成休闲花园、绿色景观等街角小品，拓展居民交往渠道，形成熟人社区的氛围。同时，活化传统文化，开发了"良辰美井""老街活化""忆·狮山——寻找老狮山的时代印记"等项目，展示社区独特的人文历史，既保存了历史印记，又建立了情感共同体。

社区营造工作，维护了社区历史文化特色，完成老旧社区的活化与再生，引导社会力量自觉参与，营造了可持续宜人的基层治理环境。通过社区营造行动，珠海市厚植了社区居民参与理念，向社区社会组织、社区居民骨干输送"微即温暖"的公益理念，营造睦邻自治的社区氛围。政府以搭建平台为引导，打造出 9 个镇（街）特色的社区营造公益品牌，推出 280 多个公益精品项目，服务超过 120 万人次。基于社区营造，珠海基层社区形成了可持续宜人生态空间；搭建吸纳、共享资源的社区营造平台，激发居民参与社区建设的积极性；由政府的"面子"逐步到居民宅前屋后的"里子"，通过生活空间的"小美"积攒出一座城市的"大美"。

2. 云浮市借用传统治理资源，创造新型治理文化

云浮市以建设全国、全省农村改革试验区为契机，积极探索发挥农村传统宗族力量和群众主体作用，创新农村社会管理，促进协同共治的新路子。云浮市坚持把培育和发展自然村乡贤理事会作为创新农村多元共治的生动实践。将村中有威望有能力的退休干部、复退军人、外出乡贤、退休教师纳入乡贤理事会，对村内重大事项决策实行"一事一议"和"三议三公开"（理事会提议、理事走访商议、户代表开会决议，议案决议公开、实施过程公

开、办事结果公布）。通过培育和发展自然村乡贤理事会，发挥其亲缘、人缘、地缘优势，凝聚社会的人力、财力、智力资源，提高农村社会组织化水平，增强农村"自组织"能力，推动农村自我发展、自我管理、自我服务，使之成为农村社会管理的基本力量和活力因子，形成以村党组织为核心、村民自治组织为基础、农村社会组织为补充、村民广泛参与、协同共治的农村社会管理新格局。具体做法如下。

一是深入基层、深入群众开展调查研究，因地制宜培育不同类型、各有特色的理事会示范点。从 2011 年 6 月开始，云浮市在云安县（2014 年撤县设区）启动了自然村乡贤理事会试点，把农村老党员、老教师、老模范、老干部、复退军人、经济文化能人等，以及热心本地经济社会建设的其他人士吸纳到理事会，协助党委、政府开展农村公益事业建设，协同参与农村社会建设和管理。以县（市、区）、镇（街）为单位，以各级党校作为培训主阵地，将党校教师授课、优秀理事会代表经验介绍相结合，采取集中培训、交流培训、远程培训等形式，对自然村乡贤理事会理事进行轮训，着力提升理事履职素质和能力。同时，采取各种形式在各级新闻媒体、政府网站及时推广自然村乡贤理事会建设的好经验、好做法、好典型。

二是出台系统配套政策，引导治理有序运行。云浮市委、市政府出台《关于培育和发展自然村乡贤理事会的指导意见》，首先明确自然村乡贤理事会是以参与农村公共服务、开展互帮互助服务为宗旨的公益性、服务性、互助性的农村基层社会组织，弥补基层政府和自治组织提供公共产品和公共服务的不足。其次，明确理事会的主要职责任务是协助调解邻里纠纷、协助兴办公益事业、协助村民自治。最后，明确理事会理事成员产生方式是由自然村（村民小组）在具有独立民事责任能力的经济文化管理能人、老党员、老干部等有威望、有能力的乡贤和热心为本村经济社会建设服务的人士中推荐提名，经村（社区）党支部审核，镇（街）备案登记，由自然村（村民小组）公布后确认成为理事会成员，并由理事会成员会议选举产生理事长、副理事长、秘书长，使自然村乡贤理事会定好位、定好规、定好人，保证其在同级党组织的领导下，协助好镇（街）、村（居）委、自然村（村民小组）开展农村公共服务和公益事业建设。

三是对自然村乡贤理事会运行实行全程把控。第一，将其与实行竞争性"以奖代补"项目、村级公益事业建设一事一议财政奖补项目和创新现代农业经营体制机制等相结合，让自然村乡贤理事会理事有抓手。在全市自然村实行竞争性"以奖代补"项目，每年梳理一批公益性项目向全社会公示，让理事会参与农村建设和管理有载体。第二，将其与实施自然村（居民小组）分类管理、动态考评相结合，让自然村乡贤理事会理事有动力、有目标。对全市自然村按自强村、自助村、基础村实行动态分类管理，引导自然村乡贤理事会组织理事，参与到评选过程中。尤其是通过政策文件引导自助村、基础村的自然村乡贤理事会协助村民小组深入发动群众参与考评，增强理事会参与社会管理的方向性、积极性。第三，与建设信用云浮、弘扬优秀传统文化、培育乡风文明等相结合，让自然村乡贤理事会理事有境界。第四，与健全完善村规民约、促进乡村治理相结合，让自然村乡贤理事会理事有依据。引导自然村乡贤理事会协同自然村健全完善自然村村规民约，使理事会理事依据村规民约调解农村矛盾纠纷，促进社会和谐。

四　创新运用现代化信息技术手段

在日趋复杂的基层社会中，信息传递失真、个体诉求多样化和公共服务递送失效的挑战越发明显。这种趋势在城镇化水平高、人口密度显著提升且社会结构越发多元的沿海发达地区更为突出。加之资源配置错位和体制改革滞后，基层治理体系中人员不足、知识储备不够和制度架构更新换代不及的问题进一步强化了这些挑战。如何在基层社会治理体系中实现公众差异化需求的精准识别、多元公共服务的定点投放，成为城乡社区治理格局建设中需要严肃思考的重要议题。

在这个意义上，将互联网时代的数字技术引入基层社会治理，让基层治理体系变得更加"智慧化"，是必然的趋势。一方面，数字技术不仅是一套处理和传递信息的工具，还是一个重要的基层社会治理参与渠道，更是国家治理体系和治理能力现代化最重要的组成部分之一。它自身有不断自我学习、稳定完善的运行逻辑，具有极强的自我维系、学习迭代的能力。它能够在收集和处理信息方面大大提升基层治理体系的效率，同时也能够基于数据沉淀和数据互通来实现对基层社会治理体系的优化。数字技术的应用同样能够促使技术的升级完善，推动技术相关行业、产业的发展进步。从这个意义上讲，可使信息技术的迭代优化与社会治理现代化相互促进、相得益彰。另一方面，基层社会治理体系因其所面临问题的多样性和复杂性，对能够有效识别、迅速传递群众需要的信息有天然的需求。同时，基层社会治理体系也需要通过引入数字技术来减少行政层级，推动行动者之间的开放与合作，形成更扁平化、网络化的治理结构，以更灵活、迅速的方式来解决治理难题。

（一）借助数字信息技术，提升公共服务供给精准度

佛山市建立"微服务中心"打造镇（街）服务枢纽。佛山市禅城区祖庙街道着力探索"基层党建+现代技术"的社区治理方式，坚持党建引领，通过"1+X"多方共建，引导群众参与社区协商议事，建设"微服务中心"以及"线上"与"线下"共享平台，精准把脉居民需求，主动推送公共服务，构建了相对完整的服务体系。微服务中心以"大数据、微服务"为突破口，依托"一门式"长期积累的海量数据为13项民生事项提供精准微服务，并统筹各类民生服务资源，建立数据共享和价值挖掘机制，打造镇（街）层面的服务枢纽。

一是强化党委的核心领导作用。以社区党组织为龙头，以强化党建要素融入为原则，把党员、群众、业委会、物业管理公司、社会组织等不同群体和机构组织起来，凝聚合力。挑选区域化党建工作突出、党员相对集中的社区先行先试，发挥党员干部的模范带头作用，活跃小区共享氛围，引导更多的社区群众参与进来。坚持"党建统领、统筹力量、沟通党群、共建共治"，在区域化党建的基础上，进一步发挥党的核心凝聚力，团结带动基层各方力量，把"单兵作战"变成"兵团作战"，基层党组织战斗堡垒作用更加有力。

二是推动"1+X"社区协商议事。"1"是群众议事理事会,由社区"两委"成员、群众代表、楼长等组成;"X"是其他社区成员,包括"两代表一委员"、志愿者以及业委会、物业服务企业相关人员。利用"家禅城议事厅",共同解决社区事务。

三是建设"线上"与"线下"共享平台。推行共享社区手机App,App与各部门的志愿者信息、政务服务内容、群众服务需求等数据互融共通,群众可以发布个人共享物品和共享技能,或者在线发布个人求助信息及响应其他群众服务需求,系统会主动向群众推送服务信息,从而实现"需求"与"供给"的实时对接。同时,在线下建成共享小屋,整合6个家庭综合服务中心、50个社区公共服务中心、2个居家养老服务中心、6个长者饭堂等公共服务场所,根据群众需求"大数据",在线上线下同时向群众提供便捷的共享服务。

四是以"互信"助推社区互助共享。将区块链技术与大数据结合,建立信息沟通共享机制,解决社区互信问题。通过实名注册,群众可以查看共享服务提供者有无稳定工作、有无犯罪记录等信息,确保共享社区项目能够在互相信任的情况下开展。社区采用"积分制"管理,志愿者提供志愿服务可获得"爱心积分","爱心积分"可存入"爱心银行"。群众有需求时可通过服务平台发布信息,在"爱心银行"里支取"服务",推动"服务得积分、积分享爱心"的良性循环,实现爱心"可量化、可流通、可持续"。

五是建立"四级联动"社区服务体系。在街道设立"微服务中心",利用大数据向群众主动推送一揽子民生服务;在片区设立家庭综合服务中心,为群众提供精准社工服务,打造综合型社区服务主阵地;在社区设立社区公共服务中心,实行服务场所、服务系统、服务内容、服务制度、服务保障"五统一",将社区服务向深度和广度延伸;在网络末梢,购买"平安通"、居家养老、长者饭堂、救济救助、社区矫正、法律援助、医务社工等专项社区服务作为补充。

佛山市祖庙街道"微服务中心",将过去"一门式"政务服务系统及政府各部门所积累的民生数据资源及决策分析成果进行社会化应用和拓展,实现多样性民生需求与多元化社会供给之间的全域流通、精准配对，解决了"供需失联"问题，也可避免简单地将数据和分析结果在单个部门进行单线性对接，从而打造"一门式"综合民生服务模式。对数字信息技术的有效使用，促进了基层治理思维的服务化，实现了基层治理手段的精准化，推动了基层政群关系的良性化。

（二）吸纳数字信息技术，推动基层社会治理体系再造

1. 中山市推进"1+1+N"社区信息化建设，增强基层政权能力

中山市利用信息化手段，以满足社区居民群众服务需求为导向，在充分利用市政务数据交换中心、市电子政务外网、市电子政务云平台等现有系统资源的基础上，着力整合资源，按照"服务为本、均等覆盖，统筹规划、资源整合，标准先行、规范建设"的总体要求，建立起"中山市社区公共服务信息平台"，推进"1+1+N"社区信息化建设。其中，两个"1"分别是建立一个大数据库和一个信息平台，"N"是构建网站、App 和自助查询机等 N 个服务终端。

一是整合建立一个大数据库。中山市利用市政务数据交换中心、市电子政务外网、市电子政务云平台等现有系统，全面整合延伸到社区的各类信息网络资源，建立起以社区居民人口信息为核心的大数据库。大数据库信息横向覆盖居民的个人身份、家庭成员、就业状态、教育程度、健康情况、社会救助、社区服务等各类信息，纵向贯穿居民的整个生命过程。同时，在系统设计上要充分考虑系统数据来源多样性，多渠道、动态收集各种社区公共服务所需的信息资源，为平台应用和服务开展提供基础的数据信息支撑。

二是打造一个信息平台。信息平台由社区窗口服务、人口管理、民政事务等多个子系统构成，并实现各系统业务互通、数据互享。同时，注重平台使用便捷性。该平台成为进行社区管理和服务的高效工具，为社区和居民提供互动交流的平台，为社区与上级指导部门提供沟通协作的平台。平台数据库成为决策的有效依据。平台联结了广东省网上办事大厅中山分厅村（社

区）公共服务系统，实现延伸到村（社区）的公共服务"一网式""一窗式"应用。通过平台开具证明，居民只需刷下身份证，系统就会自动读取该居民的综合信息，工作人员只需选择系统内置的统一规范的证明模板，即可自动生成证明内容，且社区公章使用登记簿将自动生成公章使用记录，大大减少了信息核验和证明书写的时间，提高了社区工作效率，使社区工作人员从繁杂的行政事务中脱离出来，更好地为群众提供优质服务。

三是构建 N 个服务终端。平台同时支持服务窗口、网站、App 和自助查询机等多种终端，实现信息一次发布，网站、App、微信等多渠道同步展示，使居民可以通过多种方式便捷获得社区信息和服务。社区居民通过登录村（居）务管理系统，可以实时查看本村（社区）当期或过往一年内的村（居）务公开的内容，实现居民对村（居）务的网上监督，丰富了村（居）务监督形式。平台通过社区网上家园，向居民群众宣传党和政府的方针、政策以及社区活动、公示公告，居民也可通过社区网上家园向社区反映意见与建议，搭建起社区与居民沟通互动和自治监督的平台，提高了居民参与社区治理的便捷化程度。

通过推动"1+1+N"社区信息化建设，中山市拓宽了社区信息共享渠道，降低了社区管理成本，增强了社区运行效能，还减轻了社区的工作负担，提升了社区服务和管理能力，保障了基本公共服务均等供给，拓展了社区服务的内容和领域。信息平台的建设，坚持以点带面，向居民提供全面的社区服务，实现了社区工作高效化、服务对象管理的动态化、社区治理参与的便捷化、村（居）务监督的网络化的工作目标。

2. 深圳推动"3×4"智慧政务服务改革，打造新型智慧城市

2018 年以来，福田区深入实施"互联网+"战略，努力打通辖区信息壁垒，实现数据共享，优化服务流程，统一服务标准，精心编织全方位便民服务网络，打破时空限制，让群众随时体验贴心服务。

一是通过互联网全覆盖、全时段运行，打破服务供给时空界限。第一，网点服务"就近办"。全区"通办通取"，建设政务服务"一公里服务圈"，逐步建立"1+10+95"政务服务实体大厅网点办理模式。参照银行网点模

式，10 个街道政务服务大厅升格为区政务服务大厅分厅，区、街、社区均办理相同政务服务事项，实现无差别办理。在全区 95 个社区工作站开办代收件业务，社区工作人员收件后及时移交街道政务服务大厅办理。第二，智慧服务"掌上办"。打造"掌上"福田，以权责清单事项为依据，梳理全区政务服务事项，运用微信及智慧福田 App 平台，制定个性化表单及开发申报系统。群众可直接通过移动终端扫描身份证进行人脸识别，将材料电子化上传预审，待得到预审结果后，自动转入后台处理，真正做到办事"零跑动"。第三，自助服务"全天办"。率先开展政务服务"24 小时不打烊"试点，将区政务服务大厅升级改造，通过引入人工智能机器人、自助查询机等，打造全市首个覆盖事项最多、服务功能最全、窗口完整闭环的政务服务自助专区，形成群众办事 24 小时自助查询、智能咨询、自助业务申办、自助取件的全链条一体化自助模式。

二是通过将数据处理、服务流程后台化，显著节约成本，提高服务效率。第一，区级事权实现"零收费"。除了上级政策明确的收费事项外，在区级权责范围内，通过免收、停收或由区财政代缴的方式，减免群众在申办政务服务时的支出，实现办事"零收费"。在福田区登记注册并经营的企业、社会组织，福田区户籍居民及持有辖区居住证的常住人口均可受惠。第二，网上大厅实现"零距离"。持续推进网上政务大厅建设，福田区所有政务服务事项可实现网上办理。群众可通过网上办事大厅选择办理事项，按公示的材料清单将申报材料电子版上传，材料的审核由政务服务平台自动发送至相关部门限时办结、公布，群众通过网上办事大厅查询到初审结果后，到指定的政务大厅审核原件通过即可取证。第三，压缩流程实现"零时限"。通过"两集中两到位"改革，按照"一审一核、即来即办"的模式改造行政审批流程，实现群众到政务服务大厅办事，审批结果当场可取。第四，数据管理实现"零材料"。群众提交的材料通过扫描上传、归档保存，下次办事就可直接使用数据库中已有的证照，无须再重复录入，也无须再提供其他纸质证明和复印件。

三是分步推进政务服务实现新跨越。按照"应进必进、进必授权"

原则，将全区政务服务事项划分为四类进驻情况，明确各单位分类进驻各级政务服务大厅综合窗口办理模式，确保群众进一扇门办成事。全区共设置1个区级综合政务服务大厅以及婚姻登记专厅、动物检疫专厅、残疾人专厅、司法专厅、人力资源中心专厅、档案专厅、市场监管专厅、社保专厅、税务专厅等9个区级专业分厅。386个事项进驻区政务服务大厅，23个事项进驻专业分厅，81个事项进驻街道政务服务大厅及社区工作站。全区26家区直机关均设立政务服务科，并进驻区政务服务大厅，10个街道均成立了政务服务办公室，100%完成职能调整。

四是编织政务服务"一张网"，形成一体化、区域性的"互联网+"集成政务服务模式。推行网上预审服务模式，依托"信任在前、审核在后"的容缺服务机制，进一步缩短受理审批时限。开通"福田政务"微信公众号，群众可通过手机终端自助预约、取号，有效缓解了区政务服务大厅的排队压力。"福田政务"微信公众号已有5万余人关注，政府依托微信公众号平台，及时发布相关重要信息、回应咨询留言，进一步加强了与企业和群众之间的互动。

五是服务递送"一层级"办结。全区已完成区级政务服务大厅、10个街道政务服务大厅和95个社区政务服务工作站的实体建设。根据全区政务服务改革及一体化的整体部署，以全区政务服务体系以区政务服务大厅为龙头，以街道政务服务分厅为支撑，以网上办事大厅为载体，福田区扎实做好全区政务服务一体化的建设工作，做到全区政务服务标识、门牌标识、窗口人员服务标准"三统一"，实现区、街一层级通办通取。

五 走在前列的基层治理体系创新模式：以公共服务供给全方位升级为核心

广东省通过一系列措施，全面回应了基层社会治理过程中的问题和挑战，发展出不少有助于推动基层治理体系不断完善、效率持续提升的新做法、新经验。总体而言，这些做法基本上都是从推动治理结构下沉、建立多元参与的制度和规则、充实治理体系运行资源和创新运营数字化信息技术几个维度来展开的。它们的共同指向则是，通过完善基层治理体系架构、整合治理资源、提升治理体系的效率，推出更专业、高质量的公共服务并实现更精准的投放，在一定程度上解决人民对美好生活的向往与发展不平衡不充分的矛盾。

首先，一批新的公共服务项目在基层治理体系中得以萌芽发展。随着治理结构下沉，治理资源的合理有效配置，以及新技术的运用，基层治理中尚未被回应的诸多问题开始得到关注，尤其是以家庭为关注点的家庭综合服务体系普遍建立，为积极应对老龄化社会的到来而开始的各类社区养老服务、康养服务持续发展，为人民群众的美好生活奠定了坚实基础。

其次，一大批社会边缘群体的公共服务需求得到有效回应，公共服务的普惠性特点得到彰显。在基层治理规则不断完善的背景下，处于社会边缘、社会弱势地位的群体也得到了发声机会，对应的公共服务体系也在逐步建立。在基层社区中，针对残疾人、儿童、妇女和孤寡老人的护理服务、照顾设施，已经初具规模。公共服务供给的公平性日益彰显，具有中国特色的社会主义福利体系重构正逐步实现。

再次，公共服务质量明显好转。通过完善多元参与和全程监督基层治理体系，一大批专业性公共服务机构被动员起来，参与到公共服务生产过程之中。一系列围绕公共服务生产、递送和评估的标准和指标体系也开始建立。公共服务的专业化、标准化正稳步向前迈进。

最后，公共服务递送的效率提升，精准度显著提高。在信息技术的助力下，公共服务递送体系得以重构，对服务需求方的识别更为灵敏迅速，对服务生产的分工协作更为合理，对服务递送的精准化程度也有大幅提升。公共服务的优质、高效生产和公共服务的精准、合理递送，实现高度结合。

第十章　河南省社会精细化治理的 实践举措与创新路径

——以开封"一中心四平台"建设为例*

改革开放以来，随着国家经济社会的发展和城镇化水平的提升，社会治理逐渐成为国家治理的重要维度和基础性工程，推动社会治理迈向现代化的重要性和紧迫性更加凸显。国家对社会治理及其现代化的重视，在历次党代会中多有体现：2015 年，党的十八届五中全会提出要加强和创新社会治理，推进社会治理精细化，构建全民共建共享的社会治理格局；2017 年，党的十九大进一步提出提高保障和改善民生水平，加强和创新社会治理；2019 年，党的十九届四中全会中明确提出要坚持和完善共建共治共享的社会治理制度，构建基层社会治理新格局。不难看出，社会治理已经上升到国家制度体系的新高度，推动社会治理现代化已成为国家新时代的重大发展战略。在此背景下，省域作为承接国家治理现代化战略布局的首要平台，其治理活动应该遵循国家治理的目标取向、价值理性和制度规范，自觉将推动省域层面的社会治理现代化作为重要任务。省域社会治理应该忠实践行以人民为中心的发展思想，深刻认识社会主要矛盾变化带来的新要求，着眼于解决群众亟须解决的问题，以高水平治理推进高质量发展，不断满足人民群众对美好生活的新期待。

近年来，河南省在加强基层社会治理创新，推动省域社会治理现代化方面做了积极探索。作为中部地区典型的人口大省、农业大省和新兴工业大

---

　* 执笔人：钟灵娜，华中师范大学政治与国际关系学院副教授、硕士生导师，研究方向为地方政府学、基层治理；马晓晓，华中师范大学政治与国际关系学院硕士研究生。

省，河南省在推进基层社会治理过程中，不仅要面对各种传统因素、非传统因素引发的普遍性问题，还要面对基于自身省情而产生的特殊性问题。为解决上述社会治理问题，推动省域社会治理迈向现代化，河南省引入社会精细化治理的理念，依托现代信息技术，改革创新基层社会治理体制，有效实现省域内治理主体的多元化、城市管理的标准化和服务供给的高效化。精细化治理符合社会治理现代化的价值取向，强调在社会治理过程中利用更低的成本、更专业的手段，实现更理想、更关注细节和更加人性化的治理效果，是适应社会发展新需求、推动社会治理体系和治理能力现代化的重要举措。河南省秉持精细化治理的理念，在加强社会治理创新方面取得了长足进展，其代表是开封市的"一中心四平台"建设。开封以"一中心四平台"为载体，在为民服务的治理过程中不断创新和探索，逐渐形成"党建引领、网格为基、技术支撑、资源下沉、双向报到"的"互联网+基层社会治理"工作新机制，持续提升城市精细化治理和服务水平，有效助推城市社会治理现代化的实现。

一　开封社会精细化治理的实践背景

得益于深厚的历史文化底蕴，开封是河南省为数不多的以文化旅游业著称的城市。改革开放以来，受发展机遇和战略定位的影响，开封的经济发展速度相对缓慢，在全省处于中下游水平。进入新时代，随着"一带一路"建设、黄河流域生态保护和高质量发展、郑开同城化等重大机遇的叠加，以及自贸试验区开封片区、综合保税区、开封海关等高能级开放载体的建成，开封日益成为河南省乃至中部地区最具开放发展活力的城市之一。经济发展推动开封的基建事业进入快车道，城市内部基础公共设施建设日益完善，城市规模和结构也发生显著变化，但城市的社会治理能力未能得到同步发展，城市公共服务相对不足、多方参与不够、治理活力不足等社会治理问题突出。上述问题若不能得到妥善解决，不仅会影响公众生活质量和个人幸福感的提升，还会对社会的和谐与稳定造成威胁，进而制约城市可持续发展和社会治理现代化目标的实现。

为有效解决社会治理问题，切实提升社会治理效能，开封深入学习贯彻习近平总书记关于社会治理现代化的思想理念，积极探索创新与自身实际情况相适应的社会治理体制机制。2018年8月，开封市委、市政府经过2个月的考察调研后，决定依托市、县（区）、乡镇（街道）、村（社区）四级综治中心，打造具有开封特色的"一中心四平台"项目。"一中心"即建立市、县（区）、乡镇（街道）、村（社区）四级综合指挥中心（室），主要负责线上调度指挥，对各类基层治理事件进行研判、预警、交办、督办；"四平台"即综合治理平台、便民服务平台、双向交办平台、综合监督平台，四个平台各有分工，协同联动，共同实现对全市重点领域的高效服务和有效治理。"一中心四平台"基于大数据、物联网等现代信息技术，在城市内部实施网格精细化管理，围绕社会治理薄弱环节精准施策，有效提升了开封社会治理的系统化、社会化、精细化、法治化、智能化水平。"一中心四平台"是开封主动适应社会治理新需求，探索"互联网+基层社会治理"新模式的重大举措，这一创新成果受到了中央政法委高度评价。2020年7月28日，在中央政法委第五次新时代政法工作创新交流会上，开封作典型发言，中央政治局委员、中央政法委书记郭声琨充分肯定了开封"一中心四平台"的实践探索，强调要借鉴河南省开封"一中心四平台"统一指挥、协调联动的经验，推动各主体、各部门信息互通、资源共享、工作联动，解决好层级过多、贯通不畅的问题，构建扁平化治理模式，提高快速响应、精准落地能力。

二　开封社会精细化治理的具体做法

开封自推进"一中心四平台"建设以来，逐步构建起"党建引领、网格为基、技术支撑、资源下沉、双向报到"的基层社会治理体系，形成"统筹指挥、协调联动、即时响应、有效处置、精准考评"的运行机制。截至2020年末，开封"一中心四平台"共覆盖五区四县，全市划分一级网格

4198 个、二级网格 9270 个、连片区域网格 649 个，有效实现辖区范围内全领域覆盖。

（一）"一中心四平台"运行架构

首先，开封在市、县（区）、乡镇（街道）分别建立综合指挥中心，负责对各类事项进行收集、转办、督办和反馈，有效实现上下信息共享与事务衔接，确保流程运转一体化和高效化。其中，市级综合指挥中心依托"智慧开封"网络大数据平台建立，主要承担信息分析研判、数据协同应用、工作考核督查、系统安全运行维护等职能。市级综合指挥中心通过集成联通各单位横向、市区街道纵向的数据资源，可以有效实现治理信息的"一个端口进、一个端口出"，促进了政府决策科学化、社会治理精准化、公共服务高效化。县（区）综合指挥中心主要依托现有社会治理和公共服务平台建立，其任务是受理、协调、交办、督办、反馈部门流转和乡镇（街道）综合指挥中心上报的信息和事项，并统筹协调指挥相关部门开展联合执法和综合整治。县（区）综合指挥中心借助现代信息技术，可以对区域内社会治理的现状和动态进行深层次分析，对重大事项进行迅速的研判预警，有效防止事态恶化和治理失控。乡镇（街道）综合指挥中心依托党群综合服务体设置，是基层社会治理一线的"总指挥"，负责统筹协调"四个平台"内的管理服务资源，对信息系统上报的事项进行及时处理，整体上形成信息汇总、判断分析、办理流转及绩效考评的完整工作闭环。

其次，开封通过统筹党政部门和社会力量，建设综合治理平台、便民服务平台、双向交办平台、综合监督平台四大平台，有效实现城市范围内各治理主体的联动，从而确保社会治理活力和治理成效。其中，综合治理平台依托综治中心建立，统筹党建群团、综治维稳、公安司法、信访城管、应急环保等部门力量，对城市实行系统化管理，体现治理事项"一网统管"；便民服务平台依托市行政服务中心建立，统筹政务服务、医疗卫生、社会保障、民政救助等部门力量，为群众提供最大限度的便利，体现服务事项"一网通办"；双向交办平台分别进行基层网格事件上报和上级任务交办，这种

"双向交办、双向报到"的模式有利于上下双向发力，共同发现社区中存在的问题并进行处置，从而防止问题恶化影响社区和谐建设；综合监督平台充分发挥督察、纪检、人大、政协等部门及媒体、群众的监督作用，通过多部门联动监督，推动上报事项、交办任务的落实和监督领域的全覆盖。四个平台各有分工，协同联动，与多级综合指挥中心一起，共同实现城市重点领域的高效服务和有效治理。

（二）"一中心四平台"运行机制

开封市"一中心四平台"的运行机制可以概括为以下几个方面。

1. 坚持党建引领，完善系统化布局

习近平总书记指出："党的工作最坚实的力量支撑在基层，经济社会发展和民生最突出的矛盾和问题也在基层。"① 党委领导是社会治理现代化实现的政治保障，基层社会治理作为国家治理体系的重要组成部分，必须置于党的全面领导之下。开封在"一中心四平台"建设过程中，坚持把党的领导贯穿全过程，统筹抓好城市各领域的基层党建工作，借助信息化手段，将基层党组织建立在网格中，形成了党建网格与平安网格"双网融合"、基层党建与基层社会治理互促互进的良好局面。

一是坚持高位推动，加强顶层设计。开封市委、市政府主动适应城市发展的新形势、新任务，把城市范围内各领域基层党建工作作为"书记工程"进行系统推进，主要领导以上率下，亲自调研谋划部署。自 2018 年"一中心四平台"建设开启以来，市委书记先后 10 多次带队赴上海、杭州、深圳等地学习考察，吸收借鉴先进地区的党建工作经验；县（区）委书记主动靠前指挥基层党建工作，乡镇（街道）、村（社区）两级党组织书记履职尽责，带头落实党建工作责任制，形成了"书记抓、抓书记"的工作局面。此外，开封还注重从制度层面确保党建工作的顺利推进，构建城市党建引领基层治理的"1+9"制度体系，即《关于全面推进新时代城市基层党建高质

---

① 《习近平关于全面从严治党论述摘编》（2021 年版），中央文献出版社，2021，第 227 页。

量发展的意见》1个主文件和《开封市基层治理体系"一中心四平台"试点工作实施方案》《关于实施基层党建工作强力计划的通知》《关于深化街道行政管理体制改革试点意见》等9个配套子文件，为做好全市城市基层党建工作提供基本遵循。

二是"双网融合"，推动共驻共建。开封将党建网格和平安网格相结合，强化网格党组织引领作用，在推动基层党组织下沉、拉近与群众关系的同时，有效整合社会治理资源和激发社会参与活力。依托"一中心四平台"建设载体，开封在全市范围内设置党建工作系统模块，以网上考核推动党的组织建在网格里、党的宗旨落实在网格里、党的活动开展在网格里，将创建"四面红旗"（基层党建、脱贫攻坚、产业兴旺、文明新风）村（社区）、"双联双创"（单位联系社区、党员干部联系住户，创先进党组织、创幸福社区）等活动体现在网上、落实在网格。截至2020年末，全市有以村（社区）"两委"党员干部为核心的专兼职网格工作者约3.2万人，充分实现了"有人干事"。

三是坚持齐抓共管，树立典型模范。开封市委组织部加强统筹协调，采取清单式管理、项目化推进的方式，对城市基层党建重点任务挂图作战。县（区）、乡镇（街道）分别成立书记任组长的领导小组，建立全域党建联席会议工作制度，定期召集成员单位"首席联系人"统筹协调解决辖区重大事项，制定履职清单以形成环环相扣的党建责任链条。同时，市委借鉴推广焦裕禄当年评选赵垛楼的干劲、韩村的精神、双杨树的道路、秦寨的决心"四面红旗"的经验，在社区开展以"基层党建、文明新风、治理有效、服务群众"为主要内容的新时期"四面红旗"评选活动，每评上一面红旗分别对社区党组织书记、其他社区"两委"干部给予适当奖励。截至2019年5月，全市共有108个社区获得145面红旗，进一步激发了社区干部的干事创业热情，营造了比学赶帮超的浓厚氛围，推动了社区各项工作整体水平获得提升。

2. 建设全科网格，形成事件处理闭环机制

为解决社会治理过程中多方参与不足、公共服务有限等问题，开封依托

"一中心四平台"，在全市范围内推进全科网格建设，形成了具有城市特色的精细化、精准化网格管理体系，有效提升了城市基层社会的治理能力。

按照不留空白区域、不得交叉重叠的原则，开封将全市划分为5811个网格进行管理，网格大小与管理力量相匹配，每个社区网格员按照"1+1+1+N"的模式配备，即1个网格长、1个网格指导员、1个全科网格员、若干名兼职网格员和志愿者，村（社区）"两委"成员兼任网格党支部书记和网格长，网格员一员多职、一职多用。截至2020年末，开封全市共配备117名网格长、2422名全科网格员、约3.2万名兼职网格工作者，共划分一级网格4198个、二级网格9270个和涵盖老旧小区、乡镇管区的连片区域网格649个，有效实现了地域空间无缝隙、服务治理全覆盖。在工作中，专职网格员负责辖区内所有问题的发现、上报，小到垃圾堆放，大到食品安全、矛盾纠纷。网格员发现问题后，通过手机"网格通"App上报网络平台，先由村（社区）综治中心处理，社区无法解决再上报乡（办事处）综治中心，仍无法解决的上报县（区）综治中心，最后到市综治中心，直至问题解决。在这个过程中，各级指挥中心借助大数据技术进行分析研判，将各类基层工作事项进行四等级的划分，根据事件难易程度、紧急程度等流转各部门进行及时的处理，有效实现智能派单、分流转办、监控一体化运转，确保问题得到快速处置。同时，上级工作部署还可以通过指挥中心迅速传达分解到基层落实，对全市范围内的网格工作者实现远程调度。作为网格内各类事项信息的搜集者和发起单元，全科网格员具有相应的事项关闭权力。当网格事项通过智慧系统流转后，无论哪一级职能部门办结，均需要将办结情况反馈给全科网格员，全科网格员是唯一具有关闭该网格事项权限者。

3.建设一体化指挥系统，提升城市"智治"水平

探索新形势下基层社会治理新模式，离不开大数据等现代信息技术的辅助支撑。"一中心四平台"基于智慧开封大数据云平台，建立全市四级综治中心指挥系统，实现社会综治、政务服务、应急管理、数字城管、纪检监察等多网融合，有效破解社会治理过程中政令不畅、落实梗阻等问题，助力提升城市"智治"水平。

一是将民生问题纳入智慧系统，实现实时治理。开封通过不断完善三级平台（市、区、办事处）、四级网络（市、区、街道办、社区），把与市民生活息息相关的市政设施、园林绿化、环境卫生、供水排水等各类民生问题细分为176类，全部纳入"智慧城管"的"天眼"中。市政府通过运用"12319"智慧城管服务热线、"城管通"采集终端、市民通、视频监控、微信平台"五位一体"综合集中受理平台，可以多渠道、全方位地发现城市管理中存在的问题，做到随时掌握城市管理现状。此外，开封还将市政、园林、环卫等行业共78万个城市设施进行统一编码入库，完成7大类98小类城市管理部件、6大类76小类城市管理事件确权定责工作，支撑城市运行精细化和管理智慧化。根据相关数据，开封每年高效办结各类城市管理问题70余万件，有效促进了城市环境的逐步改善，切实提升了群众的安全感、幸福感和满意度。

二是进行部门信息资源整合，打破"信息孤岛"。开封通过"一中心四平台"建设，把分散式的信息系统整合起来，将4个县、5个区、22个市直局委和37个相关单位的处置力量整合到一张网中，建立起可持续的跨部门数据共享机制和城市管理可视化平台。在实际运转中，市政府各部门接入统一的综合信息系统，共用一套政务数据，形成统一的领导机制和协同工作机制，实现了对基层治理事项的共同管理。除了实现政府部门间的信息互通和业务协同外，开封还通过提供网格服务和事件信息等方式，融合学校、医院、企业、商超等单位业务流程和治理数据，有效促进部门、群团、网格同向发力，形成互相支持、互促共赢的合作模式。上述一系列举措推动了治理力量在基层得到整合，治理问题在基层得到了解决，显著提升了社会治理效率。2018年以来，开封全市综合指挥平台累计上报处置各类事件424.5万件，化解基层矛盾纠纷4.3万起，提供便民服务133.86万次。

三是推动信息化与网格化相衔接，做到精准施策。开封市为实现"低投入高产出"的"智治"效果，采用"脚板+科技"同时发力的方式，注重发挥网格员与信息技术的协同作用，做到线上治理和线下治理的有效配合。具体做法为通过配发智能终端、建立专属账号，将网格员与网络充分连接，网格员发现治理问题后可通过网络进行上报。针对简易问题，智慧城管系统会将问题发送给网格直接责任人，并设置处置时限和标准，一线处置人员可以通过手机端上报处置结果；针对超过处置时限的问题，平台自动立案督办案件进入考核流程。除了网格系统建设外，开封还积极探索构建"城管+"的社会治理模式，拓展市民参与城市管理的途径，让城市管理更好地服务群众日常生活。例如，开通"随手拍"有奖举报平台，居民可以通过手机拍照的形式将所发现的问题上传至平台，可以获得话费充值等奖励。开封通过这种扁平化和双流程的治理模式，城市治理实现了与群众日常生活的精准对接和良性互动，精细化水平获得显著提升。

4. 建设双向交办系统，激发社会治理活力

为解决治理资源有限、治理活力不足等问题，开封在"一中心四平台"建设过程中，创新实行"双向吹哨、双向报到"工作机制，建设统筹基层哨（网格上报）和交办哨（上级交办）双循环的双向交办平台，有效提升了基层社会治理动员能力。

一方面，通过吹好"基层哨"，让网格里的问题"浮"上来。在以往的社区治理中，往往存在问题发现不力、发现后不能得到及时解决的情况，社区治理质效难以得到提升。如今，针对社区里出现的问题，网格员可以第一时间通过 App 直接上报，确保问题得到有效解决。另一方面，通过吹好"交办哨"，让上级部署的任务"沉"下去。依托"一中心四平台"智能精准的管控体系，市综合指挥中心可以实时视频调度 1332 个工作单元，实现了指挥调度信息化、扁平化，从而确保上级指令即时下达、基层信息随时上报、工作任务落实落细。开封通过"双向吹哨、双向报到"的工作机制，建立起共建共治共享的治理模式，提高了基层治理、社会服务的针对性和居民的满意率。此外，"一中心四平台"在实现及时发现问题、交办问题的同时，还注重调动各部门工作人员的积极性和主动性。主要做法如下。

其一，将市县政府职能部门纳入系统管理，加强部门联动，建立超期事件红黄灯督办机制。例如，开封市龙亭区将文明城市创建工作纳入系统，系统会自动亮黄灯对临期网格创城事件进行催办，超期事件亮红灯流转至区政府督查局督办，限定期限内仍未处理则上报区纪委监察委，加大问责惩处力度，确保各类创城问题事件高质高效处置办结。其二，实施《开封市网格员积分考核办法》，将涉及社会治理各类事项对应设定为不同分值，专兼职网格员工作情况由系统自动计分考核，使网格员和广大基层干部的工作状态由"让我干"变为"我要干"，大大激发了基层内生动力和工作积极性。以前，开封市日均发现上报各类事件200件左右；现在，专兼职网格员平均每天上报事件5000多件。其三，市、县（区）、乡镇（街道）三级综治中心和各级职能部门开通3.2万个账号，实时上传创建动态、客观评价、创建效果，实现工作照片、日志全程留痕，作为评优评先的依据，有效提高工作人员积极性。通过实施"双向吹哨、双向报到"的工作机制，党组织、党员干部、网格队伍、派驻单位和社会力量共同发力，促进市委、市政府决策部署落实落细，实现"横向到边、纵向到底"的标准化无缝管理。

5.进行增能赋权，推动资源力量下沉

为解决基层基础弱化、乡镇（街道）权小事大等问题，开封以"一中心四平台"建设为牵引，顺势推进实施为乡镇（街道）赋权扩能、社区减负增效、建设社区工作者职业体系等一系列创新举措，在加快基层问题上浮的同时，促使资源力量下沉，形成基层社会治理新格局。

一是为乡镇（街道）赋权扩能。具体做法有：其一，研究起草《关于深化街道行政管理体制改革试点意见》，稳步推进街道管理体制改革；其二，印发《开封市经济发达镇行政管理体制改革方案》，将县（区）现有327项职权中的260项赋予试点乡镇，推动管理权限下放、机构设置优化。以开封市顺河回族区为改革试点，赋予街道党工委加强党的建设、统筹辖区发展、组织公共服务、实施综合管理、监督专业管理、动员社会参与、指导基层自治、维护社区平安等8项职能，对区职能部门派出机构负责人的人事考核权、对区职能部门派出机构负责人选拔任用的征得同意权、制定社区建设规划和公共服务设施布局时的规划参与权、在综合性事项中对相关职能部门及派出机构进行统筹协调考核督办的综合管理权、对辖区事关利益的重大决策和重大项目的建议权、对区职能部门派出机构和驻区单位评优评先的审核权等 6 项职权。

二是推动社区减负增效。具体做法如下。其一，研究起草《推进社区减负增效工作的实施意见》，建立社区事务准入制度，确定社区工作任务清单，社区依法履行的工作事项由 24 项调整为 22 项，社区居委会印章使用事项由 32 项减少为 15 项，对外挂牌由 28 个缩减为 3 个。未经审核批准，不得擅自要求社区承接超出其职责范围的工作事务。其二，建立以社区居民群众满意度为主要评价标准的社区考核机制，取消对社区的"一票否决"事项。其三，精简各职能部门、乡镇（街道）对社区的检查活动，职能部门工作检查只针对乡镇（街道），乡镇（街道）对社区工作的检查每月不超过 3 次。凡是与社区工作无关的会议和活动，一律不得要求社区参加。

三是建立社区工作者职业体系。具体做法如下。其一，研究起草《关于加强专职社区工作者队伍建设的指导意见》，全面加强社区干部队伍建设，将全科网格员纳入社区工作者队伍管理，建立完善社区工作者职业体系。其二，探索推进从社区干部中定向招聘事业编制人员，对连续任职两届以上、表现优秀的社区党组织书记，经过规定程序优先纳入事业编制。其三，对暂不符合事业编制条件的社区党组织书记，表现优秀的可享受事业单位管理人员工资待遇。上述政策支持，有助于打造一支政治过硬、结构合理、素质优良、群众满意的专业化社区工作者队伍，为深化城市基层党建引领基层社会治理实践提供有力支撑。

6. 实施精细化考核，保障治理效果

针对社会治理事项繁杂、考核不够精准等问题，开封市委政法委细化量化考评标准，编印《治理事项处置标准化工作手册》，开发市域社会治理绩效考核模块，实现动态量化考核、实时自动排名，强化对职能部门工作效能的监督，确保基层社会治理成效。

"一中心四平台"上线市域社会治理智能考评系统，按照工作内容四个层级、县区市直两个方向的逻辑架构设置线上考评结构，实现工作动态留痕、台账按需分类，确保工作过程可随时追溯、工作效果可即时查询。针对社会治理监督力量不足等问题，开封市委政法委还通过智治系统限时催办督办、网格超期事件"红黄灯"催办督办、"两代表一委员"入格监督，推动问题得到快速处置。此外，市委组织部还出台职能部门计分考核办法，将市县职能部门及相关单位纳入计分考核系统，对网格工作专项任务日常履职等方面计分核算。在具体工作中，由乡镇（街道）党工委对上级派驻的各类工作力量进行统一指挥调度，职能部门任务完成与否由网格长验收，完成时限由系统平台全程记录，完成情况由乡镇（街道）党工委进行监督评价，并纳入部门年度考核指标体系。通过对社会治理相关部门进行全面考核并进行有效激励，部门的"条"得以围着基层的"块"来运转，乡镇（街道）网格上报事件的办结率大幅提高，有的由一周缩短至一天，有的则是现场解决，形成了由下至上的事件流转处置工作格局。

三　开封社会精细化治理的实践效果

开封通过"一中心四平台"建设，将社区网络、综治网络以及各类网格整合，推动各级党政机关下沉社区，各类行政服务资源共享，构建出党组织统一领导、各类组织积极协同、广大群众广泛参与的基层社会治理新体系，取得了良好的社会治理成效。

（一）化解社会矛盾，打造和谐社区

开封"一中心四平台"建设通过将网格化管理与数字化治理有效结合，使管理者能够及时发现基层存在的普遍性问题并予以处置，实现了基层信息收集能力和事件处理能力的显著提高，有助于将矛盾化解在基层、将风险控制在一线，从而促进和谐社区和平安社区的建设。在具体运行中，管理部门通过平台发现问题之后，可以根据平台管理者和志愿者对信息数据的研究判断和事件的预估，设法在事态严重之前予以有效控制，将事后处理转为事中处理和事前预防。这一做法打破了传统低效的管理方法的限制，不再沿用以往等问题出现再去解决的惯性思维，而是变被动为主动，积极去预防问题、发现问题、解决问题。例如，对于家庭纠纷、邻里冲突等常见问题，社区工

作人员、网格员在发现问题后将在最短时间内上门进行调解，从而防止事态恶化，减少麻烦。通过把许多矛盾和纠纷解决在初始阶段，避免矛盾进一步加剧，开封有效实现"身边事不出网格，小事不出社区，大事不出街道"的社会治理效果。截至 2020 年底，全市网格队伍已提供便民服务 224.9 万次，处理综治平安、风险防范、惠民服务等各类事件 784.2 万件，化解矛盾纠纷 4.9 万件，群众的事基本做到现场解决或一天内办结，事件办结率达 97.7%，有效处置率达 99.8%。

（二）降低管理成本，提高服务质量

开封通过不断完善"一中心四平台"建设，将公共资源整合到"一张网"上，有效提高了闲置资源的利用率，降低了人力、物力、财力等资源成本。但成本投入的降低并不意味着服务质量的下降，开封通过网格化管理和数字化治理的有效结合，实现点对点的精准化定位服务，使居民诉求可以得到迅速有效的回应，城市便民化服务的水平和质量得到显著提升。首先，网格化管理需要借助社区内各种公共资源，而这些资源往往分散在社区的各个角落，存在失窃、人为损坏等安全隐患。借助大数据技术，网格员可以及时将事件进行锁定上报，极大地减少了公共资源的保管和维护成本，提高了公共资源的利用率。其次，"一中心四平台"建设将原来孤立无序的信息资源整合起来，建立了一个全面共享的信息管理系统，可以有效避免重复建设和"信息孤岛"现象的发生，从而降低了社会治理成本。借助强大的数据库支持，政府部门可以基于系统实时从网络上获得自己的管理信息和服务目标信息，并提供有针对性的服务，其公共服务能力得到明显的改善。最后，"一中心四平台"通过推进"脚板+科技"同步建设，使线上与线下精细化治理有效结合，提高了问题定位的精确性、及时性和可追溯性，有效避免在任务分配过程中出现多头处理和重复处理的现象。

（三）破除条块分割，整合社区资源

"一中心四平台"建设通过把各部门派驻机构和工作力量纳入统一的工

作体系，统一划分网格并配置网格管理力量，在一定程度上解决了行政资源分散化、碎片化的问题。同时，"一中心四平台"建设通过实施市、县（区）、乡镇（街道）三级联动和乡镇（街道）内部联动，有效实现各级治理主体的纵向贯通、横向联通，使城市基层处置问题的能力得到显著提升。在传统的城市社区治理中，居委会的职责通常根据"条"进行划分，行政化色彩浓厚，往往偏离了自治组织的定位。实施网格化管理之后，社区干部不仅要管理条条框框上的事情，更重要的是还要下降到"网格"来管理"点"上的东西，真正解决群众所关心的问题，有效破除了条块分割的局面。当前，我国城市社区服务功能体系还不健全，各种公共资源无法有效共享，而网格化管理为解决这一难题提供了思路。社区的网格化管理是在不断改变当前主体、组织性质、人员从属关系以及街道管理系统的前提下发展起来的，在这一过程中更多地依靠原始的组织结构，将街道和社区中的各项资源重新整合和设计。网格化管理专注于围绕人民群众的需求，构建高效、快速和敏捷的实时信息管理系统，可以有效打破现有的地域性划分，将公共资源有机整合在一起。网格化管理在促进社区形成共建共治共享良好氛围的同时，还增强了基层社会服务力量，减轻了社区工作者的负担。

（四）提升干部素质，密切党群关系

"一中心四平台"的建设运行，首要特点是把加强党的领导贯穿全过程，即网格员优先从党员中选拔，支部建在网格上，机关党组织和社区党组织之间共驻共建。开封通过实施网格划分、服务细化、职责固定举措，实现了政府工作的进一步下移，使干群关系更加融洽紧密，各级党组织的凝聚力、战斗力进一步提升。在网格化管理中，社区干部要管理条条框框的事情，就必须下沉到网格里工作，直接与群众面对面，这要求基层干部必须提升自身解决群众问题的能力，充分尊重群众表达自身诉求的权利。一方面，通过社区内部的专业培训和实践锤炼，干部可以全面提高其综合素质。另一方面，网格化管理促使基层干部的工作观念和方式发生根本变化，改善了基层干部的工作作风，进一步密切了党和群众的关系。例如，频繁的走访和面

对面的交流，可以逐步消除群众与基层干部的隔阂，加强二者之间的联系，这不仅可以促进干部自觉做到深入联系群众和服务群众，还可以提升群众向党组织反映困难的意愿。从这个角度上讲，网格化管理不仅是干部培训的阶段性舞台，同时也是组织部门选拔干部、进一步巩固党的执政基础、提高党在基层执政和领导能力的平台。

四　开封社会精细化治理的经验与启示

河南省开封"一中心四平台"的建设运行，是贯彻落实习近平总书记重要指示精神和党的十九大精神、顺应新时代新形势新要求的具体举措，突出了城市基层党建引领基层社会治理，实现了基层社会治理从"粗放型"到精细化、数据化的转变。社会精细化治理是社会治理现代化的题中应有之义，河南省开封推进社会精细化治理的探索，为全国各省推进省域社会治理现代化提供了经验启示。

（一）坚持党的领导，强化顶层设计

中国共产党的领导是中国特色社会主义最本质的特征，坚持党的领导是推进国家治理现代化的根本保障。推进省域治理现代化建设，需要坚持党的领导毫不动摇，贯彻遵循党的新理念新思想新战略，将党的领导落实到各个方面。党的十九大提出，要以提升组织力为重点，突出政治功能，把企业、农村、机关、学校、科研院所、街道社区、社会组织等基层党组织建设成为宣传党的主张、贯彻党的决定、领导基层治理、团结动员群众、推动改革发展的坚强战斗堡垒。不同于其他国家或地区社会治理的基本逻辑，党的领导是当代中国基层社会治理的显著特征。基层社会治理遇到这样那样的难题，根本在于党的领导核心作用没有完全发挥。河南省开封"一中心四平台"建设运行的实践证明，只有把党的领导贯穿于基层社会治理全过程，充分发挥基层党组织的战斗堡垒作用，有效调动广大基层群众的力量，才能激发基层活力、创新社会治理、提升服务功能，形成基层党建引领社会治理创新的新路径新模式，做到基层党组织建设与社会治理同频共振、同向发力。

（二）坚持统筹推进，确保治理成效

省域治理涉及经济、政治、文化、社会、生态文明等多个领域，各领域之间相互联系、相互制约，是一个系统的有机整体。任何一个领域的发展都有可能牵动其他领域，同时也需要其他领域的密切配合，单个领域的发展无法实现省域治理现代化的目标。因此，在推进省域治理现代化过程中，不仅需要重视各领域的发展，还要在厘清它们各自关系的前提下，进行系统的谋划布局，统筹推进各领域改革实践。河南省开封在推进社会精细化治理的过程中，通过打造"一中心四平台"载体，有效整合部门资源和社会力量，推动各治理主体间信息共享，实现了地区治理流程的一体化和高效化。除了横向上的资源统筹和治理部署外，开封还通过体制改革、权力下放等形式，调动各级治理主体的积极性，确保治理体系的上下衔接。以为街道赋权扩能为例，开封通过推动街道管理体制改革，整合各类资源力量，推动重心下移、权力下放，为街道提供足够的人力、物力、财力支撑，有效解决了基层社会治理力量不足、资源缺乏等问题。这启示省域治理现代化建设必须做到统一部署，坚持统筹推进各领域的改革，从而确保最终的治理成效。

（三）坚持数字先行，提升"智治"水平

随着现代信息技术的蓬勃兴起，积极利用以数字化、网络化、智能化为标志的信息技术革命带来的机遇，充分发挥科技对省域治理的支撑作用，已逐渐成为社会共识。数字化治理通过数字技术与治理理论的融合赋能，能够打破信息传递在时间、空间和层级上的限制，最大限度减少信息不对称，进而改变治理主体内部、治理主体之间、治理主体与客体之间的互动方式。具体而言，就是以政府、市场和社会为治理主体，通过构建起统一的开放性数据库平台，借助数据全面感知社会事项及公众所需，减少政府公共管理的横向协调及纵向整合的成本，从而提高政府办事效率，为政府决策提供重要的

技术支撑和丰富的数据资源。河南省开封的社会治理实践就体现出数字化治理的思维，例如，为应对城市化进程中的人口聚集、社会治安防控压力增大等问题，开封依托大数据平台建设的"一中心四平台"，整合了公安部门"雪亮工程"城市视频监控系统、数字化城管系统、综合治理视频监控系统等多种资源，通过信息化手段实现各类事项的快速发现、上报、处置和反馈，有效节省了人员、时间、其他资源。这启示省域治理现代化建设必须借助高速发展的信息化数据平台，将现代信息技术与治理活动充分融合，全面提升社会治理的"智治"水平。

第十一章　特大城市基层社会矛盾化解的
重庆探索与经验总结[*]

一　背景分析

2015年，中共中央办公厅与国务院办公厅联合印发《关于加强社会治安防控体系建设的意见》，进一步指出"形成党委领导、政府主导、综治协调、各部门齐抓共管、社会力量积极参与的社会治安防控体系建设工作格局，健全社会治安防控运行机制，编织社会治安防控网，提升社会治安防控体系建设法治化、社会化、信息化水平，增强社会治安整体防控能力，努力使影响公共安全的暴力恐怖犯罪、个人极端暴力犯罪等得到有效遏制，使影响群众安全感的多发性案件和公共安全事故得到有效防范，人民群众安全感和满意度明显提升，社会更加和谐有序"。2018年，中共中央和国务院又联合发布《关于建立更加有效的区域协调发展新机制的意见》，要求探索超大城市、特大城市等人口经济密集地区有序疏解功能、有效治理"大城市病"的优化开发模式。

新时代市域社会治理现代化，是当前和今后一个时期亟待我们研究和探索的重要理论课题和实践命题。相对于全国其他城市而言，重庆作为西部重镇，既有特大城市的普遍特点，又兼具大库区、大乡村、大山地等地域性特点。2019年12月26日，重庆市域社会治理现代化工作会议召开，分析总结近年来全市社会治理工作，研究推进市域社会治理现代化工作，并部署启动了市域社会治理现代化试点，同时制定了市域社会治理现代化的试点工作

---

* 执笔人：尹浩，长江师范学院马克思主义学院教授，研究方向为城市社区治理。

实施方案和试点工作指引。从实践经验来看，重庆在基层社会治理领域中打造了一批品牌，主要体现为江北"老马工作法"、永川"乡贤评理堂"、南岸"三事分流"、万州"楼栋工作日"、垫江"6995平安互助平台"等实践探索。

二 主要做法

重庆市成立了以市委、市政府主要领导为组长和副组长的平安重庆建设暨防范化解重大风险领导小组及市域社会治理组，加强市级统筹。市委将试点工作列入常委会重点工作，纳入全市经济社会发展实绩考核体系，实化细化为108项具体目标任务和6项负面清单，逐一分解落实到37个市级责任单位和各试点区县。在市域社会治理试点的区县主战场，区县、乡镇（街道）相应建立领导小组。各地坚持把党的领导贯穿基层治理全过程、各方面，推动党建向网格、小区、院落和新兴领域延伸，基层党组织的政治功能和组织力不断加强。合川区、九龙坡区等地研发市域社会治理试点工作任务推进信息管理系统，以智能化手段实行目标管理，打表推进。

（一）"老马工作法"——江北区

江北区地处长江、嘉陵江交汇处之北，自西向东呈带状分布，长江岸线53公里、嘉陵江岸线19公里，地域面积220.77平方公里，辖9个街道、3个镇，常住人口90多万人，城镇化率为99.3%，荣膺"全国文明城区""全国双拥模范城"称号，获得"2017—2020年度平安中国建设示范县"称号，蝉联平安中国建设最高奖"长安杯"。在城市基层社会治理中，重庆江北区通过"老马工作法"这一金字招牌，积极思考和探索精准化社会治理工作。

老马原名马善祥，是重庆市江北区观音桥街道老马工作室负责人，从事基层群众工作26年，记下了148本520多万字的工作笔记，并在实践中总结出一套行之有效的"老马工作法"，为群众解决了2000多个困难和问题。

"老马工作法"是老马工作室在多年基层调解工作和群众思想政治工作实践基础上，经总结提炼和研究形成的一套行之有效的方法体系，该方法秉承"以情动人、以理服人、以法助人、做事为人"理念，将"情理法事"贯穿于基层纠纷调解的全过程，形成了独具特色的"情理法事"十三要则。围绕"老马工作法"，重庆市江北区观音桥街道在党工委、办事处领导下构建了独具特色的基层纠纷治理的"3441模式"。"3"，即三层责任体系，强调责任划分的网络化。共分三层物理网格，包括社区全域大网格、片区局域中网格、小区楼栋小网格。三层责任强调街道层面、社区层面、楼栋层面明确分工，各负其责。第一个"4"，即四项调解制度，包括来访必接、矛盾必调、调处必督、分合相宜制度，强调工作的规范化。第二个"4"，即社区治理"四个注重"，包括治理主体注重多元性、工作机制注重协作化、参与渠道注重社会化、价值引领注重生活化，倡导参与式理念和方法；"1"，即一个专业的工作室团队，是指老马工作室。

2022年3月，江北区全面启动"老马带小马工作室进社区全覆盖"工作。至此，"老马带小马"从制度上确立了培养机制，线上借助微信公众号和视频号发布文章和短视频传播经验方法，并开放留言区，解答干部群众的困惑并回应其诉求；线下采取跟班轮训的方式，全街道22个社区年轻干部轮流到老马工作室培训，每月会有2名基层干部和2名社区民警到老马工作室跟班学习。同时，通过"党课开讲啦"、"人民调解员集中培训"、"党员远程教育"以及网络直播等多种途径，该工作室面对面向基层党员干部讲述群众工作的价值意义，传授群众工作经验方法。截至目前，"老马工作法"已被广泛运用于全市信访调解、社区治理、征地拆迁等工作中，老马工作室建设规范也被推广到全市各类信访接待室、纠纷调解室、群众工作室。

（二）"乡贤评理堂"——永川区

永川位于长江上游北岸、重庆西部，因三河汇碧形如篆文"永"字、山形如"川"字而得名，东距重庆中心城区55公里，西离成都276公里，全区地域面积 1576 平方公里，辖 7 个街道、16 个镇，常住人口 114.9 万人，中心城区 82.8 平方公里，人口达到 80 万人，是国家城乡融合发展试验区。永川区"新乡贤"参与治理以矛盾纠纷化解、综治工作为出发点，传承创新"枫桥经验"，形成了持续推进基层治理现代化的社会治理经验。"新乡贤"参与治理，是重庆市永川区当前社会治理实践的重要特色。

重庆市永川区农村人口外流伴随着大量农村精英"离土又离乡"，老人、妇女、儿童以及其他弱势群体居多，导致农村社会治理人才短缺、社会治理主体弱化。农民群众在农村事务中"失语"，重义轻利的乡村道德观念被侵蚀，"事不关己，高高挂起"的心态普遍存在，上述问题呼唤"新乡贤"群体回流并积极参与治理。为此，重庆市永川区尝试从中国传统善治文化中发掘矛盾纠纷化解的新思路，在 2015 年启动"乡贤评理堂"项目，开启了基层社会治理创新的尝试。在经历了发现乡村治理"痛点"，启动"新乡贤"文化建设，推选出 1009 名"新乡贤"，到 2017 年发挥"新乡贤"群体的积极作用，遴选 107 名"乡贤评理员"，再到深入打造"乡贤评理堂"特色品牌，探索"三治合一"的乡村善治新路三个阶段后，"乡贤评理堂"实践项目日益成熟，以此为依托，各村发起成立禁赌劝导协会、红白理事会，编写《戒赌歌》，春风化雨般地温润人心，营造安宁氛围。

"乡贤评理堂"主要工作内容包括三个方面。

一是维护公平正义，让乡贤评理堂成为推动法治的坚实平台。永川区坚持运用法治思维和法治方式，赋予乡贤评理员普法宣传员、人民调解员职责，让乡贤评理堂成为普法主阵地、矛盾化解地。同时，乡贤评理员不是简单地"和稀泥"，而是引导群众遇事找法、解决问题用法。永川区临江镇隆顺村曾是全镇矛盾最集中的区域，通过乡贤评理员陈久述的努力，邻里矛盾纠纷得到有效化解。自成立乡贤评理堂以来，陈久述调解了纠纷 164 件。2018 年以来，该村矛盾纠纷数量同比下降了 42%。"小事不出院、矛盾不上交、邻里更和谐"已经成为永川乡贤评理堂的价值取向。

二是涵养文明乡风，让乡贤评理堂成为深化德治的重要窗口。乡贤评理员德高望重、为人楷模，是言传身教的标杆、道德引领的榜样，通过他们的嘉言懿行维护公序良俗，可以让家风更和美、民风更淳朴、乡风更文明。位于卫星湖街道石龟寺村的老店子大院就是其中的典型。74 岁的吕祥杰是老店子大院的乡贤评理员，他是卫星湖街道农机站的退休职工，在以德服人、传承家风方面具有很高的声望。他在家庭团拜会上宣讲、在家族清明会上传播、在村社党员会上动员，用家规家训传承和美家风、以孝老爱亲彰显人性美德、让崇德尚法带动公序良俗。石板古道、黄桷老树，作为老店子的根，见证了三百多年的沧桑风雨；忠孝礼义、乡贤评理，作为老店子的魂，夯实了乡村振兴的"法礼"基石。

三是激发民主活力，让乡贤评理堂成为促进自治的有效载体。乡贤评理员从群众中来、由群众推选，是党组织动员群众、组织群众的可靠力量，在乡村治理中能有效发挥进得了家门、坐得下板凳、拉得上家常、建得起感情的优势，可以让符合条件的乡贤评理员成为乡村治理网格员，收集社情民意，凝聚民智民力，让民事民议、民事民办、民事民管蔚然成风。位于永川南部的仙龙镇祝家坝村一直是耕种难、收割难、效益低的传统农耕区，2017年这里建起了乡贤评理堂，村民小组长蒋显明成为一名乡贤评理员，他组织村民将闲置的 306 亩土地集中流转发展油菜、锦橙等特色作物，建起了通组公路，整治了乡村环境，产业政策、农户收益在他的乡贤评理堂中得到落实，土地纠纷、邻里矛盾在他的乡贤评理堂中得到化解。

（三）"三事分流"——南岸区

南岸区地域面积 262.43 平方公里，下辖 8 个街道、7 个镇，常住人口 120.49 万人，城镇化率为 98.05%，每 10 万人中有 32336 人接受了大学教育，为全市最高。已建成城镇建设用地约 81.40 平方公里，规划实施率约 75%，至 2035 年规划城镇建设用地规模 132.68 平方公里。近年来，在社会处于矛盾多发期，广大群众利益诉求复杂化、多元化背景下，群众工作中呈现民生投入越来越多，生活环境越来越好，群众的满意度却没有随之升高，基层管理越来越细，基层干部越来越忙，群众认同感却没有随之增强的问题。针对这些问题，南岸区基层政府探索实践"三事分流"的工作机制和方法，遵循"上下互动、民主协商、依法界定"的原则，由区级职能部门、各街镇、各社区、各楼栋及居民代表共同商定大事、小事和私事"三事"内容。一般来说，"大事"即政府管理事项及公共服务，由政府部门负责解决；"小事"是村（居）公共事项及公益服务，由村（居）委会主导，社区自治组织、社区社会组织和社区单位协商解决；"私事"是村（居）民个人事务和市场服务，由群众自行解决或寻求市场服务。

"三事分流"机制和流程如下。

一是落实责任，"大事"快办。对经议定属于"大事"的群众诉求，结合三级服务中心和群众工作信息平台进行重点督办，第一时间明确承办单位、承办科室、承办人员，切实把办理责任落实到人头。结合巩固群众路线教育成果，切实转变机关作风，大幅提高办事效率，做到限时办结、定期销号、逐一回复。注重发挥群众在重大公共事项中的作用，把群众参与贯穿于办理"大事"的始终，办事方案群众议、办理过程群众督、办理效果群众评。对事项重大、涉及面广的，按程序纳入民生实事进行研究论证。

二是基层协商，"小事"共办。对经议定属于"小事"的群众诉求，由街镇指导社区，通过村（居）委会召集利益主体进行民主协商，按照"一事一议"民主决策的原则予以解决。为提高社区自治水平，增强基层办事实力，该区采取了五项举措。第一，提高基层党组织引领自治能力。推进社区干部本地化，选好配强班子成员，实行三级联席会议制度，开展联系服务群众工作组活动，推进基层党建项目化管理，充分发挥基层党组织在自治中的核心引领作用。第二，让社区干部集中精力推进自治。切实减轻社区行政工作负担，将村（居）承担的公共事务由 404 项精减为 70 项，采取清单管理、建立准入制度、落实问责机制的举措，完善社区干部考评制度，逐步把社区干部精力引导到做群众工作和推进自治上来。第三，加强社区自治工作指导。健全完善楼栋、小组、社区"三级议事"等系列自治制度规范，落实区领导和部门对对口联系社区的自治指导，开展社区自治专项培训，定期组织召开推进会、现场会分批学习先进社区经验。第四，培育社会组织参与治理。建设社会组织孵化基地和社会组织服务中心，2014 年以来新培育本地社会组织近 150 个，累计达到 1100 多个。第五，建立社区公益基金和公益站。整合财政资金、社会资金、居民筹集资金，建立全市首个社区公益事业发展基金会，按照"先干先得、多筹多补"原则，依托 70 个社区公益站，先期运作社区基金 1400 万元支持各个社区开展公益项目活动。

三是注重引导，"私事"自办。对经议定属于"私事"的群众诉求，鼓励群众自力更生或通过市场途径解决，并尽力对有困难的家庭或个人予以帮扶。一方面，结合小微企业发展，在社区大力发展便民服务圈，制定《社区便民服务手册》，向群众公布社区家政、家电、水管网、餐饮、医院、文化娱乐等服务项目的联系方式。另一方面，探索建立社工、社会组织和社区"三社联动"机制，大力发展社区互助会、各级志愿者服务组织、党员志愿者队伍，对一些老弱病残等特殊群体进行点对点帮扶、专业化帮扶。目前，全区注册志愿者达到 10 万人、在册专业社工师 128 人。

（四）"楼栋工作日"——万州区

万州地处重庆市东北部、三峡库区腹心，地域面积 3456.41 平方公里，辖 52 个乡镇与街道，户籍人口约 170 万人，城区面积 110 平方公里，累计搬迁安置三峡移民 26.3 万人，是重庆市移民任务最重、管理单元最多的区。"楼栋工作日"是万州加强和创新基层社会治理的成功实践，已经成为促进社会和谐稳定、保障人民安居乐业的有力举措。

面对日益复杂的基层社会治理要求，传统管理和治理模式弊端不断显现。主要表现为基层治理的职能在社区，但项目资源却在部门；社区最了解群众需求，但解决群众"急难愁盼"问题的能力最弱；政府民生投入逐年增大，但群众却不一定满意……面对城市基层治理中这种"能力错配"现象，重庆万州区探索推行"楼栋工作日"机制，按照"私事"自己办、"小事"社区办、"大事"街道办、"难事"包片领导办的原则，抓党建引领，推动群众、社会组织共同参与社会治理，有效提升基层治理能力。

万州区的"楼栋工作日"运行框架主要是：在区级层面由 8 名区委常委、副区长分别包片 1~2 个街道，11 个区级部门各包 1 个街道，每月统筹区级部门负责人、街道领导班子、群团和社团组织等力量下沉社区、楼栋，凝聚并发动法官、检察官、民警等专业力量，整合街道内"两代表一委员"、居民代表、楼栋长等力量，下沉楼栋听群众诉求，解决居民烦心事，推动基层党建、居民自治、平安稳定、文明素养、发展环境等"五事共抓"，推行"四进走访""四事四办"等治理机制，打通联系群众"最后一米"，实现"人人参与、人人治理"。

"楼栋工作日"结构框架与运行机制虽然相似，但在具体实践运行中，其形态却表现各异。双河口街道在小区建立党建引领小区治理体系，通过"以德换积分"自治机制，居民可每月在小区"德分超市"兑换物品，激发居民参与小区治理的热情。通过社区"大党委"，太白街道引导各小区在进行业委会选举时，推选热心、乐于奉献的支部书记为业委会成员，将小区物业公司、业主、业委会和社区联系起来，为矛盾纠纷化解疏通了渠道；借助辖区内渝万律师事务所、之香唐餐饮文化有限公司等非公党组织的法律服务、社会服务，及时纾解小区"痛点难点"，让社区健康地"循环"起来。太白街道还在探索开展"楼栋微治理"中，形成了"1+3+4+X"的城市社区治理工作体系："1"是以党建为引领，"3"是自治、法治、德治"三治融合"，"4"是社区综治中心、矛盾纠纷多元化解中心、"家和服务站"、"楼栋工作日"四大载体，"X"则包括党员、楼栋长、社工、律师、心理咨询师等多方社区治理工作力量，形成社区治理服务"一盘棋"，共画共治和美"同心圆"。截至目前，万州区城区所有社区网格都成立了党支部或党小组，网格长、楼栋长党员占比超50%，共开展"楼栋工作日"现场办公133次，解决群众反映强烈问题405个，各街道办结群众诉求3000余件。此外，万州区789个机关与企事业单位党组织有12000多名党员向社区报到，助力"楼栋工作日"。

（五）"6995平安互助平台"——垫江县

垫江，地域面积1518平方公里，辖24个乡镇、2个街道，户籍人口94.01万人、常住人口63.69万人，城镇化率为51.94%。垫江县是农民外出务工大县，农村地区"三个留守"（老人、妇女、儿童）人群多，存在村民自救难、信息传递效率低、政府救援力量到达慢等问题。特别是偏远地区的群众，他们希望有一种手段能够快速、及时向邻居、亲人、好友等发出求助信号。为回应民众需求，垫江县利用移动通信技术，将农村就近的村民、村干部、辖区治安室（警务室）组成一个虚拟网。发生盗窃、抢劫、暴雨、山体滑坡、火灾等紧急情况时，用户可拨打"6995"向群组内其他成员发起语音请求，就近的村民、村干部、治安室能立即收到求救信息并马上参与救助。同时，该平台还具备政务管理能力，主要包含警情监控、政务办公、信息发布等功能模块，以"全天候、零距离、全覆盖"的信息化手段，助力社会治安综合治理从被动应对处置向主动预测预警预防转变。该互助平台解决了110、119、120三个报警电话的出警人员暂时赶不到的问题，成为三个报警系统的有益补充；解决了农村留守老人、留守儿童、留守妇女遇到困难和灾害时的帮扶问题，是最便捷、最有效的救助手段；解决了报警平台向末端延伸的问题，地震、防洪、防疫等部门信息收集的问题，网格化信息平台和综治信息来源问题。借由该平台，垫江县宣传工作得到有效加强，宣传到一家一户；群防群治工作也得到有效加强，群众安全感有效提升，干群关系更加密切。

三　经验总结

（一）发挥基层党组织引领功能

基层党组织是中国共产党组织体系的重要组成部分，重庆市域治理注重发挥基层党组织政治引领功能。在"楼栋工作日"工作中，群众需求在哪里，党组织就服务到哪里。"党员中心户"是万州区太白街道引导各社区在步行2分钟范围内的10个楼院设立的"微党支"，推荐有威望又乐于奉献的优秀党员入驻"党员中心户"，将党建工作延伸到楼栋，将社区治理精细到楼院。"党员中心户"除了是党员群众学习的"充电站"、普法的"宣传站"、民情民意的"收集站"、为民排忧解难的"服务站"外，也是凝聚党员群众积极参与社区治理的桥梁纽带；2020 年，依托"党员中心户"，太白街道投入 30 万元，在辖区各社区试点建设智慧社区 209 个，积极推动社区"智治"，使辖区智能化覆盖率达 65%，实现了可防性案件零发案。在永川区基层社会矛盾纠纷治理实践中，乡贤评理堂充分发挥基层党组织的政治核心和战斗堡垒作用，按照法治、德治、自治相结合原则，把加强党组织的引领与充分发挥群众自治优势有机结合，发挥好评理员、调解员、网格服务员、民情信息员、村务监督员和政策宣传员等乡村治理主体的综合力量。

（二）激发基层党员参与活力

基层党员肩负着连接党和人民群众的重大任务，是调解基层社会矛盾纠纷的重要力量。永川区乡贤评理堂就是各级党员"自下而上"充分参与的产物。截至 2018 年 10 月，永川区 107 个乡贤评理堂共开展党的十九大精神主题宣讲活动 210 场、各类普法宣传活动 1325 次，参与群众超过 12 万人次；乡贤评理员牵头创建了 41 个平安示范大院，组建了 56 支守楼护院巡逻队，化解了 2082 件矛盾纠纷，收集了 1837 条社情民意，夯实了平安建设的基层基础，筑牢了和谐稳定的基层防线。通过"三事分流"，群众看到了政府在大事上的主动作为和社区在小事上的积极努力，感受到了基层党员干部为民、务实、清廉的良好作风，也通过各种会议、活动凝聚到以社区党组织为核心的基层组织中来，"群众活动在集体中、组织扎根在群众中"，群众归属感、安全感明显增强，进一步改善了党群干群关系，巩固了党的群众基础。"老马工作法"的诀窍在于"不但调解群众纠纷，还注重从思想上引领群众对党的认识和对个人矛盾的反省。调解只是表象，真正让当事人的思想发生改变，这才是解决矛盾的根本出发点"，老马工作室就是在增强自身本领、创新工作体制机制和方式方法中，发挥着基层党员联系群众的桥梁纽带作用，引导广大人民群众坚定不移跟党走。

（三）稳步推动制度化建设

以试点示范推动基层矛盾化解的制度化建设，是适应国家治理体系和治理能力现代化的现实需要，也是特大城市基层社会矛盾化解的另一要义。2020年以来，重庆市万州区太白街道创新平安建设三级网络化管理机制、矛盾纠纷多元化调解工作机制，为维护辖区平安和谐发挥着积极作用。依托楼栋长、居民小组长、村（居）委会工作人员成立了楼栋、居民小组、社区平安建设三级网络化管理机制，建起了由街道司法所、派出所、市场监管所、城管大队等多方联动，各村（居）委会、各居民小组、各楼栋共同参与的平安建设工作体系，充实各级网格管理员723名。

在乡贤评理员的培训规范方面，永川区政府部门制作印发了《乡贤调解员工作手册》，明确乡贤评理员"引领乡风文明、宣讲法律政策、调处矛盾纠纷、反映社情民意、倡导移风易俗"等五个方面职责，构建了保障乡贤评理员切实发挥作用的系列工作机制。在遴选出107名乡贤评理员的基础上，永川区进一步意识到，乡贤参与基层治理需要有阵地、有载体、有平台，方能实现工作的标准化、制度化、常态化。

在"三事分流"具体操作上，南岸区由民政局牵头，拟定"三事分流责任清单"指导目录，供各社区和居民小区参考。其中，社区党组织牵头，以社区或居民小区为单位，上下互动，协商本社区或居民小区"大事""小事""私事"的具体类别或事项，因地制宜形成各自的"三事"清单，并在社区公布上墙执行，使群众和基层组织在法律范围内"自己提、自己议、自己定、自己遵"。

四　发展建议

（一）健全重庆市市域社会治理体系

探索建立党委领导下政府和社会共建共治共享的特大城市基层社会矛盾化解治理体系，从顶层设计上完善一整套紧密相连、衔接协调的体制机制和制度安排。要坚持党建的引领功能，充分发挥党组织推进特大城市市域社会治理现代化的方向掌舵和凝心聚力作用。充分发挥政治的统领功能、自治的协商合作参与功能、法治的纠纷矛盾化解功能、德治的规范行为和恪守准则功能、智治的社会治理智能化功能，推动重庆基层社会矛盾化解治理体系的现代化，实现基层社会的政治、自治、法治、德治与智治的有机深度融合。

（二）优化重庆市市域社会治理机制

针对传统基层社会治理模式存在的问题，应建立提升市域社会治理效能的相关机制。主要包括：一是建立贯穿市、区（县）、街道（乡镇）和社区（村）的高效联动机制，充分发挥市域层面领导权威和组织有效的优势，解决基层社会治理低组织化和行动难的问题；二是建立统筹各类职能部门的有效协作机制，理顺承担国家安全维护、公共安全保障、社会风险防范、社会治安防控和社会矛盾化解、公共服务供给等职能部门的关系，解决基层社会治理碎片化和条块分割问题；三是建立联结多元治理主体的横向扩展机制，广泛培育社会组织和社会公众等社会力量，打造人人有责、人人尽责、人人分享的基层治理共同体。

（三）创新重庆市市域社会治理工具

以系统化、社会化、精细化、法治化、智能化水平为目标，以智能技术为手段创新市域社会治理的工具和技术，提升重庆市市域社会治理现代化水平。利用现代技术手段及时地捕捉风险、发现问题和解决问题，促进公共服务供给更便捷化、精准化和高效化。同时，依据重庆市特大城市的特点，将现代信息技术融入基层社会矛盾治理的流程、业务和机制中，尤其是要充分利用大数据、人工智能和区块链等技术，建立数据汇集整合、开放的大数库信息平台，通过充分发挥治理新工具的效率优势，推动重庆市市域社会治理效能的提升。

图书在版编目(CIP)数据

省域治理现代化发展报告 / 袁方成主编 . --北京：
社会科学文献出版社，2024.12. --（基层与地方治理年
度报告系列）. --ISBN 978-7-5228-4627-9

Ⅰ. D625

中国国家版本馆 CIP 数据核字第 2024QX0593 号

基层与地方治理年度报告系列
省域治理现代化发展报告

主　　编／袁方成

出 版 人／冀祥德
责任编辑／黄金平
文稿编辑／单远举
责任印制／王京美

出　　版／社会科学文献出版社·文化传媒分社（010）59367004
　　　　　地址：北京市北三环中路甲 29 号院华龙大厦　邮编：100029
　　　　　网址：www.ssap.com.cn
发　　行／社会科学文献出版社（010）59367028
印　　装／三河市龙林印务有限公司

规　　格／开　本：787mm×1092mm　1/16
　　　　　印　张：22.75　字　数：348 千字
版　　次／2024 年 12 月第 1 版　2024 年 12 月第 1 次印刷
书　　号／ISBN 978-7-5228-4627-9
定　　价／158.00 元

读者服务电话：4008918866